O Código de Processo Criminal de 1832 e o Código de Processo
Penal de 1941 em sua redação originária

Walter Nunes da Silva Júnior
Olavo Hamilton
(Organizadores)

O Código de Processo Criminal de 1832 e o Código de Processo Penal de 1941 em sua redação originária

Arthur Gabriel de Freitas Pereira
Dulcerita Soares Alves
Filipe Dantas de Gois
Guilherme de Negreiros Diógenes Reinaldo
João Lucas de Araújo
Larissa Vitória Costa Lopes da Silva
Lauro Marinho Maia Neto
Leonardo de Oliveira Freire
Mariana Liberato Pinheiro
Nathália Leite de Medeiros
Raphaela Jéssica Reinaldo Cortez
Sophia Fátima Morquecho Nôga
Walter Nunes da Silva Júnior

OWL
EDITORA JURÍDICA

OWL – EDITORA JURÍDICA

editora@owl.etc.br • www.owl.etc.br

O Código de Processo Criminal de 1832 e o Código de Processo
Penal de 1941 em sua redação originária /
    Walter Nunes da Silva Júnior, Olavo Hamilton (orgs.) – Natal :
    OWL, 2023.
    448p.

    ISBN: 9798853685994

    1. Processo penal. 2. Códigos.

SUMÁRIO

APRESENTAÇÃO

Walter Nunes da Silva Júnior

O projeto de pesquisa *Direito processual criminal em movimento: ótica constitucional do processo criminal*, sob a minha coordenação, criado no âmbito do Departamento de Direito Processual e Propedêutica (DEPRO), da Universidade Federal do Rio Grande do Norte, tem como objeto o estudo desse ramo do direito sob a perspectiva do Estado Democrático de Direito, que tem como espinha dorsal os direitos fundamentais. Um dos propósitos é analisar criticamente a evolução do processo criminal e a sua adequação aos valores e princípios constitucionais, diante da força normativa dos direitos fundamentais, sob o paradigma do neoconstitucionalismo, que impõe o exame da legislação processual criminal sob as bases da teoria do garantismo.

Inicialmente, o estudo se fez por meio do projeto intitulado *O direito criminal como corpo normativo construtivo do sistema de proteção dos direitos e garantias fundamentais nas perspectivas subjetiva e objetiva*. Porém, como a nomenclatura não se adequava ao seu escopo, após a produção de dois livros, respectivamente *Direito e linguagem nas decisões criminais* e *Pacote anticrime: temas relevantes*, resolvemos alterar o título para outro que desse a compreensão de que as pesquisas têm em mira observar criticamente a legislação processual e a sua evolução.

Até porque os estudos levados a efeito nos domínios do projeto não se contêm na constatação das imperfeições do sistema processual criminal, senão também de propor sugestões para o aprimoramento da legislação nacional, a partir da compreensão do estado de arte atual. Depois da pesquisa sobre as diretrizes e as principais propostas contidas no PLS nº 155, de 2009, aprovado no Senado, comparando com o PL nº 8.045, de 2010, em trâmite na Câmara dos Deputados, assim como, com o substitutivo apresentado pelo Deputado Federal João Campos, em 2018, e o substitutivo preliminar de autoria da Comissão Especial, elaborado em 2021, sentiu-se a necessidade de se debruçar sobre a redação originária do CPP de 1941.

Não se pode vislumbrar o futuro sem enxergar o passado, simplesmente porque não se vive o hoje sem o ontem, muito menos há o amanhã, sem o hoje. Passado, presente e futuro são indissociáveis na vida e na realidade das coisas. A ideia é, no futuro, se e quando aprovado o novo Código de Processo Penal – necessidade sentida para ontem, mas que, infelizmente, a classe política recalcitra em postergar –, o projeto de pesquisa elaborar um estudo mais amplo, reunindo o material aqui publicado, o exame crítico dos projetos de lei acima mencionados e dos respectivos substitutivos e, assim, contextualizar a abordagem com o texto da futura codificação que vier a ser aprovada.

Os estudos reunidos neste livro, portanto, em verdade, fazem parte de uma trilogia. A intenção é contribuir para a compreensão da razão para mudar o Código de Processo Penal e, assim, subsidiar o exame das diretrizes observadas pelo legislador. E isso é de fundamental importância.

Se é que se pode dizer que há algum consenso em relação ao Código de Processo Penal, isso se dá quanto à premência de sua alteração, mais precisamente, da promulgação de um novo código. O problema maior reside quanto à direção a ser seguida. A expressa maioria da elite política, reverberando a voz de parcela considerável da sociedade brasileira, clama pela adoção de legislação mais rígida, que tenha o condão de aplacar a impunidade e de diminuir a criminalidade, especialmente a chamada criminalidade violenta. Em direção diametralmente oposta, a comunidade acadêmica, também em sua maioria, com supedâneo em bases científicas, a partir da concepção de que a prisão em si é um problema e alimenta a violência, conquanto não chegue ao extremo de pregar a abolição desse tipo de pena, defende que a sua utilização só seja aplicada nos casos extremos, quando for absolutamente necessária.

Uma verdade é inconteste. A sociedade brasileira em geral, e a elite política em especial, quanto à questão criminal, expressa uma visão conservadora e punitivista, percebendo os direitos fundamentais como um direito individual, que não é inerente à condição humana, mas, sim, uma conquista obtida pelos *homens de bem*, seja lá o que isso quer dizer. Em verdade, nesse ambiente, temos o que se convencionou designar *conservadorismo liberal*, ou seja, um *pensamento antiliberal* na essência, pois expressa, um *liberalismo de conveniência*, quando isso consulta aos seus interesses.

Ao contrário da máxima *direitos para todos, direitos para mim, para os meus* e *para as pessoas próximas* a mim e *para as quais quero* bem. Os direitos não são *fundamentais*; são *individuais*, destinados para os que merecem, pelo que não são declarados, precisam ser conquistados, sendo *conditio sine qua non* a pessoa ser considerada um *homem de bem*. Enfim, o direito não é para todos.

Esse traço cultural e político é revelado pela legislação criminal. Isso é perceptível no Código de Processo Criminal de 1832, até mesmo em relação à linguagem marcadamente punitivista, que está impregnado até hoje em nosso discurso normativo. Essa característica, herdada das Ordenações portuguesas, principalmente das Ordenações Filipinas, que expressavam o chamado *direito penal do terror*, conquanto tenham sido arrefecidas em relação à previsão normativa da tortura e das penas cruéis, foi consolidada no Código de Processo Penal de 1941. Isso sem falar que a tortura continuou a ser praticada como técnica informal de descobrimento da utópica verdade real.

A despeito das raízes normativas punitivistas advindas das Ordenações Filipinas e do CPCrim, esse modelo de codificação, imaginado pelos mais ilustres doutrinadores da *escola positiva* (Ferri e Garofalo) e da *escola do tecnicismo jurídico* (Rocco e Manzini), contaminou o legislador brasileiro e guiou os seus passos na elaboração do Código de Processo Penal de 1941, sob as bases da Constituição de 1937, a mais retrógrada da nossa história constitucional, de feição ditatorial. A mudança da expressão *criminal* para *penal* para fins de designação da nova codificação não foi obra do acaso. Revela, de forma inescondível, o *viés punitivista* do código atual, editado à imagem e à semelhança do Código de Processo Penal italiano de 1930, o *Codice Rocco*, confessadamente de índole fascista. No ponto, o então Ministro da Justiça Francisco Campos, para espancar qualquer dúvida quanto às diretrizes adotadas, na exposição de motivos do CPP de 1941, confessou que tinha a intenção de dotar o país de um código com o objetivo de conferir maior eficiência e energia na *ação repressiva* do Estado, seguindo como estratégia, dentre outras, (i) desmistificar a presunção de inocência dos réus, (ii) restringir o extenso catálogo de garantias e favores, que nessa forma de pensar retardavam e prejudicavam a repressão; (iii) abolir a injustificável primazia dos interesses do indivíduo sobre a tutela social; e (iv) restringir a aplicação do *in dubio pro reo*.

Mais claro impossível. O Código de Processo Penal de 1941, no escopo de desconstruir o pseudo viés liberal do CPCrim de 1832, foi desenhado com um perfil *antidemocrático, policialesco e inquisitivo*, com repercussão direta quanto ao tratamento dispensado ao acusado, que foi *coisificado*, a ponto de ser desconsiderada a sua condição de sujeito do processo, porquanto chamado ao feito para servir de prova a respeito do crime por ele próprio praticado, sendo prevista a prisão preventiva como regra, para além de negado o princípio da presunção de inocência, com o estabelecimento mesmo de uma *presunção de culpabilidade* para determinadas situações, ademais de o devido processo legal não ter sido encarado como garantida, diante da visão inquisitivista de que o que importa é o descobrimento da verdade, a *utópica verdade real*, de modo que os fins justificavam os meios, não possuindo as regras ou formas processuais um fim garantista.

Esse estado de arte alçou o Brasil a posição de destaque no ranking mundial quanto aos países que mais prendem. Possui a 3ª maior população carcerária no ranking mundial, nos termos da pesquisa feita pelo *Instituto de Pesquisa de Política Criminal da Universidade de Londres*. Em compasso com os dados do *World Prison Brief*, o número de presos no Brasil mostra um quadro de tendência de crescimento, ano a ano, com estagnação no ano de 2017.

Esses dados são corroborados pelo então Departamento Penitenciário Nacional, segundo o qual, se no ano de 2000, no Brasil, havia 232.755 mil presos, no de 2017 o número de pessoas encarceradas chegou a 722.715 internos, um aumento, em termos percentuais, nada mais, nada menos, de 150%. A partir daí, observa-se uma significativa alteração no quadro. Se entre os anos de 2014 a 2016 houve um aumento de 22% da taxa de encarceramento, de 2016 (722.120) a 2017 (722.715) a taxa de crescimento foi próxima a zero. No mesmo passo, a taxa cresceu em 3% no ano de 2018 (744.216), em 1% no ano de 2019 (755.274), para a partir daí apresentar uma acentuada diminuição de -11% em 2020 (672.697), discreto crescimento de 1% em de 2021 (679.577), para voltar a diminuir em -3%, no ano de 2022 (661.015).

Para um país que prende tanto, se verdadeira a crença de que a prisão é o remédio adequado para a criminalidade, o certo seria o Brasil experimentar uma situação confortável em relação a essa questão. Mas, infelizmente, como todos sabem, a criminalidade violenta é muito alta no Brasil. Em verdade, temos uma das maiores taxas de *Mortes Violentas Intencionais (MVI)*, padrão internacional que serve para revelar a situação a esse respeito. Em consonância com o *Anuário Brasileiro de Segurança Pública de 2022*, divulgado pelo Fórum Brasileiro de Segurança Pública, que tem como ano-base 2021, o viés de alta da taxa de MVI verificado em 2016 (29,9) permaneceu em 2017 (30,9), caiu em 2018 (27,6), continuou descendo em 2019 (22,7), teve uma pequena variação para cima em 2020 (23,8), voltou a decrescer em 2021 (22,3), gerando uma variação média, no período, de -9,3%. O discreto aumento em 2019 (22,7), ainda assim, foi muito mais baixo do que a taxa de 2017 (30,9).

Esse quadro da criminalidade referente aos homicídios, com pequena diferença, é corroborado pelo *Anuário Estatístico*, produzido pelo Ministério da Justiça e Segurança Pública, publicado em 2022, referente ao ano-base 2021, que, adotando o padrão internacional de mensuração por 100 mil habitantes, revela que a taxa de homicídios no Brasil sempre experimentou uma espiral crescente entre os anos de 2016 (24,79) e 2017 (26,96). Todavia, no ano de 2018 (23,48), houve discreta queda, acentuada no ano de 2019 (18,86), com pequeno acréscimo em 2020 (19,95), para voltar a descer em 2021 (18,54). A análise desses dados durante todo o período de 2016 a 2021, revela uma diminuição da taxa de homicídios em -25%, números altamente alvissareiros.

O leitor atento já percebeu. Sopesando os dados referentes aos homicídios e às mortes violentas letais intencionais com os referentes ao aprisionamento, constata-se que o crescimento da criminalidade violenta foi proporcional ao aumento da população prisional e, quando houve a diminuição da taxa de encarceramento, no mesmo passo, verificou-se o decréscimo da taxa de homicídios e de mortes violentas intencionais. Isso não é, por óbvio, mera coincidência. Há uma relação direta entre os dois dados. Afinal de contas, as maiores e mais temidas organizações criminosas existentes no solo nacional, que controlam o tráfico internacional de entorpecentes e armas e promovem a criminalidade violenta, foram criadas nos estabelecimentos penais, fazem deles seus territórios, neles estabelecem os seus escritórios oficiais, de onde recrutam mão de obra interna e externa e estabelecem as suas relações de poder. Portanto, ser mais preciso e seletivo no recolhimento à prisão, reservando esse tipo de medida especialmente para os crimes que efetivamente comprometem a vida em paz e com tranquilidade da sociedade se apresenta como a política inteligente a ser desenvolvida pelas três esferas de poder, a despeito do pensamento moldado pela cultura da prisão, dominante entre a maioria das pessoas leigas ou levadas pela pauta conservadora e mesmo preconceituosa e elitista das agências políticas.

O neoconstitucionalismo ou Estado democrático constitucional, que emergiu após a Segunda Guerra Mundial – que no Brasil somente se fez sentir após a segunda metade dos anos oitenta, tendo como marco regulatório a Constituição de 1988 –, gerou o processo de constitucionalização do sistema jurídico em seu todo, alterando o paradigma do direito, de modo que os direitos fundamentais, vazados em forma de princípios, conquanto antes desempenhassem *função subalterna*, sendo chamados apenas para colmatar as lacunas do ordenamento jurídico, mediante o reconhecimento de sua força normativa, passaram a ocupar no sistema jurídico *posição hegemônica, estruturante e interpretativa*, manifestando-se como normas de hierarquia superior às regras jurídicas estampadas na legislação infraconstitucional, de modo que esta tem não apenas de ser desenhada de acordo com os parâmetros dos princípios constitucionais, como possui a sua compreensão e alcance determinados por eles.

A teoria do garantismo criminal encontra fundamento no movimento neoconstitucionalista, sendo inerente, portanto, ao Estado democrático constitucional, e gira em torno da legalidade pautada na força normativa dos direitos fundamentais, modelo de direito que submete a validade normativa ao teste de constitucionalidade, com suporte em uma teoria jurídica crítica que separa o ser do dever ser para distinguir entre legalidade formal e substancial, pautado por uma filosofia que impõe a justificação da norma e do agir estatal a título de persecução criminal em consonância com a finalidade de tutelar bens e interesses legítimos, modelo de sistema jurídico incompatível com o viés ditatorial, policialesco e inquisitivo, sob o qual o Código de Processo Penal vigente foi concebido.

Tendo em conta essas considerações, este livro contém a pesquisa realizada pelos integrantes do projeto, elaborada com a finalidade de apresentar, de forma crítica, a gênese conservadora, ditatorial e policialesca do Código de Processo Penal de 1941, que não encontra eco em um processo criminal garantista, concebido pela Constituição de 1988.

Todavia, para melhor compreender a redação originária do CPP de 1941, é preciso ter uma noção de como era o CPCrim de 1832, na medida em que, pela exposição de motivos da codificação atual, a intenção era mudar radicalmente uma legislação que seria permissiva e leniente no tratamento conferido aos acusados, que, nas palavras de Francisco Campos, se apresentava como um extenso catálogo de direitos.

Por isso mesmo, a obra está dividida em duas partes, uma sobre o CPCrim de 1832 e outra a respeito do CPP de 1941.

Eis o resumo da primeira parte, que cuida do CPCrim de 1832.

Capítulos 1 a 7: *O Código de Processo Criminal de 1832 e as raízes do CPP de 1941*, escrito por Walter Nunes da Silva Júnior.

Faz um escorço histórico sobre o processo penal brasileiro, que teve como marco regulatório o Código de Processo Criminal do Império. No Brasil, antes da independência, estavam em vigor as Ordenações Filipinas, cujo Livro V preceituava as normais penais e processuais penais. Esse diploma normativo, seguindo as orientações das Ordenações Afonsinas e Manuelinas que lhe precederam, tinha como ideologia central sedimentar um direito penal do terror, comum durante o absolutismo estatal. Esse cenário pintado pelo Estado cruel e vingador foi desconstruído com o aparecimento do Estado moderno, reflexo da propagação mundo a fora dos princípios iluministas que pavimentaram a Revolução Francesa. Em consonância com a nova ordem mundial instaurada, o Estado, regido e obediente a uma Constituição, deveria ser arquitetado com suporte na tripartição dos poderes e na declaração dos direitos do homem. No ambiente criminal, essa revolução de cunho liberal teve como esteio as ideias gizadas por Beccaria no livro Dos delitos e das penais, as quais orientaram, em obséquio à Constituição Imperial de 1824, a feitura do CPCrim, que teve o condão de esboçar a jurisdicionalização da persecução penal em nosso meio, com os senões próprios de um ambiente ainda arraigado à ordem anterior, fomentados pela então incipiente dogmática criminal, em especial a processual, que experimentava os seus primeiros passos. O certo é que o CPCrim exibiu um viés liberal-conservador, ademais de autoritário, manifestando-se, de toda sorte, como um monumento legislativo, por romper com o Direito Penal do terror das Ordenações Filipinas, muito avançado para a realidade cultural, jurídica, social e política da época, a ponto de suscitar, desde os seus primeiros anos de vigência, um consistente movimento de contrarreforma, culminando com a vinda a lume do Código de Processo Penal de 1941. O texto revela que as maiores críticas feitas foram quanto à adoção do tribunal do júri como procedimento ordinário, com competência para o julgamento de praticamente todos os crimes, residindo aí o seu perfil liberal. Todavia, o tribunal do júri não possuía soberania e o próprio juiz de direito, que presidia a sessão de julgamento, podia proferir sentença contrária ao que decidido pelo corpo de jurados, desde que não concordasse com o veredito.

Eis o resumo da segunda parte, que aborda o CPP de 1941.

Capítulo 1: *Tragédia anunciada: uma classificação epistemológica da constituição de 1937 e do código de processo penal de 1941*, escrito por Lauro Marinho.

Constrói um método de agregação e codificação para classificar os direitos constitucionais da Carta de 1937 e as garantias processuais do Código de Processo Penal de 1941. Identifica os objetivos reais e latentes desses projetos jurídicos-políticos, com vistas aos seus respectivos âmagos ideológicos. Demonstra o cenário ideológico em que se formaram esses dois ordenamentos, a fim de construir uma classificação epistemológica para facilitar a leitura crítica dos demais capítulos. O que fica demonstrado é que nem mesmos os esforços liberais anteriores que prestigiaram o CPCrim de 1832 e a Constituição de 1891 puderam direcionar o Código de Processo

Penal de 1941 para um caminho que não o do autoritarismo policialesco. Essa formatação original, portanto, é a crônica que anuncia a tragédia da hodierna doutrina criminalista, que ainda carrega consigo as diretrizes ideológicas fascistas que tatuaram a Carta de 1937 e o CPP de 1941.

Capítulo 2: *Notas sobre o inquérito policial: polícia política e vigilância criminal*, escrito por Lauro Marinho Maia Neto e Walter Nunes da Silva Júnior.

Aborda o tema das formas e procedimentos do Inquérito Policial na redação original do Código de Processo Penal, com um enfoque específico na forma como a ideologia política do Estado Novo foi aplicada à defesa da Ordem Social e à perseguição de criminosos políticos. Analisa como o exercício do Poder de Polícia e a estrutura normativa da investigação criminal serviram como ferramentas para a execução das vontades político-ideológicas do estatismo autoritário, por meio de condução da investigação feita com forte orientação política e auxiliada por um juiz que muitas vezes se confundia com a acusação. Conclui-se que essa forma de condução da investigação criminal, legitimada pela doutrina da época e pela teoria jurídica dos legisladores do código, se traveste em uma forma despótica e patibular do sistema de justiça criminal. Somente por meio de uma crítica específica a essa teoria do direito adotada pelos legisladores processuais penais na feitura do código, portanto, é que se pode alcançar o arcabouço inaugural dessa forma de investigação. Busca demonstrar que essa forma, vista como aceita até hoje no imaginário popular e doutrinário brasileiro, deve ser repensada e repudiada, a fim de que possamos avançar rumo a uma justiça mais justa e imparcial.

Capítulo 3: *O interrogatório judicial do acusado no Código de Processo Penal de 1941: um meio de prova*, escrito por Sophia Fátima Morquecho Nôga.

Promove reflexão aprofundada acerca do instituto do interrogatório judicial, conforme o Código de Processo Penal de 1941, com a análise da natureza jurídica com a qual o instituto foi concebido, com as respectivas consequências jurídicas, especialmente quanto ao tratamento do acusado como prova, sem reconhecimento da sua condição de sujeito processual. Avalia as influências ideológicas e doutrinárias que respingaram na fundamentação que para do interrogatório como algo a serviço da persecução criminal. Faz-se o comparativo com o interrogatório tal como ele é realizado na atualidade, mercê das alterações que foram promovidas.

Capítulo 4: *A objetificação das vítimas no CPP originário*, escrito por Dulcerita Soares Alves e Leonardo de Oliveira Freire.

Estuda a forma como se dava a participação do ofendido, à luz do art. 201, do Código de Processo Penal (CPP) de 1941 em sua redação originária, um período em que o sistema jurídico penal era voltado para o crime e punição, caracterizado pela desvalorização da vítima. Analisa o tratamento conferido às vítimas e suas consequências. Para isso, aplicou-se na investigação a técnica de pesquisa bibliográfica, documental histórica, legislativa, bem como a análise da jurisprudência da época, procurando identificar os principais doutrinadores clássicos como referencial teórico usado na pesquisa. Essa parte evidencia que o ofendido era visto como um elemento do processo, identifica quais foram os motivos que contribuíram para a objetificação das vítimas, levando-se em conta o que se pode fazer para minimizar tal tratamento na evolução da política criminal, compreendendo que se deve voltar seu olhar para o futuro, para além do atuar do réu e sua repressão, ou seja, focar na maior participação da vítima no processo penal e seu protagonismo.

Capítulo 5: *A disciplina sobre o reconhecimento de pessoas a partir do Código de Processo Penal de 1941 e a continuidade da redação originária: a necessária busca por mudanças*, escrito por Nathália Leite Medeiros.

Aborda a criação da disciplina do reconhecimento de pessoas no Brasil, com o intuito de compreender não apenas o contexto histórico, social e ideológico existente à época da sua edição, mas também de averiguar se a redação contida no Código de Processo Penal é compatível com o Estado Democrático de Direito e suficiente na realidade atual. Demonstra a importância da criação do art. 226 do CPP e os desafios impostos ao aplicador do direito em razão da continuidade da vigência do referido dispositivo legal, ainda na sua versão originária, mesmo passados mais de 80 (oitenta) anos. Por meio de uma pesquisa bibliográfica em fontes antigas e atuais, discute a origem e as inspirações para a edição do referido artigo e sobre os problemas trazidos em razão da sua vigência até os dias atuais. Chega à conclusão de que a previsão contida no CPP de 1941, inspirada no Código Rocco, apesar de criticável, consiste em um avanço, pois estabelece um procedimento que representa a garantia do mínimo necessário em matéria processual penal. Por outro lado, diante dos estudos científicos a respeito da psicologia do testemunho, dos valores trazidos pela Constituição de 1988 e da heterogeneidade dos procedimentos adotados na prática, fica clara a necessidade de mudanças legislativas.

Capítulo 6: *A busca e apreensão sob a ótica da redação originária do Código de Processo Penal de 1941*, escrito por Raphaela Jéssica Reinado Cortez.

Analisa a proteção ao domicílio conferida ao longo da Constituição de 1937 e o seu impacto na elaboração e interpretação do instituto da busca e apreensão regulamentada pelo Código de Processo Penal de 1941. Estabelece um marco teórico a partir de bibliográfico e histórico da época quanto ao contexto político e jurídico em que a Constituição de 1937 foi elaborada e, consequentemente, a sua influência na construção do CPP de 1941. Em um segundo momento procede ao delineamento das características quanto ao direito fundamental à inviolabilidade de domicílio, passando, em seguida, a analisar a instrumentalização da medida de busca e apreensão da redação originária do CPP de 1941, apontando o poder de decisão que a autoridade policial detinha e a consequente ausência de reserva de jurisdição. É examinada, ainda, a validade da busca e apreensão como meio de prova compatível em um modelo de estado de direito democrático. Ao final, conclui que a supressão de direitos fundamentais na Constituição de 1937 influenciou na construção de um diploma processual penal com nítidos aspectos ditatoriais e policialesco, cujo propósito era promover um modelo de repressão do Estado como solução ao processo penal brasileiro.

Capítulo 7: *Prisão em Flagrante no Código de Processo Penal de 1941*, escrito por Arthur Gabriel de Freitas Pereira e Larissa Vitória Costa Lopes da Costa.

Este capítulo analisa a prisão em flagrante prevista no Código de Processo Penal de 1941 à luz da trajetória histórica da utilização da prisão como forma de controle e manutenção da ordem social. Evidencia o caráter punitivo emprestado ao flagrante delito, que era, a um só tempo, meio de captura e uma das espécies de prisão processual. Diante da certeza extraída pela circunstância de a pessoa ser pega em flagrante, esse fato, por si só, era justificativa suficiente para que a pessoa ficasse encarcerada durante o transcurso do processo, adotando, assim, uma clara presunção de culpabilidade, pensamento ainda hoje impregnado na cultura da sociedade brasileira, que não aceita a soltura do agente nesses casos.

Capítulo 8: *A prisão preventiva na redação original do Código de Processo Penal de 1941*: o *retrato de um sistema fundado na presunção de culpa*, escrito por João Lucas de Araújo e Mariana Liberato Pinheiro.

Realiza o estudo crítico sobre a prisão preventiva nos termos dispostos na redação originária do Código de Processo Penal, sobretudo no que diz respeito à distinção dessa medida cautelar em caráter facultativo e obrigatório. Para além do texto normativo, faz análise, por meio do posicionamento doutrinário, da evolução histórica do instituto, associada ao estudo sobre as influências da ideologia fascista no autoritário Estado Novo de Vargas, responsável por instalar um sistema inquisitivo calcado na presunção de culpabilidade, retratado na circunstância de o acuado, de regra, ser encarcerado durante a tramitação do processo, não havendo, em determinadas hipóteses, a fundamentação quanto à necessidade da decretação da prisão.

Capítulo 9: *O procedimento do tribunal do júri no Código de Processo Penal de 1941: consolidação do sistema bifásico e da participação popular nos crimes contra a vida*, escrito por Filipe Dantas de Gois.

Escrutina a evolução procedimental cronológica do instituto do tribunal do júri, avaliando as bases ideológicas e normativas que conduziram à regulamentação trazida pela redação originária do Código de Processo Penal de 1941, a qual privilegiou a manutenção de um sistema bifásico, marcado pela atuação do juiz togado, na primeira fase, e do povo, no julgamento em Plenário. A partir do estudo do posicionamento doutrinário da época, conclui que o procedimento observado até então era expoente do ideal autoritário trazido pelo Estado Novo varguista, que se baseou em um verdadeiro princípio de presunção de culpa para nortear a atuação do poder judiciário na primeira fase do rito e, até mesmo, na instância recursal, dado o poder discricionário conferido aos tribunais de apelação de interferir no veredito dos jurados.

Capítulo 10: *O papel do Código de Processo Penal de 1941 na consolidação da necropolítica no Brasil*, escrito por Guilherme de Negreiros Diógenes Reinado.

Na primeira parte do texto, com emprego da metodologia de revisão bibliográfica, faz uma abordagem sobre os fatos sociais que antecederam a elaboração do Código de Processo Penal de 1941 e sobre manifestações públicas feitas pelo ministro da justiça Francisco Campos, encarregado de dirigir os trabalhos de redação da norma. Em seguida, passa ao estudo sobre a norma em si e a persistência dos seus efeitos no decurso do tempo. Conclui que o sistema de repressão do Estado Novo, alicerçado na prisão de ofício, na prisão automática, na legitimação jurídica da prisão dos pobres e na ausência de direitos ao condenado, extrapolou os seus objetivos iniciais e permitiu a consolidação da necropolítica no Brasil, através do encarceramento em massa de certas parcelas populacionais.

Eis o livro elaborado a partir dos estudos levados a efeito no projeto de pesquisa Direito processual criminal em movimento: ótica constitucional do processo criminal, desenvolvido na Universidade Federal do Rio Grande do Norte.

Boa leitura!!!

Natal, 25 de julho de 2023.

Walter Nunes da Silva Júnior

Juiz federal, Corregedor do Presídio Federal em Mossoró/RN, Mestre e Doutor, Professor Associado da Universidade Federal do Rio Grande do Norte – UFRN, Coordenador dos Projetos de Pesquisa O Direito Criminal como o corpo normativo construtivo do sistema de proteção dos direitos e garantias fundamentais, nas perspectivas subjetiva e objetiva e Criminalidade violenta e diretrizes para uma política de segurança pública no Estado do Rio Grande do Norte, Conselheiro do Conselho Nacional de Política Criminal e Penitenciária - CNPCP e membro da Academia de Letras Jurídicas do Rio Grande do Norte – ALEJURN.

PRIMEIRA PARTE

O CÓDIGO DE PROCESSO CRIMINAL DE 1832 E AS RAÍZES DO CPP DE 1941

Walter Nunes da Silva Júnior[1]

O direito criminal, que compreende o penal material e o processual, em termos de história do direito, é uma ciência nova. Todavia, o crime, em sua gênese, ademais de ser um fenômeno social, é ínsito ao ser humano. Por conseguinte, se é certo dizer que *ubi societas, ibi jus*, também é lícito afirmar que *ubi societas, ibi crimen*. Logo, *ubi crimen, ibi societas*. Por isso mesmo, tem-se que a repressão ao delito é uma herança cultural dos povos, dado que, como visto, a despeito do desenvolvimento da cultura humana e de mecanismos para evitar os comportamentos desviantes, o crime sempre existiu e irá existir (BEVILÁQUA 1896). O crime e a punição existem lado a lado, desde que o mundo é mundo, sendo a repressão às condutas ilícitas realizada por meio de algum mecanismo, mais precisamente, mero rituais.

Na fase embrionária da sociedade, o crime era visto e tratado como uma questão individual, que dizia respeito ao agressor e à vítima, ficando o ofendido com o direito de exteriorizar o sentimento atávico da vingança. Nessa ideia primitiva, não havia limite à reação da vítima, ensejando a vindita coletiva, estendida aos familiares, à tribo, ao clã ou grupo a que pertencia o agressor. Adolph Prins lembra que a *vingança privada* é "a mais antiga e a mais rudimentar manifestação de uma reação social contra os atos que perturbam as relações sociais" (PRINS 1915, p. 14). Von Lizt chama a

---

[1] Juiz Federal; Corregedor do Presídio Federal em Mossoró/RN; Mestre e Doutor; Professor Associado da Universidade Federal do Rio Grande do Norte (UFRN); Professor da Escola Nacional de Formação e Aperfeiçoamento de Magistrados (ENFAM); Professor da Escola de Magistratura Federal da 5ª Região (TRF5); Coordenador dos Projetos de Pesquisa *Direito processual em movimento: ótica constitucional do processo criminal;* e *Criminalidade violenta e diretrizes para uma política de segurança pública no Estado do Rio Grande do Norte*; Conselheiro do Conselho Nacional de Política Criminal e Penitenciária (CNPCP); e membro da Academia de Letras Jurídicas do Rio Grande do Norte (ALEJURN); ORCID: https://orcid.org/0000-0003-1747-9233.

atenção que o sentimento de vingança, oriundo do instinto de conservação, é encontrado em todas as formas sociais e fases da civilização (2003, p. 44)[2].

A primeira concepção da *justiça penal estatal* foi de criação religiosa. Na época em que o Estado era tido como uma instituição divina, considerava-se o direito uma emanação da vontade de Deus, razão pela qual o crime se constituía em um atentado contra a divindade, sendo o castigo imposto pela pena a forma de aplacar a cólera ou a ira dos deuses. Mas, como adverte Ferri, estrategicamente, o direito penal eclesiástico confiava "ao 'braço secular' a execução das penas mais atrozes, que muitas vezes se estendiam aos descendentes, aos parentes, aos concidadãos do réu" (1907, p. 40).

A segunda concepção de justiça estatal foi de ordem política e surgiu com o Renascimento, corrente de pensamento que defendeu a separação do Estado da Igreja. O movimento renascentista fomentou a ideia de que a justiça criminal não tinha como meta aplacar a ira dos deuses, senão de proteger a autoridade do soberano. A repressão passa a ter como fim afirmar a autoridade do soberano, tendo como ideia básica a dominação do corpo do infrator, instaurando o chamado *Direito Penal do terror* (FOUCAULT 1977). Afirma Prins que "O poder aproveita esta situação para transformar o direito penal, eliminar do sistema repressivo a antiga noção de reparação e da multa e fazer triunfar a noção da pena pública e corporal, e o princípio da intimidação" (PRINS 1915, p. 19)[3].

Em sua primeira fase, para a concepção política do crime a atuação estatal era no sentido de reprimir os ilícitos, utilizando como instrumento a aplicação de penas cruéis e difamantes. A segunda fase da concepção política adveio com o movimento iluminista, que criticou e contestou o autoritarismo da igreja, do rei e da aristocracia, e se preocupou em estabelecer, de forma prática, o seu ideário humanístico[4]. Para evitar as

---

[2] Esse sentimento de vingança ainda hoje é ínsito à ideia da necessidade da punição. Sentimento que nos dias de hoje, não raro, ultrapassa a pessoa da vítima ou de seu núcleo familiar, e se espraia para a sociedade em geral e mesmo como vontade estatal veiculada pelos governantes de plantão.

[3] A respeito da afirmação da autoridade por meio da dominação do corpo, conferir o livro *Vigiar e punir* (FOUCAULT 1979).

[4] No livro *O contrato social*, Rousseau salientou que, como nenhum homem tem autoridade natural sobre o seu semelhante, a razão da autoridade legítima está nas convenções pactuadas pelos homens, de modo que não é crível que eles alienem a sua própria liberdade, o que é o "... mesmo que renunciar à sua qualidade de homem, aos direitos da humanidade, até mesmo, a seus deveres" (1978, p. 80).

arbitrariedades cometidas a pretexto do *poder de punir*, com base na obra *Dos delitos e das penas* de Beccaria, publicada em 1764, foi desenvolvida a ideia de que o *direito de punir* do Estado deve ser limitado, só podendo ser exercido dentro dos parâmetros concebidos pela sociedade, que são conhecidos com a feitura e publicação da lei, expungindo, assim, o arbítrio do juiz, mediante a sedimentação do chamado princípio da *reserva legal* (1979, p. 38). O pensamento *beccariano*, mais filosófico do que jurídico, escrito na segunda metade do Século XIII, deu origem não apenas à denominada *escola clássica* como propriamente ao direito criminal[5], tendo como pano de fundo a crítica quanto às atrocidades dos sistemas penais então existentes, principalmente em relação à pena de morte, à tortura e às penas cruéis em geral, que não se confortam com a essência dos direitos que são imanentes à condição humana. O direito ou dever de punir, ou melhor, o dever-poder de exercer a persecução criminal é contido e pautado pela legitimidade, porque é inerente ao homem o sentimento de repulsa ou ressentimento contra qualquer tipo de agressão, até mesmo a que é feita a pretexto de punir (ROMANGNOSI 1956, p.15) e, acrescente-se, ainda que sob o comando do Estado[6].

Foi nesse caldo de cultura que se pretendeu, com a edição do Código de Processo Criminal do Império do Brasil de 1832, tentar romper com o ranço absolutista imanente às Ordenações Filipinas, eliminando de nosso meio o *Direito Penal do terror* então presente.

A primeira parte deste livro, estruturada em 8 (oito) capítulos, tem o propósito de esmiuçar o CPCrim, destacando os institutos e regras que orientaram ou influenciaram o legislador do Código de Processo Penal de 1941. Nessa empreitada, a abordagem iniciará com a contextualização das normas processuais contidas nas Ordenações Filipinas, que tiveram vigência no período anterior à edição do CPCrim, com considerações, ainda, diante da pertinência, à organização judiciária de então.

No capítulo 2, a atenção será quanto à Constituição Imperial de 1824, que foi o marco regulatório da elaboração do CPCrim, assim como a

---

[5] Essa expressão criminal abrange os direitos penais material e processual.
[6] "A persecução criminal, espraiada entre a chamada *polícia judiciária* e o Ministério público, é poder político conferido ao Estado e monopólio dele, que deve ser exercido não só com obediência aos direitos fundamentais do homem, como também de forma legítima" (SILVA JÚNIOR 2022, p. 115).

organização judiciária e a distribuição de competência entre os órgãos judicantes. A partir do capítulo 3 terá início, propriamente, o estudo das regras processuais expostas no Título I da segunda parte do CPCrim, que se constituía numa espécie de parte geral do código, contemplado dispositivos sobre a prescrição, a causas de suspeição e de *recusação* do juiz, da citação, dos requisitos e da legitimidade quanto ao oferecimento da denúncia ou queixa, das espécies de provas e do instituto da fiança. No capítulo 4 será tratado o procedimento sumário, que, em verdade, dispunha sobre as atribuições do juiz de paz na apuração dos crimes, sendo a ele atribuídas a função de polícia investigatória, denotando a filiação ao código de processo criminal francês quanto à adoção da figura do *juízo de instrução*, ou seja, com pouquíssimos preceitos de feição propriamente processual. O ponto de destaque dessa parte do código era a que disciplinava a chamada *formação de culpa*, matéria cuidada no CPP de 1941 como inquérito policial. O rito relativo ao Tribunal do Júri merecerá enfoque no capítulo 5, que era denominado procedimento ordinário, pois era a regra para o julgamento dos crimes, salvo raríssimas exceções, ressaltando as nuances do *júri de acusação* e do *júri de julgamento*. Por fim, nos capítulos 6 e 7 serão expostas as normas sobre os recursos cabíveis e o habeas corpus.

CAPÍTULO 1

RAÍZES DO DIREITO CRIMINAL BRASILEIRO

No escopo de encontrar as raízes de nosso sistema criminal e como chegamos à processualização da persecução penal por meio da CPCrim de 1832, aprovado 68 (sessenta e oito) anos após o livro *Dos delitos e das penas*, seguido do Código de Processo Penal editado em 1941, é preciso verificar, ainda que *en passant*, a herança que tivemos do direito português.

No ponto, por volta do Século XII, na formação do Estado de Portugal, para fins de sedimentação de sua soberania, foram editados os forais que, ao lado dos Direitos Romano e Canônico e dos usos e costumes, passaram a formar o sistema jurídico português. Os forais eram as Cartas, denominadas foros ou forais, que os reis outorgavam aos senhorios, estabelecendo os direitos e privilégios que estes possuíam sobre uma determinada localidade.

Diante da inexistência de convergência de tratamento entre os forais outorgados (ALMEIDA JÚNIOR 1959), houve a necessidade da compilação do direito no Reino, o que só veio a ocorrer no século XV, no reinado de D. João I (F. H. ALMEIDA 1957, p. 10). Ele determinou a compilação das muitas leis que se encontravam em vigor no reino de Portugal. Enfim, no ano de 1446, em nome de Afonso V, foram publicadas as *Ordenações Afonsinas*, que vigeram de 1446 a 1520. Os direitos penal e Processual penal foram disciplinados no Livro V, como apêndice da legislação civil. Sob a inspiração dos direitos romano e canônico, das leis das *partidas de castela* e dos costumes e estilos das vilas portuguesas, o *processo penal* seguiu as características próprias da legislação eclesiástica, com a plena adoção do procedimento inquisitorial. Nessa época, não existia propriamente um direito processual criminal. Tratavam-se de regras rudimentares que estabeleciam rituais para a apuração e o julgamento dos crimes.

Concretamente, eram previstos 3 (três) modos de iniciativa do processo: (1) a *acusação,* que se fazia mediante o *auto de querela;* (2) a denúncia, correspondente à delação secreta e à súplica dos fracos; e (3) a inquirição, nos casos em que se procedia de ofício (F. H. ALMEIDA 1957, p. 112). Iniciado o processo, o réu era citado para fins de interrogatório e, quando não confessava ou negava a prática do crime, ele poderia *exigir* que as testemunhas fossem ouvidas na presença do juiz. Encerrada a instrução, após a defesa do acusado, surgia o momento para a decisão. Havia a admissibilidade da apelação, oportunidade em que poderiam ser reinquiridas as testemunhas (F. H. ALMEIDA 1957, p. 113). No desiderato de coibir o arbítrio dos juízes, em caso de ausência de normatização do assunto pelas *Ordenações Afonsinas,* havia previsão expressa quanto à aplicação subsidiária do direito romano e do direito canônico[7], justificando-se a incidência deste, uma vez que a autoridade do Rei advinha de *Deus.* Essa era a legislação portuguesa que se encontrava em vigor, quando o Brasil foi descoberto.

No século seguinte, mais precisamente em 1521, no reinado de D. Manuel, procedeu-se à edição das *Ordenações Manuelinas*, destinando-se, igualmente, o Livro V para o disciplinamento do direito penal e processual penal. Não procede a afirmativa de que as *Ordenações Manuelinas* não trouxeram nenhuma inovação em relação à legislação anterior e que teria sido editada mais por vaidade de D. Manuel, *o venturoso*, que teria o desejo de dar ao código o seu nome. As *Ordenações Manuelinas*, que vigeram até 1603, além de cuidar de conferir uma melhor estrutura ao Poder Judiciário, conforme João Mendes Júnior (1959, p. 123), trouxe o disciplinamento a respeito do promotor de justiça, "com as suas funções de ministério público, quer no cível, quer no crime, bastante acentuadas" e impôs que, em cada cidade, vila e lugar do reino e senhoria, houvesse sempre um promotor de justiça *letrado e bem entendido.* Conquanto não houvesse modificação em relação ao início do processo, admitia a apelação não apenas da sentença definitiva, bem assim da decisão interlocutória e, ademais, preceituava a sua interposição de ofício pelo juiz (ALMEIDA JÚNIOR 1959, p. 124).

---

[7] Redigidas sem método adequado, as normas eram extensas, o que dificultava a interpretação e alcance de seus enunciados.

Finalmente, o Rei de Castela, Felipe II, ao assumir o trono português em razão da morte do cardeal D. Henrique, resolveu promulgar as *Ordenações Filipinas*, mantendo a praxe de destinar o Livro V para tratar do Direito Penal e Processual Penal. Os seus preceitos eram *desumanos e bárbaros* e, dentro de um sistema normativo *cruel e despótico*, o processo inquisitivo, aparelhado das *devassas*, servia a um Direito Penal *retrógrado e sanguinário* (MARQUES 1997, p. 95). Tinha como características primordiais a finalidade de incutir o terror, a aplicação da pena de morte, com execução mediante suplício (enforcamento seguido de esquartejamento), sendo a prisão usada como instrumento para a aplicação das penas infamantes, castigos corporais e as mutilações (SILVA JÚNIOR 2020, p. 37).

Para se ter uma ideia do viés medieval das *Ordenações Filipinas,* merece leitura a sentença proferida no caso *Tiradentes*. A sentença contra Tiradentes, lavrada em nome da princesa de Portugal, D. Maria I (a Rainha Louca), com data de 18 de abril de 1792, na parte do dispositivo, assim estava redigida:

> Portanto, condenam o réu Joaquim José da Silva Xavier; por alcunha o Tiradentes, alferes que foi da tropa paga da Capitania de Minas, a que, com baraço e pregão, seja conduzido pelas ruas públicas ao lugar da forca, e nela morra natural para sempre, e que depois de morto lhe seja cortada a cabeça e levada a Vila Rica, onde no lugar mais público será pregada em um poste alto, até que o tempo a consuma, e o seu corpo será dividido em quatro quartos, e pregados em postes, pelo caminho de Minas, no sítio da Varginha e das Cebolas, onde o réu teve as suas infames práticas, e os mais nos sítios de maiores povoações, até que o tempo também os consuma... (LOPES e TOSTO [?], p. 206)

Como se não bastasse, a condenação foi além da pessoa de Tiradentes, na medida em que declarou, ainda, infame os seus filhos e netos, decretou o confisco dos bens e determinou que a "casa em que vivia em Vila Rica será arrasada e salgada, para que nunca mais no chão se edifique..." (LOPES e TOSTO , p. 206).

Para a admissibilidade da acusação havia a necessidade da apresentação pre*liminar de querela*, que consistia na delação feita por qualquer do povo, no interesse público, ou pelo ofendido, sendo lavrado auto competente (ALMEIDA JÚNIOR 1959, p. 134). De regra, nos casos de querela, havia as devassas gerais e as especiais, que se traduziam em inquirições feitas pelos juízes para informação dos delitos, aquelas para a apuração dos delitos incertos, realizadas anualmente, e estas tinham lugar quando houvesse notícia da ocorrência do crime, mas fosse incerto o agente (MARQUES 1997, p. 95).

A acusação era pública, nas hipóteses em que ofertada por qualquer do povo, ou particular, nos casos em que o próprio ofendido era quem tratava de fazê-la. Em algumas situações, cabia a acusação da justiça, competindo ao Ministério Público substituir o *queixoso*. De todo modo, para a admissibilidade da acusação, havia a necessidade da apresentação preliminar *de querela, sumário de querela*, com audiência de três ou quatro testemunhas e, por fim, a pronúncia, desde que, descoberto o crime, da devassa adviesse *prova suficiente para a prisão do réu* (MARQUES 1997, p. 96). *Os tormentos,* que eram as inquirições judiciais feitas ao réu nos crimes mais graves, com os quais se procurava, por meio da tortura, fazê-lo confessar eram amplamente permitidos, não podendo ser aplicados, porém, em se tratando de fidalgo, cavaleiro, doutor em cânones, leis ou Medicina, e vereadores, exceto nos casos de falsidade, moeda falsa, testemunho falso, sodomia, alcoviteria e furto (ALMEIDA JÚNIOR 1959, p. 136). Não havia, portanto, igualdade de tratamento entre os réus, aplicando-se, expressamente, a seletividade, conforme a posição social do infrator.

Quando, apesar do tormento, o acusado não confessava, ele era degradado para a África. O *suplício* era autorizado, se houvesse permissão do regedor e dos desembargadores, na hipótese em que fossem evidentes os indícios de o acusado ser o autor do crime, assim como quando houvesse prova produzida por testemunha, confissão extrajudicial, fama pública ou fuga (MARQUES 1997, p. 96-97). O suplício era aplicado ante a presença do julgador, do escrivão e do ministro (MARQUES 1997, p. 97). João Mendes de Almeida Júnior informa que a tortura, havia sido usada no direito romano e depois tenha desaparecido das legislações, no século XIV em diante, ressurgiu, passando a ser utilizada largamente, em razão de os juízes, na época, por hábito, sempre procurarem fundamentar as suas decisões com base na confissão do acusado. Com isso, os juízes envidavam todos os esforços no sentido de extorquir a confissão, "ostentando uma habilidade sem escrúpulo, quer para a sugestão, quer para as ciladas, quer para o cansaço do interrogado; e, se ainda assim, nada conseguisse, recorria às ameaças e depois aos tormentos" (ALMEIDA JÚNIOR 1959, p. 138).

Concluído o prazo para a apresentação das provas pelas partes, precluía a oportunidade de apresentação de outros meios probatórios, devendo o juiz, que tinha uma postura meramente passiva, sem o poder, portanto, de produzir provas de ofício, julgar de acordo com o alegado e com o provado, dentro do sistema de prova legal (MARQUES 1997, p. 97). Considerava João Mendes de Almeida Júnior que, de todo modo, "fôrça é reconhecer que, em matéria de crime, não seria difícil ao juiz, salvo em casos raríssimos, harmonizar os preceitos legais com os ditames da sua consciência" (1959, p. 139).

A sentença tinha de ser escrita e assinada pelo juiz, podendo se desapartar do que constava do libelo e a pena, salvo quando certas e determinadas na lei, podiam se aplicadas conforme o arbítrio do julgador (MARQUES 1997, p. 97). Exalando o seu caráter religioso, as Ordenações Filipinas determinavam que, sendo infligida a pena capital, deveria o condenado ser intimado para se preparar *espiritualmente* "e poder dispor da terça parte de seus bens em obras pias" (MARQUES 1997, p. 97-98). A despeito da permissibilidade da interposição de embargos de todas as decisões, fossem elas interlocutórias ou definitivas, sempre era cabível a apelação e, em muitos dos casos, o juiz deveria, na ausência de manifestação recursal das partes, recorrer de ofício.

Esse trâmite dizia respeito ao *procedimento ordinário*, mas havia, ainda, o *procedimento sumário,* concebido, segundo Frederico Marques (MARQUES 1997, p. 98), para os crimes mais graves como homicídios voluntários, roubos nas ruas ou estradas, desafio, delitos capitais praticados com circunstâncias agravantes etc. Todavia, João Mendes Júnior (1959, p. 136), em livro cuja última edição ocorreu em 1920, acrescenta que, embora admissível para os crimes mais graves, o procedimento sumário era pertinente, igualmente, "nos crimes leves, que faziam objeto das visitas do Corregedor às cadeias, nas injúrias verbais sentenciais, em câmara e nas cauções ou têrmos de não ofender e bem viver".

Nas mais das vezes, as *culpas sumárias* eram levantadas por meio de decreto régio e, formalizada a *notitia criminis,* que era feita com suporte na *verdade sabida* e prescindia das formalidades judiciais, sendo o acusado ouvido e, logo após, os autos iam conclusos para que fosse exarada a sentença.

Sentindo os reflexos da corrente humanística liberal que tomava vulto na Europa, especialmente após a vinda a lume da importante obra de Beccaria, D. Maria I, com esteio no Decreto de 31 de março de 1778 – portanto, mesmo antes da Revolução Francesa (1789) –, designou uma junta para tratar da modificação do Livro V das Ordenações Filipinas. A tarefa de elaborar o projeto de reforma sobre o *Direito Público e Criminal* foi confiada a Pascoal de Melo Freire, o qual, embalado pelas ideias *beccarianas,* se desincumbiu da missão apresentando, em 1786, o trabalho denominado *Código criminal intentado pela rainha D. Maria I.* Porém, infelizmente, essa iniciativa não foi transformado em lei, de modo que permaneceram vigorando, em Portugal e no Brasil, as Ordenações Filipinas.

1.1 Organização judiciária de Portugal na época da colonização brasileira

A estrutura judiciária de Portugal, na época da colonização brasileira, que adotava a forma monárquica, apresentava três instâncias. A primeira era composta pelos *juízes da terra, juízes de vintena, almotacés*[8]*, juízes de fora e, nas cortes, corregedores, juízes da fazenda*, além de outros. Os *juízes da terra,* também conhecidos como juízes ordinários, eram eleitos pela população, poderiam até mesmo ser analfabetos, mas se lhes assegurava, pelo menos, o direito de ter assessores. A competência deles era apenas para as questões situadas entre a faixa de quatrocentos e mil réis, daí a expressa *vintena.* Os *juízes de vintena* eram escolhidos pelos vereadores, dentre os *homens bons* da localidade, com competência limitada para os casos de menor expressão econômica, que não superassem quatrocentos réis. Como se verá mais à frente, com o CPCrim de 1824, os juízes de vintena foram substituídos pelos *juízes de paz*[9].

---

[8] Era funcionário eleito pelas Câmaras Municipais, equiparando-se ao edil romano.
[9] Cf. Item 2.1 e 2.2.1, infra.

Os *almatocés* poderiam aplicar apenas multas municipais, enquanto os *juízes de fora*, que serviram de instrumento para a política de concentração da autoridade da realeza, eram nomeados pelo rei, dentre pessoas *letradas e entendidas*, para resolver uma contenda específica em uma determinada localidade, com poderes mais acentuados do que os do juiz da terra.

Na segunda instância funcionava a *Relação da Casa do Porto*, cujos integrantes eram chamados desembargadores, sendo composta, a referida Casa, por "um Chanceler, 8 Desembargadores dos Agravos, um Corregedor dos feitos crimes, outro Corregedor dos feitos cíveis, um Juiz dos nossos feitos, 3 Ouvidores do crime, um Juiz da Chancelaria, um Promotor da Justiça e 6 Desembargadores Extravagantes, e assim um Procurador dos nossos feitos da Coroa, que usará do Regimento que tem o da Casa da Suplicação" (ALMEIDA 1960). Na estrutura organizacional do Judiciário Português, a Relação do Porto estava aquém da Casa da Suplicação, sendo restrita a sua competência às decisões promanadas de determinadas comarcas, sendo cabível, das decisões proferidas naquela Corte, agravo para esta.

No topo da pirâmide, como terceira e última instância, existia a *Casa da Suplicação,* com sede em Lisboa, por expressa disposição contida nas Ordenações Filipinas. Era, então, o *Tribunal Supremo* português. A *Casa da Suplicação* era dirigida por 1 (um) regedor[10], recebendo, os seus integrantes, a denominação desembargador, assim especificados: "um chanceler da dita Casa, 10 Desembargadores dos Agravos e Apelações, 2 Corregedores do Crime da Corte, 2 Corregedores das Causas Cíveis dela, 2 Juízes dos Feitos de nossa Coroa e Fazenda, 4 Ouvidores das Apelações de casos crimes, um Procurador dos Feitos da nossa Fazenda, um Juiz da Chancelaria, um Promotor da Justiça e 15 Desembargadores Extravagantes" (Liv. I, Tít. V, Ordenações Filipinas)[11].

O colegiado, assim, era constituído por 23 (vinte e três) desembargadores, na medida em que os desembargadores extravagantes eram suplentes, sendo que o tribunal operava de forma fracionada,

---

[10] Era o que hoje chamaríamos de Presidente do colegiado, competindo-lhe a representação da Casa.
[11] Os Desembargadores Extravagantes eram os suplentes.

competindo ao regedor *repartir* "os Desembargadores por tôdas as mesas dos Ofícios ordenados, dando a cada mesa os que lhe bem parecer, segundo a qualidade e número dos feitos, dando, porém, nos feitos crimes, em que alguma pessoa seja acusada por caso, que provado mereça morte natural, cinco Desembargadores, para com o Juiz do feito serem seis, e não menos" (Liv. I, Tít. I, item 6, das Ordenações). Nos demais casos, estava preceituado no Livro I, Título I, item 7, das Ordenações Filipinas, os desembargadores deveriam se reunir em número ímpar, no mínimo 3 (três) e no máximo 7 (sete), com exceção para os feitos criminais nos quais não prevista a pena de morte, circunstância na qual "o Juiz do feito o poderá despachar com outro Desembargador, para com êle serem dois ...".

Observa-se, aí, duas singularidades interessantes. A forma fracionada de atuação da Casa da Suplicação, o que seria, com certeza, mais tarde, o embrião da organização dos tribunais brasileiros contemplando câmaras e turmas e a participação do juiz de primeira instância, em se tratando de feitos criminais, nos julgamentos perante as Casas da Suplicação.

O *desembargador chanceler* era uma espécie de vice-presidente da Casa da Suplicação, cuja atribuição principal era a de "ver com boa diligência tôdas as cartas e sentenças, que passarem pelos Desembargadores da dita Casa ..." (Liv. I, Tít. IV, item 1, das Ordenações Filipinas), para só então colocar nelas seu sinal de costume, a fim de que fossem cumpridas. Aos *desembargadores dos agravos* competia conhecer e julgar, nos casos cíveis não de valor não superior a cem mil réis em bens móveis, os agravos interpostos das decisões da *Relação da Casa do Porto*, além dos que fossem ofertados dos corregedores da própria Casa da Suplicação, do *juiz da Índia e Mina*, dos *corregedores da cidade de Lisboa*, *do juiz dos alemães*, e *dos conservadores das Universidade de Coimbra e Évora*.

Os *corregedores da corte dos feitos crimes* detinham competência penal originária em relação aos delitos praticados no lugar em que sediada a Casa da Suplicação ou ao *redor de cinco léguas*, podendo, no entanto, a parte acusadora e o agente do ilícito escolher o trâmite do processo perante os juízes do lugar (Ordenações Filipinas, Liv. I, Tít. VII, §§ 1º e 2º).

Já os *corregedores da corte dos feitos cíveis* tinham competência restrita a determinadas matérias, sendo cabível, de suas decisões, recurso para os desembargadores dos agravos. Os *desembargadores juízes dos feitos Del Rei da Coroa* possuíam competência originária para as ações ofertadas em Lisboa e cinco léguas ao redor da sede da Casa da suplicação, além da recursal (apelação, agravo ou carta testemunhável), em todos os *feitos e demandas* referentes à Coroa e aos bens e rendas particulares dos Reis. Os *desembargadores dos Feitos Del Rei da Fazenda* exerciam jurisdição nos feitos pertinentes aos *"negócios do Reino, como da Índia,* África e Contos[12], e assim os feitos da Fazenda, que se tratarem entre partes, cíveis e crimes ..." (Liv. I, Tít. X, § 1º, das Ordenações Filipinas)

Os desembargadores ouvidores do crime da Casa da Suplicação tinham competência apenas criminal, nas apelações das matérias não inseridas na hipótese do Livro I, Tít. VI, § 12, das Ordenações Filipinas, que disciplinava a competência dos corregedores da corte dos feitos crimes. O *procurador dos feitos da fazenda[13]* recebia a designação de *desembargador* (Liv. I, Tít. V, das Ordenações Filipinas), sendo prevista a sua atuação como espécie de fiscal dos interesses da Coroa e, também, como *autor, réu, opoente ou assistente* (Liv. I, Tít. XII, § 2º, das Ordenações Filipinas), não podendo, assim, ser considerado, propriamente, membro do poder judicante, mas, sim, autoridade pública que tinha assento perante a Casa da Suplicação. De certo por influência das Ordenações Filipinas, a Constituição de 1891 estabeleceu, no art. 58, § 2º, que o Presidente da República deveria designar, dentre os ministros do Supremo Tribunal Federal, o procurador geral da República, com atribuições a serem definidas em lei.

Ao desembargador *juiz da chancelaria* da Casa da Suplicação competia cuidar das cartas de execução das *dízimas* das sentenças prolatadas pela Corte. De acordo com Fernando de Almeida, fazendo referência a ensinamento de Pereira e Sousa, *dízima* "era a 10ª parte do valor da causa, em benefício do Fisco e a Título de pena" (1957, p. 93).

---

[12] *Negócio de Contos* significativa, no Direito Português, *negócios do Tesouro.*
[13] No Liv. I, Tít. XII, das Ordenações Filipinas, faz-se menção, também, ao *Procurador dos Feitos da Coroa,* muito embora no Título 5º do referido Diploma Legal ele não esteja relacionado como Desembargador da Casa de Suplicação.

O desembargador *promotor da justiça*, também chamado *procurador de justiça*, tinha como função "formar libelos contra os seguros, ou presos, que por parte da Justiça hão de ser acusados na Casa da Suplicação por acôrdo da Relação" (Ordenações Filipinas, Liv. I, Tít. 15º, *caput*). Essa é a reminiscência histórica do quinto nos tribunais brasileiros, que só passou a ter previsão constitucional com a Constituição de 1934. Registre-se, ainda, que *seguro* era aquele que estava garantido por *carta de seguro*, informando Fernando de almeida que "Carta de seguro era a promessa que o réu fazia, judicialmente, a fim de, mediante certas condições, eximir-se de ser prêso até à decisão final da causa " (1957, p. 85). Como se verá mais adiante, o CPCrim de 1932 incorporou esse instituto, prevendo o *termo de bem viver* e o *termo de segurança*[14] e, igualmente, a fiança[15]. Já no CPP de 1941 passou a ser uma espécie de concessão de liberdade sem pagamento de fiança, que não era cabível em determinados crimes.

Observa-se que, a despeito da denominação que lhe era outorgada, a função do *desembargador promotor de justiça* era assemelhada à do membro do Ministério Público que funciona perante tribunal. Na primeira instância, as atribuições de promotor de justiça eram exercidas pelo tabelião ou escrivão, consoante o Liv. I, Tít. 15º, § 6º, das Ordenações Filipinas.

Existia ainda, com atuação junto ao Rei, o órgão denominado *desembargo do paço*, criado na gestão de D. João II, que, inicialmente, era composto por dois desembargadores, com a atribuição de assessorar o Rei em seus despachos. Aos desembargadores do paço, nos termos das Ordenações Filipinas, competia despachar as petições de graça, as cartas de privilégio e liberdade às pessoas e, ainda, dirimir os conflitos de competência entre os desembargadores da Casa da Suplicação e os da Casa do Porto (Liv. I, Tít. II, *caput* e § 13º, das Ordenações Filipinas). O Desembargo do Paço se constituía em uma espécie de *Tribunal de Graça* (GUIMARÃES 1958, p. 32). Esclarece Mário Guimarães que "As suas decisões, pois que se haviam como provindas diretamente do rei, tinha força obrigatória até para a Casa de Suplicação" (GUIMARÃES 1958, p. 31). É

---

[14] Cf. Item 4.1, infra.
[15] Cf. Item 3.3, infra.

de lembrar-se que, no regime monárquico português, o Rei tinha poderes para interferir nas decisões judiciais, o que ele fazia com o auxílio dos desembargadores integrantes do *desembargo do paço*, pelo que as decisões desse órgão tinham força perante as Casas da Suplicação.

Havia a figura do *Chanceler-Mor*, ao qual eram conferidas as mais diversas atribuições, dentre elas o poder de inspeção de documentos públicos e de *ver com boa diligência tôdas as coisas*, até mesmo os despachos dos Desembargadores do Paço e as cartas e sentenças dos desembargadores da Casa da Suplicação (Liv. I, Tít. II, § 3º, das Ordenações Filipinas). Em concreto, o chanceler-mor era uma espécie de *Ministro da Justiça*.

O órgão de cúpula na estrutura judiciária portuguesa, portanto, era a Casa da suplicação, muito embora o desembargo do paço e o chanceler-mor, órgãos vinculados ao Executivo, pudessem interferir, quando, *pela decisão da carta ou sentença*, verificassem contradição expressa com as Ordenações ou o dreito (Liv. I, Tít. II, § 2º, das Ordenações Filipinas). Como se observa, a estrutura era hierarquizada, não havendo propriamente independência do Judiciário em relação ao Executivo que exercia o controle até mesmo quanto ao conteúdo das decisões judiciais. Não existia, consoante se observa das atribuições que eram passadas aos órgãos judicantes, divisão concreta entre as atribuições propriamente do Poder Judiciário e aquelas ínsitas ao Executivo.

Tem-se, ainda, pela leitura dos dispositivos das Ordenações Filipinas, que a maioria dos juízes de primeira instância eram providos mediante eleição. Fernando de Almeida anota que, de conformidade com as Ordenações Filipinas, os juízes eram eleitos, forma de provimento que cessou no Brasil quando ocorreu a Independência (1957, p. 59), conforme se verá adiante[16]. Cabia aos desembargadores do paço a confirmação do resultado, enquanto os magistrados de segunda instância eram escolhidos dentre pessoas letradas, com *qualidades comprovadas e da confiança do Rei*. Esses requisitos estampados nas Ordenações Filipinas, para ingresso na mais Alta Corte do sistema judiciário português, foram adotados pela

---

[16] Cf. Itens 2.2.1, infra.

primeira Constituição da República, no exigir *notável saber e reputação*, expressões que foram reproduzidas nas demais Constituições, como ocorre com a de 1988, que reclama *reputação ilibada e notável saber jurídico*.

Interessante é que as Ordenações Filipinas previam, como condição para o acesso à Casa da Suplicação, o necessário estágio como desembargador na casa do porto (Liv. I, Tít. 5º, § 1º, das Ordenações Filipinas), o que demonstra que a forma de ascensão para a cúpula do Judiciário, muito embora fosse por meio de escolha do Rei, obedecia à ideia de carreira. Estaria aí a semente do *carreirismo* no judiciário, o que hoje se apresenta como fator que compromete a independência interna desse Poder.

Segundo Fernando de Almeida, a Casa da suplicação "Foi extinta quando criado o Supremo Tribunal de Justiça, nome que já se lhe dava, antes sem caráter oficial" (1957, p. 47). De fato, naquela que é identificada pelos historiadores como a terceira fase do período colonial, que teve como marco transmigração da Corte de D. João VI para o Brasil e a consequente elevação da então Colônia do Brasil à categoria de Reino Unido ao de Portugal e Algarves, o Tribunal de Relação do Rio de Janeiro foi transformado no Supremo Tribunal de Justiça, que passou a exercer a competência de última instância do sistema judiciário brasileiro, em substituição à Casa da suplicação de Lisboa. Curiosamente, com a criação do Supremo Tribunal de Justiça, o Brasil ficou independente em relação a Portugal, quanto a um de seus poderes, pois as questões não eram mais enviadas para lá, encerrando-se a discussão jurídica aqui mesmo, o que pode ser identificado como o primeiro e decisivo passo para a independência nacional, conforme será conferido no item seguinte.

1.2 Organização judiciária do Brasil no período colonial

Naturalmente, a organização judiciária portuguesa se fez sentir na colônia brasileira, cuja organização principiou, efetivamente, com as *capitanias hereditárias*, "sistema que consistiu na divisão do território colonial em doze porções irregulares, todas com frente para o oceano, e sua doação a particulares (escolhidos entre a melhor gente) que estivessem decididos a morar no Brasil e fossem suficientemente ricos para colonizá-lo e defendê-lo" (SILVA 1989, p. 62). De qualquer sorte, a história judiciária do período colonial brasileiro é bem demarcada por três fases distintas da época: a das capitanias hereditárias, a dos governadores gerais e a da vinda da Família Real para o Brasil, em 1808, sendo certo que, quando D. João VI chegou ao Brasil, a atividade jurisdicional ainda abraçava diversas funções administrativas e policiais (J. M. ALMEIDA 1993, p. 12).

No regime das capitanias hereditárias, o poder político era disperso entre as diversas regiões do território da Colônia, fomentando o surgimento de centros de interesses econômicos e sociais peculiares a cada uma delas. A administração judicial tinha característica feudal, em que o exercício da função judicante, assim como em Portugal, competia a *juízes ordinários, almatocés, vereadores e outros funcionários, nomeados pelo donatário*, que tinha autoridade, ainda, para o reexame das decisões em grau de recurso (J. M. ALMEIDA 1993, p.12). Na segunda fase, no regime dos governadores gerais, houve a preocupação em dotar a Colônia de um controle político centralizado. O primeiro Governador-Geral nomeado pelo Rei de Portugal, Tomé de Sousa, trouxe consigo o Regimento do Governador-Geral, que era uma carta política na qual estavam especificadas as suas atribuições e determinava o cumprimento das leis.

Em consonância com as Ordenações Filipinas, existiam duas instâncias. Na primeira instância, eram previstos os cargos de *ouvidores gerais, corregedores, ouvidores, juízes de vintena, juízes de órfãos, almotacés, alcaides e vereadores*. Para o auxílio da atividade judicante, eram estabelecidos os cargos de escrivão, inquiridor, meirinho e *outros oficiais de justiça, os alcaides pequenos e os quadrilheiros*. Ressalte-se que a função de Promotor de Justiça, em primeira instância, segundo as Ordenações Filipinas, era exercida pelos tabeliães e escrivães (Liv. I, Tít. 15°, § 6°, das Ordenações Filipinas)

Na segunda instância, existiam dois Tribunais de Relação, um no Rio de Janeiro (criado em 1751) e outro na Bahia (criado em 1609, extinto em 1626, sendo recriado em 1662). Em razão do crescimento da Colônia, foram criadas as *Juntas das Capitanias*, que eram espécies de tribunais irrecorríveis no julgamento dos crimes contra a paz pública.

Assim como em Portugal, no Brasil, a autonomia do Poder Judiciário era incipiente, mas já havia a demonstração de preocupação quanto a sua independência em relação aos demais Poderes e mesmo de Portugal. Merecem destaque, a esse respeito, nesse período, o Alvará de 24 de março de 1708, estabelecendo que os *Ouvidores* das Capitanias do Brasil eram *juízes da Coroa*, não pertencendo aos donatários, o que se reafirmou na Carta Régia de D. João V, editada em 1712, dando conta de que os *Ouvidores* não poderiam sofrer ingerência por parte dos Governadores Gerais, acrescentando que eles estavam na dependência exclusiva da Relação da Bahia, afora os do Maranhão e do Pará, que estavam vinculados aos Tribunais de Lisboa. Igualmente são dignas de nota, a Carta Régia de 20 de janeiro de 1745 e a Lei de 18 de agosto de 1769 (*Lei da Boa Razão*), a primeira conferindo aos juízes, no exame da lei ao caso concreto, o poder de *modificá-las em tudo o que lhes for possível* para manter a razoabilidade, e a segunda, impondo as regras que deveriam ser ponderadas a fim de escoimar as *interpretações abusivas, que ofendem a majestade das leis, desautorizam a reputação dos magistrados e têm perplexa a justiça dos litigantes.*

A preocupação com a uniformização da jurisprudência, levou à regulamentação da edição dos *assentos* da Casa da Suplicação, que exprimiam a interpretação da Corte sobre a lei, entendimento que deveria ser seguido pelos demais julgadores, sendo editados, de 1769 a 1800, 158 (cento e cinquenta e oito) assentos. Os *assentos* possuíam força vinculante, eram da competência exclusiva do Tribunal Supremo do Reino – a Casa da Suplicação (CARMIGNANI 2017, p. 25) e foram a fonte das súmulas incorporadas ao nosso sistema jurídico, aperfeiçoadas com a criação, pela Emenda Constituição nº 45, de 2004, das *súmulas vinculantes*.

Ainda como garantia à independência do Judiciário, a Carta Régia de 4 de março de 1802, além de proibir os senhores de terras de possuírem *juízes de fora*, definia a forma de provimento dos magistrados de primeira instância, estabelecendo que os juízes ordinários, vereadores, procurador do conselho e outros oficiais se farão por eleição dos *homens bons,* vedando, outrossim, qualquer interferência, ou poder de confirmação, quanto ao processo seletivo.

A terceira fase do período colonial teve como marco a vinda da Corte de D. João VI para o Brasil (em 1808) e a consequente elevação da então colônia à categoria de Reino Unido ao de Portugal e Algarves, em 1815. A vinda da Família Real para o Brasil, aqui firmando morada, a par dos mais diversos reflexos de ordem política, a começar pela instauração da *fase monárquica* e que culminaria com a independência, como não poderia deixar de ser, trouxe sensível modificação e desenvolvimento para a estrutura judiciária então concebida para o Brasil. Fixando a Família Real sede no Brasil, sentia-se a necessidade da organização do poder político, com a instalação das repartições, tribunais e demais órgãos necessários à estruturação do governo.

José Afonso (1989, p. 65) anota que

> Foram instituídos, criados e instalados o Conselho de Estado, a Intendência Geral de Polícia, o Conselho da Fazenda, a Mesa da Consciência e Ordens, o Conselho de Polícia, o Conselho da Fazenda, a Mesa da Consciência e Ordens, o Conselho Militar, o desembargo do Paço, a Academia de Marinha; a Junta-Geral do Comércio, o juízo dos falidos e conservador dos privilégios; o Banco do Brasil para auxiliar o Erário, a casa da Moeda, a Impressão Régia etc.

Há registro da edição de mais de 60 (sessenta) Alvarás e Decretos, entre os anos de 1808 e 1821, tratando da criação de cargos e medidas referentes à organização judiciária. Ainda em 1808, por meio do Alvará vindo a lume em 10 de maio, criou-se o cargo de *Intendente Geral da Polícia* da Corte e do Estado do Brasil, a ser ocupado por 1 (um) Desembargador do Paço, que tinha, a auxiliá-lo, um delegado em cada província, agregando funções administrativas e judicantes, além de ter sob o seu crivo os Corregedores e Juízes do Crime.

Logo após, mediante o Alvará de 1º de abril de 1808, criou-se a Justiça Militar, denominado Conselho Supremo Militar, muito embora, consoante visto, na organização judiciária portuguesa não houvesse órgão judicante similar. Mas, desde o descobrimento do Brasil, aqui os Conselhos de Guerra e as Juntas Militares se ocupavam dos crimes praticados por militares em mar e terra. O Conselho Supremo Militar é a origem do Superior Tribunal Militar.

Ainda no mesmo mês e ano, criou-se, também no Brasil, 1 (um) tribunal denominado *Mesa do Desembargo do Paço e da Consciência e Ordens*, com competência similar ao seu congênere de Portugal, sendo previsto ainda, no mesmo ato, a criação do cargo de chanceler-mor, com as mesmas incumbências definidas nas Ordenações Filipinas. O Decreto de 4 de maio de 1808, curiosamente, sob o fundamento de que era do interesse de Portugal *"proteger e facilitar nos seus dommínios o comércio dos vassalos da Grã-Bretanha, assim como as relações com os seus próprios súditos ..."*, deu origem, no território brasileiro, ao cargo de *juiz conservador da nação britânica*, com competência restrita aos assuntos ligados à Inglaterra, sendo chamado para ocupar essa magistratura um nacional, mediante eleição dos súditos ingleses residentes ou que participassem da atividade de comércio no Brasil.

Assim como foi acentuado no item 1.1, supra, o mais importante, todavia, estava por vir, materializando-se com o Alvará de 10 de maio de 1808, que transformou a Relação do Rio de Janeiro em Casa da Suplicação do Brasil, denominando-a Supremo Tribunal de Justiça. Dentre os diversos argumentos apresentados por D. João VI, merece destaque a demonstração de preocupação com a melhoria da administração da justiça, o que tornava de imperiosa necessidade dotar a então Colônia de um órgão jurisdicional de cúpula, para que nele se findassem todos os pleitos em última instância, e assim os litígios aqui surgidos fossem solucionados com celeridade maior. Mas, nas considerações para a feitura do Alvará, o soberano fez referência ao fato de, na época, encontrar-se interrompida a comunicação com Portugal, o que obstava o seguimento dos agravos ordinários e das apelações para a Casa da Suplicação de Lisboa, ficando as causas sem decisão definitiva, circunstância que, talvez, tenha sido o verdadeiro fundamento para o exsurgimento do Supremo Tribunal de Justiça.

Daí em diante, até mesmo os processos que estavam, por via de recurso, na casa da Suplicação de Lisboa, passaram a ser julgados pelo Supremo Tribunal de Justiça. Certamente que aqui foi dado o primeiro grande passo para a independência política do Brasil em relação a Portugal, que só veio a ser proclamada em 7 de setembro de 1822, portanto, pouco mais de 7 (sete) anos após a criação de nosso tribunal de cúpula. Observa-se que, com a criação do Supremo Tribunal de Justiça, o Judiciário foi o primeiro dos Poderes Políticos do Brasil a tornar-se, pelo menos formalmente, independente perante Portugal, pois os conflitos dirimidos pela justiça brasileira, doravante, deixaram de passar pelo crivo do país colonizador[17].

De acordo com o Alvará de 10 de maio de 1808, o Supremo Tribunal de Justiça (a Casa da suplicação do Brasil) era composto por um regedor (espécie de presidente), de um chanceler da casa, de oito desembargadores dos agravos, de um corregedor do crime da corte e casa, de um juiz dos feitos da coroa e fazenda, de um procurador dos feitos da coroa, de um juiz da chancelaria, de um ouvidor do crime, de um promotor de justiça e mais seis desembargadores extravagantes, que eram suplentes. O Alvará de 1808, muito embora tenha mantido a tradição de utilizar a denominação *desembargador*, no item VI, utilizou a expressão *ministro*. Possivelmente aí esteja a reminiscência história da denominação *Ministro*, que foi utilizada pelo constituinte da Carta Imperial de 1824 (art. 163)[18], mantida nas Constituições posteriores.

Continha 15 membros, seguindo o que dispunha as Ordenações Filipinas quanto aos Tribunais Portugueses da época, divergindo, apenas, quanto ao número de seus integrantes. Já ali se assegurava o autogoverno do Judiciário, como forma de expressão de sua autonomia frente aos demais Poderes, dispondo que a Casa da suplicação seria disciplinada pelo Regimento de 13 de outubro de 1751, que estabelecia as normas de funcionamento da ex-Relação do Rio de Janeiro.[19] A nomeação do regedor ficou ao talante do Rei, sendo que os demais cargos foram recrutados dos integrantes do ex-Tribunal de Relação do Rio de Janeiro.

---

[17] Essa peculiaridade da história do Judiciário brasileiro é digna de nota. O Brasil foi elevado à categoria de *Reino Unido* em 1815, pela Lei de 16 de dezembro, demarcando, em rigor, o fim do sistema colonial e o monopólio da metrópole, mas só em 21 de janeiro de 1822, é que D. Pedro determinou ao Ministro José Bonifácio de Andrade e Silva o aviso ao Desembargado do Paço e ao Chanceler-Mor do Reino que, dali em diante, *"... não se faria remessa a repartição alguma das Leis que viessem do Reino de Portugal, sem que elas fossem previamente submetidas ao cumpra-se do Augusto Senhor D. Pedro (aviso esse que se reiteraria a 4 de maio)"*. Assim, no Brasil, o movimento separatista não se iniciou, em termos políticos decisivos, com a paulatina autonomia Legislativa, mas sim com a independência formal do Poder Judiciário, já em 1808. Tanto isso é verdade que, dentre as leis editadas em Portugal, no sentido de promover o retorno do Brasil à condição de Colônia, uma delas impunha a extinção de todos os tribunais criados por D. João VI, entre 1808 e 1821.

[18] Aliás, nos termos do art. 164 da Constituição de 1824, os membros das Relações também eram designados *Ministros*.

[19] Nota-se, que já no Direito Português, os Tribunais eram disciplinados por regimento próprio, respeitando-se, portanto, ainda que não totalmente, a independência do Judiciário quanto ao seu autogoverno, tradição que, de certa forma, se fez sentir no Brasil, desde a época dos Tribunais de Relação.

Nessa fase terceira do período colonial, tendo como fundamento o problema relacionado à distância dos Tribunais de Relação quanto a algumas Províncias, o que dificultava o acesso à segunda instância, foram criadas mais duas Relações. Assim, em 13 de maio de 1812, surgiu a Relação do Maranhão, com jurisdição sobre as comarcas do Maranhão, Piauí, Pará, Rio Negro e Ceará-Grande. Pouco depois, previu-se outra Relação, agora em Pernambuco, com a edição do Alvará de 6 de fevereiro de 1821, com extensão de sua jurisdição sobre as Províncias de Pernambuco, Paraíba, Rio Grande do Norte e do Ceará Grande, esta última sendo desmembrada, no mesmo ato, da Relação do Maranhão[20].

A justiça de primeira instância também sofreu modificações ao longo do período colonial. Passou a ser composta, de acordo com as Ordenações Filipinas e diversos Alvarás que introduziram mudanças estruturais no Poder Judiciário da Colônia, com os seguintes cargos: *Juízes de Vintena*, nomeados pelas câmaras das cidades ou vilas para exercício de mandato de um ano, com competência, dentre outras menos significativas, para o julgamento verbal de processos até determinado valor de alçada, além de prender, para entregar ao juiz ordinários os acusados de prática de delito; *almatocés*, com mandato de um mês, com atribuições mais de caráter administrativo do que propriamente judicante, cabendo recurso para os juízes ordinários; *juízes ordinários*, eleitos em segredo, dois para cada triênio do ano, com competência, além das atribuições administrativas, para julgamento dos feitos cíveis e criminais, em muitos deles juntamente com os vereadores, cabendo-lhes, ainda, apreciar os recursos interpostos dos almotacés; *juízes de fora*, nomeados pelo Rei para um mandato de três anos, possuindo as mesmas atribuições dos juízes ordinários; *juízes dos órfãos*, escolhidos da mesma forma que os juízes ordinários ou os juízes de fora, com competência específica para os casos de inventário e interesses de menores; *juízes das sesmarias,* eram nomeados pela Mesa do Desembargo do Paço ou pelo Governador da Capitania, em lista tríplice elaborada pelas

---

[20] Não se pode perder de vista advertência de José Afonso da Silva quanto à observação de que a organização dos poderes políticos não se deu efetivamente além dos limites do Rio de Janeiro, posto que a fragmentação do poder perdurou sedimentado nos três séculos de vida colonial, cuja realidade apresentava *"quase vinte capitanias dispersas, muitas delas com uma tradição mais que secular de autonomia e independência"* (SILVA 1989, p. 66).

câmaras das vilas, nos casos em que as partes não preferissem o julgamento pelos juízes ordinários, com competência para a medição e demarcação das sesmarias; *juízes do crime das cidades do Rio de Janeiro e da Bahia*, escolhidos e com as mesmas atribuições dos juízes de fora, sendo que os do Rio de Janeiro também tinham a função de policiamento dos bairros; *ouvidores da comarca*, nomeados pelo Rei para um mandato de três anos, exerciam a correição dos juízes de primeira instância, e, dependendo da alçada, conhecer dos agravos e apelações das decisões dos juízes ordinários e dos agravos dos juízes de fora, além de diversas outras atribuições de ordem administrativa, cabendo recurso de suas decisões para os Tribunais de Relação; e, ainda, os *juízes árbitros*, para os casos em que as partes escolhessem aqueles que deveriam pôr fim ao litígio[21].

No final do período colonial, poucos meses antes da declaração da independência, inspirado na experiência inglesa, criou-se, por meio da Lei 2 de outubro de 1823[22], o tribunal do júri, com competência para o julgamento dos crimes de imprensa.

Em suma, o que se tem é que, ainda na fase colonial, o Poder Judiciário brasileiro tornou-se independente em relação aos tribunais portugueses, com a transformação, em 1808, do Tribunal de Relação do Rio de Janeiro em Casa da suplicação do Brasil, também denominada, no Alvará que a criou, *Supremo Tribunal de Justiça*. A Casa da Suplicação do Brasil foi concebido à imagem e semelhança da Corte de cúpula do sistema judiciário português. Já nesse período, o Judiciário brasileiro possuía três graus de jurisdição: os juízes de primeira instância, os Tribunais de Relação operando como órgãos de segunda instância, com sede em algumas províncias, e, como órgão de cúpula, a Casa da suplicação ou Supremo Tribunal de Justiça, tendo como sede o Rio de Janeiro. O controle do Executivo se fazia sentir no Judiciário também quanto à forma de recrutamento, pois afora os juízes ordinários, das vintenas e os almatocés, cabia ao Rei escolher os juízes. Esse controle do Rei no recrutamento era mais acentuado em relação aos tribunais, característica ainda hoje seguida no nosso sistema.

---

[21] Era o Juízo de Arbitragem.
[22] Essa lei não possuía número.

A justiça era unitária, inexistindo especilização, nada obstante a criação do Conselho Supremo Militar, pois, ainda que exercesse atividade judicante, não era previsto como órgão jurisdicional; era um órgão administrativo com função judicial. Aliás, nessa época, assim como perdurou por algum tempo, diversos órgãos da administração exerciam atividades judiciais *conexas com a gestão que lhes pertencia.*

Nada obstante, não havia uma organização sistemática do Judiciário, circunstância que emperrava a atividade judicante e exigia uma reforma a fim de que se implantasse um modelo de magistratura mais consentâneo com a realidade brasileira.

1.3 Regras processuais no Brasil Colônia de Portugal

A onda reformista do *Direito Criminal,* encetada na Europa e encampada na Constituição portuguesa de 10 de março de 1821, tendo como bússola a exposição filosófica de Beccaria, também fez eco no Brasil, a ponto de o Príncipe D. Pedro I, mediante o Decreto de 23 de maio de 1821, diante da consideração de que as leis então vigentes não tinham sido eficientes quanto à *segurança das pessoas* e tendo presente, ainda, que o seu primeiro dever era o de "... promover o mais austero respeito à lei e antecipar quanto se possa os benefícios de uma Constituição liberal". Nesse sentido, D. Pedro I determinou (ALMEIDA JÚNIOR 1959, p. 148-149):

> 1º Que desde a sua data em diante nenhuma pessoa livre no Brasil possa jamais ser preza sem ordem por escrito do juiz ou magistrado criminal do território, exceto somente o caso de flagrante delito, em que qualquer do povo deve prender o delinquente (sic).
>
> 2º Que nenhum juiz ou magistrado criminal possa expedir ordem de prisão sem preceder culpa formada por inquirição sumária de três testemunhas, duas das quais jurem contestes, assim o fato que a lei expressa seja declarado culposo, como designação individual do culpado; escrevendo sempre sentença interlocutória que o obrigue a prisão e livramento, a qual se guardará em segredo até que possa verificar-se a prisão do que assim tiver sido pronunciado delinquente.
>
> 3º Que quando se acharem presos os que assim forem indiciados criminosos, se lhes faça imediata e sucessivamente o processo, que deve findar dentro de quarenta e oito horas peremptórias, improrrogáveis, e contadas no momento da prisão, principiando-se, sempre que possa ser, por a confrontação dos réus com as testemunhas que os culparam, e ficando abertas e públicas todas as provas que houverem, para assim facilitar os meios de defesa, que a ninguém se deve dificultar ou tolher, exceptuando-se por ora das

disposições deste parágrafo os casos que provados merecerem por Leis do Reino pena de morte acerca dos quais se procederá infalivelmente nos termos dos §§ 1º e 2º do Alvará de 31 de março de 1742.

4º Que, em caso nenhum possa alguém ser lançado em segredo ou masmorra estreita, escura ou infeta, pois que a prisão deve só servir para guardar as pessoas e nunca para as adoecer e flagelar; ficando implicitamente abolido para sempre o uso de correntes, algemas, grilhões e outros quaisquer ferros inventados para martirizar homens ainda não julgados a sofrer qualquer pena aflitiva, que os juízes e magistrados criminais poderão conservar por algum tempo em casos gravíssimos, incomunicáveis, os delinquentes, contanto que seja em casas arejadas e cômodas e nunca manietadas ou sofrendo qualquer espécie de tormento.

5º Determino, finalmente, que a contravenção, legalmente provada, das disposições do presente Decreto, seja irremissivelmente punida com o perdimento do emprego e inabilidade perpétua para qualquer outro em que haja exercício de jurisdição.

Registre-se, ainda, que nos considerandos do Decreto em foco, D. Pedro I levou em consideração que

alguns Governadores, Juízes Criminais e Magistrados, violando o sagrado depósito da jurisdição que se lhes confiou, mandam prender por mero arbítrio, e antes de culpa formada, pretextando denúncias em segredo, suspeitas veementes e outros motivos horrorosos à humanidade, para impunemente conservar em masmorras, vergados com o peso de ferros, homens que se congregaram por bens que lhes oferecera a instituição das sociedades civis, o primeiro dos quais é sem dúvida a segurança individual (ALMEIDA JÚNIOR 1959, p. 148).

De outra banda, na Carta portuguesa constava dentre as garantias (a) o direito de liberdade de fazer tudo aquilo que não seja defeso em lei; (b) a inadmissibilidade da prisão sem a culpa formada; a necessidade de expedição, no prazo máximo de 24 horas, das razões da prisão; (c) o direito de livre comunicação; (d) o princípio da igualdade e consequente intolerância do foro privilegiado, exceto nas causas afetas aos juízos particulares; (e) a inadmissibilidade da lei penal, senão quando de sua absoluta necessidade; (f) a proporcionalidade e pessoalidade da pena; e (f) a abolição do confisco de bens, da infâmia, dos açoites, do baraço e pregão, da marca de ferro quente, da tortura, e de todas as demais penas cruéis e infamantes (FRAGOSO 1978, p. 152-154).

Observa-se, pelo expendido supra, que D. Pedro I estava alinhado com o direito português, ademais de comprometido com as ideias liberais centrais do movimento reformista iluminista, que deram suporte filosófico à Revolução Francesa (1789) e à consequente *Declaração dos direitos do homem e do cidadão*, promulgada pela Assembleia Nacional Francesa, no ano de 1789.

No ponto, a Declaração dos direitos do homem e do cidadão, proclamada na Revolução Francesa, documento que estava em compasso com o ensaio filosófico estampado no livro *Dos delitos e das penas*, de autoria de Beccaria, editado em 1764, forneceu concretude e universalidade aos direitos essenciais da pessoa humana, que deveriam ser reconhecidos e respeitados independentemente do que dispõe o ordenamento jurídico posto e do país no qual se encontre a pessoa, porquanto são inerentes à condição humana e indispensáveis para o gozo do direito à vida com dignidade.

Do exame do decreto editado por D. Pedro I, no ano de 1821, um primeiro aspecto deve ser ressaltado: os seus cinco itens tratam fundamentalmente da prisão do réu antes de ser julgado, tema relativo ao processo penal. Diga-se, aliás, que a circunstância de os 5 (cinco) dispositivos dizerem respeito ao processo penal não é de causar espécie, pois a principal preocupação da doutrina exposta por Beccaria foi quanto à falta das garantias processuais penais e a desumanidade dos julgamentos, razão pela qual a essência da obra do grande mestre e humanista se concentra em estabelecer princípios estruturantes sobre a ciência processual (SILVA JÚNIOR 2021, p. 61-62).

De qualquer modo, o humanismo de D. Pedro I ficou restrito ao problema afeto à prisão provisória e ao tratamento que deveria ser dispensado ao preso. Sobre o que vem a ser dito, verifique-se que, no art. 1º do mencionado Decreto, para coartar as prisões arbitrárias, restou consignado que, daquela data em diante, salvo na hipótese de flagrante delito, ninguém, no Brasil, poderia mais ser preso, senão por *ordem escrita* do juiz ou magistrado criminal do território. O interessante é que, de acordo com o decreto em foco, ao comum do povo não era confiado apenas o poder de polícia para efetuar a prisão de quem fosse flagrado na prática do delito, mas também o dever de agir. Atualmente, para o povo, a prisão em flagrante é uma faculdade, enquanto para a autoridade policial consiste em um dever[23]. No art. 2° do decreto, colocou-se como condição para a decretação da prisão provisória pelo juiz, que houvesse uma *culpa formada*[24]. Na norma seguinte, atentando-se para a necessidade de imprimir celeridade ao processo que conta com o réu preso, estabeleceu-se um prazo máximo para o encerramento do feito quando presente essa situação e, para *facilitar os meios de defesa*, determinou-se que ficassem *abertas* e *públicas* todas as provas.

Note-se que Beccaria, na obra *Dos delitos e das penas*, condenou os processos secretos e a ausência do direito de defesa. Na obra do marquês, foram pinçados os princípios da publicidade processual e do direito de defesa do acusado. O princípio da publicidade foi contemplado no CPCrim de 1832 (art. 59) e na redação originária do CPP (art. 792, § 1°), ao determinar que as portas das audiências e sessões somente sejam fechadas nos casos em que deva o ato ser praticado em segredo de justiça.

No penúltimo dispositivo, filiando-se ao lado dos partidários da luta contra a crueldade das prisões – note-se que a doutrina utilitarista inteligentemente desenvolvida por Bentham (2000) para o regime penitenciário era contra a aplicação de males além dos necessários à punição –, foram rechaçados os estabelecimentos prisionais insalubres e os instrumentos utilizados (correntes, algemas, grilhões, etc.) para martirizar os homens não julgados. Como se vê, nos termos do decreto, o martírio na prisão não deveria ocorrer para *os homens ainda não julgados a sofrer qualquer pena aflitiva por sentença final*. Isso quer dizer que, depois de julgado, o *uso de corrente, algemas, grilhões, outros quaisquer ferros inventados para martirizar* poderiam ser utilizados.

O último artigo contemplava a sanção da perda do cargo e a proibição do seu exercício, para o juiz que não cumprisse os preceitos dos decretos, concretizando a proposta de coibir, com firmeza, as eventuais arbitrariedades praticadas pelos juízes, algo que era muito comum na época.

Reafirmando o compromisso com o pensamento da Escola Clássica, D. Pedro I, por meio da Lei de 18 de junho de 1822, criou o tribunal do júri,

---

[23] Cf. art. 301 do CPP.
[24] É o que tecnicamente se chama *sumário de culpa*, consubstanciado no binômio materialidade do delito e indícios de autoria.

conferindo-lhe competência restrita ao julgamento dos crimes de imprensa[25] e, em seguida, com a veiculação da Lei de 28 de agosto de 1822, fez avançar, ainda mais, a legislação brasileira em direção à defesa dos direitos fundamentais, ao determinar que aqui fossem aplicadas as bases da Constituição da monarquia portuguesa de 10 de março de 1821, garantindo-se, assim: (1) ninguém será preso sem culpa formada; (2) lei alguma, especialmente a penal, será editada sem a absoluta necessidade; (3) a pena, atendida a sua proporcionalidade com o delito, não pode passar da pessoa do acusado; e (4) a abolição da confiscação de bens, da infâmia, dos açoites, do baraço e pregão, da marca de ferro quente, da tortura e das penas infamantes.

O acontecimento importante, já registrado acima, ainda nesse contexto reformista no sentido de adequar a colônia brasileira ao perfil de Estado Liberal, foi o Alvará de 14 de maio de 1808, que elevou a Relação do Rio de Janeiro à categoria de Casa da suplicação, circunstância que representou a independência de um dos Poderes Políticos do Brasil – o Judiciário –, em relação a Portugal. O alvará em referência representou um ato político concreto no processo de independência do Brasil e precipitou a *declaração formal de um estado de fato.*

Outro ato formal antecedente à declaração de independência a merecer menção se deu com o fato de o Príncipe D. Pedro de Alcântara ter se recusado a apor o seu cumpra-se à Lei das Cortes Portuguesas, de 13 de janeiro de 1822, que decretava a extinção de todos os tribunais então criados no Rio de Janeiro (MARQUES 1997, p. 153)

---

[25] O Tribunal do Júri foi defendido desde Montesquieu, quando ele tratou da independência do Poder Judiciário.

CAPÍTULO 2

CONSTITUIÇÃO IMPERIAL DE 1824

No Brasil colônia, o poder monárquico era absoluto, não continha divisão nem qualquer forma de participação popular. Era altamente discricionário e estendia-se por todo o longo território nacional por meio da delegação de poderes a governadores-gerais. Não havia, assim, limites para o governo, ante a ausência da divisão dos poderes e da declaração de direitos fundamentais, agravado pelo caráter unitário. Todavia, as agitações filosófico-políticas da Europa, alimentadas pela Declaração da Independência Americana e pela Revolução Francesa, não tardaram a se fazer sentir em Portugal e no Brasil que ainda permanecia como colônia portuguesa até o começo do Século XIX (GOMES 2007). Assinala Cláudio Pacheco (1990, 39) que o movimento constitucionalista no Brasil, propriamente, só se iniciou em 1821, "... como um eco dos acontecimentos que, no ano anterior, se deram em Portugal, com o caráter de pronunciamento revolucionário, que levantou o lema de uma *regeneração política da nação portuguesa"*.

A nova concepção de Estado democrático-liberal, cujas linhas mestras deveriam estar assentadas em uma Carta Constitucional, na qual estivessem assegurados a divisão dos poderes e os direitos dos homens, como movimento filosófico-político universal, impôs a necessidade da adoção de uma Constituição em Portugal e no Brasil. A primeira Constituição de Portugal data de 23 de setembro de 1822, elaborada de acordo com os princípios liberais da Revolução Francesa, tendo como eixo a titularidade do poder pelo povo, a adoção do sistema representativo e a consagração dos postulados da separação dos poderes e da igualdade jurídica. Todavia, a sua vigência foi pouco mais de dezoito meses, muito embora somente tenha sido promulgada outra em 1826. Ocupando-se do inusitado, Canotilho (1991, p. 282-295) revela que a segunda Constituição só foi promulgada em 1826 e, a despeito de ter conservado a declaração dos direitos do homem, perdeu o viés liberal da Revolução Francesa, comprometeu a democracia em privilégio do princípio *monárquico* embasado na hipertrofia do Rei e previu a separação dos poderes apenas simbolicamente, na medida em que não estabeleceu a real divisão de suas funções.

De qualquer sorte, a notícia dos trabalhos constituintes em Portugal referentes à primeira Constituição chegou ao Brasil no ano de 1821. A ideia era, naturalmente, que a Constituição lusitana viesse a valer, igualmente, no território brasileiro, e houve, até mesmo, precipitadamente, juramento antecipado de que aquela Carta seria aqui aplicada (PACHECO 1990, p. 39). D. João VI, com receio de que o movimento constitucionalista tivesse as mesmas consequências das que precipitaram a Independência Americana e a Revolução Francesa, logo tratou de expedir o Decreto de 18 de fevereiro de 1821, assegurando que a Constituição de Portugal seria adotada no Brasil, mas ressalvou que alguns dispositivos daquela Carta poderiam não ser aplicáveis aqui, razão pela qual determinou a eleição de procuradores das Câmaras das cidades e vilas principais, para estudar e adaptar o seu texto à realidade brasileira.

Todavia, pressionado pelas tropas portuguesas estabelecidas no Rio de Janeiro, D. João VI voltou atrás e, mediante o Decreto de 24 de fevereiro de 1821, aprovou a aplicação em nosso território da Constituição de Portugal. Isso não foi suficiente para contentar o *movimento* que se instalara em Portugal, o que exigiu a volta de D. João VI a Portugal, mas, ainda assim, a *pressão* continuou no sentido de que D. Pedro I, que aqui ficara encarregado do *governo provisório*, também regressasse à Corte. Isso precipitou a famosa decisão do Príncipe de aqui permanecer, conhecida na história como *O dia do fico*, declaração datada de 9 de janeiro de 1822 (PACHECO 1990, p. 36-49).

Acontece que o movimento constitucionalista brasileiro era pungente, orientado pelas ideias filosófico-políticas que deram suporte à Independência Americana e à Revolução Francesa, que giravam em torno do liberalismo, do constitucionalismo, do federalismo, da democracia e da república, e conduziam, inevitavelmente, à independência do Brasil. As divergências com Portugal, portanto, eram muitas e profundas, o que transbordou, inevitavelmente, para a resolução quanto à edição de uma Constituição própria para o Brasil, tendo em conta a assertiva embutida no art. 16 da Declaração dos Direitos e do Cidadão de 1789, segundo a qual "não tem constituição a sociedade onde não é assegurada a garantia dos direitos nem determinada a separação dos poderes".

Para tanto, D. Pedro I, na qualidade de Príncipe Regente do Brasil, convocou, pelo Decreto de 3 de junho de 1822, uma Assembleia Geral Constituinte e Legislativa. A convocação da assembleia constituinte, como se vê, deu-se antes da Independência do Brasil, mas esta, que somente ocorreu formalmente em 7 de setembro de 1822, foi apenas a consolidação de um processo que contava com vários antecedentes importantes[26].

Realizados os trabalhos *constituintes*, submeteu-se à apreciação do Imperador o *Projeto de Constituição para o Império do Brasil, elaborado pela Comissão da Assembleia Constituinte*, porém o Príncipe Regente, por meio do Decreto de 12 de novembro de 1823, diante das divergências verificadas no processo legislativo, houve por bem dissolver a comissão (DIAS 1975, p. 79)[27].

No mesmo decreto, o *Imperador e Defensor Perpétuo do Brasil* disse que tinha resolvido pela dissolução da Assembleia Constituinte, pelo fato de ela ter "... perjurado ao tão solene juramento, que prestou à Nação, de defender a integridade do Império, sua independência e a minha dinastia, e prometeu que o novo texto seria *duplicadamente mais liberal* do que o projeto que havia sido levado a seu conhecimento pela extinta Assembleia (DIAS 1975, p. 122).

Como consequência desses acontecimentos, a elaboração da *Constituição Política do Império do Brasil*, outorgada autoritariamente em 25 de março de 1824, foi obra confiada a um *Conselho de Estado* integrado

---

[26] Indica Pinto Ferreira que, durante todo o período do Império brasileiro, a sua estrutura ideológica e constitucional estava assentada sobre a base econômica da monocultura latifundiária do açúcar e na força de trabalho escravo (1951, p. 121). Desse modo, o movimento de independência foi dirigido pelos fazendeiros, senhores de engenho e comerciantes das grandes capitais das províncias, que contavam com representações no Parlamento, no governo, no clero e nas camadas sociais que tinham voz (L. P. FERREIRA 1951, p. 121).

[27] Foi justamente a agitação ideológica em prol da definição da libertação do Brasil da vinculação política de Portugal que fez com que D. Pedro I provocasse o contragolpe conservador (DIAS 1975, p. 122).

por 10 (dez) membros da confiança do Imperador[28], na qual se consagrou, ainda que formalmente, o Governo monárquico hereditário, constitucional e representativo[29], sendo assegurados a separação dos poderes e o respeito aos direitos dos cidadãos, cumprindo, assim, a advertência estampada no art. 16 da Declaração dos Direitos do Homem e do Cidadão de 1789 ("Qualquer sociedade em que não esteja assegurada a garantia dos direitos, nem estabelecida a separação dos poderes não tem Constituição").

Em análise do conteúdo da Constituição em foco, que tinha apenas 179 (cento e setenta e nove) artigos e 8 (oito) títulos, Raul Machado Horta (2002, p. 53) anota que, em linhas gerais, a Constituição outorgada se contentou em estabelecer a organização dos poderes políticos e a definir os direitos fundamentais. Quanto à divisão dos poderes políticos, a disciplina da Constituição Imperial não rendeu homenagens à teoria de Montesquieu – consagrada na Inglaterra e que se espraiou pelos Estados europeus modernos –, da tripartição dos poderes, seguindo-se, nesse particular, a teoria dos quatro poderes de Benjamin Constant[30]. Na teoria, o Poder Moderador serviria de ponto de equilíbrio no funcionamento dos demais poderes, como uma espécie de órgão controlador. A Constituição Imperial, ao proclamar, no art. 98, que o Poder Moderador era a "... chave de toda a organização política, competindo a ele velar pela manutenção da independência, equilíbrio e harmonia dos demais poderes políticos", elegeu-o como o *principal órgão da organização política do Brasil,* cujo exercício recaía, como não era de ser diferente, na pessoa do Imperador (SILVA JÚNIOR 1999, p. 128).

---

[28] O Decreto de 13 de novembro de 1823 criou o Conselho de Estado e nomeou os seus respectivos membros: seis Ministros Conselheiros de Estado natos; o Desembargador do Paço Antônio Luiz Pereira da Cunha; os Conselheiros da Fazenda Barão de Santo Amaro, José Joaquim Carneiro de Campos e Manoel Jacinto Nogueira da Cunha (DIAS 1975, p. 122).

[29] Arts. 1º a 3º da Constituição Imperial. O sistema era parlamentarista, porém, principalmente durante o reinado de D. Pedro II, o Imperador concentrou em torno de si uma vasta gama de poderes, suscitando de Joaquim Nabuco a seguinte observação: "Antes de tudo, o Reinado é do Imperador. Decerto êle não governa diretamente e por si mesmo, cinge-se à Constituição e às formas do sistema parlamentar; mas como êle só é árbitro da vez de cada partido e de cada estadista, e como está em suas mãos fazer e desfazer os ministros, o poder é praticamente dêle" (L. P. FERREIRA 1951, p. 124).

[30] Sem dúvida, o constitucionalista cearense quer dizer, com isso, que a Carta brasileira foi a primeira do mundo, porque, certamente, ele sabe que a Constituição de Portugal de 1826 seguiu o modelo brasileiro, formando, assim, as duas únicas Cartas de que se tem notícia de terem aderido a essa doutrina de Benjamim Constant.

É digno de nota que essa repartição *tetradimensional* dos poderes brasileiros fez com que a Colônia brasileira influenciasse o Direito Português, a ponto de Canotilho registrar que a Constituição daquele país, de 1826, também fez a previsão do poder moderador (CANOTILHO 1991, p. 296). Paulo Bonavides diz que a Constituição Imperial do Brasil teria sido a única de que se tem notícia de ter adotado essa divisão de quatro poderes, trocando o modelo proposto por Montesquieu pelo de Benjamim Constant (BONAVIDES 1991, p. 290). No exercício do Poder Moderador, o Imperador, além da ampla ingerência no Legislativo, tinha a possibilidade de imiscuir-se em assuntos da economia interna do Judiciário, na medida em que detinha competência para suspender os juízes de suas funções jurisdicionais, sem embargo do direito de conceder anistia e, até mesmo, de perdoar ou moderar as penas impostas nas sentenças judiciais (SILVA JÚNIOR 1999, p. 127-137).

A declaração dos direitos fundamentais estava bem tratada na Constituição de 1824, inscrita que foi nos 35 incisos do art. 179, tendo como norte, conforme o caput desse artigo, a *liberdade, a segurança individual* e a propriedade. Muito embora, topograficamente, o projeto de Constituição apresentado pela extinta Assembleia Constituinte tenha dado mais destaque aos direitos fundamentais, porquanto procedera a sua enunciação logo no capítulo II, do art. 7º ao 28, a Constituição Imperial promulgada, que tratou da matéria no seu último Título, ao lado das disposições gerais, cumpriu, nessa parte, o compromisso feito por D. Pedro I, de legar à nação brasileira uma proposta *duplamente liberal* em relação à que constava do projeto anterior. Sob a rubrica das *garantias dos direitos civis e políticos dos cidadãos brasileiros,* o elenco dos direitos fundamentais foi notadamente mais além da previsão que estava no projeto concebido pela Assembleia Constituinte destituída. A ponto de Cláudio Pacheco (1990, p. 53), com procedência, acreditar que o melhor da Constituição Imperial estava no capítulo no qual foram consagrados, *com generosa largueza os direitos civis e políticos dos cidadãos brasileiros.*

Enquanto naquele projeto os direitos fundamentais ocuparam apenas 4 (quatro) artigos na esfera criminal[31], a Constituição Imperial trouxe nada menos do que 15 (quinze) itens no art. 179, plasmando garantias penais e processuais penais, sendo que 13 (treze) deles eram relacionados diretamente às questões de ordem processual. A despeito disso, os princípios da presunção de inocência e do devido processo legal não foram previstos expressamente. Apenas as leitura do inciso I combinado com a segunda parte do XI, que consagrou o *princípio da reserva legal,* ao escrever que ninguém pode ser punido senão por lei anterior à ocorrência do fato, permite vislumbrar a guarida ao devido processo legal (SILVA JÚNIOR 2022, p. 85-90)[32].

No inciso II do art. 179 da Constituição de 1824, adotou-se a teoria *utilitarista,* subjacente na obra de Beccaria, cujo pensamento fez surgir a primeira Escola Penal, ao consignar, logo após o princípio da reserva legal, que *nenhuma lei será estabelecida sem utilidade pública,* postulado que cristalizou, já àquela época, a corrente do direito penal mínimo, que não tem o seu raio de ação restrito ao direito penal, fazendo-se sentir, outrossim, com repercussões importantes, no direito processual penal. O princípio da *inviolabilidade do domicílio* encontrou guarida no inciso VII, com a consideração de que a casa se *constitui um asilo inviolável.*

A proteção contra a prisão arbitrária foi deduzida em 3 (três) incisos do art. 179 da Constituição Imperial. No primeiro – inciso VIII –, para a decretação da prisão reclamou-se a existência da *culpa formada,* plantando-se, assim, as tímidas raízes, já neste momento, do que se convencionou chamar de *presunção de inocência,* pois a garantia era sobremaneira relativizada, diante da ressalva quanto à possibilidade de a lei infraconstitucional dispor de forma diferente. Na segunda parte dessa disposição, restou assegurado ao cidadão preso sem o sumário de culpa, o direito de receber, no prazo de 24 (vinte e quatro) horas contado da efetivação da prisão, a *nota de culpa* assinada pelo juiz, na qual deveria

---

[31] O art. 9º (princípio da legalidade); art. 10º. (princípios da exigência da culpa formada para prisão, do direito à liberdade, mediante o pagamento de fiança e de livrar-se solto, no caso de a pena de prisão prevista para o crime não ser superior a seis meses); art. 11º. (princípio da liberdade, exigindo, para a prisão, o flagrante delito, ou ordem do juiz ou *resolução da sala dos deputados*, salvo no caso de prisão militar); artº. 13 (garantia do júri popular).
[32] Esse dispositivo expressa uma garantia de direito penal material.

constar o motivo da prisão, com os nomes do acusador e das testemunhas. No inciso IX, tratou-se de ressaltar que, mesmo havendo a culpa formada, sendo admissível pela lei a fiança, o preso, mediante o respectivo pagamento, deveria ser colocado em liberdade e, no seu final, esclareceu-se que, em qualquer caso, não sendo a pena de prisão prevista superior a seis meses, o cidadão poderia *livrar-se solto*. Em claro avanço para a época, o item X esculpiu a exigência de *ordem escrita da autoridade legítima* para que a prisão fosse considerada legal, salvo na hipótese de prisão em flagrante, esclarecendo, entretanto, que a garantia não servia para os casos de prisão militar. Previu-se o princípio do juiz natural, ao assegurar o direito de o cidadão não *ser sentenciado senão pela autoridade competente* (XI do art. 179). Ainda como direito fundamental, estabeleceu-se a independência do Poder Judiciário, proibindo-se a avocatória dos processos pendentes e, por fim, a ofensa à coisa julgada, ao determinar-se a impossibilidade de *reviver os processos findos* (art. 179, XII, última parte). Nos incisos XIII e XVII do art. 179, consagrou-se a cláusula isonômica e, ainda, a vedação de foro privilegiado e dos juízos de exceção, salvo nas *causas que, por sua natureza, pertencem a juízos particulares.* Também como garantia constitucional, ficou estabelecido que, o quanto antes, seria organizado um código criminal, *fundado nas sólidas bases da justiça e equidade,* o que deu margem, pouco mais de 8 (oito) anos depois, à edição do Código de Processo Criminal imperial (art. 179, XVIII). Em decorrência dessa previsão da *equidade*, todos os crimes, de regra, foram colocados na competência do Tribunal do Júri.

No art. 179, XIX, a par de abolir os açoites, a marca de ferro quente e todas as demais penas cruéis, tornou-se defesa, igualmente, a *tortura* como meio de prova. Aqui, como se observa, houve o rompimento com o *direito penal do terror* das Ordenações Filipinas. Imiscuindo-se na questão penitenciária, preocupação que já tinha sido denotada em Aviso Imperial baixado por D. Pedro I, assegurou-se o direito de o preso ser encaminhado para cadeias *seguras, limpas e bem arejadas*, ao tempo em que, sufragando o que defendera Beccaria, ficou estabelecida a necessidade de que fossem edificados estabelecimentos carcerários visando à separação dos réus, de acordo com as *circunstâncias e natureza de seus crimes* (art. 179, XXI).

Na essência, os direitos fundamentais consagrados na Carta Imperial, a despeito de alguma diferença quanto ao estilo redacional emprestado aos dispositivos, reafirmaram aquelas garantias que tinham sido incorporadas ao texto da Constituição americana, por obra da aprovação das dez primeiras emendas. Isso é o mesmo que ressaltar a ampla influência de Beccaria, se é que há necessidade de que algo seja dito nesse sentido, uma vez que a leitura conjunta do livro Dos *delitos* e das penas e dos itens do art. 179 da Carta Imperial, mesmo que perfunctória, revela a plena identidade dos princípios defendidos nos dois textos.

De toda sorte, infelizmente, a Constituição Imperial não embutiu dentre os direitos fundamentais o princípio da presunção da inocência e devido processo legal, que foram defendidos na obra de Beccaria e encontraram abrigo especial na declaração de direitos da Carta americana. Isso comprometeu o viés liberal do CPCrim e, de permeio, revela toda a resistência cultural brasileira a essas cláusulas. Essa constatação é tão evidente que as Constituições brasileiras posteriores cometeram o mesmo pecado, salvo a Constituição de 1988, que enfim deu guarida aos dois princípios em causa.

Especificamente, a ausência de disposição constitucional expressa sobre o princípio da presunção de inocência conferiu azo para que tanto o CPCrim quanto o CPP de 1941, em várias passagens, contemplassem regras processuais embasadas em uma lídima *presunção de culpabilidade*. Ou seja, a *verdade* revelada na investigação passava a valer até prova em contrário, sendo ao acusado atribuído o ônus de desconstruí-la, aspecto que será explorado mais adiante.

Uma última palavra a respeito da pauta de direitos fundamentais da Carta Imperial se impõe. Tem carradas de razão Cláudio Pacheco (1990, 53), ao arrematar que os direitos fundamentais declarados na Constituição de 1824 foram tão densamente especificados que, mesmo nos dias de "hoje as Constituições mais liberais só mui escassamente poderão exceder à Constituição do Império na amplitude das franquias políticas". De outra banda, em que pese a autoridade de Paulo Bonavides (1991, p. 290), e ademais não mereça qualquer contestação a assertiva de que a influência predominante na elaboração da Constituição Imperial tenha sido proveniente dos modelos constitucionais francês e inglês, não parece correto dizer que a inspiração da declaração dos direitos fundamentais tenha sido a Constituição francesa. A Carta francesa, sem dúvida alguma, foi a fonte primeira de inspiração, porém, quanto à explicitação de quais eram os direitos fundamentais, diante da densidade com que foram enunciados, especialmente os relativos às limitações ao dever-poder de exercício da persecução criminal, não há dúvida quanto à preferência ao modelo das 10 (dez) emendas da Constituição americana.

2.1 Organização judiciária conforme a Constituição de 1824

Para melhor compreensão da organização judiciária e das regras de competência que vieram a ser plasmadas no CPCrim, de mister se faz observar como a Constituição Imperial dispôs a esse respeito. No ponto, em consonância com a Constituição Imperial, a organização política do Brasil seguiu a forma unitária (os federalistas foram vencidos), com a divisão territorial em províncias, sendo o governo *monárquico hereditário*, *constitucional* e *representativo*. Ademais, em contradição à teoria de Montesquieu, foram previstos 4 (quatro) poderes, a saber, o Legislativo, o Moderador, o Executivo e o Judiciário, forma escolhida para estabelecer a divisão e harmonia dos poderes políticos, na condição de *princípio conservador dos direitos dos cidadãos* (arts. 9º e 10 da Constituição de 1824).

O interessante é que a disciplina do Poder Judiciário na Constituição de 1824 estava no capítulo único do título 6º, cuja rubrica era dos *Juízes e Tribunais de justiça*. Assim, infere-se que a expressão *Tribunais de Justiça* era gênero, que tinha como espécies os *Tribunais de Relação* e o *Supremo Tribunal de Justiça*. Restou firmada, no aspecto formal, a independência do Judiciário, composta por meio de juízes togados e jurados (juízes leigos), assim no cível como no crime, com os seguintes órgãos: (a) Supremo Tribunal de Justiça na Capital do Império; (b) Tribunais de Relação nas províncias; (c) juízes de direito; (d) juízes de paz; e (e) júri popular. Porém, a independência do Judiciário era apenas formal, pois o Poder Moderador era a *chave de toda a organização política*, competindo-lhe velar pela *manutenção da independência, equilíbrio e harmonia dos demais poderes* (art. 98 da Constituição de 1824). Isso ademais de o Poder Moderador deter a competência para conhecer de reclamações contra os membros do Judiciário e de impor-lhes pena de suspensão[33].

O Poder Judiciário tal como concebido na Constituição Imperial, representava uma divisão funcional do poder soberano do Império, ostentando a condição de *delegado do Imperador* – um *longa manus* – para a resolução dos conflitos surgidos entre os indivíduos, daí por que a atividade judicante se resumia à punição dos crimes e à resolução dos conflitos de direito privado. Era mais uma *delegação de poder*, do que propriamente um poder.

Em sintonia com a Constituição, o Código de Processo Criminal tratou da organização do Poder Judiciário, como se verá no item 2.2.1, infra.

2.2 Elaboração e estrutura do Código de processo criminal de 1832

Malgrado o manifesto atrito das *Ordenações Filipinas* com a moldura liberal da Constituição Imperial, por disposição expressa, determinou-se que as suas normas permaneceriam em vigor, até que fossem editadas novas leis. Enquanto não vinha o Código de Processo Criminal, normas esparsas foram sendo introduzidas, sempre no sentido de abrandar o rigorismo das Ordenações Filipinas, aparecendo com singular relevância o Aviso de 15 de novembro de 1828, com o qual o Imperador, sensibilizado com os muitos súditos que se encontravam presos sem a observância dos *sólidos princípios da justiça e da humanidade*, reiterava o dever de cumprimento das normas que conferiam garantias processuais relativas à prisão (ALMEIDA JÚNIOR 1959, p. 166-167). Não demorou muito, porém, para que viessem a ser vertidos para o ordenamento infraconstitucional os preceitos de viés liberal e humanitário catalogados na Constituição Imperial de 1824 sob a rubrica *direitos civis e políticos dos cidadãos brasileiros,* plasmando *preceitos* inerentes a um processo criminal *garantista*, nos termos do arcabouço teórico da Escola Clássica.

---

[33] Algo similar ao Conselho Nacional de Justiça, com a diferença significativa de que o CNJ integra o Poder Judiciário, de modo que não há ingerência de outro poder.

De fato, por meio da Lei de 29 de novembro de 1832[34] foi promulgado o Código de Processo Criminal, revestido dos anseios *humanitários e liberais* que agitavam o mundo. Chama a atenção a terminologia utilizada: *Código de Processo Criminal*, que é mais adequada à Escola Clássica e, de resto, para um processo de cunho democrático, que não tem a pena como a sua principal preocupação. Essa denominação revela que a preocupação central era o tratamento a ser conferida ao *crime* em si, enquanto o nome *Código de Processo Penal* revela a ideologia *punitivista* do diploma legal, tendo como foco o tratamento referente à aplicação da pena.

Como não poderia deixar de ser, o novo diploma normativo recebeu o aplauso das comunidades política e jurídica brasileiras, que queriam romper com o sistema opressor das *Ordenações Filipinas,* herança normativa do Absolutismo, que tinha o Direito Penal e Processual Penal como instrumentos de demonstração do pleno domínio do Estado sobre a pessoa do acusado. Em verdade, a denominação era *Código de Processo Criminal de Primeira Instância*, a demonstrar que as suas disposições eram endereçadas, apenas, aos processos afetos aos juízos de primeiro grau. O CPCrim continha 355 (trezentos e cinquenta e cinco) artigos e mais 27 (vinte e sete) dispositivos sob a rubrica *Disposição provisória acerca da administração da justiça civil*, que diziam respeito à jurisdição cível, reunidos na última parte, denominada *Título Único*.

O Código de Processo Criminal estava estruturado em duas partes, denominadas *Parte Primeira* e *Parte Segunda*. O Título I ficou na *Parte Primeira*, dividido do Capítulo I ao IV, sendo estes separados por seções. *A Parte Segunda* começa com o Título II indo até o Título VI, ademais de conter, no final, um Título Único para dispor sobre a administração da justiça civil. Esses títulos também estão divididos em capítulos e os capítulos em seções.

A chamada *Parte Primeira*, sob a nomenclatura *Da Organização Judiciaria*, começava no art. 1º e ia até o art. 53, contendo 6 (seis) capítulos, todos fazendo parte do Título I, cuja rubrica era *De varias disposições preliminares e das pessoas encarregadas da administração da Justiça*

---

[34] Ainda não havia a numeração cronológica das leis.

Criminal, nos Juízos de Primeira Instancia. Os capítulos da *Parte Primeira* estavam assim divididos: Capítulo I (Disposições preliminares); Capítulo II (Das pessoas encarregadas da administração da justiça criminal em cada Districto), subdividido em: Secção Primeira (Dos Juízes de Paz), Secção Segunda (Dos Escrivães de Paz), Secção Terceira (Dos Inspectores de Quarteirões), Secção Quarta (Dos Oficiais de Justiça dos Juízos de Paz); Capítulo III (Das pessoas encarregadas da administração da Justiça dos Termos), subdividido em: Secção I (Dos Jurados), Secção II (Dos Juizes Municipais), Seção III (Dos Promotores Públicos) e Secção IV (Dos Escrivães, e Oficiais de Justiça dos Juizes Municipais; Capítulo IV (Dos Juízes de Direito); e Capítulo V (Disposições Gerais). Como se vê, essa primeira parte continha basicamente apenas as disposições sobre a organização judiciária.

Por isso mesmo, a *Parte Segunda* do CPCrim, que tinha o *nomem juris* Da forma do processo, era bem mais extensa, indo do art. 54 ao 355. Tratava da formação de culpa até o julgamento pelo tribunal do júri. O Título I (Do processo em geral) estava assim organizado: Capítulo I (Da prescrição); Capítulo II (Das audiências); Capítulo III (Das suspeições e recusações); Capítulo IV (Da queixa e denúncia); Capítulo V (Da citação); Capítulo VI (Das provas); Capítulo VII (Da acareação, confrontação e interrogatório); Capítulo VIII (Das fianças).

O Título II (Do processo sumário), tinha a seguinte configuração: Capítulo I (Do passaporte); Capítulo II (Dos termos de bem viver e de segurança); Capítulo III (Da prisão sem culpa formada e que pode ser executada sem ordem escrita); Capítulo IV (Da formação de culpa); Capítulo V (Da denúncia dos crimes de responsabilidade dos empregados públicos e forma do processo respectivo); Capítulo VI (Da ordem de prisão); Capítulo VII (Das buscas), Capítulo VIII (Da desobediência); Capítulo IX (Das sentenças no Juízo de Paz); Capítulo X (Das Juntas de Paz).

O Título IV (Do processo ordinário), estava assim estruturado: Capítulo I (Da acusação), Seção Primeira (Dos preparatórios da acusação), Seção Segunda (Dos preparatórios para formação do 1º Conselho de Jurados), Seção Terceira (Da formação do 1º Conselho de Jurados ou Júri de Acusação), Seção Quarta (Da conferência do 1º Conselho de Jurados ou

Júri de acusação); Capítulo II (Do 2º Conselho de Jurados ou Júri de Sentença); Capítulo III (De várias disposições comuns do Júri de Acusação e de Sentença e peculiaridades aos casos de abuso da liberdade de exprimir os pensamentos); Capítulo IV (Dos recursos).

Título V (Disposições gerais), Título VI (Da ordem de Habeas Corpus) e Título Único (Disposição provisória acerca da administração da Justiça Civil) eram os últimos do CPCrim. Para além de chamar a atenção a circunstância de serem inseridas normas sobre a jurisdição cível, pois não havia, ainda, o código de processo civil, note-se que não havia regra ou parte do CPCrim pertinente à execução penal, pois, àquela época, o cumprimento da pena era uma medida meramente administrativa[35], o que, de certo modo, guiou os passos do legislador do CPP de 1941, pois a efetiva jurisdicionalização ou processualização da execução da pena só ocorreu em nosso meio com a edição da Lei nº 7.210, de 11 de julho de 1984 (SILVA JÚNIOR 2020, p. 52-53).

Em verdade, o Código de Processo Criminal foi uma adaptação do Código de Napoleão, editado em 1808, mas que somente começou a viger em janeiro de 1811 (TOURINHO FILHO 1984, p. 71). Para tanto, basta observar que o processo penal francês, elaborado segundo a ideologia reformista da Revolução Francesa, igualmente continha três fases bem distintas, cuja primeira era a instrução preparatória, coordenada pelo juiz com o auxílio de um representante do Ministério Público, na qual o acusado, sem ser advertido das imputações que pesavam contra si e sem muito menos ter o direito a um defensor, era submetido ao interrogatório e eram produzidas as demais provas pertinentes ao sumário de culpa (GARRAUD 2003, p. 270). No sistema francês, ao contrário do que foi adotado no Código de Processo Criminal brasileiro, toda ação penal tinha como legitimado o Ministério Público.

Essa instrução tinha como características principais o sigilo, a forma escrita e o modo inquisitivo, uma vez que não era dado ao agente o direito de se fazer representar por um advogado (GARRAUD 2003, p. 270). A eliminação do processo secreto, repudiado por Beccaria, era um

---

[35] João Chaves reclamava pelo fato de o juiz, sendo o responsável pela condenação, deveriam ser os *verdadeiros executores* das penas (CHAVES 2015, p. 155).

compromisso da Assembleia Constituinte, como adverte Garraud, todavia, no primeiro instante, contentou-se em assegurar a publicidade na instrução definitiva, conservando, porém, o sigilo na instrução prévia (2003, p. 327). O juizado de instrução francês, entretanto, logo foi profundamente modificado, por intermédio da Lei de 8 de dezembro de 1897, que impôs ao juiz o dever de informar ao acusado do direito que ele tinha de ficar calado (direito ao silêncio), sendo-lhe assegurado, ainda, o direito de ser assistido por um advogado e de este ser comunicado de todos os atos da instrução (GARRAUD 2003, p. 5).

Essa fase correspondia, propriamente, ao que se convencionou chamar de *juízo de instrução*, competindo ao juiz ser *ao mesmo tempo juiz e oficial de polícia judiciária* (GARRAUD 2003, p. 271). Depois, vinha a segunda fase, denominada jurisdição de instrução, na qual o próprio juiz, com base nos elementos probatórios coligidos durante a fase preparatória e após as conclusões do Ministério Público, proferia um despacho decidindo pela aceitabilidade ou não da ação penal.

Antes do Código de 1808, no sistema francês estabelecido pela Lei de 16 de setembro de 1791, à semelhança do que ocorria na Inglaterra e do que foi adotado pelo Código de Processo Criminal do Império, havia o júri de acusação, que era composto de oito membros, sob a presidência do juiz. A modificação introduzida pelo Código de 1808, conforme GARRAUD, decorreu do entendimento de que essa forma conferia muitas garantias à defesa e poucas à acusação (GARRAUD 2003, p. 328). Feita a conclusão no sentido de que havia elementos suficientes para o julgamento, iniciava-se a terceira etapa do processo, chamada *jurisdição de julgamento*. A terceira e última fase do processo era pública, contraditória e nela imperava a oralidade e o julgamento era feito pelo *júri* – de regra composto por doze jurados –, em deliberação da maioria, dada em uma sala secreta (GARRAUD 2003, p. 414-416). Como se verá mais adiante, a sistemática processual plasmada no CPCrim de 1832, em certa medida, seguiu essas diretrizes.

Apesar do viés liberal, a cultura jurídica, social e política brasileira ainda era muito arraigada ao contexto das Ordenações portuguesas, que tinha raízes na idade média e na renascença, cujo norte era o *direito penal do terror*, em que o escopo da pena era incutir o medo na população, a fim de desestimular a desobediência à ordem estabelecida. Assim, não se há de estranhar que, a despeito da influência das ideias iluministas, o CPCrim ainda fosse muito severo, especialmente quanto ao tratamento do acusado, quer por não homenagear, em muitos momentos, o princípio da presunção de inocência ou de não culpabilidade, quer porque utilizou uma linguagem marginalizante, chamando o acusado de *criminoso ou delinquente*, sem embargo de que era assim que o CCrim de 1830 designava quem fosse apontado como autor de crime.

Infelizmente, esse ranço normativo permaneceu em nosso meio, tendo merecido especial contemplação no CPP de 1941, marcadamente punitivista e policialesco, de modo que ainda hoje polui o discurso jurídico, pelo que se revela urgente abordar com a merecida atenção a linguagem jurídica empregada no campo criminal, tendo como premissa o valor exalado da cláusula da dignidade da pessoa humana (SILVA JÚNIOR e HAMILTON 2019)[36].

2.2.1 Órgãos jurisdicionais de primeira, segunda e última instância e as respectivas competências, conforme o Código de Processo Criminal de 1832

Para fins de administração dos juízos criminais de primeira instância, o CPCrim definiu a divisão das Províncias em *districtos de paz*, *termos* e *comarcas*. Os districtos eram demarcados pelas Câmaras Municipais, compreendendo, pelo menos, 75 (setenta e cinco) casas habitadas (art. 2º do CPCrim). Em cada districto existia 1 (um) juiz de paz, 1 (um) escrivão e inspetores correspondentes ao número de quarteirões, além dos oficiais de justiça que fossem necessários. Na sede da Província era feita a divisão Judiciária em termos e comarcas, proporcionais à

---

[36] Conforme já tivemos a oportunidade de realçar em outro trabalho, a "... modificação do discurso há de ser de forma radical, especialmente na academia, mediante, entre outras iniciativas, o desenvolvimento de pesquisas a respeito, tendo em mira alcançar uma verdadeira abolição acadêmica, no sentido de conscientizar a sociedade em si, o que abrange especificamente os operadores dos meios de comunicação social e das mídias sociais em geral, quanto à inadequação da postura indiferente ao problema alheio e à necessidade de que todos sejam tratados, conforme o valor da dignidade humana, sendo rechaçado e criticado o discurso escrito ou oral que exorbita dessa máxima, independentemente de seu porta-voz – policiais, políticos, membros do Ministério Público e juízes (SILVA JÚNIOR e HAMILTON 2019, p. 50).

concentração, dispersão e necessidade dos habitantes (art. 3º do CPCrim). O termo era constituído por 1 (um) juiz municipal, pelo conselho de jurados do tribunal do iúri, por 1 (um) promotor público, 1 (um) escrivão das execuções e tantos oficiais de justiça quantos fossem necessários[37]. Já nas comarcas, previa-se a existência de 1 (um) juiz de direito, porém com a previsão de que, nas cidades mais populosas, poderia haver até 3 (três) juízes de direito com jurisdição cumulativa, sendo um deles designado o chefe da polícia (art. 8º do CPCrim). De outra banda, em relação ao conselho de jurados, que integravam o tribunal do júri, constava que poderiam funcionar de forma *itinerante* em mais de 1 (um) Termo, sendo, porém, considerados como formando 1 (um) único termo, com sede fixada na cidade, vila ou povoação, onde com maior comodidade de seus habitantes pudessem se reunir (art. 7º do CPCrim).

Diante dessa estrutura, foram extintas as *ouvidorias de comarca*, os *juízes de fora*, os *juízes ordinários* e a outorga de jurisdição criminal a qualquer outra autoridade senão aos órgãos judicantes de primeira instância mencionados acima, exceto quanto ao Senado, ao Supremo Tribunal de Justiça, aos Tribunais de Relação, aos juízos militares, em relação aos *crimes puramente militares*, e os juízos eclesiásticos, quanto às matérias estritamente espirituais (art. 8º do CPCrim).

Os juízes de paz, que correspondiam aos juízes de vintena da estrutura portuguesa, em consonância com a Constituição, eram eleitos para um mandato de 4 (quatro) anos, juntamente na eleição para os vereadores. Os 4 (quatro) mais votados eram eleitos os juízes de paz, para mandatos sucessivos no quadriênio respectivo, entrando em exercício primeiro quem conseguia o maior número de votos e assim sucessivamente (art. 10, primeira parte, do CPCrim). Quando um dos eleitos estava em exercício, os outros 3 (três) eram os suplentes (art. 10, segunda parte, do CPCrim). A reeleição era admitida, malgrado o reeleito não estivesse obrigado a exercer o cargo novamente, caso a nova escolha tivesse ocorrido dentro dos 3 (três) anos imediatamente anteriores (art. 11 do CPCrim).

---

[37] Tendo em mira a melhoria da prestação jurisdicional, a Lei nº 261, de 3 de dezembro de 1841, introduziu reforma no Poder Judiciário, quanto à sua organização.

As atribuições do juiz de paz eram múltiplas e estavam pinçadas no Capítulo II. Ele tinha atribuições próprias de autoridade policial na condução das investigações, funções de polícia administrativa e ainda tinha competência para julgar alguns casos. Quanto à atuação administrativa, cabia ao juiz de paz tomar conhecimento e identificar todas as pessoas desconhecidas ou suspeitas que viessem a fixar morada no districto em que ele exercia suas funções, assim como conceder *passaporte* aos interessados (art. 12, § 1º, do CPCrim). Era de sua alçada, ainda, determinar que fossem a sua presença (a) os vadios, mendigos, bêbados, enfim, a quem ofendia os bons costumes, a tranquilidade pública e a paz das famílias, a fim de impor a obrigação da assinatura de *termo de bem viver*; e (b) os suspeitos da pretensão de cometer algum crime, no caso, para determinar a assinatura do *termo de segurança*. Isso sem mencionar que estava inserida dentre as suas atribuições dividir o seu districto em quarteirões, observando a regra de que cada um deles deveria possuir pelo menos 25 (vinte e cinco) casas habitadas (art. 12, § 8º, do CPCrim).

Na qualidade de autoridade investigatória, competia ao juiz de paz realizar o *auto de corpo de delito*, assim como proceder à formalização do *sumário de culpa*, prender os culpados e conceder fiança, a quem fosse declarado culpado no seu districto (art. 12, §§ 4º, 5º e 6º do CPCrim). Ou seja, exercia a função que, posteriormente, foi confiada à autoridade policial, mais precisamente, à denominada *polícia judiciária*. Assim, embora o juiz de paz não tivesse formação jurídica, na versão originária do CPCrim, tínhamos um *juízo de instrução*, na medida em que a investigação era confiada a um magistrado, o que perdurou até a edição da Lei nº 261, de 1841,

Em relação à atividade propriamente judicante, o juiz de paz tinha a competência para julgar as contravenções às posturas das Câmaras Municipais[38] e os crimes aos quais não aplicada pena maior do que a de multa até 100 (cem) mil réis, prisão, degredo ou desterro de até 6 (seis)

---

[38] Era comum, na época, os Códigos de Posturas editados pelas Câmaras Municipais dispor sobre o arruamento e as edificações, estabelecer regras sobre a comodidade, segurança e moralidade do município, assim como conter disposições policiais, a respeito do uso de armas de fogo e branca (faca, facões, machados, foices), toque de recolher, jogos de cartas, búzios e dados, rifas, loterias etc.

meses e de 3 (três) meses de correção ou oficinas públicas (art. 12, § 8º, do CPCrim).

Malgrado não conste expressamente como órgão jurisdicional, ainda haviam as juntas de paz, compostas pela reunião de juízes de paz do termo, pelo menos 4 (quatro) vezes e no máximo 12 (doze) vezes no ano, sendo o presidente escolhido dentre eles, em escrutínio secreto, de acordo com a maioria absoluta (art. 213 do CPCrim). Na Província sede da Corte, cabia ao Ministro da Justiça definir a quantidade e os locais das sessões das Juntas de Paz, e, nas demais Províncias, às Câmaras Municipais, com a duração de cada sessão limitada a 8 (oito) dias sucessivos (arts. 214 e 215 do CPCrim).

Competia às *juntas de paz* julgar os recursos de todas as sentenças dos juízes de paz, nos quais que fosse aplicado qualquer tipo de pena, podendo confirmar, revogar ou alterar a decisão, de forma definitiva, exceto quanto à admissibilidade do recurso de revista (art. 216 do CPCrim). Na reforma processual implementada pela Lei nº 261, de 1841, foram transferidas para os chefes de polícia e os delegados as atribuições e parte considerável da competência jurisdicional então confiada aos juízes de paz. Os chefes de polícia eram superiores hierárquicos de todas as autoridades policiais, sendo escolhidos dentre os desembargadores e juízes de direito, enquanto os delegados e subdelegados, dentre quaisquer juízes e cidadãos, nomeados pelo imperador ou pelos presidentes das provinciais, poderiam ser destituídos do cargo pela vontade de quem os nomeava, ademais de serem obrigados a aceitar o encargo (arts 1º e 2º, da Lei nº 262, de 1841). Ademais da competência para prolatar a decisão de pronúncia e proferir a sentença em relação às contravenções às posturas municipais e os crimes para os quais não prevista pena de multa superior a cem mil réis ou de prisão, degredo ou desterro de até 6 (seis) meses ou de 3 (três) meses de casa de correção ou oficinas públicas (art. 12, §§ 1º, 2º, 3º, 4º, 5º e 7º do CPCrim c/c o art. 4º, § 1º, da Lei nº 261, de 1841), era atribuição dos chefes de polícia, em toda as Províncias e na Corte, enquanto aos delegados nos respectivos distritos: (a) conceder a fiança aos que fossem por eles pronunciados ou presos; (b) exercer as atribuições sobre as sociedades secretas ou *ajuntamentos ilícitos* que eram até então conferidas aos juízes de paz; (c) fiscalizar as câmaras municipais e tomar a iniciativa para que as medidas necessárias, nos termos da lei, fossem convertidas em posturas da edilidade; (d) inspecionar os teatros e espetáculos públicos; (e) inspecionar as prisões da província; (f) conceder mandados de busca; (g) remeter aos respectivos juízes competentes todos os *dados*, *provas* e *esclarecimentos* a respeito de delitos; (h) velar para que os delegados e subdelegados cumprissem os seus deveres; e (j) dar as instruções necessárias para o melhor desempenho das atribuições policiais.

Os jurados eram escolhidos dentre os cidadãos que poderiam ser eleitores e que fossem de reconhecido bom senso e probidade – excetuando-se as altas autoridades mencionadas no art. 23 do CPCrim, que eram dispensadas desse serviço –, a partir de uma *lista parcial* elaborada em cada districto por uma *junta* composta do juiz de paz, do pároco ou capelão e pelo Presidente da Câmara Municipal ou algum dos vereadores ou, ainda, na falta, por um *homem bom*, nomeado pelos 2 (dois) integrantes (arts. 23 e 24 do CPCrim). A Lei nº 261, de 1841, criou mais dois requisitos, quais sejam, a exigência de que o cidadão soubesse ler e escrever tivesse rendimento anual por bens de raiz ou emprego público equivalente a quatrocentos mil réis ou mil réis, conforme o local (art. 27, caput). A lista dos jurados tinha de ser publicada na porta da paróquia ou da capela, sem prejuízo da publicação pela imprensa, nos lugares em que houvesse, com remessa à Câmara Municipal respectiva (art. 25, primeira parte, do CPCrim).

Recebida a lista, as Câmaras Municipais, juntamente com os juízes de paz e os párocos, procediam à formação de uma *lista geral* e a sua consequente publicação, em ordem alfabética, nas suas portas e na imprensa, assim como o lançamento dos nomes em um livro destinado para esse fim (art. 29 do CPCrim). Decorrido o prazo de 15 (quinze) dias da publicação da lista sem que houvesse impugnação, as Câmaras Municipais se encarregavam de confeccionar as cédulas com os respectivos nomes, colocando-as em uma urna, tal como se faz hoje. A urna, conservada na sala das sessões, era fechada com o uso de duas chaves diversas, ficando uma em poder do Presidente da Câmara Municipal e a outra com o promotor público, de modo que só era possível abri-la caso os dois estivessem presentes (art. 31 do CPCrim). A lista dos jurados passava por uma *revisão anual* realizada pelo juiz de paz, sempre no dia 1º de janeiro, assim como é ainda hoje[39]. A finalidade da revisão, conforme expresso em lei, era "1° Inscrever nas listas as pessoas, que foram omitidas, ou que dentro do anno tiverem adquirido as qualidades necessarias para Jurado" e "2° Eliminar as que tiverem morrido, ou que se tiverem mudado do Districto, ou que tiverem perdido as qualidades acima apontadas" (art. 26 do CPCrim).

Os juízes municipais, criados pelo CPCrim, na Corte eram nomeados pelo governo e, nas Províncias, pelos Presidentes, dentre os indicados em lista tríplice elaborada pelas Câmaras Municipais, para o exercício do mandato de 4 (quatro) anos, podendo ser reconduzidos, não sendo requisito necessário a graduação em direito, uma vez que poderiam ser escolhidos dentre os formados em Direito ou advogados (rábulas) ou qualquer pessoa *bem-conceituada e instruída* (art. 33 do CPCrim). Com a alteração proporcionada pela Lei n° 261, de 1841, os Juízes Municipais passaram a ser escolhidos pelo Imperador, dentre os formados em Direito, desde que preenchido o requisito de pelo menos um ano de prática forense, contado da formatura (art.13). Os juízes municipais tinham a competência para (a) substituir no termo o juiz de direito, nas suas faltas ou impedimentos; (b) executar, dentro do termo, as sentenças e os mandados dos juízes de direito e dos tribunais; (c) exercitar, cumulativamente, a jurisdição policial (art. 35 do CPCrim). Com a vinda a lume da Lei n° 262, de 1841, os juízes municipais assumiram a competência para (a) julgar definitivamente o contrato, exceto no caso de flagrante; (b) as atribuições criminais e policiais então conferidas aos juízes de paz e não foram passadas para os chefes de polícia ou delegados; e (c) sustentar ou revogar as pronuncias feitas pelo delegados e subdelegados (art. 17).

Os juízes de direito, ao contrário dos juízes municipais, estavam previstos na Constituição Imperial, e eram nomeados pelo Imperador, dentre bacharéis formados em Direito, maiores de 22 (vinte e dois) anos de idade e com prática forense de 1 (um) ano no mínimo, havendo preferência na escolha daqueles que já haviam exercido a função de juiz municipal ou de promotor público (art. 44 do CPCrim). Não havia concurso. A escolha era livre por parte do Imperador, o que lhe permitia exercer controle do

---

[39] Essa atribuição, a partir do Código atual, passou a ser da alçada do Juiz Direito ou Federal.

judiciário, pois só nomeava aqueles que lhe eram dignos de fé. A Lei nº 261, de 1841, impôs como requisito para a nomeação como juiz de direito, a circunstância de a pessoa ter servido, com distinção, os cargos de juiz municipal ou de órfãos ou de promotor público, ao menos por um quatriênio completo (art. 24). Aos Juízes de direito competia: (a) atuar nos termos sob a sua jurisdição para presidir os conselhos de jurados nas suas reuniões; (b) presidir o sorteio dos jurados, tanto para o júri de acusação quanto para o de sentença; (c) instruir os jurados, dando-lhes explicações sobre os pontos de direito, o processo e suas obrigações, abstendo-se de manifestar sua opinião sobre a prova ou o julgamento do caso; (d) regular a polícia das sessões, chamando à ordem os que dela se desviassem, impondo silêncio aos expectadores, determinando a retirada dos que perturbassem o ambiente e prender e punir os desobedientes ou os que injuriassem os jurados; (e) regular o debate das partes, dos advogados e das testemunhas, até que o conselho de jurados estivesse habilitado para o julgamento; (f) lembrar ao conselho de jurados quanto a todo os meios que julga ainda necessários para o descobrimento da verdade; (g) aplicar a lei do fato e proceder na forma prescrita no CPCrim; (h) conceder fiança aos acusados pronunciados perante o júri, a quem os juízes de paz tiverem injustamente denegado, assim como revogar aquelas que tivessem sido concedidas indevidamente pelos juízes de paz; e (i) inspecionar os juízes de paz e municipais, instruindo-os nos seus deveres (art. 48 do CPCrim). Essa competência foi alterada com a extinção do cargo de juiz de paz (Lei 261, de 1841, art. 26, § 1º ao 4º).

Periodicamente, os juízes de direito tinham a incumbência de apresentar informações ao Presidente da Província a respeito do comportamento dos juízes municipais e dos promotores público, o que os tornava, de certa forma, subordinados hierarquicamente ao chefe do Executivo. Pinto Ferreira, (1977, p. 127), abordando o assunto, resumidamente, destacava que a justiça togada era nomeada pelo Imperador dentre as pessoas habilitadas, os juízes de paz eram eleitos, enquanto os membros do tribunal do júri eram sorteados, cabendo acrescentar, ainda, que os Juízes Municipais eram escolhidos pelos Presidentes das Províncias.

Resta acrescentar, ainda, que, embora no CPCrim não contivesse nenhuma competência conferida aos juízes em relação à execução da pena, que era uma atividade meramente administrativa, o Código Criminal de 1830, ao tempo em que previa a pena de morte materializada com a utilização da forca, atribuía aos magistrados o papel de *presidir* o ritual a ser obedecido. Em compasso com o regramento a respeito, o réu, no dia do cumprimento da pena de morte, que não poderia ser executada na véspera de domingo, dia santo ou de festa nacional ou, no caso de mulher, se ela estivesse grávida, deveria ser conduzido pelas *ruas mais públicas* até a forca, com seu *vestido ordinário*, acompanhado do juiz criminal, a quem cabia presidir a execução, do escrivão e da força militar, tendo à frente o *porteiro*, incumbido de caminhar fazendo a leitura da sentença em voz alta (arts. 39, 40, 41 e 43 do CCrim de 1830).

Realizado o enforcamento, mercê de pedido feito ao juiz criminal encarregado de presidir a execução, o corpo do réu era entregue aos parentes ou amigos, sendo proibido o enterro com *pompa*, sob pena de prisão por um mês a um ano (art. 42 do CCrim). Aqui já se observa evolução humanitária, muito diferente da época das Ordenações Filipinas, em que o corpo do executado era vilipendiado pelo Estado.

Na segunda instância, existiam, em cada Província, os Tribunais de Relação, com competência para julgar causas em segunda e última instância (art. 158 da Constituição de 1824), compostos por desembargadores escolhidos em lista contendo os nomes dos 15 (quinze) juízes mais antigos. Existiam quatro Relações: Maranhão, com 14 (quatorze) Desembargadores; Pernambuco, com 15 (quinze); Bahia, com 16 (dezesseis); Rio de Janeiro, com 25 (vinte e cinco). Em 1873 foram criadas as do Pará, Ceará, São Paulo, Minas Gerais, Mato Grosso, Goiás e Rio Grande do Sul.

A competência recursal dos Tribunais de Relação dizia respeito, de regra, ao recurso de apelação, cabível das decisões do Júri Popular, na hipótese em que desobedecida *fórmula substancial* do processo, ou quando o Juiz de Direito não se conformava com a decisão dos Jurados ou não impusesse a pena prevista em lei (art. 301 do CPCrim). Os Tribunais de Relação possuíam competência originária para a formação de culpa dos empregados públicos e quanto aos crimes de responsabilidade praticados pelos comandantes milites e pelos Juízes de Direito (art. 155, § 2º, do CPCrim).

Por fim, como órgão de cúpula, era previsto o Supremo Tribunal de Justiça – depois denominado Supremo Tribunal Federal –, composto por 17 (dezessete) *juízes letrados*, denominados *conselheiros*, escolhidos pelo critério de antiguidade, dentre os integrantes dos Tribunais de Relação (art. 163, Const. de 1824). Tinha competência para conceder ou denegar revistas nas causas, conhecer dos delitos e erros de ofício advindos dos seus ministros, dos membros das Relações, dos empregados do corpo diplomático e dos Presidentes das Províncias, além de conhecer e julgar os conflitos de competência (art. 164 da Constituição de 1824).

De qualquer modo, em reforço à estrutura piramidal da Justiça, o Decreto nº 6.142, de 10 de março de 1876, cometeu ao Supremo Tribunal de Justiça a competência para expedir *assentos* no sentido de firmar a inteligência das leis civis, comerciais e criminais, quando verificada a existência de divergência a respeito da interpretação fornecida pela própria Corte Suprema, pelos Tribunais de Relação ou pelos juízes de primeira instância. Os assentos tinham força de lei e deveriam ser seguidos pelos demais juízes[40].

2.2.2 Crítica e alteração do CPCrim de 1832

O CPCrim foi considerado muito avançado para época, sendo tachado de descompassado com a realidade política, social e jurídica de então. Críticas azedas foram lançadas ao modelo de organização judiciária conferido pelo CPCrim, diante da circunstância de ter legado ao *juiz de paz* o papel de ator judicial principal nas localidades, em que pese a circunstância de ele ser eleito diretamente dentre e pelos cidadãos da localidade fosse um importante elemento da feição liberal código (COSER 2010, p. 52).

O descontentamento com essa nova estrutura, entretanto, residia, ainda, em razão de se ter confundido as atribuições próprias da polícia com as judiciais. Logo em 1834, no relatório do então Ministro da Justiça,

---

[40] Os assentos deram origem, posteriormente às súmulas, com outra roupagem. A súmula vinculante é uma espécie de repristinação dos assentos.

Aureliano de Sousa e Oliveira Coutinho (1834, p. 15-16), apresentado à Assembleia Geral Legislativa, essa crítica, na parte que interessa, foi assim expressada:

> O Código do Processo Criminal, que extinguiu o lugar de Intendente Geral de Polícia, e dispôs que nas cidades populosas um dos juízes de direito fosse o chefe dela, não designou quais fossem suas atribuições, e como as devia exercer. O governo deu-lhes, é verdade, um regulamento, que não poderia deixar de ser circunscrito no círculo das atribuições dos juízes de direito: por ele o chefe de polícia, que, aliás, na Corte tem muito a fazer, encarregado, como está, da inspeção das prisões, fiscalização dos passaportes de estrangeiros, administração do calabouço, visitas do porto, e vários outros objetos, não pode passar um mandado de busca, ou de prisão, e está limitado a recomendar quaisquer diligências aos juízes de paz. Estes magistrados populares, além de sobrecarregados com as infinitas atribuições, que as leis lhes têm acumulados, carecem os meios necessários para satisfazer as policiais, e nem para eles são próprios. Um juiz de paz, que só tem de servir um ano no seu distrito, onde há de viver depois no meio dos criminosos, que ele deve prender e perseguir, ou teme fazê-lo, faz de um modo pouco conducente a reprimir o crime. Isto que dito é, acontece notadamente nos distritos mais distantes das grandes povoações, onde alguns juízes de paz por mais enérgicos, e exatos no desempenho das atribuições policiais, tem sido assassinados pelos malfeitores, a quem tem prendido, ou querido prender. Em minha opinião, para que tão salutar instituição de paz se não desacredite, e torne odiosa, precisa ser aliviada do enorme peso das atribuições que hoje tem, e, sobretudo, de uma grande parte das que dizem respeito à polícia: os bons já fogem de servir tais encargos, e só puro patriotismo, e receio de transtorno da ordem pública, fazem o oneroso sacrifício de aceitar o posto, que só lhes traz incômodo, privações, e despesas. Por outro lado, o Código do Processo Criminal, dispensando os passaportes aos que viajam pelo Império, dificulta os meios de prevenir muitos crimes, e facilita a perpetração de outros.

Em outro relatório, apresentado também em 1834, agora pelo Ministro da Justiça Manoel Alves Branco, após criticar o fato de o novo código ter cometido ao juiz de paz o direito de fazer rondas, dar buscas em casas suspeitas, por em custódia os *doidos e bêbados*, formar corpos de delito, coligir as primeiras provas sobre o criminoso, prender os indiciados ou condenados, vigiar a condutas das sociedades secretas e públicas e formar culpas, dentre outras mais, qualificou esse tratamento como *absurdo* arrematando ser "quase incompreensível, que no Código de Processo se tirassem todas essas atribuições aos juízes letrados..." (1834, p. 18-19).

Aliás, como adverte João Mendes Almeida Júnior, o *liberalismo, regime consagrado pelo Código de Processo Criminal,* foi tão acentuado e promoveu uma modificação tão profunda em relação ao que anteriormente se tinha sob a égide das Ordenações Filipinas, que o próprio autor do projeto de lei que se transformou em nosso primeiro código processual criminal, Senador Alves Branco, teve a iniciativa de propor, já em setembro de 1835, uma reforma, *sobretudo em relação aos juízes de paz e à instituição do júri* (1959, p. 176). Ao que parece, realmente, a realidade política e cultural brasileira, conduzida por uma elite conservadora e autoritária, não estava preparada para mudança tão brusca em relação ao então Direito Penal do terror, especialmente quando à adoção do juízo de instrução do sistema francês, no qual um magistrado, o juiz de paz, desempenhava atribuições que eram mais próprias da autoridade policial. Isso se revela quando se observa que as maiores críticas lançadas ao Código de Processo Criminal residiram, justamente, na parte referente ao *juízo de instrução*, ante a *usurpação* pelo juiz de muitas das atribuições que então eram confiadas às autoridades policiais.

Por isso mesmo, as primeiras palavras do discurso do Senador Alves Branco, expendidas na sessão em que ele propôs a modificação do Código de Processo Criminal, foram endereçadas, senão por outro motivo, para essa anomalia, pois a atribuição ao juiz de tarefas afetas à chefia de polícia, para ele, não tinha respaldo nem na razão, nem na experiência. Ademais, outras críticas estavam centradas na premissa de que o excessivo *liberalismo* comprometia a unidade nacional.

Esse movimento resultou na aprovação da Lei nº 262, de 3 de dezembro de 1841, albergando profundas alterações no CPCrim. Tratou-se de uma efetiva reforma do Código de Processo Criminal, como aliás estava expresso na ementa da lei em foco. Isto é, pouco mais de 9 (nove) anos após a sua edição, o CPCrim sofreu substanciais alterações em seu formato, notadamente quanto à organização judiciária e as competências conferidas aos juízes.

Conferindo vazão ao sentimento de contrarreforma, e a expansão cada vez maior do viés conservador e autoritário, foi alterada a forma de indicação dos membros da magistratura, atribuindo ao Imperador o protagonismo no recrutamento[41] e as competências então previstas para os juízes de paz foram transferidas para os Chefes de Polícia e aos Delegados, pelo que, passaram a exercer não apenas as funções típicas de autoridade policial e outras tantas próprias da magistratura, em clara inclinação para o policialismo, escancarado posteriormente, no CPP de 1941.

---

[41] Os juízes municipais, que, até então, eram escolhidos em lista tríplice formada pelas Câmaras Municipais, passaram a ser nomeados diretamente pelo Executivo (BARROS 1987, p. 64).

CAPÍTULO 3

DO PROCESSO EM GERAL

A Parte Segunda do CPCrim cuida *Da forma do processo*. Principia com o Título I[42], sob o nome *Do processo em geral*. Nesse título são traçadas as regras gerais aplicáveis ao processo criminal. Inicia com a disciplina sobre a prescrição (Capítulo I), estabelecendo como regra, para os delitos inafiançáveis, o prazo de 10 (dez) anos para a extinção da punibilidade em razão do decurso do tempo (art. 56 do CPCrim); para os delitos afiançáveis, 6 (seis) anos ou 10 (dez) anos, estando o *delinquente* ausente, mas em lugar sabido e dentro do Império (art. 55 do CPCrim); enquanto os delitos e contravenções da competência do juiz de paz, 1 (um) ano ou 3 (três) anos, quando o *delinquente* ausente, mas sendo sabido o lugar em que se encontra. Pelo que se compreende da dicção normativa do art. 56 do CPCrim, no caso de crime inafiançável, a prescrição só tinha curso caso o *delinquente* fosse considerado presente e sem interrupção no Termo. Aliás, pela leitura dos arts. 54, 55 e 56, tem-se que a prescrição, em qualquer caso, não corria quando o *delinquente* estivesse *ausente* e em *lugar incerto e não sabido*.

A Lei nº 261, de 1841, trouxe mutações em relação ao prazo prescricional, a fim de aumenta-lo para 20 (vinte) anos, para os crimes afiançáveis, estando o réu ausente do império ou em lugar incerto e não sabido (art. 32). Quanto aos crimes inafiançáveis, conquanto tenha previsto o mesmo prazo de 20 (vinte) anos, isso apenas para a hipótese em que o réu, ainda que considerado ausente, ou melhor, revel, se encontrasse em lugar sabido e dentro do Império, pois tornou imprescritíveis, caso o réu estivesse em lugar não sabido ou fora do Império (arts. 33). Como grande inovação,

---

[42] Na versão *on-line* do Código de Processo Criminal de 1824, disponível no site do Planalto (http://www.planalto.gov.br/ccivil_03/leis/lim/lim-29-11-1832), a Parte Segunda começa com o Título II. Isso leva a acreditar que na segunda parte do Código teria sido mantida a ordem cardinal quanto ao Título desde a primeira parte. Todavia, parece que se trata de erro, pois, mais à frente, na mesma versão, consta que o Título II, que trata do *Do processo sumário*.

a lei em menção previu a interrupção do prazo prescricional com a decisão de pronúncia, tal como ainda hoje o CPP de 1941 prevê. Em seguida, passa a tratar das audiências (Capítulo II), definindo que devem ser realizadas em *casa pública* destinada para esse fim ou, então, na residência do juiz ou outro local adequado, determinando que todas as audiências e sessões dos tribunais fossem públicas e realizadas a *portas abertas* (art. 59 do CPCrim), chancelando, aqui, o princípio da publicidade, que veio a ser previsto no CPP (art. 792, § 1º).

Passo adiante, cuidava das *suspeições e recusações* (Capítulo III), firmando o impedimento dos "Juizes inimigos capitaes, ou íntimos amigos, parentes consanguíneos, ou afins até segundo gráo de algumas das partes, seus amos, senhores Tutores ou Curadores" (art. 61, primeira parte, do CPCrim), ou então tivessem "com algumas delas demandas, ou forem particularmente interessados na decisão da causa..." (art. 61, segunda parte, do CPCrim). O CPP de 1941 adotou essas mesmas situações como causa de suspeição do juiz, estendendo o parentesco até o terceiro grau, ao tempo em que acrescentou outras hipóteses e previu os casos de impedimento.

Às juntas de paz cabia julgar as suspeições dos juízes de paz e a dos juízes municipais em relação aos crimes da competência daqueles, enquanto aos jurados as dos juízes de direito, as dos juízes municipais nos demais casos e as dos membros das juntas de paz (art. 70 do CPCrim). A sanção processual prevista era a declaração de nulidade do processo, com consequente condenação nas custas do juiz suspeito que não se declarasse como tal (art. 71 do CPCrim), assim como restou positivado no CPP de 1941 (art. 101).

O Capítulo V do CPCrim cuidava da citação, definindo o que deveria conter no mandado (art. 82, §§ 1º ao 4º, do CPCrim), salientando que, quando se tratasse de diligência a ser cumprida em lugar distinto da jurisdição do juiz de paz, deveria ser expedida carta precatória, "tão simples como os mandados, com a única diferença de serem dirigida às autoridades Judiciarias em geral, rogando-lhes que as mandem cumprir" (art. 83 do CPCrim), da mesma forma como restou consignado no CPP de 1941 (art. 353). Tanto os mandados de citação quanto as cartas precatórias citatórias deveriam ser escritas pelo escrivão e assinadas pelo juiz, tal como é ainda hoje (art. 83, parte segunda, do CPCrim).

3.1 Da queixa e da denúncia

É a partir do Capítulo IV que começam as grandes inovações em relação ao processo. As *devassas gerais*[43] e *especiais* foram abolidas, assim como as *querelas*. Releva destacar que a Seção III do Capítulo III do Título I, quando foram preceituadas as normas pertinentes às *pessoas encarregadas da administração da justiça nos termos*, houve menção aos *promotores públicos*, nomenclatura preferida pelo código. Quanto aos requisitos para a escolha do promotor público determinou-se a observância do que disposto em relação aos Jurados, salientando-se, porém, que o exercício da função era para um mandato de 3 (três) anos, nomeados pelo Governo na Província sede da Corte (art. 36 do CPCrim). Todavia, a Lei nº 262, de 1841, modificou a forma de recrutamento dos promotores públicos, ao dispor que a escolha seria feita pelo Imperador ou pelos Presidentes das Províncias, recaindo a nomeação, preferencialmente, entre *bacharéis formados* e *idôneos*, com exercício do cargo pelo tempo que quem lhe nomeou achasse conveniente.

As atribuições do promotor público consistiam em (a) denunciar os crimes públicos; (b) acusar os *delinquente* perante os jurados; (c) acusar os *delinquentes* nos crimes de redução à escravidão de pessoas livres, cárcere privado, homicídio ou de *ferimentos* (lesão corporal), com as qualificadoras previstas no Código Criminal de 1830; (d) de roubo, calúnia e injúria contra o Imperador, membros da Família Imperial, contra a Regência e cada um dos seus membros e contra a Assembleia Geral ou uma das suas câmaras; (e) solicitar a prisão e a punição dos *criminosos*, assim como promover a execução das sentenças e mandados judiciais; (f) dar suporte às autoridades competentes em relação às negligências, omissões e prevaricações dos *empregados da administração da justiça* (art. 37 do CPCrim).

Nos impedimentos ou faltas do promotor público, os juízes municipais tinham a incumbência de fazer a nomeação *ad hoc*. No lugar das

---

[43] Em Portugal, as devassas gerais foram abolidas pela Lei de 12 de novembro 1821.

querelas, vieram as *queixas,* que poderiam ser acionadas não só pelo ofendido, como ainda pelo pai, mãe, tutor, curador e cônjuge (art. 72 do CPCrim). A *denúncia*, no sistema do Código de Processo Criminal, passou a designar a ação promovida pelo promotor público ou então por qualquer do povo, que possuía legitimidade concorrente (art. 74 do CPCrim).

A denúncia, intentada pelo promotor público ou por qualquer do povo era cabível, nos termos do código, nas seguintes situações: (a) nos crimes inafiançáveis; (b) nos crimes de peculato, peita, concussão, suborno ou qualquer outro de responsabilidade; (c) nos crimes contra o Imperador, Imperatriz ou algum dos Príncipes, Princesas da Imperial Família, Regente ou Regência; (d) em todos os crimes públicos; (e) nos crimes em que o *delinquente* estiver preso em razão do flagrante, quando não houver quem o acuse (art. 74, §§ 1º, 2º, 3º, 4º 5º e 6º, No lugar das querelas, vieram as *queixas,* que poderiam ser acionadas não só pelo ofendido, como ainda pelo pai, mãe, tutor, curador e cônjuge (art. 72 do CPCrim).

Assim, a *denúncia*, no sistema do Código de Processo Criminal, não era privativa do Ministério Público, pois qualquer do povo possuía legitimidade concorrente (art. 74 do CPCrim), com a adoção do chamado *sistema democrático*, diretriz que não foi seguida pelo CPP de 1941 que, no ponto, adotou o *princípio da oficialidade*, como uma espécie de *class action*, decorrente do *deve de proteção* do Estado (SILVA JÚNIOR 2022, p. 164-165). O interessante é que não eram admitidas denúncias do pai contra o filho; do marido contra a mulher, ou vice-versa; do irmão contra o irmão; do escravo contra o senhor; do advogado contra o cliente; e do inimigo capital (art. 75, § 1º ao 6º, do CPCrim).

A competência para o recebimento das queixas e denúncias era, de regra, do juiz de paz, salvo nos casos em que o conhecimento e o julgamento da matéria fosse da alçada do Supremo Tribunal de Justiça, das Relações ou de cada das Câmaras Legislativas (art. 77 do CPCrim). Como visto, a competência originária do Supremo Tribunal de Justiça era em relação aos crimes de responsabilidade dos seus membros, dos membros das Relações, dos empregados do corpo diplomático e dos Presidentes das Províncias, enquanto a das Relações era prevista para os crimes de responsabilidade dos comandantes militares e dos juízes de direito (art. 155, §§ 1º e 2º, do CPCrim).

O art. 79 do CPCrim estabelecia os elementos que a denúncia ou queixa deveriam conter, a saber: (a) o fato criminoso com todas as suas circunstâncias; (b) o valor provável do dano sofrido; (c) o nome do *delinquente* ou os sinais característicos, caso fosse desconhecido; (d) as razões da convicção ou presunção; (e) o rol dos informantes e testemunhas; e (f) o tempo e o lugar em perpetrado o delito. Essas regras foram reproduzidas pelo legislador do CPP de 1941, exceto quanto ao valor provável do dano (art. 41), omissão que representou um erro, remediado, implicitamente, na Reforma Tópica de 2008[44].

3.2 Das provas

No Capítulo VI estavam os preceitos referentes às provas. Basicamente, a única prova disciplinada era a testemunhal, prevendo que poderiam ser indicadas pelas partes ou *chamadas* de ofício pelo juiz (art. 84 do CPCrim), as quais eram obrigadas a comparecer, sob pena de conduzidas *debaixo de vara,* sem prejuízo de caracterização do crime de *desobediência* (art. 95 do CPCrim). Ainda em relação à testemunha, foi estabelecida a regra no sentido de que as inquirições fossem tomadas individualmente, providenciando-se para que "... umas não saibam, ou não oiçam as declarações das outras, nem as respostas do autor ou réo" (art. 88 do CPCrim), expondo a cláusula de impedimento para ser testemunha o ascendente, descendente, marido ou mulher, parente até o segundo grau, o escravo e o menor de 14 (quatorze) anos, mas ressalvando a possibilidade de o juiz colher o depoimento dessas pessoas na qualidade de *informante*, não se tomando, porém, nesse caso, o *juramento*, devendo o juiz dar crédito à informação "... em atenção ás circunstancias" (art. 89 do CPCrim). O *juramento* da testemunha, por sua vez, era feito conforme a sua religião, a não ser que pertencesse a seita que proibia os seus seguidores a fazer juras

---

[44] Como é efeito da sentença criminal condenatória tornar certa a indenização para fins de ressarcimento dos danos (art. 91, I) e sendo elemento obrigatório desse tipo de pronunciamento judicial a fixação de valor mínimo para a reparação (art. 387, IV, do CPP), a denúncia deve estimar a quantia para esse fim. Conquanto a omissão a esse respeito não seja caso de inépcia, o juiz deve assinar prazo para que o Ministério Público se manifeste a respeito, sanando o vício (SILVA JÚNIOR 2022, p. 170).

(art. 86 do CPCrim). Cabe sublinhar que o CPP de 1941 não tratou da figura do *informante*, tendo cuidado, apenas, de relativizar a obrigatoriedade de testemunhar devido ao grau de parentesco, isentando a testemunha, quando imprescindível a sua oitiva, de assumir o compromisso de dizer a verdade (arts. 203, 206 e 208 do CPP). Possivelmente em razão do CPCrim, na praxe forense, é comum dizer-se que, nesse caso, a pessoa é ouvida como *informante*, embora o art. 206 do CPP confira o nome de *testemunha*.

Quanto aos documentos, o diploma legal disse apenas que, para a validade como prova, deveriam ser reconhecidos como verdadeiros pelo tabelião público ou pelo próprio juiz (art. 92 do CPCrim), complementando com a vedação da utilização de cartas particulares para fins probatórios sem o consentimento dos interlocutores, "... salvo se provarem contra os mesmos" (art. 93 do CPCrim).

Ainda como prova admitida, o texto do código fez referência à confissão do réu, a qual, estando em conformidade com as circunstâncias do fato, era suficiente para provar o crime, salvo quando se tratasse da imposição de pena de morte, hipótese em que a condenação com suporte nela só era possível quando não houvesse outra prova. No ponto, a disciplina do CPP foi mais *garantista*, na medida em que a confissão, para todo e qualquer fim, para validade como prova, precisa ser corroborada por outros meios de comprovação (art. 197).

O Capítulo VII do CPCrim abordou a *acareação*, a *confrontação* e o *interrogatório*. O detalhe aqui é que, como se vê, esses institutos foram tratados em capítulo diferente do que foi reservado para especificar os meios de prova admitidos. Assim, eles não receberam tratamento de prova, ao contrário do Código de Processo Penal de 1941, que posicionou o interrogatório, a confissão e a acareação no título das provas. Outro aspecto que chama a atenção é que a acareação prevista era, apenas, entre as divergências verificadas nos depoimentos prestados pelas testemunhas, não havendo previsão da acareação com a participação do acusado (art. 96 do CPCrim), ao contrário do CPP de 1941[45].

---

[45] Pontue-se que, nos termos do CPP, "A acareação será admitida entre acusados, entre acusado e testemunha, entre testemunhas, entre acusado ou testemunha e a pessoa ofendida, e entre as pessoas ofendidas, sempre que divergirem, em suas declarações, sobre fatos ou circunstâncias relevantes" (art. 229, caput).

Destaque especial merece, nesse passo, a forma como foi disciplinado o interrogatório. Primeiro, como se disse, o interrogatório não foi catalogado como espécie de prova, diferentemente do que fez o legislador do código atual. Depois, o legislador de então teve o cuidado de dizer que o juiz, na presidência do ato processual, "mandará ler ao réo todas as peças comprobatorias do seu crime, e lhe fará o interrogatorio pela maneira seguinte" (art 98, caput, do CPCrim): (1) qual o nome, naturalidade, residência, e tempo dela no lugar designado?; (2) quais os seus meios de vida e profissão? (3) onde estava ao tempo em que aconteceu o crime; (4) se conhece as pessoas que juraram contra ele e desde que tempo? (5) se tem algum motivo particular a que atribua a queixa ou denúncia?; e (6) se tem factos a alegar ou provas que o justifiquem ou mostrem sua inocência.

Observe-se que o acusado, ao prestar o interrogatório, não estava sob o juramento de dizer a verdade, não existia a advertência de que o seu silêncio poderia incriminá-lo (art. 186 do CPP), e muito menos lhe era feita pergunta sobre "se conhece o instrumento com quem foi praticada a infração...; se é "verdadeira a imputação que lhe é feita"; a respeito "... de todos os demais fatos e pormenores, que conduzam à elucidação dos antecedentes e circunstâncias da infração"; e muito menos, no caso de negativa de autoria, era *convidado a* indicar "as provas da verdade de suas declarações" (art. 188, incisos IV, V, VII e parágrafo único, do CPP), como constou do Código de Processo Penal de 1941, em sua redação primária.

3.3 Da fiança

O Título II era encerrado com o Capítulo VIII, o qual trazia as disposições a respeito da fiança, instrumento hábil para assegurar o direito de o acusado responder em liberdade, quando não fosse o crime punido com "... 1º morte natural: 2º galés° 3º seis annos de prisão com trabalho: 4º oito annos de prisão simples: 5º vinte annos de degredo" (art. 101 do CPCrim).

Para todos os efeitos, a fiança se apresentava como uma das hipóteses para que o *reú se livrasse solto* – no caso de responder por contravenção às posturas das câmaras municipais ou por crime para o qual não prevista pena de multa superior a cem mil réis ou de prisão, degredo ou desterro de até 6 (seis) meses ou 3 (três) meses de casa de correção ou oficinas públicas (art.

12, § 7º c/c o art. 100 do CPCrim). A regra, portanto, era a inafiançabilidade do crime, sendo poucos os casos em que ela era cabível. Nessa parte, o CPCrim repetiu a garantia estampada no inciso IX do art. 179 da Carta Imperial. De toda sorte, pelo que foi dito, tem-se que, em relação aos crimes acima, para os quais não era cabível a fiança, sendo, portanto, considerados inafiançáveis, o acusado respondia o processo preso, de modo que a gravidade do delito era suficiente para leva-lo à prisão. Em outras palavras, nesses casos, não vigorava o princípio da presunção de inocência ou de não culpabilidade, ensaiado na primeira parte inciso do inciso VIII da Constituição de 1824, até porque, conforme salientado supra, a própria cláusula constitucional admitia a possibilidade da prisão *sem culpa formada*, desde que assim disposto em lei[46].

A fiança poderia ser garantida por meio de fiador, o que era mais comum, mediante a hipoteca de bens de raiz livres de ônus, depósito de dinheiro no cofre da Câmara Municipal, apólices da dívida pública, ouro, prata ou joias preciosas (art. 105 do CPCrim). No caso de fiador, este tinha de assinar o termo de fiança em livro para esse fim destinado, comprometendo-se, até a *sentença* do Tribunal Superior de Justiça, a pagar a quantia definida caso o *réo* fosse condenado, fugisse antes de ser preso ou não tivesse condições de arcar com o pagamento dos danos ocasionados à vítima ou das custas, da mesma maneira como, em certa medida, também está disciplinado no Código de Processo Penal de 1941 (art. 103 do CPCrim).

Para o arbitramento do valor da fiança, o juiz deveria nomear 2 (dois) peritos, sendo calculado o valor com base no valor do dano causado, as custas do processo, acrescentando-se, ainda, uma quantia proporcional à pena prevista, tendo em conta, de toda sorte, a possibilidade econômico-financeira do *criminoso* (art. 109, caput, do CPCrim). No escopo de expor regras mais detalhadas quanto à fixação do valor da fiança, o CPCrim estabelecia os parâmetros conforme a quantidade de pena, até o limite de 1 (um) ano, conforme os seguintes critérios: (a) cada dia da pena de desterro correspondia entre 5 (cinco) a 10 (dez) tostões; (b) cada dia da pena de

---

[46] Cf. o item 4.2, infra.

degredo, entre 8 (oito) a 20 (vinte); (c) cada dia de pena de prisão, entre 10 (dez) a 30 (trinta); (d) cada dia da pena de trabalhos públicos, entre 20 (vinte) a 40 (quarenta) (art. 109, § 1° ao 3°, do CPCrim).

Em tom forte, com a intenção de aumentar ainda mais os casos em que o acusado deveria ficar recolhido à prisão, a Lei n° 261, de 1841, ressaltou que o réu não se *livraria solto*, quando ele fosse *vagabundo* ou sem *domicílio* (art. 37). Para além disso, no art. 38, a Lei n° 261, de 1841, previu diversas outras hipóteses em que era inadmissível a fiança. O CPP de 1941 também se utilizou da situação jurídica em que o acusado tinha o direito de se *livrar solto*, mas, nesse caso, o direito de liberdade era assegurado independentemente do pagamento da fiança. Para os efeitos legais, o acusado se *livrava solto* quando (a) a infração não fosse cominada com pena privativa de liberdade; ou (b) o máximo da pena não excedesse a 3 (três) meses (art. 321, inciso I e II, do CPP). Por outro lado, o CPP de 1941 tornou possível a fiança, apenas, nos casos de infração punida com detenção ou prisão simples (art. 322), o que era a minoria.

Assim, no mesmo passo do CPCrim, o CPP adotou como regra a inafiançabilidade dos crimes. Em outro passo, a lei em referência detalhou os casos em que ocorria a quebra da fiança, explicitando que isso se dava quando o acusado deixava de comparecer às sessões do Júri ou praticava crime contra o queixoso, denunciante o presidente do Tribunal do Júri ou o Promotor Público, cuja sanção era a perda da metade da pena substitutiva da pena, verificando-se a perda da totalidade do valor, quando, condenado o réu empreendesse fuga (art. 44). Observe-se que o CPP de 1941, na sua redação originária, previu essas duas hipóteses como causas de quebramento da fiança, sendo, respectivamente, aplicada a sanção de perda parcial ou total do valor (art. 341 c/c os arts. 343 e 344).

CAPÍTULO 4

DO PROCESSO SUMÁRIO

O título II da Segunda Parte do CPCrim regrava o *processo sumário*. A matéria pertinente ao processo sumário era totalmente diferente da que veio a ser prevista no Código de Processo Penal de 1941. Como se verá adiante, em verdade, no *processo sumário*, ou melhor, no *procedimento sumário*, as normas processuais propriamente ditas estavam contempladas, apenas, nos Capítulos V (Da denúncia dos crimes de responsabilidade dos empregados públicos e forma do processo respectivo); e IV (Das sentenças no Juízo de Paz) e X (Das Juntas de Paz).

Note-se, por relevante, que o legislador cometeu o erro técnico de denominar o rito como *processo sumário*, ao passo que a processualística moderna esclarece que o que é comum ou especial, é o *procedimento*, que se divide em comum (ordinário, sumário e sumariíssimo) e especial. O *processo* é a relação jurídica (situação jurídica, na visão de Goldschmidt) que rege a atuação do juiz e das partes, ou, em outras palavras, é o instrumento como qual se exerce a jurisdição, atuando o Judiciário na composição do conflito de interesses entre as dimensões objetiva e subjetiva dos direitos fundamentais, representadas, de um lado, pelo dever-poder de exercício da persecução criminal, germinado do dever do Estado de conferir proteção eficiente aos direitos essenciais à condição humana e, de outro, pelo direito do acusado de que a persecução criminal seja pautada em consonância com o devido processo legal, notadamente quanto à ampla defesa, o direito à liberdade e à preservação da honra e da imagem da pessoa acusada (SILVA JÚNIOR 2022, p. 83). Já o *procedimento* é o rito, o caminho percorrido ou a ser percorrido pelo processo, meio pelo qual ele se desenvolve do início até o seu desfecho final.

Esse erro técnico-jurídico não foi identificado pelo legislador do CPP de 1941, que nominou o Livro II de *Dos processos em espécie*, dividindo-o em *processo comum* e *especial*, aquele em processo da competência do juiz singular e da competência do tribunal do júri. Esse erro só foi sanado, em parte, com a Reforma Tópica de 2008, com a nova redação emprestada ao art. 394, caput, mediante o esclarecimento de que "O procedimento será comum ou especial" e a consequente complementação de que "O procedimento comum será ordinário, sumário ou sumaríssimo" (art. 394, § 1º) (SILVA JÚNIOR 2022, p. 154).

Voltando ao CPCrim, esse Título I, que tratava do processo sumário estava dividido nos seguintes capítulos: I (Do passaporte); II (Dos termos de bem viver e de segurança); III (Da prisão sem culpa formada, e que pode set executada sem ordem escrita); IV (Da formação da culpa); V (Da denúncia dos crimes de responsabilidade dos empregados públicos e forma do processo respectivo); VI (Da ordem de prisão); VII (Das buscas); VIII (Da desobediência); IX (Das sentenças no Juízo de Paz); X (Das Juntas de Paz).

Em rigor, o *processo sumário* previsto no CPCrim traçava as regras a serem observadas pelo juiz de paz como uma espécie de autoridade policial e na condução das investigações, tal como posteriormente o CPP de 1941 passou a disciplinar sob o nome de *inquérito policial*, tendo a atribuição de coletar as provas para a *formação da culpa* e, assim, proferir a decisão de *pronúncia*. De soslaio, nos capítulos IX e X, ditou o rito a ser observado quando a competência para o julgamento era confiada ao Juiz de Paz.

Com acuidade, Romeu Pires de Campos Barros salientava que o CPCrim, do art. 144 ao 227, contemplava, "em promiscuidade, matérias pertinentes à organização judiciária, ações cautelares, procedimentos especiais e contravencionais, tudo com a denominação de processo sumário" (1987, p. 127-128). De qualquer sorte, Galdino Siqueira alertava que o procedimento sumário era a contraposição ao procedimento ordinário, compreendendo todos os outros ritos (1937, p. 512).

Como se verá mais adiante, para todos os efeitos, as normas processuais propriamente ditas contempladas no procedimento sumário estavam circunscritas às que foram contempladas no Capítulo V (Da denúncia dos crimes de responsabilidade dos empregados públicos e forma do processo respectivo); IX (Das sentenças no juízo de paz) e X (Das juntas de paz).

4.1 Dos termos de bem viver e de segurança

Conforme foi dito aqui[47], o juiz de paz tinha uma série de atividades administrativas, mais próprias de autoridade policial. Na sua atribuição de identificar as pessoas residentes no Districto de sua jurisdição, cabia ao Juiz de Paz determinar que se apresentassem a ele todos os vadios, mendigos, bêbados por hábito, prostitutas que perturbassem o sossego público, os turbulentos que, por palavras ou ações, ofendessem os bons costumes, a tranquilidade pública e a paz das famílias, a fim de que esses assinassem o chamado *termo de bem viver* (art. 12, § 2º, c/c o art. 121 do CPCrim). Certamente aqui está a origem da prática recorrente da polícia de efetuar as chamadas prisões para averiguações, que era muito comum e tolerada em nosso meio antes da Constituição de 1988. Até então, era muito comum a prisão de bêbados, com liberação logo após desaparecidos os efeitos do álcool e mesmo de mendigos ou prostitutas, sob o pretexto de manter a ordem pública, embora essas pessoas não estivessem praticando nenhum crime.

Havia uma presunção legal de que essas pessoas estavam situadas em uma *zona fronteiriça* à da criminalidade, sendo essa a justificativa para que tivessem de se apresentar ao juiz de paz, voluntariamente ou com o uso da força, a fim de assinar o *termo de bem viver*, uma espécie de *termo de compromisso* quanto a não praticar crimes ou perturbar a ordem ou a levar uma vida de acordo com os bons costumes, seja lá o que isso viesse a significar. Era uma espécie de medida diversa da prisão antes do cometimento do crime, em razão da *periculosidade*, discurso desenvolvido pela Escola Positiva a ponto de alguns de seus adeptos defender a medida de segurança preventiva, aplicada antes da prática de qualquer crime.

De certa maneira com suporte em idêntica presunção, também era da alçada do juiz de paz obrigar os *legalmente suspeitos da pretensão* de cometer algum crime a assinar o denominado *termo de segurança* (art. 12,

---

[47] Cf. item 3.1.1, supra.

§ 3º. do CPCrim). Veja-se, não se tratava de suspeito da prática de crime, senão de suspeito da *pretensão* de perpetrar um ilícito. Para ambas as hipóteses, o juiz de paz, além de obrigar a assinatura do respectivo termo, cominar a aplicação de multa de até 30 (trinta) mil réis e prisão de até 30 (trinta) dias e 3 (três) meses em casa de correção ou oficinas públicas (art. 121 c/c o art. 12 do CPCrim).

Por conseguinte, a prisão poderia ocorrer diante da mera *suspeita da pretensão* quanto à prática de um crime. Acentuando esse aspecto de *presunção de culpa ou culpabilidade*, a primeira parte do art. 121 do CPCrim ainda ressaltava que, nos 2 (dois) casos, ao se apresentar perante o juiz de paz, o suspeito deveria comparecer acompanhado de testemunhas com conhecimento dos fatos, sendo-lhe facultado, no entanto, requerer prazo para fazer a defesa.

É certo que a segunda parte do dispositivo em causa dizia que, após a produção da defesa, o *termo de bem viver* era assinado quando *provado*. No entanto, a leitura de todo o enunciado do art. 121 do CPCrim deixa evidente que cabia ao indivíduo suspeito o ônus de desfazer a presunção legal quanto à sua culpabilidade. Isso tanto é verdade que em nenhum momento se fala em prova para dar suporte à suspeita gerada contra o indivíduo, mas, ao contrário, que era este quem deveria produzir prova perante o juiz de paz.

Em situação muito parecida com o flagrante delito, mas com tratamento distinto, o art. 123 do CPCrim previa a possibilidade de tanto o oficial de justiça como de qualquer cidadão poder conduzir à presença do juiz de paz quem quer que fosse encontrado junto ao lugar onde tivesse acabado de ser praticado um ilícito, desde que a situação permitisse a *presunção* de que a pessoa estava se escondendo ou fugindo. Do mesmo modo cabia o flagrante, quando existente outro indício de idêntica natureza ou a pessoa fosse encontrada com armas, instrumentos, papeis ou outras coisas que fomentasse a presunção de cumplicidade em algum crime ou as coisas parecessem ser objeto de furto.

Por outro lado, toda vez que uma pessoa, com justa razão, tivesse o temor de que alguém tinha a pretensão de tentar cometer um crime contra ela ou os seus bens, ele poderia pedir ao juiz de paz que sujeitasse o suspeito a assinar o *termo de segurança* (art. 125 do CPCrim). Em ambas as situações, o condutor ou a *parte queixosa* (vítima) precisavam fazer juramento perante o juiz de paz da veracidade quanto às circunstâncias do fato que justificassem a condução ou a *queixa*, sem embargo do ônus de provar, com suporte em testemunhas, a informação que deveria ser reduzida a escrito (art. 126, primeira parte, do CPCrim).

De toda sorte, era assegurado ao *acusado* a possibilidade de *contestar verbalmente* a informação prestada pelo condutor ou pela vítima, antes de o juiz de paz dar a decisão a respeito (art. 126, segunda parte, do CPCrim). Por isso mesmo, no caso em que a vítima comparecia perante o juiz de paz para fazer a *queixa* de que estava como o temor de que outrem atentasse contra a sua vida ou integridade física ou mesmo em relação ao seu patrimônio, o *acusado* era *notificado* para comparecer perante o juízo (art. 126, última parte, do CPCrim). Diante da gravidade do caso, poderia o juiz de paz determinar que a *parte queixosa*, ou seja, a vítima, fosse colocada sob a guarda (proteção) de oficiais de justiça, enquanto o *suspeito* não assinasse o termo (art. 127 do CPCrim).

Como se vê, o *termo de segurança*, nesse caso, se apresenta como o embrião das hoje denominadas *medidas de proteção*, trazidas para o nosso ordenamento jurídico com a Lei Maria da Penha. Mas a revelação de que nesse caso se adotava a *presunção de culpabilidade* também resta evidenciada na redação do art. 128 do CPCrim, o qual deixava subtendido que o juiz *mandaria em paz* o *acusado*, ou seja, sem impor a assinatura do termo de segurança, se e quando ele *destruísse as presunções ou provas* do condutor ou queixoso (art. 128, primeira parte, do CPCrim). Ainda assim, o condutor ou queixoso não era passível de nenhuma sanção, salvo quando identificado dolo na informação (art. 128, segunda parte, do CPCrim).

Ambos os termos eram, naturalmente, reduzidos a escrito pelo escrivão, assinados pelo juiz, testemunhas e *partes*, podendo, quanto a estes últimos, ser substituídas pela assinatura de outras testemunhas, quando não soubessem escrever ou se negassem a fazê-lo. Ao termo de segurança eram aplicáveis as mesmas regras previstas para o caso de *réos* que tinham o direito de se *livrarem soltos*.

4.2 Da prisão sem culpa formada e da ordem de prisão

Em outro giro, o Capítulo III estava sob a rubrica *Da prisão sem culpa formada e que pode ser executada sem ordem escrita*. Pelo teor do art. 131 do CPCrim percebe-se que a disciplina ali contida dizia respeito ao flagrante delito. Com efeito, em compasso com o dispositivo em foco, qualquer do povo poderia, enquanto os oficiais de justiça eram obrigados, a prender e conduzir à presença do juiz de paz a pessoa que por ventura fosse encontrada cometendo um delito ou estivesse sendo perseguido pelo clamar público. Tendo como origem essa previsão normativa, o art. 301 do CPP de 1941 expõe que "Qualquer do povo poderá e as autoridades policiais e seus agentes deverão prender quem quer que seja encontrado em flagrante delito"

Tem-se, assim, que foram contempladas apenas 2 (duas) hipóteses de flagrante delito, ao contrário do Código de Processo Penal de 1941, que estipulou 4 (quatro) situações (art. 302, incisos I, II, III e IV), refletindo, assim, a sua propensão de alargar as possibilidades de colocar o acusado na prisão, mesmo quando não houvesse fundamento para a decretação da prisão preventiva.

Conquanto não tenha sido estipulado prazo certo, estava dito que o *criminoso*, quando preso em flagrante, deveria ser levado à presença do juiz de paz, oportunidade em que deveria ser interrogado *sobre as arguições* feitas pelo condutor e pelas testemunhas. Resta lembrar que o juiz de paz, apesar da nomenclatura, não era propriamente alguém formado em direito, estavam abaixo dos juízes municipais na organização judiciária e, embora tivessem alguma competência tipicamente jurisdicionais, possuíam as atribuições que posteriormente foram conferidas aos delegados de polícia, primeiro por meio da Lei n° 261, de 3 de dezembro de 1841, e depois pelo Código de Processo de 1941. Não se pode pensar, portanto, que à essa época os juízes de paz fossem uma espécie de *juiz das garantias,* nem muito menos que essa condução do detido à sua presença seja o germe da *audiência de custódia ou apresentação*. O que se tinha era um *juízo de instrução*, tal qual o sistema processual penal francês, em que o juiz fazia a investigação, decidia pela admissibilidade da ação penal por meio da pronúncia, com consequente decretação da prisão, se ainda solto estivesse o acusado, e remessa do processo para o Tribunal de Júri. Em alguns casos, como visto, o juiz de paz também tinha competência para proferir a sentença.

Retornando à sequência dos atos processuais, após o interrogatório do conduzido, o juiz de paz, salvo se o acusado pudesse se *livrar solto*, pelo fato de a pena do delito não ser superior a 6 (seis) nem ser de desterro ou fosse admitisse a fiança, com suporte na mera suspeita de que o crime tinha sido praticado, deveria mandar "pôr em custodia em qualquer lugar seguro, que para isso designar..." (art. 133 do CPCrim). Como se vê, o fato de a pessoa ser pega em flagrante delito, por si só, justificava que ela fosse mantida na prisão. O flagrante era não apenas instrumento de captura, servia, igualmente, de *justificativa* para que o infrator ficasse recolhido à prisão, por ordem do *juiz de paz*, que tinha função, nesse caso, similar à dos atuais delegados de polícia. Observe-se que, na redação primária do art. 310 do CPP de 1941, quando efetuada a detenção em flagrante, a liberdade provisória só era admissível quando evidenciado no auto de prisão em flagrante que o agente tinha cometido a conduta criminosa sob o escudo de uma das excludentes de criminalidade, então catalogadas no art. 19, incisos I, II e III, do Código Penal.

Conforme a parte final do art. 133 do CPCrim, na sequência da determinação do recolhimento da pessoa à prisão, o juiz de paz deveria proceder à *formação de culpa*, ou seja, à investigação do fato, o que hoje é chamado de *inquérito policial*. Esse dispositivo foi a inspiração da redação originária do art. 304 do CPP de 1941, com o acréscimo, no art. 306 do mesmo diploma legal, quanto à entrega, no prazo de 24 (vinte e quatro) horas, a *nota de culpa*.

Dando um salto na sequência lógica, no Capítulo VI, intitulado *Da ordem de prisão*, foi tratada a prisão mediante ordem, o que hoje corresponde à *prisão processual ou provisória*, cuja única espécie prevista quando da edição do CPP de 1941 foi a *prisão preventiva*.

Nos termos do art. 175 do CPCrim, a ordem de prisão, a ser dada pela *autoridade legítima*, poderia ocorrer em todo e qualquer caso, independentemente de *culpa formada*, quando fosse a hipótese de crime inafiançável. A norma em destaque não dizia expressamente quem era a *autoridade legítima*. Todavia, cotejando as competências cometidas aos *juízes de paz* e aos *juízes de direito*[48], tem-se que cabia àquele decidir a respeito, ressalvados os casos em que a decretação fosse determinada pelo *juiz de direito* ou pelo *Presidente do Tribunal* (art. 176, § 2º, do CPCrim).

Como se observa, a prisão mediante ordem não tinha nenhuma característica de medida cautelar, sendo desconsiderado o princípio da presunção de inocência ou de não culpabilidade. O só fato de o crime ser inafiançável era o suficiente para a decretação da prisão, independentemente da fase da investigação ou do processo. É pertinente ressaltar que, nesse caso, a prisão não era obrigatória, pois, na parte inicial do art. 175 do CPCrim, fora empregado o verbo *poderão*. Todavia, certamente, esse dispositivo orientou o legislador do CPP de 1941 na criação da figura da *prisão preventiva obrigatória*, tal como restou consignado no art. 312 ("A prisão preventiva será decretada nos crimes a que for cominada pena de reclusão por tempo, no máximo, igual ou superior a dez anos").

O cumprimento da ordem de prisão, que poderia ser em qualquer dia, fosse dia útil, santo ou domingo e mesmo à noite, recaía no oficial de justiça, cujo nome deveria constar do mandado (art. 176, § 5º), sendo-lhe autorizado o emprego do *grão da força* necessária para o cumprimento da diligência apenas se e quando o *réo* desobedecesse a ordem, podendo, caso a resistência fosse com o uso de armas, também delas utilizar para fins de sua própria defesa e repelir a oposição, podendo daí resultar o *ferimento ou morte* justificável do infrator (art. 182 do CPCrim). O legislador, seja como for, foi mais comedido do que a previsão contida nas Ordenações Filipinas, pois lá, na redação enxundiosa que lhe era característica, estava dito que o oficial de justiça, no caso de resistência do *malfeitor*, estava autorizado a *matar sem pena* (Liv. 5, t. 36, § 10). Aqui o CPCrim contemplou a figura do *auto de resistência*, reproduzido pelo CPP de 1941 no art. 284 ("Não será permitido o emprego de força, salvo a indispensável no caso de resistência ou de tentativa de fuga do preso"). A ordem de prisão, quando o dono ou inquilino não consentisse, mesmo à vista do mandado, efetuar a entrega do *réo,* era suficiente para autorizar a invasão da *casa* para o cumprimento da diligência, ainda que fosse necessário promover o arrombamento das portas,

---

[48] Cf. item 2.2.1, supra.

devendo o oficial de justiça documentar o ocorrido por meio de 2 (duas) testemunhas (art. 185 do CPCrim). Entretanto, caso o cumprimento ocorresse durante a noite, não sendo autorizado o ingresso na casa, o oficial de justiça deveria bloquear as saídas do lugar, proclamar por "tres vezes incomunicável a dita casa, e imediatamente que amanheça..." (art. 186 do CPCrim), arrombar as portas e tirar o *réo*. De toda sorte, o morador da casa que se negasse a fazer a entrega do *criminoso*, também era levado pelo oficial de justiça à presença do *Juiz de Paz*, a fim de responder como *resistente* (art. 188 do CPCrim).

4.3 Da formação de culpa

No passo seguinte, o Capítulo IV versa sobre a *formação da culpa*. Essa formação de culpa era uma mescla de fase investigatória e primeira parte do processo criminal, muito provavelmente experiência aproveitada pelo legislador do CPP de 1941 para formatar o então procedimento sumário, referente às contravenções penais, posteriormente estendido aos crimes e lesões corporais culposos, pela Lei nº 4.611, de 2 de abril de 1965, denominado igualmente *procedimento judicialiforme*.

Esse procedimento sumário judicialiforme estampado no CPP de 1941, cuja primeira fase se iniciava perante a autoridade policial, dando esta, ou o juiz, início ao processo por meio de portaria. Quando se tratava de prisão em flagrante, o procedimento sumário tinha início conforme o previsto no então art. 304 do CPP, ou seja, com a apresentação do preso ao delegado de polícia, a quem competia ouvir o condutor e as testemunhas, além de fazer o interrogatório do preso, com a ressalva de que, nesse caso, o número de testemunhas era limitado a 3 (três) pessoas (art. 532 do CPP)

Pois bem, tirando o que se há de tirar, tal como na redação primária da legislação atual, sob a batuta do CPCrim, o *auto de corpo de delito*, escrito pelo escrivão, rubricado pelo juiz de paz e assinado por este e pelas testemunhas, nos crimes em que deixassem vestígios, deveria conter o exame realizado por *peritos*, devendo ser arrecadado tudo quanto encontrado no lugar do delito e na sua vizinhança, que servisse de prova (arts. 134 a 136 do CPCrim).

Cabe ressaltar que, conquanto a competência para a formação da culpa fosse da alçada do juiz de paz, o Supremo Tribunal de Justiça, os Tribunais de Relações, os Conselhos Militares e as Justiças Eclesiásticas concentravam essas atribuições, quando os crimes eram de suas respectivas competências (art. 155 do CPCrim), tal como pinçado no item 2.2.1, supra.

Não existindo os vestígios, o auto poderia ser formado por 2 (duas) testemunhas, certificando a existência do fato e as suas circunstâncias (art. 134, parte final, do CPCrim).

Nos crimes para os quais previstos a persecução criminal por meio de *denúncia*, ou seja, de iniciativa pública, o juiz de paz deveria promover a formação *dos autos de corpo de delito* de ofício, ao passo que, nos casos em que desafiava *queixa* do interessado, só poderia agir mediante requerimento da *parte*, sendo a este entregue no final, com dispensa do traslado (arts. 138 e 139 do CPCrim).

Apresentada a queixa ou a denúncia, acompanhada, ou não, do auto de corpo de delito – que não era imprescindível, sendo, portanto, dispensável quando não necessário – o juiz de paz, após mandar autuar, deveria proceder à inquirição de, no mínimo, 2 (duas) ou, no máximo, até 5 (cinco) testemunhas (art. 140 do CPCrim). De toda sorte, para as hipóteses em que cabia denúncia, o juiz de paz poderia agir de ofício, procedendo conforme previsto no art. 140 do CPCrim (art. 141). O interessante é que, se o *delinquente* estivesse preso, ele deveria ser conduzido à presença do juiz de paz para assistir à inquirição das testemunhas, podendo *contestá-las* e, ainda, ser interrogado (art. 142 do CPCrim).

Terminada a audiência, o juiz, quando convencido da *existência* do crime e de quem era o *delinquente*, por meio de *despacho*, deveria *julgar procedente* a queixa ou denúncia, com consequente determinação do lançamento do nome do agente no *livro para isso destinado* e da sua prisão (arts. 144 e 146 do CPCrim). Essa decisão correspondia ao que constou no CPP de 1941 como *pronúncia* (art. 408, caput), que tinha os mesmos requisitos ("Se o juiz se convencer da existência do crime e de indícios de que o réu seja o seu autor, pronunciá-lo-á, dando os motivos do seu convencimento"). Esse dispositivo do CPCrim foi ainda a inspiração para que o legislador do CPP de 1941 colocasse como efeito, *ipso facto*, da decisão de pronúncia o lançamento do nome do réu no *rol dos culpados* (art. 408, § 1º). Não restando convencimento em relação a esses dois requisitos, deveria o juiz *julgar improcedente* a denúncia ou queixa (art. 145 do CPCrim), o que correspondeu, no CPP de 1941, à sentença de impronúncia (art. 409 do CPCrim).

Essa pronúncia definia a *formação de culpa* e poderia ocorrer enquanto não se desse a prescrição do delito. Porém, encontrando-se o acusado preso, deveria a formação de culpa ser finalizada no prazo de 24 (vinte e quatro) horas, na hipótese em que realizada em cidades, vilas ou locais *próximos à residência do juiz*, ou, quando o recolhimento fosse feito em *lugares remotos*, dentro de um *prazo razoável* proporcional à distância onde cometido o delito, "... contando-se um dia por cada três léguas" (art. 148 do CPCrim). Complementando o dispositivo em foco, explicava-se que eram considerados *lugares próximos à residência do juiz* todos aqueles que estivessem dentro do espaço de *duas léguas*, acrescentando, de todo sorte, que a *formação de culpa* não poderia exceder a 8 (oito) dias da realização da prisão, salvo quando a "affluencia de negocios publicos, ou outra dificuldade insuperavel obstar, fazendo-se com tudo o mais breve que fôr possível" (art. 148, parte final, do CPCrim).

Encerrada a formação da culpa, não sendo o processo da sua competência, o juiz de paz tinha de fazer a remessa do processo ao júri de acusação, presidido pelo juiz de direito (art. 228 c/c o art. 235 do CPCrim). O processo era enviado para o juiz de paz da cabeça do termo e, havendo mais de um, o endereçamento deveria ser para o com jurisdição sobre o distrito sede da reunião do conselho de jurados (art. 230 do CPCrim).

Aqui, mais uma vez, há de se fazer a consideração sobre a indisfarçável utilização da *presunção de culpabilidade* como preceito reitor do CPCrim. A literalidade normativa do instituto diz tudo. Era nesse momento do mero recebimento da ação penal, que se tinha como *formada a culpa*. O mero juízo de admissibilidade da acusação tinha o condão de intuir a culpa do agente.

4.4 Da formação de culpa nos crimes de responsabilidade dos empregados públicos

O CPCrim prescrevia um procedimento especial quanto à formação de culpa, quando se tratava de crime da responsabilidade dos empregados público, o que influenciou o legislador do CPP de 1941, no sentido de também estipular regras específicas para os delitos praticados por quem ostenta essa condição, sob a rubrica "Do processo e do julgamento dos crimes de responsabilidade dos funcionários públicos" (art. 513 a 518). Na hipótese de o crime ser praticado por *empregado público*, em consonância com o art. 150 c/c o art. 151, ambos do CPCrim, qualquer do povo, no prazo de 3 (três) anos, tinha a faculdade de denunciar ou a vítima de *queixar-se* perante quaisquer das Câmaras Legislativas, ao Governo, aos Presidentes das Províncias ou às autoridades judiciais, a quem competisse o conhecimento do fato, a fim de que, *ex officio*, fosse iniciada investigação e o processo.

A queixa ou a denúncia tinha de ser escrita, contendo a assinatura do queixoso ou denunciante, acompanhada dos documentos ou *justificação* atestando a existência do fato ou, então, de declaração afirmando a impossibilidade quanto à apresentação de algumas dessas provas (art. 152 do CPCrim). Observe-se que esse dispositivo foi reproduzido no CPP de 1941, pois o seu art. 513 dispõe que, quando se trata de crime de responsabilidade dos funcionários públicos em que o processo e o julgamento são da competência dos *juízes de direito*, a queixa ou denúncia deve ser "... instruída com documentos ou justificação que façam presumir a existência do delito ou com declaração fundamentada da impossibilidade de apresentação de qualquer dessas provas".

A autoridade competente detinha o prazo de *ano e dia* para agir *ex officio*, a partir da apresentação da denúncia ou queixa (art. 154, segunda parte, do CPCrim). A despeito dessa previsão, de qualquer sorte, a iniciativa quanto à apuração da responsabilidade dos empregados públicos, a autoridade judicial detinha o dever de proceder *ex-officio*, no prazo máximo de 8 (oito) anos depois do crime cometido (art. 154, primeira parte, do CPCrim).

Cabe lembrar que a competência para a formação de culpa dependia da prerrogativa de função atribuída, de modo que poderia ser do Supremo Tribunal de Justiça, dos Tribunais de Relação, dos Conselhos Militares, das Justiças Eclesiásticas ou mesmo do Juiz. O interessante é que eram considerados empregados públicos os *empregados eclesiásticos*, denotando, ainda, uma reminiscência do período anterior à laicização, confundindo Estado e Igreja.

O rito pertinente à formação de culpa quando a competência originária pertencia ao Supremo Tribunal de Justiça, por expressa previsão legal, não era disciplinado pelo CPCrim, ficando a cargo da Lei de 18 de setembro de 1828[49]. O CPCrim traçava as normas referentes à formação de culpa quando a competência era atribuída aos Tribunais de Relação ou aos Juízes. Assim que apresentada a queixa ou denúncia, o Ministro do Tribunal de Relação, escolhido por distribuição entre os seus pares ou o Juiz, antes de decidir quanto a sua admissão, deveria ouvir por escrito o empregado público (art. 159, primeira parte, do CPCrim). Após a resposta apresentada pelo empregado público, a autoridade judiciária decidia sobre o recebimento, decisão denominada pelo código como *pronúncia* (art. 159, segunda parte, do CPCrim). Veja-se que, também nessa parte, o legislador do CPP de 1941, quanto ao procedimento pertinente aos crimes da responsabilidade dos funcionários público, teve como guia o CPCrim, ao deixar expresso que, diferentemente do rito ordinário, o juiz, antes de decidir sobre o recebimento da denúncia ou queixa, deve ordenar "... a notificação do acusado, para responder, por escrito, dentro do prazo de quinze dias" (art. 513).

Na formação da culpa o acusado era ouvido, salvo quando estivesse fora do distrito da culpa, o crime fosse inafiançável ou, então, estivesse em lugar ignorado e não sabido, entendendo-se para esse fim como *distrito culpa* não apenas o lugar em que foi cometido o delito, mas, igualmente, o da residência do infrator.

Os efeitos da pronúncia eram os seguintes: (a) ficar o pronunciado sujeito à acusação criminal; (b) suspender o pronunciado do exercício das

---

[49] Essa lei não tinha número, pois na época de sua edição não era comum numerar os atos normativos do legislativo.

funções públicas; (c) prender o pronunciado ou conservá-lo na prisão, salvo se se tratasse de crime afiançável; e (d) suspender a metade do ordenado ou do soldo, cuja perda total ocorria caso, no final, não fosse absolvido. É de se notar que a decretação da prisão era um efeito necessário da pronúncia, quanto aos crimes inafiançáveis, ou seja, a mera admissão da ação penal tinha o condão de levar o acusado à prisão, como uma espécie de *prisão obrigatória*. Tem-se, ainda, que essa previsão normativa tinha como *background* o *princípio da presunção de culpa*. O só fato de existir o processo já era justificativa para implicar no recolhimento do acusado à prisão.

No mesmo passo, sendo mantida a pronúncia para o procedimento relativo aos crimes da competência do tribunal do júri, na qualidade de decisão que demarca o final da primeira fase desse rito e se apresenta como o juízo de admissibilidade da acusação para a apreciação pelos jurados, na redação originária do CPP de 1941 constou que os seus efeitos eram (a) lançar o nome do acusado no rol dos culpados; e (b) manter o acusado na prisão ou mandar prendê-lo (art. 408, § 1º). Aliás, aqui o CPP de 1941, influenciado pelo CPCrim, cometeu o erro técnico de nominar a pronúncia de *sentença*, quando, em verdade, trata-se apenas de *decisão interlocutória*, que põe fim à primeira fase do procedimento do tribunal do júri.

Persistindo na ideia da *presunção de culpabilidade*, da decisão de impronúncia o juiz tinha de apelar de ofício para o Tribunal da Relação do respectivo distrito, com remessa imediata pelo escrivão, sem qualquer formalidade (art. 167 do CPCrim). Ou seja, a impronúncia tinha de ser confirmada pela instância superior, ainda que não fosse interposto recurso voluntário.

Da decisão de pronúncia cabia recurso interposto pelo acusado, no prazo de 10 (dez) dias improrrogáveis, sem, porém, suspensão dos seus efeitos. Ou seja, a despeito da interposição de recurso da pronúncia, o acusado, ainda assim, seria preso, o que, uma vez mais, evidencia não ter o legislador feito concessões ao princípio da presunção de inocência ou da não culpabilidade.

Após a pronúncia, a acusação dos empregados público *não privilegiados* era feita perante o tribunal do júri, exceto (a) os militares por crimes do emprego militar; e (b) nos casos em que a pena prevista era de advertência ou *pena de desobediência.*

4.5 Das buscas

As buscas foram tratadas como meio para a obtenção de provas, merecendo tratamento no Capítulo VIII. No art. 189, o CPCrim cuidou de elencar as hipóteses nas quais poderiam ser concedidos os mandados de buscas, a saber: (i) apreensão das coisas furtadas, tomadas à força, com falsos pretextos ou achadas; (ii) prender criminosos; (iii) apreender instrumentos de falsificação, moeda falsa ou outros objetos falsificados de qualquer natureza que fossem; (iv) apreender armas e munições preparadas para insurreição, motim ou para quaisquer outros crimes; (v) para descobrir objetos necessários à prova de algum crime ou a defesa de algum acusado. Chama a atenção a expressão *prender criminosos.* Mas, há de se recordar que o Código Criminal de 1830, em vigor à época, não chamava o autor do crime de réu ou acusado, mas, sim, de *criminoso* ou *delinquente*[50]. Assim, efetivamente, a previsão normativa dizia respeito quanto à possibilidade de determinar-se a *busca* do autor do crime.

A análise do art. 240 do CPP de 1941 revela que, malgrado algumas alterações redacionais, foram mantidas em nosso sistema as 5 (cinco) hipóteses acima para a expedição do mandado de busca e apreensão. Nesse caso, o legislador manteve até mesmo a expressão *prender criminosos*, o que mereceu, e ainda merece, azedas críticas lançadas pela doutrina. A uma porque, quando da edição do CPP de 1941, já estava em vigor o Código Penal atual, o qual define o autor do crime como réu. Por conseguinte, o correto teria sido usar a palavra *réu*, não a expressão *criminoso*. A duas porque adjetiva de forma preconceituosa quem é objeto de processo criminal, para não falar na ofensa ao princípio da presunção de inocência ou da não culpabilidade, tratando o acusado como se já houvesse um juízo quanto a sua condenação, levando em consideração um conceito feito *a priori.*

---

[50] O art. 3º do CCrim assim preceituava: "Não haverá criminoso, ou delinquente, sem má fé, isto é, sem conhecimento do mal, e intenção de o praticar".

Como requisito para autorizar a busca restou positivado no CPCrim que não se expediria o mandado senão embasado em *veementes indícios*, consubstanciados em *juramento da parte* ou de *uma testemunha* (art. 190 do CPCrim), ideia repetida no art. 241 do CPP de 1941, quanto à busca domiciliar ou em local, mediante o emprego da expressão *fundadas razões* (art. 240, caput) ou *fundada suspeita*, no caso de busca pessoal (art. 240, § 2°).

O depoimento da testemunha ou da parte requerente, para fins de busca, deveria conter a exposição do fato narrado na petição, conferindo *razão da ciência* ou a mera *presunção* de que a pessoa, a coisa ou o documento estava no lugar indicado ou da existência de uma *assembleia ilegal* (art. 191 do CPCrim), havendo a restrição quanto ao cumprimento durante a noite, exceto no caso de (i) incêndio, ruína da casa ou das imediações; (ii) inundação; (iii) pedido de socorro de dentro do lugar; ou (iv) crime de violência contra a pessoa (art. 197 do CPCrim c/c o art. art. 209, §§ 1° a 4°, do CCrim de 1830).

O mandado de busca, a fim de ser exequível, tinha de conter (a) o nome da testemunha ou testemunhas, com os respectivos depoimentos; (b) a indicação da casa pelo nome do proprietário ou do inquilino, o número e a localização; e a (c) descrição da pessoa ou coisa procurada, ademais de ser escrito pelo escrivão e assinado pelo juiz, com ou sem a ordem de prisão (art. 192, §§ 1° a 4°, do CPCrim). A diligência de busca a ser realizada em uma casa só poderia ser cumprida durante o dia, devendo o oficial de justiça, antes de entrar na residência, exibir o mandado ao morador ou moradores, intimando para que a porta fosse aberta, com a autorização, caso não fosse obedecido, a arrombá-la e entrar à força, sendo-lhe permitido, ainda, romper armários ou qualquer outra coisa onde com fundamento houvesse a suposição de que estivesse escondido o que fosse objeto da ordem judicial.

A diligência precisava ser documentada em auto, no qual deveria constar tudo quanto tivesse acontecido, com descrição das coisas, pessoas e lugares que tivessem sido encontradas, contendo a assinatura de duas testemunhas presenciais, que precisavam ser convocadas pelo oficial de justiça ao iniciar a execução do mandado, facultando às partes o acesso a cópia do relato (art. 201 do CPCrim).

O oficial de justiça tinha a obrigação de levar à presença do juiz, *debaixo de vara*, o possuidor ou a pessoa na posse de quem fosse encontrada a coisa ou desse guarda à pessoa procurada, a fim de que investigada e processada na forma da lei, no caso de ter atuado com dolo ou ser considerada como *cúmplice*. Isso porque o Código Criminal de 1830 não utilizava a expressão coautor ou partícipe para incriminar quem atuava em conjunto com o autor na prática de um crime, tendo utilizado a palavra *cúmplice*. De fato, o CCrim, ao tempo em que qualificava o autor do delito como *criminoso* "os que commetterem, constrangerem, ou mandarem alguém commetter crimes" (art. 4º), esclarecia, mais adiante, que "São criminosos, como complices, todos os mais, que diretamente concorrerem para se commetter crimes" (art. 5º), assim sendo considerados também "Os que receberem, ocultarem ou comprarem cousas obtidas por meios criminosos" (art. 6º, 1º). Impende observar que a disciplina quanto ao cumprimento do mandado de busca era similar à prevista para o de ordem de prisão, tema tratado no item 4.2, supra.

O CPP de 1941 também indicou o que tem de constar do mandado de busca e a forma de execução da diligência, outorgando os poderes para o uso da força, tendo o cuidado de preceituar regras específicas para a busca pessoal. Todavia, quando à execução da diligência, não colocou como requisito a presença de testemunha, fazendo alguma consideração quanto à documentação por prova oral no caso de arrombamento da casa estando os moradores ausentes, situação na qual deve ser intimado um *vizinho*, ainda assim, *se houver ou estiver presente* (art. 245, § 4º).

4.6 Das sentenças no juízo de paz

Como observado acima, o Capítulo IX, que tratava das sentenças no juízo de paz, era uma das únicas partes do *processo sumário* que cuidava efetivamente de normas processuais. Em verdade, esse capítulo ditava as regras que deveriam ser observadas pelo juiz de paz quando era de sua competência julgar o crime.

Apesar da nomenclatura utilizada, o capítulo disciplinava o rito que havia de ser cumprido quando, para além de cuidar da *formação da culpa*, cabia ao próprio juiz de paz julgar o processo. Ou seja, o juiz de paz, que na disciplina do CPCrim fazia as atribuições que o CPP de 1941 conferiu à autoridade policial, nada obstante cuidasse da *formação de culpa*, era ele mesmo quem tinha competência para julgar o delito. O juiz de paz, a um só tempo, investigativa e julgava. Isso sem falar que, quando se tratava de crime que desafiava denúncia, ele podia, ainda, iniciar o processo de ofício. Enfim, o juiz de paz *investigava, acusava e decidia.*

Como já acentuado, o juiz de paz era competente para julgar as contravenções praticadas contra as posturas das Câmaras Municipais e os crimes para os quais não prevista pena maior do que a de multa de até 100 (cem) mil réis, degredo ou desterro de até 6 (seis) meses e de 3 (três) meses de correção ou oficinas públicas (art. 12, § 8°, do CPCrim)[51]. Pois bem, nesses casos, oferecida a denúncia ou queixa, o juiz de paz deveria determinar a citação do *delinquente* para comparecer a sua primeira audiência, com a advertência legal de que essa audiência nunca deveria ocorrer no mesmo dia da comunicação processual (art. 205 do CPCrim). De qualquer sorte, mesmo sem denúncia ou queixa, desde que constatada a contravenção às posturas das Câmaras Municipais ou, então, a infringência a termo de segurança ou de bem viver[52], o juiz de paz poderia, após providenciar a formação de *auto circunstanciado* do fato, contendo a declaração das testemunhas, dar início ao processo de ofício, determinar a citação do *delinquente* (art. 206 do CPCrim).

Quando do cumprimento da diligência referente à citação, o *delinquente* tinha a faculdade de fazer a leitura do documento e mesmo copiá-lo (art. 207 do CPCrim). Advirta-se que, na época, a cópia de documentos se fazia por meio de traslados, que nesse caso era ônus do citando, não havendo a necessidade de que lhe fosse entregue uma cópia providenciada pelo juízo. No ponto, o CPP de 1941 avançou, pois tornou obrigatória a "leitura do mandado ao citando pelo oficial e entrega da contrafé..." (art. 357, I). A citação, assim como restou consignado na redação primária do CPP de 1941, era no sentido de comunicar ao *delinquente* que ele deveria comparecer a juízo. Não comparecendo, o julgamento era à revelia e sumário, após o juramento da parte quanto à

---

[51] Cf. item 3.1.1, supra.
[52] Cf. item 4.1, supra.

queixa apresentada e a inquirição das testemunhas por ela apresentadas (art. 208 do CPCrim)

Caso o *delinquente*, atendendo a citação, se fizesse presente à audiência, o juiz de paz, tinha de ler a queixa, dando a oportunidade, em seguida, para o exercício do direito de defesa, que poderia ser oral, com a devida redução a termo pelo escrivão (art. 209 do CPCrim). Passo adiante, era feita a inquirição das testemunhas trazidas por ambas as partes, assim como perguntas às partes, sendo, no final, caso solicitada, dada a palavra às partes "... para vocalmente por si ou seus procuradores deduzirem, o que lhes parecer a bem de seu direito", para, no final, na mesma audiência, proferir a sentença ou, então, quando muito, no dia seguinte (arts. 209 e 210 do CPCrim).

Era um procedimento em que se privilegiava a oralidade, com ampla aplicação do princípio da concentração dos atos processuais, sendo tudo resolvido em uma única audiência. Esse procedimento simplificado, de certo modo, foi a experiência que orientou o legislador da Lei nº 9.099, de 26 de setembro de 1995, pois no procedimento sumaríssimo os atos processuais referentes à resposta do acusado, que pode ser oral, a instrução e a sentença são todos realizados em audiência única (art. 81, caput).

O que chama a atenção é que o juiz de paz tinha total protagonismo durante a instrução. Pela dicção normativa dos dispositivos em foco, era ele quem fazia as perguntas às testemunhas, cabendo-lhe, inclusive, fazer indagações igualmente às partes. As partes só falavam caso pedissem a palavra e, ainda assim, apenas para fazer uma espécie de razões finais, isto é, fazer considerações depois da produção da prova oral. Não lhes era conferida a oportunidade de fazer perguntas às testemunhas. O juiz tinha a inteira gestão da prova, sendo a audiência destinada para que ele formasse o seu convencimento, ficando as partes em posição passiva, sem nenhuma iniciativa no sentido de explorar a prova. Essa diretriz do CPCrim foi seguida à risca pelo legislador do CPP de 1941 quanto ao interrogatório do acusado, na medida em que não era prevista a possibilidade de intervenção seja do advogado, seja do Ministério Público, disciplina que só veio a ser alterado com a nova redação do art. 188, dada pela Lei nº 10.792, de 1º de dezembro de 2003). E, de certa forma, também influenciou a forma de inquirição das testemunhas, com a adoção do sistema presidencial pelo CPP de 1941, de maneira que, além de o juiz ser o primeiro a perguntar, independentemente se arrolada pelo Ministério Público ou pela defesa, nenhuma das partes poderia fazer perguntas diretas as testemunhas, tendo de formulá-las por intermédio do juiz (art. 212, na redação originária).

Se na redação inicial do CPCrim o juiz de paz reunia em suas mãos atribuições de típicas da atividade policial e jurisdicional, com a vinda a lume da Lei nº 261, de 1841, a maioria delas foram transferidas para o Chefe de Polícia ou Delegado, aos quais conferida a competência para exarar as decisões de pronúncia (art. 49 e 54) e, inclusive, proferir a sentença, quando se tratava das hipóteses do art. 12, § 7º, do CPCrim. Registre-se, de toda sorte, que o chefe de polícia era escolhido dentre desembargadores e juízes de direito, mas o delegado poderia ser selecionado dentre cidadãos, portanto, entre pessoas leigas.

Por fim, com a nova disciplina a respeito da formação da culpa, houve previsão expressa sobre a notificação das testemunhas pelo juízo (art. 52 da Lei nº 262, de 1841).

4.7 Das juntas de paz

As juntas de paz, em que pese não previstas expressamente como um dos órgãos jurisdicionais, eram regulamentadas pelo CPCrim[53], na qualidade de segunda instância no que pertine aos processos julgados pelos juízes de paz, quando a sentença fosse recorrível. O recurso deveria ser interposto no prazo de 5 (cinco) dias, detendo efeito não apenas devolutivo como, também, suspensivo (art. 211 do CPCrim). A regra era de que os recursos das sentenças exaradas pelos juízes de paz eram recorríveis.

A inadmissibilidade do recurso se dava, apenas, quando (a) da condenação dos oficiais subordinados ao juiz de paz pela circunstância de serem considerados omissos, cuja pena de prisão não fosse superior a 5 (cinco) dias; e (b) da condenação de testemunhas por desobediência (art. 212, §§ 1º e 2º, do CPCrim). Assim, exceto nessa hipótese em que a sentença era irrecorrível, competia às juntas de paz conhecer e julgar de todas as

---

[53] Cf. item 2.2.1, supra.

sentenças proferidas pelos juízes de paz, podendo confirmá-las, revogá-las ou alterá-las, passível, apenas, de *recurso de revista* (art. 216 do CPCrim).

A sessão da junta de paz só poderia ser instalada com o quórum mínimo da metade de seus membros, sendo as decisões firmadas pela maioria absoluta dos votos dos membros participantes do julgamento. Era prevista a revelia para ambas partes, implicando, para o réu, o ônus de não ser mais ouvido a respeito dos fatos e, quanto ao autor, a perda do direito de continuar a acusação, em razão da perempção (art. 221 CPCrim). Chama a atenção aqui que a perempção persistiu no CPP de 1941 apenas em relação à ação penal de iniciativa privada. As sessões eram ininterruptas, devendo ter prosseguimento até mesmo durante à noite, salvo solicitação das partes, com a apresentação de *motivo justo* (art. 222 do CPCrim). Como a composição das juntas de paz era integrada pelos juízes de paz[54], havia previsão expressão no sentido de que aquele que tivesse funcionado no primeiro grau, ficava impedido de participar do *segundo julgamento*, podendo, porém, dar explicações sobre o processo, em razão de solicitação das partes ou de algum julgador (art. 223 do CPCrim).

Iniciada a sessão de julgamento na junta de paz, o escrivão, na presença de todos (das partes, dos juízes e das testemunhas), fazia a leitura dos autos. Após, sob pena de perempção, o queixoso tinha de ratificar a queixa, vindo, na sequência a defesa do réu (art. 224, §§ 1º e 2º do CPCrim). A lei não fazia referência à denúncia. Encerrada essa fase postulatória, tinha início a inquirição das testemunhas arroladas, que poderiam ser as mesmas das que tivessem sido ouvidas no primeiro grau ou outras que fossem requeridas. Em seguida, era feita a discussão da matéria posta a julgamento, não especificando a norma a dinâmica desse debate (art. 225, primeira parte, do CPCrim). Mas, como não havia nenhuma menção às partes, tudo leva a crer que esse debate era apenas entre os julgadores. Concluído o debate, cabia ao presidente da sessão, por escrito, colocar em mesa os seguintes quesitos para serem respondidos pelos membros da junta de paz: (i) *O crime está provado?*; (ii) *O réu é por ele responsável?*; (iii) *Que pena se lhe há de*

---

[54] Cf. item 2.2.1, supra.

impor?; (iv) *Deve indenização?*; e (v) *Enquanto monta ela?* (art. 225, segunda parte, do CPCrim).

A decisão era lavrada pelo presidente da sessão, em conformidade com as respostas dadas aos quesitos pela maioria dos votantes (art. 226, primeira parte, do CPCrim). O *nomem juris* da decisão era *sentença*, malgrado proferida em colegiado. Caso fosse aplicada só a pena *pecuniária,* ou seja, de multa, o réu tinha de pagá-la ou prestar fiança, incluído na conta o valor das custas, sob pena de ir "... para a cadêa por tanto tempo, quanto seja necessário para a satisfação..." (art. 226, segunda parte, do CPCrim). Se o réu também fosse condenado a pagar indenização à parte, ele também deveria providenciar o pagamento ou a fiança, sob pena de ser recolhido à prisão. Imposta a pena de prisão ou correção, o réu saía diretamente da sessão da junta de paz para a prisão.

A sentença da junta de paz também continha a condenação nas custas. Para tanto, no julgamento, era definido o valor a ser pago às testemunhas chamadas para participar do julgamento. Da forma como redigido o art. 227 do CPCrim ("A junta marcará o vencimento das testemunhas, que forem chamadas a requerimento das partes, as quais o pagarão), cada parte arcava com o pagamento das respectivas testemunhas por elas indicadas.

As juntas de paz foram abolidas pela Lei nº 261, de 1841 (art. 95).

CAPÍTULO 5

DO PROCESSO ORDINÁRIO

O Título IV se ocupava *Do processo ordinário*. Alinhado com o pensamento clássico, o legislador brasileiro alargou, sobremaneira, a competência do tribunal do júri, que, até então, era restrita ao julgamento dos crimes de imprensa (Lei 18 de junho de 1822). Sob a batuta do Código de Processo Criminal, o *processo ordinário* (BARROS 1987, p. 226) era o que disciplinava a instituição do júri, até porque a competência desta se estendeu para todos os crimes de pena superior a seis meses de prisão, degredo ou desterro até 6 (seis) meses (MARQUES 1963, p. 16).

Frederico Marques, nesse passo, criticou o legislador do Código de Processo Criminal do Império, apontando-lhe a pecha de imitador das leis inglesas, norte-americanas e francesas, pois conferiu ao tribunal do júri atribuições demasiadas amplas, descompassadas com o "... grau de desenvolvimento da nação" (1963, 16). Em verdade, quanto aos modelos de tribunal do júri, são conhecidos 2 (dois) sistemas, o inglês e o francês, sendo a nossa instituição concebida como uma espécie de ecletismo das legislações inglesa e francesa (BARROS 1987, p. 64).

Havia 2 (dois) júris: o *júri de acusação* e o *júri de sentença*, também denominados, respectivamente, *1º conselho de jurados* ou *grande júri* e *2º conselho de jurados* ou *pequeno júri*, tal como ainda assim são nominados no sistema americano. Conforme visto no item 4.4, supra, arraigado ao *sistema misto* (inquisitivo/acusatório) francês, o Código de Processo Criminal, além de admitir o procedimento de ofício em todos os casos em que era cabível o ajuizamento da denúncia, previa uma fase preliminar investigatória, desenvolvida perante o juiz de paz, ao qual competia conhecer da queixa ou denúncia, proceder à formação de culpa (diligências, inquirições, interrogatórios) e, por fim, pronunciar, ou não, o acusado. Ele detinha as atribuições que hoje são inerentes ao delegado de polícia e, ainda, tinha a competência para decidir sobre a admissibilidade, ou não, da acusação, atribuições e competência que foram, posteriormente, por força da Lei n° 261, de 1841, cometidas ao chefe de polícia ou delegado. Essa primeira parte guardava grande similaridade com o procedimento *judicialiforme*, previsto para o processamento e julgamento das contravenções penais, sob a batuta do Código de Processo Penal de 1941

Pronunciado o réu, aí, sim, o processo era remetido para o júri de acusação – o *grande júri* do sistema inglês. O Título IV, que continha a disciplina de todo o procedimento ordinário, ou seja, do julgamento pelo tribunal de júri, era dividido em 3 (três) capítulos, assim nominados: *Da acusação* (Capítulo I), *Do 2° Conselho de Jurados ou Júri de Sentença* (Capítulo II); e *De várias disposições comuns do Júri de Acusação e de Sentença e peculiares aos casos de abuso da liberdade de exprimir os pensamentos* (Capítulo III).

5.1 Do júri de acusação (1° conselho ou grande júri)

O Capítulo I, referente ao júri de acusação, continha quatro seções. A primeira tratava *Dos preparatório da acusação*; a segunda, *Dos preparatórios para a formação do 1° Conselho de Jurados*; a terceira, *Da formação do 1° Conselho de Jurados ou Júri de Acusação* e, a quarta e última, *Da conferência do 1° Conselho de jurados ou Júri de Acusação*.

Na *Seção Primeira*, que ditava as regras referentes aos atos preparatórios à formação do conselho de jurados, constava que, *formada a culpa*, ou seja, após a pronúncia, não sendo o processo da competência do juiz de paz, este deveria fazer *logo* a remessa dos processos para o júri de acusação, independentemente de os *delinquentes* se encontrarem presos ou soltos e de os crimes desafiarem denúncia ou queixa (art. 228 CPCrim). Em razão da Lei n° 261, de 1841, a decisão de pronúncia passou a ser da alçada da autoridade policial, o chefe de polícia, nas Províncias e na Corte, ou o delegado ou subdelegado, nos respectivos distritos.

As sessões eram periódicas, com a determinação para que, anualmente, fossem realizadas 6 (seis) na corte e nas capitais das Províncias da Bahia, Pernambuco e Maranhão; 3 (três) vezes nas capitais das outras Províncias marítimas; e 2 (duas) vezes nas outras capitais e em cada Termo das diferentes Comarcas (art. 316 do CPCrim). Competia ao juiz de direito designar o dia da reunião do conselho de jurados do júri de acusação. Como as sessões eram realizadas na Câmara Municipal, o juiz, em *tempo razoável* para comunicação aos jurados e aos habitantes da localidade, oficiar ao presidente da casa legislativa, indicando quando deveria ser realizado o ato judicial (art. 235 do CPCrim). Recebido o ofício encaminhado pelo juiz de direito, o Presidente da Câmara Municipal, no dia seguinte, na presença dos seus pares, deveria proceder ao sorteio dos jurados, extraindo da urna 60 (sessenta) cédulas com os nomes dos sorteados, as quais eram colocadas em outra urna, com a devida lacração (art. 236 do CPCrim).

Os sorteados eram comunicados por meio de editais, lavrados pelo Presidente da Câmara Municipal, contendo a informação de que deveriam servir durante a próxima sessão judiciária, assim como todos os *interessados*, sob as penas da lei. Os editais, sem embargo de serem lidos e afixados nos lugares mais públicos das cidades, vilas ou povoações, eram enviados ainda para os juízes de paz do termo, a fim de que eles cuidassem de publicá-los e de fazer as *notificações* aos jurados, aos *culpados* e às testemunhas, residentes nos Distritos sujeitos às suas respectivas jurisdições (art. 237 do CPCrim). O art. 237 do CPCrim, curiosamente, quanto às notificações, ao invés de usar a expressão *criminosos*, *delinquentes* ou réu, dizia que deveriam ser notificados os *culpados*. Isso reforça a ideia de que a pronúncia, a qual encerrava a *formação de culpa*, efetivamente, tinha o condão de gerar a *presunção de culpabilidade*.

No dia designado para a realização da sessão do júri de acusação, para fins de formação do conselho de jurados tinham de estar presentes o juiz de direito, o escrivão, os jurados, o promotor, nos crimes em que oferecida a denúncia, e, ainda, a parte acusadora, caso existente (art. 238, primeira parte, do CPCrim). Constatadas as presenças das pessoas indicadas acima, o juiz de direito, a quem cabia presidir a sessão, dava início aos trabalhos, de forma solene, mediante o toque da campainha (art. 238, segunda parte, do CPCrim). Ato contínuo, de modo formal e transparente, à vista de todos, abria a urna contendo as cédulas com os nomes dos 60 (sessenta) jurados escolhidos conforme esmiuçado no início deste tópico, recolocando-as na mesma urna.

O escrivão procedia à chamada dos 60 (sessenta) jurados. O quórum mínimo para a instalação da sessão era o comparecimento de 48 (quarenta e oito) jurados (art. 314), ficando os faltosos ou que tenham se ausentado antes da chamada sem justa causa, sujeitos a multa entre 20 (vinte) e 40 (quarenta) réis (art. 313 do CPCrim). A aplicação da multa era da alçada dos jurados, os quais decidiam por maioria absoluta de votos. De mais a mais, a pessoa que recusasse o *honroso cargo de jurado* ou fosse multado por 3 (três) vezes em uma mesma legislatura, salvo justa causa, ficava impedido de exercer qualquer que fosse o cargo público (art. 321 do CPCrim).

Voltando à sequência dos atos realizados na sessão do júri de acusação, havendo o quórum legal, o sorteio dos nomes dos jurados presentes era realizado por um *menino*, escolhido pelo juiz de direito, sendo selecionados 23 (vinte e três) jurados. Como acentuado, esse júri de acusação, à semelhança do que acontece no sistema jurídico americano, também era denominado *grande júri*.

Chama a atenção a circunstância de que a lei não fez menção à presença da defesa, enquanto o réu só era chamado para entrar na sessão depois, conforme se verá linhas adiante. A sessão do júri de acusação era para a análise de todos os processos que estivessem com pronúncia proferida, i. é, prontos para serem julgados pelo júri de sentença, tendo preferência os processos de réus presos e os com pronúncia mais antiga (art. 317 do CPCrim). Por isso mesmo, depois da formação do conselho de jurados, o juiz de paz do distrito do local da sessão fazia a apresentação de todos os processos que deveriam ser apreciados naquela sessão (art. 239 do CPCrim). Dessa forma, a atuação dos jurados do conselho de acusação era muito cansativa, pois o apreciavam vários processos, de modo que a sessão poderia durar até 15 (quinze) dias sucessivos, incluídos os dias santos, podendo, ainda, ser prorrogada por mais 3 (três) ou 8 (oito) dias, em decisão por maioria de votos dos próprios jurados (art. 323 do CPCrim). Só então, os réus, os acusadores ou autores, assim como as testemunhas, eram chamados para entrar na sessão. Sendo afiançável o crime, a falta de comparecimento do réu impedia a realização da sessão do júri de acusação. Se inafiançável o ilícito, a ausência do réu não impedia a realização da sessão (art. 241 c/c o art. 221 do CPCrim). Formado o conselho de jurados, era necessário que fizessem o juramento, cuja fórmula era a seguinte: "Juro pronunciar bem, e sinceramente nesta causa, haver-me com franqueza, e verdade, só tendo diante dos meus olhos Deus, e a Lei; e proferir o meu voto segundo a minha consciência" (art. 253, segunda parte, do CPCrim).

O juramento era feito na sessão, na presença de todos. Mas, feito isso, os Jurados, tendo recebido todos os processos das mãos do juiz de direito, eram conduzidos para outra sala, a fim de que, a portas fechadas, deliberação quanto à escolha, em escrutínio secreto e por maioria absoluta dos votos, do seu presidente e de um secretário (art. 243 do CPCrim). Esse grande júri, reunido apenas com os seus pares na sala para a qual eram encaminhados, após a leitura de cada processo feita pelo secretário e o debate que entre eles houvesse, deliberavam respondendo a 2 (duas) questões postas pelo presidente. A primeira, com o seguinte teor: *Há neste processo suficiente esclarecimento sobre o crime e o seu autor para proceder à acusação?* Sendo a maioria das respostas *sim*, era submetida ao conselho a segunda questão: *O Júri achou matéria para acusação?* Sendo a segunda resposta também afirmativa, o secretário escrevia nos respectivos processos as palavras: O Júri achou matéria para acusação.

Acontece que, caso a decisão quanto à primeira pergunta fosse negativa, ou seja, no sentido de que não havia suficiente esclarecimento sobre o crime ou o seu autor, o presidente do conselho do júri de acusação determinava a ingresso na sala, conforme fosse, do queixoso, do denunciante ou promotor público, do réu ou das testemunhas, a fim de que providenciado o que se chamava de *ratificação do processo* (art. 245 do CPCrim). Na ratificação do processo, após as oitivas que fossem levadas a efeito, sendo retiradas as pessoas do recinto e realizado o debate entre os jurados, eram colocadas a votação o seguinte quesito: *procede a acusação contra alguém?* Feita a votação, conforme a deliberação dos jurados, o Secretário escreverá a resposta *O júri achou matéria para acusação contra F. ou F.* ou, então, *O Júri não achou matéria para a acusação* (art. 248 do CPCrim). Percebe-se, assim, que era permitido o debate da causa entre os jurados.

Tomada a decisão, os Jurados retornavam à sala em que instalada a sessão, para a leitura em voz alta pelo Presidente da deliberação tomada a respeito da acusação (art. 250 do CPCrim). Sendo negativa a resposta quanto à acusação, o juiz de direito julgava, por sentença, sem nenhum efeito a queixa ou denúncia. Na hipótese de o conselho de jurados do júri de acusação ter entendido pela existência de elementos para a apreciação do caso pelo *júri de julgamento*, o juiz de direito determinava a *custódia do réu*, se preso não estivesse.

Nos dispositivos acima analisados não há qualquer menção à presença de advogado. Entretanto, dentre as disposições gerais, no contexto de normas complementares quanto ao tribunal do júri, estava escrito no art. 322 do CPCrim que "Será sempre permittido ás partes chamar os advogados, ou os procuradores que quizerem". Assim, a defesa era facultativa, o que foi ajustado, posteriormente, no CPP de 1941, com a máxima de que "Nenhum acusado, ainda que ausente ou foragido, será processado ou julgado sem defensor" (art. 261)[55]. Se o réu em relação ao qual formado o juízo de acusação fosse detentor de foro privilegiado, os autos deveriam ser enviados para o juízo competente, conforme preceituado na Constituição (art. 258 do CPCrim), de modo que não eram julgados pelo tribunal do júri.

Todavia, a Lei n° 262, de 1841, de soslaio, suprimiu esse *júri de acusação*. Com efeito, em consonância com o art. 54, a decisão de pronúncia proferida pela autoridade policial competente precisava ser confirmada pelo juiz municipal, a fim de que os réus serem submetidos "à acusação, e a serem julgados pelo Jury, procedendo-se na forma indicada no art. 254 e seguintes do Código do Processo Criminal (art. 54 da Lei n° 261, de 1841). Observe-se que o art. 254 e seguintes disciplinavam, apenas, o *júri de julgamento*, pelo que, subliminarmente, foi suprimida toda a fase anterior, referente ao *júri de acusação* (MARQUES 1963, p. 18), o que restou esclarecido no art. 95 da Lei n° 261, de 1841, ao deixar consignado a abolição do 1° conselho dos jurados.

---

[55] Esse preceito foi aperfeiçoado com um parágrafo único, enxerto trazido pela Lei n° 10.792, de 1° de dezembro de 2003 ("A defesa técnica, quando realizada por defensor público ou dativo, será sempre exercida através de manifestação fundamentada").

Dessa forma, a partir da modificação alvitrada, em seguida à formação da culpa, o processo era, desde logo, remetido a julgamento pelo Tribunal do Júri.

5.2 Do júri de julgamento (2º conselho ou pequeno júri)

Declarado pelo conselho de jurados que havia matéria para a acusação ou, depois da reforma do CPCrim promovida pela Lei nº 261, de 1841, logo após a formação da culpa, o acusador deveria apresentar o *libelo acusatório*, no prazo máximo de 24 (vinte e quatro) horas, devendo o juiz de direito, a quem endereçado, determinar ao acusado para comparecer na mesma sessão, sendo possível ou, então, na próxima (art. 254 do CPCrim). De qualquer maneira, havia a advertência de que, sendo a notificação do réu para ele responder à acusação na mesma sessão em que tivesse havido o juízo de acusação, a comunicação tinha de ocorrer com no mínimo 3 (três) dias de antecedência da data prevista para o seu encerramento, acompanhada da cópia do libelo, dos documentos e do rol das testemunhas (art. 255 do CPCrim).

O *júri de sentença*, ou *pequeno júri*, era integrado por 12 (doze) membros, sorteados no dia da sessão de julgamento, escolhidos da mesma maneira como os Jurados do Júri de Acusação, observadas as mesmas formalidades, inclusive quanto ao juramento[56]. No entanto, em regramento específico para a formação desse 2º conselho, era prevista a possibilidade de o acusado e o acusador, nessa ordem, à medida em que escolhidos os nomes, recusarem até 12 (doze) jurados (art. 275 do CPCrim), com a ressalva de que, sendo 2 (dois) ou mais acusados, poderiam combinar as *recusas*, mas, não havendo esse ajuste, cada um poderia exercer esse direito *per si*, sendo permitida a separação do processo (art. 276 do CPCrim).

Os jurados que tivessem servido no júri de acusação eram impedidos de participar do júri de julgamento (art. 289 do CPCrim), o que era natural, pois seria surreal que apreciassem o mesmo caso duas vezes, votando sobre a existência do crime e a culpabilidade. Havia ainda a proibição de que fizessem parte do mesmo Conselho – esse dispositivo também se aplicava

---

[56] Cf. item 3.3.7, supra.

ao júri de acusação – os ascendentes, os descendentes, o sogro, o genro, os irmãos e os cunhados, estes durante o cunhadio (art. 277 do CPCrim), preceito que foi copiado pelo CPP.

Formado o júri de sentença, tinha início a sessão. As sessões eram públicas, salvo em relação à votação, com a proibição, porém, de que tivessem acesso ao ato portando armas, sob pena de prisão em flagrante, com imposição de pena prevista para quem usam armas em locais proibidos (art. 288 do CPCrim). A sessão se iniciava com o interrogatório do acusado. Como se vê, o interrogatório tinha lugar antes da inquirição das testemunhas, portanto, o acusado era ouvido sem que produzida ainda a prova testemunhal. Esse tratamento influenciou o legislador do CPP de 1941 no disciplinamento dos procedimentos ordinário, sumário e especiais, não sendo o interrogatório tratado como uma oportunidade de defesa, vício que somente veio a ser equacionado com a Reforma Tópica de 2008 (SILVA JÚNIOR 2022, p. 64).

Só após o interrogatório, o escrivão tinha de ler *todo o processo de formação de culpa*, assim como as últimas respostas do réu (art. 260 do CPCrim). Essa era a maneira pela qual os jurados tinham conhecimento do inteiro teor do processo. O CPP de 1941 na sua redação originária, de certa forma, seguiu essa orientação, pois o juiz, em seguida ao interrogatório do réu, tinha de fazer o *relatório* do processo, expondo "o fato, as provas e as conclusões das partes" (art. 466), com a distribuição entre os Jurados, quando possível, de "... cópias datilografadas ou impressas da pronúncia, do libelo e contrariedade, além de outras peças que considerar uteis para o julgamento da causa" (art. 466, parágrafo único). Note-se, no ponto, que o CPP de 1941, diferentemente do CPCrim, não determinou a necessidade de leitura de todo o processo, mas, apenas, que fosse lido pelo juiz um *relatório* sobre o processo, salientado o que esse resumo deveria conter como elementos mínimos. Todavia, ainda assim, antes da Reforma de 2008, era comum, nas sessões do tribunal do júri, o escrivão fazer a leitura de todo o processo, ato sobremaneira enfadonho e extremamente cansativo. No caso, a *praxe forense* falava mais alto do que a norma jurídica. Aliás, há registro de que, mesmo após a Reforma de 2008, alguns juízes, ao arrepio da legislação de regência, mantêm a prática de determinar ao escrivão, de ofício ou em atendimento a requerimento das partes, a leitura de todo o processo. Porém, com as alterações alvitradas no procedimento relativo ao julgamento pelo tribunal do júri pela Lei nº 11.689, de 9 de junho de 2008, logo após a formação do conselho de sentença, deve ser feita a entrega aos jurados de "cópias da pronúncia ou, se for o caso, das decisões posteriores que julgaram admissível a acusação e do relatório do processo", providência, portanto, realizada antes do início da instrução em plenário. Atualmente, a única leitura de peças obrigatórias na instrução perante o plenário do Júri a que a lei faz menção é, no caso de requerimento das partes ou dos jurados, quanto à "leitura de peças que se refiram, exclusivamente, às provas colhidas por carta precatória e às provas cautelares, antecipadas ou não repetíveis (art. 473, § 3º, incluído pela Lei nº 11.689, de 2008).

Volvendo ao procedimento estampado no CPCrim, passo seguinte, o advogado do acusador tinha de *mostrar* os dispositivos do Código Criminal nos quais ele tinha feito a acusação e ler, novamente, o libelo e, ainda, os depoimentos e respostas do processo de formação de culpa e as provas que sustentavam a sua imputação. Na sequência, primeiramente eram inquiridas as testemunhas indicadas pelo acusador, sendo por ele inquiridas ou seu advogado ou procurador e, depois, pelo réu, seu advogado ou procurador (art. 262 do CPCrim). Era aqui que tinha início, efetivamente, o contraditório. No exercício do direito de defesa, o advogado do réu tinha o direito à palavra, a fim de desenvolvê-la, apresentado a lei e fazendo considerações sobre os fatos que embasavam a inocência do acusado, deduzidos em artigos sucintos e claros. A defesa, como se vê, era como uma contrariedade ao libelo feito pelo acusador, elaborada em forma de assertivas.

As testemunhas arroladas pelo réu eram ouvidas depois da apresentação dos argumentos da defesa, que primeiro fazia as perguntas, para depois ser a vez do acusador ou autor (art. 264 do CPCrim). Tomados os depoimentos das testemunhas, primeiramente o autor ou acusador, por seu advogado ou procurador e, depois, o réu, seu advogado ou procurador, tinham a oportunidade de replicar, oralmente, os argumentos contrários, podendo, nesse momento, requerer a reinquirição das testemunhas já ouvidas, sendo facultado, ainda, inovação quanto a esse tipo de prova, sendo permitido o pedido da oitiva de até mais duas testemunhas, para o pleno esclarecimento sobre os argumentos utilizados ou pontos contestados ou, especialmente, para comprovar o falso testemunho de alguma das pessoas que haviam prestado depoimento (art. 265 do CPCrim). Essa era a parte dos debates, em que as partes procuravam, com os seus argumentos, convencer os jurados de suas teses. Havendo durante esses debates a arguição com *fundamento razoável* de falsidade testemunhal ou documental, o juiz de direito, após examinar a questão, se fosse o caso, deveria determinar a remessa do incidente para deliberação pelo júri de acusação (art. 266 do CPCrim).

Aos jurados, que eram os juízes de facto, era facultado, durante os debates, fazer as observações que julgassem convenientes, interrogar novamente quaisquer das testemunhas e propor que o júri votasse sobre qualquer ponto sobre matéria que entendesse fosse importante (art. 282 do CPCrim). A despeito desse incidente, se os jurados se considerassem habilitados para pronunciar a decisão, o júri de julgamento tinha sequência. De toda sorte, das decisões incidentais do juiz de direito quanto à organização do processo ou durante o julgamento, não cabia *agravo de petição ou instrumento* (art. 285 do CPCrim).

Concluídos os debates, estando o processo maduro para deliberação, o juiz de direito, depois de fazer um resumo com *a maior clareza possível* de todas a matéria agitada pela acusação e pela defesa, assim como das razões expendidas pró e contra o réu, procedia à elaboração dos quesitos a serem respondidos pelos Jurados, que deveriam ser redigidos conforme definido na lei, a saber: (i) *Se existe crime no fato ou objeto da acusação?*; (ii) *Se o acusado é criminoso?* (iii) *Em que grau de culpa tem incorrido?*; (iv) *Se houve reincidência (se disso se tratar)*? V) *Se há lugar a indenização?* (art. 269 do CPCrim). Tal como hoje, era uma quesitação própria e específica para cada réu (art. 283 do CPCrim).

Como se percebe, a tarefa do juiz de direito era facilitada, pois o teor das perguntas era previamente preceituado em lei, não conferindo margem a nulidades ou vícios. Era muito mais simples do que da forma como ficou no CPP de 1941, problema que o legislador da Lei nº 11.689, de 2008, tentou corrigir. Eram 4 (quatro) quesitos obrigatórios e 1 (um) facultativo, pertinente à reincidência, salvo, claro, houvesse maioria de resposta negativa para quaisquer dos quesitos. Com alguma diferença, chama a atenção que a reforma enxertada pela Lei nº 11.689, de 2008, estabeleceu a ordem exatamente para 5 (cinco) quesitos. O detalhe é que, guiado pela ideia da presunção de culpabilidade, conforme o CPCrim, deveria ser formulada aos jurados a pergunta *Se o acusado é criminoso?* Veja que, na Reforma Tópica de 2008, foi imposta a obrigatoriedade de que o quesito seja redigido "Se o acusado deve ser absolvido", o que é consentâneo com o princípio da presunção de não culpabilidade e mesmo do princípio da *plenitude de defesa.*

O CPCrim não falava em *sala secreta* e, muito menos, em *sala especial*, dizia, apenas, assim como fizera em relação ao *júri de acusação*, que os jurados deveriam ser retirados para outra sala, a fim de que fizessem, sozinhos e a *portas fechadas*, a resposta aos quesitos apresentados, sendo o julgamento tomado pela maioria absoluta de votos, na forma escrita e publicada à semelhança do procedimento previsto para o júri de acusação. De toda sorte, Romeu Pires esclarecia que "Os jurados respondiam a esse questionário em sala secreta, sem a interferência de qualquer outra pessoa, pois que a lei dizia 'conferenciarão a só'" (1987, p. 227).

De regra, as decisões do Tribunal do Júri eram firmadas por *duas terças partes de votos*. Entretanto, para a aplicação da pena de morte, exigia-se que a votação fosse unânime, com a ressalva de que, quando a condenação fosse por maioria, deviria se aplicada a menor pena prevista para o delito (art. 332 do CPCrim). Sendo negativa a decisão dos jurados, o juiz de direito, por sentença nos autos, absolvia o acusado, determinando a imediata soltura do acusado, na hipótese de ele se encontrar sob custódia, o que era a regra. No caso de decisão afirmativa, a sentença do juiz de direito deveria condenar o acusado com a aplicação da pena prevista para o delito (art. 273 do CPCrim).

Cabe agregar que essa Lei nº 261, de 1841, também trouxe significativas e profundas alterações quanto ao julgamento pelo tribunal do júri. A primeira alteração importante foi quanto ao incidente de falsidade na sessão de julgamento, hipótese na qual, a despeito da solução pelo juiz de direito, sendo identificados *veementes indícios* de vício, ele deveria submeter aos jurados uma questão preliminar, em quesito formulado da seguinte forma: *Se os jurados podem pronunciar alguma decisão a respeito dessa causa principal, sem atenção ao depoimento ou documento arguido de falso* (art. 55). Os jurados eram retirados da sessão para responder a esse quesito específico em local reservado. Caso a resposta fosse positiva, a sessão de julgamento prosseguia. Sendo negativa, ocorria a dissolução do conselho, sendo, posteriormente, formado novo conselho de jurados, a fim de que a causa principal fosse, enfim, julgada (art. 56 e 57, da Lei nº 261, de 1841).

Superada, de uma forma ou de outra, essa questão preliminar, o juiz de direito submetia ao conselho de sentença os quesitos referentes à decisão da causa. A primeira pergunta submetida aos jurados, em razão de peremptória dicção normativa, deveria ser feita da seguinte forma: *O réu cometeu o fato (referindo-se ao libelo) com tal e tal circunstância?* (art. 59 da Lei nº 261, de 1841). Ou seja, o juiz fazia a pergunta tal como estava no libelo acusatório. Caso resultasse dos debates o conhecimento da existência de alguma ou algumas circunstâncias agravantes não mencionadas no libelo, o juiz, de ofício, deveria submeter aos jurados quesito redigido assim redigido: *O réu cometeu o crime com tal ou tal circunstância agravante?* (art. 61, da Lei nº 261, de 1841). Tendo sido matéria de defesa alguma escusa para o fato criminoso, que tivesse o condão de justificar o cometimento do crime ou isentar a pena, deveria ser pergunta aos Jurados: *O Júri reconhece a existência de tal fato ou circunstâncias?* (art. 61, da Lei nº 261, de 1841). De outra banda, caso o acusado fosse menor de 14 (quatorze) anos, tendo em conta o que dispunha o Código Criminal de 1830, tinha de ser submetido ao Conselho de Sentença pergunta nesses termos: *O réu obrou com discernimento?* (art. 62, da Lei nº 261, de 1841). Por fim em relação à quesitação, era previsto um quesito obrigatório, a ser formulado independentemente da tese de defesa ou dos debates, nos seguintes termos: *Existem circunstâncias atenuantes a favor do réu?* (art. 64 da Lei nº 261, de 1841).

O *sigilo da votação* restou consignado no art. 65 da Lei nº 261, de 1841, prescrevendo que as decisões do júri deveriam ser tomadas em *escrutínio secreto*, não podendo ser conhecidos os votos dos jurados vencidos ou vencedores.

Por fim, foi alterado o quórum para a deliberação (MARQUES 1963, p. 19). Em consonância com o art. 66 da Lei nº 261, de 1841, a regra da deliberação por maioria foi estendida para todas as decisões, reservando a exigência de duas terças partes de votos apenas para o caso de aplicação da pena de morte, o que reafirma o caráter punitivista e a relativização do princípio da presunção de inocência. Note-se que, anteriormente, para a condenação, não era suficiente a maioria, de modo que a *dúvida razoável* só era afastada caso a maioria fosse de dois terços. Lembrar que o CPP de 1941, no pertinente à deliberação do tribunal do júri, perfilhou essa ideia quanto a ser bastante a maioria dos votantes para a conclusão pela condenação. Com isso, como o conselho de sentença no CPP foi fixado em número de 7 (sete), sendo 4 (quatro) votos a favor da condenação e 3 (três) contra, ainda assim o acusado é considerado condenado, quando aí fica patente que, pelo menos entre os jurados, havia uma dúvida mais do que razoável quanto à inocência.

CAPÍTULO 6

DOS RECURSOS

O Capítulo IV expôs a normativa sobre os recursos, ressaltando, logo no art. 292, que não existiam outros recursos além dos declarados no CPCrim. De regra, das decisões do juiz de paz que obriga o termo de bem viver ou termo de segurança, cabia recurso, no prazo de 5 (cinco) dias, sem efeito suspensivo, para a junta de paz (art. 293 do CPCrim). Por sua vez, das decisões do juiz de paz com aplicação da pena de prisão ou que concedia, denegava ou julgava perdida a fiança, cabia recurso, em igual prazo, porém para o juiz de direito (art. 294 e art. 299 do CPCrim). Isto é, cabia a um órgão singular revisar as decisões do juiz de paz, na situação mencionada. De qualquer sorte, essa decisão em grau de revisão exarada pelo juiz de direito comportava impugnação mediante o denominado *recurso da revista* (art. 295 do CPCrim).

Nos processos que não eram da competência do juiz de paz, das decisões por ele proferidas na formação de culpa cabia recurso para os jurados, enquanto, nos demais casos em que a matéria era de sua competência para o julgamento, excetuadas as hipóteses do art. 294 do Código de Processo Criminal, o recurso a ser interposto era da alçada da junta de paz (art. 297 do CPCrim).

Das sentenças proferidas pelo tribunal do júri só eram impugnáveis por meio do recurso de apelação, a ser interposto no prazo de 8 (oito) dias (art. 310 do CPCrim), endereçado à Relação do Distrito, quando apontada nulidade pela circunstância de identificada inobservância às *fórmulas substanciais do processo* ou quando o juiz de direito, nada obstante a deliberação dos jurados, não se conformar com a decisão ou não aplicar a lei prevista para o crime (art. 302 do CPCrim).

Aqui há questões interessantes. Em princípio, o recurso só era admissível quando houvesse nulidade. No mais, a apelação era possível em razão de o juiz de direito não ter respeitado a vontade dos jurados ou o que prescreve a lei, tal como foi previsto no art. 593, III, alíneas *a* ("nulidade posterior à pronúncia") e *b* ("injustiça da sentença do juiz-presidente quanto à aplicação da pena ou da medida de segurança") do CPP de 1941, em sua redação originária. Em outras palavras, se não detectado vício de nulidade e se o juiz de direito proferisse a sentença em consonância com a decisão dos jurados, aplicando a pena prevista em lei, não cabia recurso. Havia, assim, ainda que sem menção expressa, uma relativa soberania da decisão do tribunal do júri. Porém, não se há de falar propriamente em soberania da decisão do júri pois, da forma como redigido o dispositivo, o juiz de direito podeia discordar do entendimento firmado pelos jurados. Ademais, pelo visto, a Relação, no exame do recurso de apelação, poderia chancelar a sentença do juiz de direito, sendo, assim, alterada, em definitivo a decisão dos jurados. *Modus in rebus*, essa é a origem do dispositivo que permitia a reforma dos vereditos dos jurados, quando verificada a "injustiça da decisão dos jurados, por não encontrar apoio algum nas provas existentes nos autos ou produzidos em plenário (art. 593, III, *b*). O processo só retornava para novo julgamento pelo tribunal do júri quando a Relação dava provimento ao recurso interposto ao fundamento de que não tinham sido guardadas as fórmulas previstas em lei (art. 302, primeira parte, do CPCrim), mas o retorno dos autos era diretamente para o júri de julgamento (art. 309 do CPCrim).

Todavia, ao lado do recurso de apelação, era previsto, ainda, o protesto por novo júri, no prazo de 8 (oito) dias, sendo suficiente, para o seu deferimento, a satisfação do requisito de ter sido imposta, em razão do julgamento do júri, pena de 5 (cinco) anos de degredo ou desterro, de 3 (três) anos de galés ou prisão ou a pena de morte (art. 308 do CPCrim). O recurso de protesto por novo júri também mereceu guarida no CPP de 1941 (arts. 607 e 608), sendo alvo de muitas críticas, ao argumento de que não tinha mais sentido, porquanto a sua razão de ser residia na circunstância de conferir uma segunda oportunidade a quem era condenado à pena capital, espécie de pena inexistente quando da edição do novo Código. Seja como for, o protesto por novo júri foi revogado pela Lei nº 11.689, de 2008. Por sua vez, das decisões da Relação o recurso adequado era a revista (art. 306 do CPCrim).

Foram enxertadas diversas alterações à sistemática recursal por intermédio da Lei nº 261, de 1841. A esse respeito, merece registro que houve a reiteração de que os recursos em geral, de regra, não possuíam efeito suspensivo, exceto quanto à decisão de pronúncia, a fim de que o acusado não fosse submetido a julgamento pelo júri enquanto pendente o recurso (art. 72, segunda parte). Entretanto, tratando-se de recurso de apelação interposto da sentença condenatória a regra era o efeito suspensivo, salvo quando (a) o acusado estivesse preso e a pena imposta fosse de prisão simples ou mesmo com trabalho; e (b) a pena for pecuniária (art. 83, 1º e 2º). O problema é que, na maioria dos casos, o acusado respondia o processo encarcerado, pela circunstância de a prisão processual, à época, não possuir natureza cautelar. O recurso de protesto por novo julgamento passou a ser restrito para os casos em que imposta a pena de morte ou de galés perpétuas (art. 87 da Lei nº 261, de 1841). Por fim, foi incorporada ao processo penal a figura da apelação de ofício, da alçada do juiz de direito, cabível em 2 (dois) casos, primeiro quando ele entendesse que o júri havia proferido decisão contrária à evidência resultante dos debates, depoimentos e provas e, segundo, na hipótese em que aplicada pena de morte ou de galés perpétuas.

CAPÍTULO 7

DO HABEAS CORPUS

O habeas corpus não foi inserido na Constituição Imperial de 1824, muito embora esse instrumento fosse inato ao movimento liberal e já constasse da Magna Carta inglesa de 19 de junho de 1215. Coube ao Código de Processo Criminal de 1832 inaugurar a existência desse remédio heroico no nosso sistema normativo. Desse instituto o legislador se ocupou no Título VI, posteriormente às disposições gerais. Pelo menos não cometeu o deslize do legislador do CPP de 1941 de inclui-lo dente as espécies recursais. O CPCrim deu tratamento de lídima ação autônoma de impugnação.

Na concepção que lhe foi dada pelo CPCrim, constou a possibilidade de a pessoa entrar com o habeas corpus para a proteção de seu direito de liberdade ou de outrem, pelo que a legitimação extraordinária ou substituição processual, assim como no direito comparado, também está na raiz do *writ* plasmado em solo brasileiro. A despeito da informalidade que lhe é característica, assim como ainda hoje está no CPP de 1941, o Código de Processo Criminal também elencava os requisitos da petição de habeas corpus, delineando o que ela deveria conter (art. 341). De qualquer sorte, o juiz poderia, de ofício, conceder a ordem de habeas corpus, sempre que tivesse conhecimento de alguma prisão ou detenção ilegal (art. 344 do CPCrim).

Sem embargo da concessão da ordem de habeas corpus, no sentido de restituir o direito de liberdade para quem estivesse ilegalmente preso, o juiz poderia determinar que o paciente fosse conduzido a sua presença, não podendo o detentor ou carcereiro se escusar em atender a ordem, exceto em caso de doença grave, falecimento, falta de identificação da pessoa ou efetivamente quando a pessoa não estivesse sob a sua guarda (art. 351 do CPCrim). O dispositivo legal, para o caso em que a apresentação do paciente decorria de problema de saúde, de forma imperativa impunha ao juiz o dever de ir até o lugar onde se encontrava a pessoa.

Nos termos da lei, considerava-se ilegal a prisão, quando: (i) não houvesse uma justa causa; (ii) o réu estivesse na cadeia por mais tempo do que o previsto na lei; (iii) o processo fosse, evidentemente, nulo; (iv) a autoridade que mandou prender não tivesse esse *direito*; (v) cessado motivo que justificava a prisão (art. 353 do CPCrim). Fazendo a análise entre o dispositivo acima e o art. 648 do CPP de 1941, tem-se que as hipóteses ali insculpidas foram todas reproduzidas, com o acréscimo, tão-só, de mais duas situações, quais sejam, (a) quando não fosse alguém admitido a prestar fiança, nos casos em que a lei permite; e (b) quando extinta a punibilidade.

CONSIDERAÇÕES FINAIS DA PRIMEIRA PARTE

Em que pesem os senões referentes ao tratamento dispensado à organização judiciária[57], para Romeu Pires de Campos Barros, o Código de Processo Criminal tinha "as qualidades de um verdadeiro momento legislativo, para a época em que foi promulgado" (BARROS 1987, p. 64). No mesmo passo, Ricardo de Brito (FREITAS 2002, p. 240) revela que a doutrina nacional identifica o código em destaque como um *grande monumento jurídico imperial, não só em virtude de ter sido redigido com amparo na melhor doutrina clássica penal*, como também por se afinar com o *espírito liberal da época,* constituindo-se, assim, em significativo avanço humanitário, principalmente *se comparado aos processos cruéis das Ordenações Filipinas.*

A par disso, como lembra Frederico Marques (1997, p. 101), as agitações políticas e os movimentos revolucionários efervescentes durante toda a década de 1830 suscitaram uma reação autoritária do Governo monárquico e, mesmo sob o protesto e a oposição veemente do partido liberal (ALMEIDA JÚNIOR 1959, p. 179), aprovou-se a Lei nº 261, de 1841, que teve a deliberada intenção de armar o Executivo de instrumentos para *debelar* a *desordem* e impor a sua autoridade. Justificando as alterações que foram feitas ao Código, afirmou o Deputado Teodoro Machado, na sessão de 13 de agosto de 1870: "O Código de processo, em suas disposições dominantes, ressentia-se das ideias democráticas e descentralizadoras do mais adiantado liberalismo (...) Era um salto que demos, passando do regime da Ordenação do Livro Quinto para o da tão libérrima lei, salto contra a natureza das coisas, porque na ordem moral, como na ordem física, não se caminha abruptamente" (ALMEIDA JÚNIOR 1959, p. 198-199).

Para a consecução desse escopo e, assim, colocar freios ao que se chamou de *judiciarismo policial,* o primeiro cuidado da lei em foco foi

---

[57] Na época do Império, o Brasil era um Estado unitário sendo, por conseguinte, uno o Judiciário, o que permitia a sua organização no próprio código.

organizar um aparelhamento policial extremamente centralizado, operando uma excessiva inversão da situação, a ponto de atribuir à autoridade policial várias das atribuições que eram mais pertinentes à magistratura, invertendo a equação e criando um lídimo *policialismo judiciário*.

Como se não bastasse aprofundar a interferência do Executivo no Poder Judiciário, detalhe ilustrativo de movimento contrário à Revolução Francesa, que não apenas defendia a separação dos poderes como dogma inviolável ao lado dos direitos do homem[58], como propunha que o juiz não fosse subordinado senão aos ditames da lei, cometeu-se, ainda, o desatino de atribuir às autoridades policiais funções inerentes ao exercício da magistratura, referentes à formação de culpa e mesmo à decisão de pronúncia. Ou seja, a primeira fase do processo judicial ficou sob a direção e julgamento da autoridade policial, solução legislativa que, àquela época (1841), diante das diretrizes doutrinárias pré-traçadas pela Escola Clássica, já não era mais aceitável.

Aqui se nota que o viés democrático-liberal do Código de Processo Criminal de 1832, com pouco mais de 9 (nove) anos de vigência, foi desnaturado em razão da famigerada e substancial modificação que lhe foi infligida por meio da lei em referência. Essa confusão de atribuições policiais e judicantes, reunidas na pessoa da autoridade policial, fez com que fossem elaborados inúmeros projetos de lei propondo a reforma do CPCrim, dentre eles, os propostos por Fernando Torres (1845), Pimenta Bueno (1848), Nabuco de Araújo (1850 E 1854), Martim Francisco (1868) e José de Alencar (1869).

Malgrado as muitas propostas legislativas de alteração, somente por meio da Lei nº 2.033, de 20 de setembro de 1871, essa desordem de atribuições foi pelo menos diminuída, ficando restritaas as funções judiciais da autoridade policial apenas ao "preparo dos processos chamados de alçada e tratado no Código de Processo, art. 12, § 7" (BARROS 1987, p. 65). A referida lei conteve o *policialismo reacionário* e, além de trazer modificações a respeito da prisão preventiva, da fiança, dos recursos e do

---

[58] Na Declaração dos Direitos do Homem e do Cidadão, proclamada na França em 1789, está consignado que não possui constituição o país em que os direitos fundamentais e a separação dos poderes não estejam assegurados (art. 16).

habeas corpus, teve como grande inovação a criação do inquérito policial (MARQUES 1997, p. 104).

Essas alterações na ideologia clássica do Código de Processo Criminal coincidiram, não por acaso, com a chegada no Brasil das ideias da Escola Positiva no Brasil, o que ocorreu na segunda metade do século XIX, e encontrou campo fértil para sua propagação, principalmente, nas últimas décadas daquele período, diante das "transformações então operadas na realidade brasileira no final do império e início da República..." (FREITAS 2002, p. 269-270).

Proclamada a República, veio a Constituição de 1891, mantendo e aumentado as garantias processuais penais então existentes, porém o ideário positivista se propagou, pois ele "veio a se mostrar um aliado do regime republicano" (FREITAS 2002, p. 270). Acrescenta Ricardo de Brito (FREITAS 2002, p. 270) que o papel ideológico do positivismo "transcendeu os espaços das academias jurídicas para exercer forte influência sobre as camadas médias urbanas ilustradas e o Exército. Nas faculdades de direito, o positivismo mostrou-se antiliberal, combatendo a ideologia que durante décadas, bem ou mal, havia influenciado os estudos jurídicos".

Como se não bastasse, o avanço do processo penal sofreu duro golpe, uma vez que a primeira Constituição Republicana, elaborada sob a ascendência da Constituição dos Estados Unidos, inseriu, na seara da competência dos Estados-membros, a missão de legislar sobre o Direito Processual Penal, quebrando, com isso, a sua unidade. A quebra da unidade processual criminal não gerou vantagem para o nosso sistema jurídico, pois, ao contrário do que se verificou em relação ao processo civil, registra Câmara Leal (1942, p. 34) que apenas alguns Estados da federação codificaram o direito processual penal, tendo a maioria deles permanecido sob a regência do Código de Processo Criminal do Império, complementado por leis estaduais esparsas. Ademais, não se tem notícia de nenhum código estadual de processo penal que tenha trazido uma contribuição importante para o avanço desse ramo do direito, além de a fragmentação normativa ter contribuído para que houvesse um retrocesso, como se verificou com o Código de Processo Penal do Estado de São Paulo, que adotou o *sistema processual herdado do Império*, com modificações parciais (MARQUES 1997, p. 105). Com a autonomia legislativa processual dos Estados ocorreu profunda e indesejada desarmonia normativa. Frederico Marques (1997, p. 105), enfocando esse efeito negativo legado ao direito processual criminal com a quebra de sua unidade, relata que

> Enquanto alguns códigos se mantinham fieis àqueles postulados jurídico-processuais, outros deles se afastavam, ou porque tornassem a formação da culpa secreta, ou porque suprimissem o inquérito policial, ou porque restringissem cada vez mais as atribuições do Júri, ou porque configurassem sob forma contraditória plena toda a formação da culpa.

A situação assim perdurou até a retomada da unidade processual, que ocorreu com a edição da Constituição de 1934, ficando logo estabelecida, nas disposições transitórias, a determinação para que fosse nomeada uma comissão de 3 (três) juristas, sendo dois ministros do Supremo Tribunal Federal e um advogado, para cuidar da feitura do novo Código de Processo Criminal. A comissão formada em 15 agosto de 1935 pelos ministros Bento De Faria e Plínio Casado e pelo professor Gama Cerqueira, todos renomados juristas, submeteu o trabalho ao Presidente da República pelas mãos do Ministro da Justiça, o eminente professor Vicente Ráo.

As características fundamentais da sugestão de projeto de lei encaminhado por Vicente Ráo, consistiam (a) na *restrição progressiva do júri;* e (b) *equivalência de direitos, da sociedade e do acusado, no curso do processo*. Isso denota a clara inclinação pela orientação emanada da Escola Positiva (1997, p. 106). Com efeito, a escola positiva criticava o liberalismo que pautava a Escola Clássica, fazendo com que o centro da preocupação do sistema processual fosse a proteção do acusado, pelo que os positivistas tinham como dogmas para a reforma do processo penal o *(r) estabelecimento* da igualdade entre a sociedade e a defesa e a supressão do tribunal do júri.

Na percepção da escola positiva, antes e acima de tudo, o direito criminal deve ser instrumento a serviço do Estado e eficaz à repressão penal. Ferri (1988), um dos precursores da escola positiva, acreditava que o Estado, ao contrário do que propugnavam os clássicos, na sua atuação criminal, não deveria se dar ao trabalho de nenhuma *missão filosófica, religiosa ou ética*, porquanto a sua atenção deveria estar voltada apenas a organizar a *defesa social repressiva* contra a delinquência. Para deixar a sua fala estreme de dúvidas, avisava o renomado criminalista que a escola positiva, desde o início, tinha o compromisso de restabelecer o equilíbrio entre os direitos do delinquente e os direitos da sociedade, uma vez que, no seu pensar, Beccaria e os seus seguidores, além de sobrepujarem as razões da defesa social, ainda se esqueceram da superioridade jurídica e moral do Estado e dos cidadãos honestos em face dos criminosos.

Nesse tortuoso caminho teórico, não é surpresa que Ferri tenha feito reservas ao princípio da presunção de inocência (1988, p. 54), até porque, para o mestre italiano, se é patente que se o juiz não deveria condenar os inocentes, não é menos procedente pôr em evidência que não era correto deixar a sociedade indefesa para com os culpados (1988, p. 191). No livro *Criminologia criminal*, Ferri (1907, p. 194), com mais vagar, aceitava que a cláusula da presunção de inocência e, com ela, a regra do *in dubio pro reo*, possui um fundo de verdade e deve irrigar o sistema jurídico. No entanto, acreditava que não deveria ser aplicada nos casos em que ocorresse a prisão em flagrante ou a confissão do próprio acusado e, igualmente, quando não se cuidasse de um criminoso ocasional, porquanto, ao se tratar de criminoso nato, ou louco " *y para ser más preciso, el autor de una forma de criminalidade atávica*", deve militar contra o agente a *realidade mesma das coisas*. Como meio termo, sugeria que, quando se tratasse dos delinquentes menos perigosos, a interpretação deveria ser mais favorável ao acusado, na hipótese de delinquentes mais perigosos, mais favorável à defesa social (FERRI 1907, p. 191). Assim, para Ferri (1907, p. 195), a presunção de inocência precisava ser relativizada, a fim de eliminar *"esta presunción ilógica, en todos los casos y en todos los períodos del juicio en que esté en contradicción con la realidad misma de las cosas, se suprimirá todo fundamento a las demás disposiciones procesales que en ellas se inspiran y que son verdaderamente contrarias a las razones más claras de justicia y de utilidad social"*. Forte nesse conceito, Ferri (1907, p. 195) discordava que, em nome do princípio da presunção de inocência, ao acusado fosse assegurado o direito de recorrer em liberdade. Essa nova forma de ver as coisas contaminou o legislador brasileiro e guiou os seus passos na elaboração do Código de Processo Penal de 1941. A mudança da nomenclatura não foi obra do acaso, pelo contrário, revela o viés punitivista do código atual, próprio da Escola do Tecnicismo Jurídico, corrente de pensamento *neopositivista* orientou a feitura do CPP (SILVA JÚNIOR e HAMILTON 2021, p. 11).

Para não deixar dúvidas quanto ao verniz punitivista, e de que o princípio da presunção de inocência precisava seguir a orientação dos arautos da escola positiva e do tecnicismo jurídico, na exposição de motivos da nova CPP de 1941, Francisco Campos, pinçadas as seguintes ideias dominantes da nova codificação: (i) necessidade de coordenação sistemática das regras do processo penal num código único para todo o Brasil, com o objetivo de maior *eficiência e energia* da ação repressiva do Estado com os que delinquem; (ii) as então leis de processo penal vigentes, especialmente do CPCrim, asseguravam aos réus, ainda que colhidos em flagrante ou confundidos pela evidências das provas, um tão extenso catálogo de garantias e favores, que a repressão se torna, necessariamente, defeituosa e retardatária, decorrendo daí um indireto estímulo à expansão da criminalidade; (iii) necessidade de abolir a injustificável primazia dos interesses do indivíduo sobre a tutela social; (iv) não se pode continuar a contemporizar com pseudodireitos individuais em prejuízo do bem comum; (v) o indivíduo não pode invocar, em face do Estado, outras franquias ou imunidades além daquelas que o assegurem contra o exercício do poder público fora da medida reclamada pelo interesse social; (vi) eliminação das fórmulas tradicionais de um mal-avisado favorecimento legal aos criminosos; (vii) exclusão do processo penal dos excessos de formalismo e joeirado de certos critérios normativos com que, sob o influxo de um mal compreendido individualismo ou de um sentimentalismo mais ou menos equívoco, se transige com a necessidade de uma rigorosa e expedita aplicação da justiça penal; (viii) as nulidades, reduzidas ao mínimo, deixaram de ser o que eram até então, isto é, um meandro técnico por onde se escoa a substância do processo e se perdem o tempo e a gravidade da justiça; (ix) restrição da aplicação do *in dubio pro reo*; (x) ampliação da noção do flagrante delito, para efeito da prisão provisória; (xi) a decretação da prisão preventiva que, em certos casos, deixa de ser uma facultada, para ser um dever imposto ao juiz, adquire a suficiente elasticidade para tornar-se medida plenamente assecuratória da efetivação da justiça penal; (xii) no crime inafiançável, a falta de exibição do mandado não obstará a prisão, desde que o preso seja imediatamente apresentado ao juiz que fez expedir o mandado; (xiii) o prazo da formação de culpa é ampliado, para evitar o atropelo dos processos ou a intercorrente e prejudicial solução de continuidade da detenção provisória dos réus; (xiv) não é consagrada a irrestrita proibição do julgamento *ultra petitum*; (xv) influência do Código Processo Penal italiano de 1930, especialmente da então recente reforma, com a repetição das palavras de Rocco: "Já se foi o tempo em que a alvoroçada coligação de alguns poucos interessados poderia frustrar as mais acertadas e urgentes reformas legislativas"; (xvi) melhor adaptar as normas processuais à sua própria finalidade, o projeto não altera o direito atual, senão para corrigir imperfeições apontadas pela experiência, dirimir incertezas da jurisprudência ou evitar ensejo à versatilidade dos exegetas; (xvii) aproveitamento da legislação atual e de várias disposições dos vários código de processo penal estaduais; e (xviii) opção pelo inquérito policial, em detrimento em detrimento do juízo de instrução.

Assim, é estreme de dúvidas que o Código de Processo Penal de 1941, no afã de desconstruir o viés liberal do CPCrim de 1832, foi desenhado com um perfil antidemocrático, policialesco e inquisitivo, com indisfarçável relativização do princípio da presunção de inocência, com repercussão direta quanto ao tratamento dispensado ao acusado, que foi *coisificado*, a ponto de ser desconsiderada a sua condição de sujeito do processo, porquanto chamado ao feito para servir de *prova* a respeito do crime por ele próprio praticado. De outra banda, restou comprometido severamente o direito de liberdade, na medida em que a prisão processual, ademais de não ser disciplinada como medida cautelar, passou a ser a regra para os crimes definidos como inafiançáveis, que era a sua maioria, isso sem falar que, para além das hipóteses de prisão obrigatória, ainda que a sentença fosse absolutória, a mera circunstância de o Ministério Público interpor o recurso de apelação tinha o efeito de manter o acusado recolhido à prisão.

Bibliografia

ALMEIDA JÚNIOR, João Mendes de. *O processo criminal brasileiro*. 4. Vol. I. Rio de Janeiro e São Paulo: Livraria Freitas Bastos S. A., 1959.

ALMEIDA JÚNIOR, João Mendes de. *Princípios fundamentais do processo penal*. São Paulo: Revista dos Tribunais, 1972.

ALMEIDA, Candido Mendes de. *Codigo Philippino ou ordenações e leis do Reino de Portugal*. 14. Rio de Janeiro: Typographia do Instituto Philomathico, 1870.

ALMEIDA, Fernando H. Mendes de. *Ordenações filipinas*: ordenações e leis do reino de Portugal recopiladas por mandato d'el rei d. Filipe, o primeiro. Vol. I. São Paulo: Saraiva, 1957.

ALTAVILA, Jayme de. *Origem dos direitos dos povos*. 5. São Paulo: Ícone, 1989.

ANCEL, Marc. *A nova defesa social*: um movimento de política criminal humanista. Tradução: Osvaldo Melo. Rio de Janeiro: Forense, 1979.

BARRETO, Tobias. *Estudos de direito*. Campinas: Bookseller, 2000.

BARROS, Romeu Pires Campos. *Sistema do processo penal brasileiro*. Rio de Janeiro: Forense, 1987. v. 1.

BECCARIA, Cesare. *Dos delitos e das penas*. Tradução: Marcílio Teixeira. Rio de Janeiro: Rio, 1979.

BELING, Ernst. *Derecho procesal penal*. Tradução: Miguel Fenech. Buenos Aires: DIN Editora, 200.

BENTHAM, Jeremy. *Teoria das penas legais e tratado dos sofismas políticos*. Leme: Edijur, 2002.

BETTIOL, Giuseppe. *Instituciones de derecho penal y procesal.* Tradução: Faustino Gutiérrez-Alviz y Conradi. Barcelona: Bosch Casa Editorial, 1973.

BETTIOL, Giuseppe. *O problema penal.* 2. ed. . Tradução: Fernando de Miranda. Coimbra : Coimbra Editora Ltda., 1973.

BEVILÁQUA, Clóvis. *Crimninologia e direito.* Bahia: Livraria Magalhães, 1896.

BUENO, Eduardo. *Brasil*: uma história. 2 . São Paulo: Ática, 2003.

BOTTOMS, Anthony. *The relationship between theory and empirical observations in criminology.* Em Doing research on crime and justice, por Roy D. KING e Emma (Orgs.) WINCUP. Cambridge: Oxford University Press, 2008.

BRASIL. *EXPOSIÇÃO DE MOTIVOS DO CÓDIGO DE PROCESSO PENAL.* Rio de Janeiro, 1941.

CARNELUTTI, Francesco. *As misérias do processo penal.* Tradução: Joé Antonio Cardinalli. São Paulo: Conan, 1995.

CARNELUTTI, Francesco. *Lecciones sobre el proceso penal.* Tradução: Santiago Sentís Melendo. Chile/Buenos Aires: Ediciones Jurídicas Europa América/Bosch y Cía. Editores, 1950.

CARRARA, Francesco. *Programa do curso de direito criminal.* Tradução: Ricardo Rodrigues. Vol. 2. Campinas: LZN Editora, 2002.

CHAVES, João Baptista de. *Ciência penitenciária.* Natal: Azymuth, 2015.

FERRI, Enrico. *Princípios de direito criminal*: o criminoso e o crime. 2ª. Tradução: Paolo Capitanio. Campinas: Bookseller, 1988.

FERRI, Enrico. *Sociologia criminal.* Tradução: Tradução Antonio Soto Y Hernández. Madrid: Centro Editorial de Góngora, 1892.

FOUCAULT, Michel. *Vigiar e punir*: nascimento da prisão. Tradução: Lígia M. Pondé Vassallo. Petrópolis: Vozes, 1977.

FREITAS, Ricardo de Brito A. P. *As razões do positivismo penal no Brasil*. Rio de Janeiro: Editora Lumen Juris, 2002.

GAROFALO, Rafael. *Criminologia*: estudo sobre o delicto e a repressão penal. 3. ed. . Tradução: Tradução Júlio de Mattos. Lisboa: Livraria Clássica Editora, 1916.

GARRAUD, René. *Compêndio de direito criminal*. Tradução: Ricardo Rodrigues Gama. Campinas: LZN Editora, 2003.

GOMES, F. Soares. *Iluminismo*. Logos: enciclopédia luso-brasileira de filosofia. Vol. 2. Lisboa/São Paulo: Verbo, 1990.

GOMES, Laurentino. *1808*: como uma rainha louca, um princípe medroso e uma corte corrupta enganaram Napoleão e mudaram a história de Portugal e do Brasil. Rio de Janeiro: Objetiva, 2007.

GUIMARÃES, Mário. *O juiz e a função jurisdicional*. 5. ed. Rio de Janeiro: Forense, 1958.

LEAL, Antônio Luiz da Câmara. *Comentários ao código de processo penal brasileiro*. Vol. vols. 1 e 2. Rio de Janeiro: Freitas Bastos, 1942.

LISZT, Franz Von. *Tratado de direito penal alemão*. Tradução: José Higino Duarte Pereira. Vol. 1. Campinas: Russel Editores, 2003.

LOPES JR, Aury; GLOECKNER, Ricardo Jacobsen. *Investigação preliminar no processo penal*. 6. ed. (e-book). São Paulo: Saraiva, 2014.

LOPES, Paulo Guilherme M.; TOSTO, Ricardo. *O processo de tiradentes*. São Paulo: Conjur Editorial, s.d.

LYRA, Roberto. *Novíssimas escolas penais*. Rio de Janeiro : Editor Borsoi, 1956.

MARQUES, José Frederico. *A instituição do júri*. Vol. I. São Paulo: Saraiva, 1963.

MARQUES, José Frederico. *Elementos de direito processual penal*. Vol. 1. Campinas: Bookseller, 1977.

PRINS, Adolph. *Ciência penal e direito positivo*. Tradução: Henrique de Carvalho. Lisboa: Livraria Clássica Editora de A. M. Teixeira, 1915.

SILVA JÚNIOR, Walter Nunes da. *Curso de direito processual penal*: teoria (constitucional) do processo penal. 3 ed. Natal, Rio Grande do Norte: OWL, 2021.

SILVA JÚNIOR, Walter Nunes da. *Reforma tópica do processo penal*: inovações aos procedimentos ordinário e sumário, com o novo regime das provas, principais modificações do júri e as medidas cautelares pessoais (prisão e medidas diversas da prisão). 4 ed. Natal: OWL, 2022.

SILVA JÚNIOR, Walter Nunes da; HAMILTON, Olavo (orgs.). *Direito e linguagem nas decisões criminais*. Natal: OWL, 2019.

SILVA JÚNIOR, Walter Nunes da. Projeto do novo código de processo penal: temas fundamentais. Natal: OWL, 2022.

SILVA, Evandro Lins e. De Beccaria a Filippo Gramatica. Em De Beccaria a Filippo Gramática. *In*: *Sistema penal para o terceiro milênio*: atos colóquio Marc Ancel, por João Marcello de (Org.) ARAÚJO JÚNIOR, 17-43. Rio de Janeiro: Revan, 1991.

SOUZA, Gabriel Lucas Moura. *As nulidades do processo penal a partir da sua instrumentalidade constitucional*: (re)análise dos princípios informadores. Natal: Monografia. Programa de Graduação em Direito da Universidade Federal do Rio Grande do Norte, 2017.

TOURINHO FILHO, Fernando da Costa. *Manual de processo penal*. 13. São Paulo: Editora Saraiva, 2010.

TOURINHO FILHO, Fernando da Costa. *Processo penal*. 7. ed. Vol. vol. 1. São Paulo: Saraiva, 1984.

VAZ, Francisco António Lourenço. *O ensino dos jesuítas na universidade de Évora*: uma leitura dos primeiros estatutos. História da educação. 2016.

SEGUNDA PARTE

CAPÍTULO 1

TRAGÉDIA ANUNCIADA: UMA CLASSIFICAÇÃO
EPISTEMOLÓGICA DA CONSTITUIÇÃO DE 1937 E DO
CÓDIGO DE PROCESSO PENAL DE 1941

Lauro Marinho Maia Neto[1]

Sob vários aspectos pode-se investigar e averiguar a construção do direito criminal no Brasil. Em amplo sentido, a doutrina já praticamente esgotou todas as investidas possíveis na busca por resolver e compreender o problema estrutural da persecução penal como forma inevitável de *etiquetamento* e controle político-social contra categorias minotárias da sociedade.

Quem verdadeiramente quiser descortinar e precisar o ponto central da história e da filosofia do direito penal e processual penal, no entanto, deve buscá-lo no nexo inaugural dessa ciência, para que efetivamente se revele sua essência epistemológica e existencial. Essa origem seminal revela as características maternais da ciência criminal que, fazendo as vezes de um conhecimento racional puro, tenta esconder suas formações político-ideológicas.

Tomando-se o direito criminal hodierno e fazendo o caminho da investigação histórica dessa ciência até identificar um mínimo comum entre todas as vertentes possíveis de leitura e abordagem científica o que se revela é que a validade do direito penal material – e, logicamente, de seu código de processo -, independentemente do argumento que o produza, se dá pela

---

[1] Graduando em Direito pela Universidade Federal do Rio Grande do Norte (UFRN). Foi bolsista de iniciação científica no âmbito do projeto de pesquisa "Militares e Política no Brasil: Memória em Disputa e/ou projeto político?" (UFRN/CCHLA – Departamento de História). É pesquisador no projeto "Direito processual em movimento: ótica constitucional do processo criminal" (UFRN/CCSA – Departamento de Direito Processual e Propedêutica). ORCID: https://orcid.org/0000-0002-3729-233X.

criação de uma estrutura que, a um só tempo, assegure e proteja a ordem social e esconda sua função real: todo ordenamento penal e processual penal se engendra, na espécie, no ventre d'uma política de controle da ordem social.

Não seria diferente o caso do Código de Processo Penal de 1941, ainda vigente no Brasil. As manifestações teóricas do juspositivismo querem fazer sugerir que o Código Penal de 1940 e o Código de Processo Penal de 1941 são compostos por linhas unicamente jurídico-normativas. A realidade, na contraface dessa sensação ilusória, é que o conteúdo programático dessas duas regulamentações jurídicas é profundamente mais político do que mera e puramente normativo.

Existe, portanto, algo fortemente estruturado acima da doutrina e da lei penal e processual penal que blinda os pontos fulcrais do direito criminal, tornando-os intangíveis à leitura crítica. A teoria geral do processo nos ensina que a composição da persecução penal se dá pelo trinômio jurisdição-ação-processo, categorias eminentemente políticas e jurídicas. Se são categorias políticas, logicamente que são produto de um processo de racionalização do ser-social e que podem, portanto, serem lidas e explicadas a partir de sua lógica geral inaugural.

Quer-se dizer, assim, que ao trinômio acima citado, a teoria do direito processual se esquece de adicionar um outro fator relevante, talvez o mais determinante deles: a ideologia. É tanto antiga quanto verdadeira a lógica de que as coisas, se políticas, estão envoltas e dominadas por um suporte ideológico.

Donde, portanto, não há questionamentos possíveis que não os seguintes: qual base ideológica explica a formulação original do Código de Processo Penal (1941)? Por que as alterações e reformas realizadas ao longo das últimas décadas não foram suficientes para superar essa perspectiva ideológica fundante?

Ao passo da segunda metade do século 20 tornou-se claro que o processo penal é mais um instrumento de proteção dos direitos humanos fundamentais e de controle do poder de punir do Estado do que mero cumprimento procedimental e de aplicação do direito penal material. No entanto, ao tempo em que foi editado, o Código de Processo Penal (1941) trazia consigo o contexto histórico autoritário e ditatorial do Estado Novo varguista (1937-1945), sobretudo pelos efeitos ainda mais ditatoriais provenientes do *Plano Cohen*[2].

Com o golpe varguista, a Constituição de 1937 (*Polaca*)[3] foi outorgada para fortalecer a figura do Presidente da República e centralizar o controle do Estado nas mãos do chefe maior do Executivo – a despeito do que é querido em uma República, os outros dois poderes, seguindo a orientação constitucional, estavam subordinados à orientação político-ideológica do Chefe de Estado. A edição de um Código de Processo Penal, no contexto dessa Constituição e desse Estado, não poderia se dá d'outra forma.

O Código de Processo Penal foi editado sob forte influência do Código de Processo Penal Italiano de 1930, o *Codice Rocco*, firmado nas raízes autoritárias e inquisitórias típicas de um regime fascista. Propiciava, assim, um Estado[4] policialesco que pudesse servir não só à persecução de *delinquentes*, mas que legitimasse o processamento criminal daqueles que, supostamente, cometessem *crimes políticos*.

Francisco Luís da Silva Campos, um dos editores do Código de Processo Penal de 1941 e responsável pela redação da Constituição de 1937[5], também ofereceu influência na produção intelectual dos atos institucionais da ditadura empresarial-militar[6], cujas intenções eram pontualmente parecidas com as do Estado Novo, para não dizer as mesmas.

Essa guinada do Estado brasileiro a um modelo fascista de organização política ocorreu não por desejo de imitar o que estava em alta na Europa ocidental da primeira metade do século 20[7], a motivação é muito

---

[2] O Plano Cohen se trata de um documento produzido e divulgado pelo Exército brasileiro em que se forjava uma conspiração de tomada de poder por parte dos comunistas. Essa articulação foi suficiente para executar um golpe de Estado no Brasil que colocou à chão as instituições republicanas que resguardavam até então o Estado (SODRÉ, 2010, p. 342).

[3] Apelidada de Polaca porque em muito se parece com a Constituição polonesa de 1935.

[4] Como, para Hegel, o Estado é o ente ético consciente-de-si que representa a união dos princípios da família e da sociedade civil (PLEINES, 2010, p. 79), então logicamente que toda expressão externa do Estado revele o que é desejado por sua base constituinte.

[5] Nas palavras de Campos (2001, p. 41), a revolução de 30 só se realizou, efetivamente, com a outorga da Constituição de 1937.

[6] Essa nomenclatura faz referência à lição histórica de que o apoio civil-empresarial foi determinante para o golpe de 1964, em razão disso o *empresarial* vem antes do *militar*.

[7] Existe uma dita leitura dos fatos históricas do Brasil que sugere que a inclinação do Estado brasileiro de 1930 e 1940 ao fascismo se deu por um desejo pessoal de Vargas de copiar o que ocorria na Europa, como se política fosse realização de desejo pessoal. Essa interpretação dos fatos ignora que o fascismo

mais profunda do que isso: a radicalização do Estado Novo foi uma resposta direita à luta interna e a efervescência social que se dava no Brasil desde antes do triunfo da revolução de 1930. Esses objetivos latentes, por não estarem formalmente postos, correspondem à dimensão ideológica de formação do direito, enquanto as normas positivas correspondem à dimensão material.

Essas duas dimensões diametralmente opostas compõe a estruturação dialética típica de todos os fenômenos econômicas e materiais das sociedades capitalistas do mundo ocidental - mundo do qual o Brasil ingressou tardiamente e neste se desenvolveu aos solavancos: também aos solavancos foi o desenvolvimento da processualística penal brasileira.

Engana-se, no entanto, quem acredita que a ideologia assenta sua força meramente no campo da abstração e do metafísico. A ideológica, ao contrário disso, tem peso[8]: opera no mundo e em nós. A um só tempo, esse substrato ideológico nos retira a capacidade analisar o mundo de maneira crítica – ao passo que direciona nosso olhar às desimportâncias -, enquanto também encobre o mundo com o pano do ideal. Torna-nos, assim, incapazes de ver a substância e de criticar a forma.

Uma mera leitura da aparência do objeto tanto mostra quanto oculta; ao final do dia, a ideologia acabará por escamotear a essência por completo, tornado cega a pesquisa[9]. Consequentemente, qualquer que seja a pesquisa que tenha como objeto de estudo o Código de Processo Penal e a Constituição de 1937 deve iniciar do que está posto não na superfície, mas na essência. O ponto de partida desse capítulo, que inaugura a segunda parte da corrente obra, é a composição ideológica constitutiva da lei processual penal de 1941 e da carta constitucional de 1937, ambos os projetos encabeçados por Francisco Campos.

Mas não só por terem sido orientados pela mente do mesmo jurista, é que o processo penal e o direito constitucional conservam uma afeiçoada relação de vínculo em que o primeiro está essencialmente apegado ao outro.

à brasileira, como qualquer outra manifestação do fascismo, nasce pelas próprias contradições internas e inerentes do capitalismo, independente do local geográfico em que se dê.
[8] A metáfora de que a ideologia tem peso é atribuída a Paulo Freire, que sempre se dedicou ao estudo da força ideológica que compõe a palavra.
[9] Diria Albert Camus que algumas pesquisas são sensíveis ao coração, mas que é preciso aprofundá-las para as tornar claras ao espírito.

Na guia do estudo do direito processual constitucional, o método de abordagem mais adequado é o que prega que a lei processual penal é o sismógrafo do direito constitucional[10], ou, em outras palavras, que processo penal é o direito constitucional em movimento[11].

Dessa forma, explicar quais são as razões intrínsecas de formação da Constituição de 1937 é também explicar as do Código de Processo Penal de 1941 (e vice-versa). Somente assim, a partir da descoberta de seus objetivos reais e de suas funções política, bem como da desconstrução de suas contrariedades, será possível, como pretende fazer essa obra, encontrar os porquês da persistência do ideário autoritário do Estado Novo na doutrina processualística penal e qual a herança deixada por esses fatores à ciência criminal brasileira.

Identificados esses porquês, esse capítulo também se propõe a catalogar garantias constitucionais e processuais trazidas no bojo dos ordenamentos jurídicos aqui analisados. O objetivo é construir tabelas-guias que possam indicar o caminho a ser tomado na leitura crítica dos demais capítulos subsequentes.

Por exemplo: o *Quadro 2* do *item 4* identifica que a *Presunção de Inocência* é tratada de forma autoritária na redação original do código, porque o que se presume é a culpabilidade. Essa noção se fará presente em todo o decorrer do restante dessa obra. O problema metodológico desse capítulo, portanto, é o de desenvolver um procedimento de classificação, com regras de codificação e agregação, que possa julgar e categorizar a conformidade entre direito e realidade e o grau de viabilidade material das garantias processuais e dos direitos constitucionais.

1. A consolidação do Estado Novo como corpo punitivista, inquisitivo e policialesco: suporte ideológico e mundo real

Os eventos que se sucederam após a tomada do poder pelas forças da Aliança Liberal romperam uma velha aliança que existia antes na República Velha entre o latifúndio, a burguesia nacional e o imperialismo.

---

[10] Essa noção clássica é de autoria de Claus Roxin.
[11] É essa ideia, inclusive, que dá título ao grupo de pesquisa que desenvolveu essa obra: *Direito processual em movimento: ótica constitucional do processo criminal* (UFRN).

As lutas por reformas e mudanças políticas que se davam no fundo do país desde 1920 e com maior intensidade em 1930 fez reatar essa velha aliança (SODRÉ, 2010, p. 329). Os comunistas se organizavam[12] e os trabalhadores reivindicavam melhorais em suas situações de vida e trabalho. O fato é que desde a ascensão ao poder com a revolução de 1930, Getúlio Vargas havia realizado transformações de baixa densidade nos aparelhos estatais, revelando certo cuidado com os excessos, que poderiam ser mal interpretados politicamente.

Esse limite dado inicialmente veio a ser descontruído com a simulação do risco de revolução comunista, produzido pelo Plano *Cohen*. Essa simulação criava no imaginário político-social as condições ideais para o avanço do Estado no rumo de uma crescente autoritária. Essa crescente se estrutura, também, no entorno do objetivo de barrar o avanço de conquistas sociais e democráticas, dentre as quais figuravam, por exemplo, os direitos trabalhistas e as garantias fundamentais dos homens[13]. O Estado Novo (1937-1945) adere a um modelo que, inegavelmente, se assemelha àquele que havia chegado ao poder na Alemanha Nazista e na Itália Fascista anos antes.

Werneck Sodré (2010, p. 341) deixava claro que, no exemplo brasileiro, a ditadura varguista de 1937 representava não só o exercício de um poder policial, repressivo e ostensivo, mas designava a única forma política possível para a ascensão da burguesia no nosso capitalismo tardio, vez que "continha as características ostensivas de repressão ao avanço da classe operária e de realização das reformas burguesas" que ainda não haviam sido realizadas no Brasil por inação da República Liberal, mas que um Estado autoritário poderia fazê-lo.

Essa é a ideia constitutiva de que um Estado autoritário surge não como simples resposta a uma crise política que ele se encarrega de responder, mas como resposta a uma crise política que ele mesmo contribuiu para produzir (POULANTZAS, 1980, p. 245). O Estado Novo, nesse

---

[12] Durante quatro dias, em novembro de 1935, a capital do Rio Grande do Norte se viu tomada por militantes revolucionários comunistas.

[13] Nesse sentido, o processo de *fascitização* de um Estado, historicamente falando, somente pode decorrer de uma ruptura do Estado que supõe, antes, uma derrota dos movimentos populares e da classe operária (POULANTZAS, 1980, p. 241).

sentido, produziu a crise política tanto no sentido material (com o Plano *Cohen*) quanto no sentido substancial (alargamento das contradições de classe e oposição política).

Não se pode dizer que tal raciocínio represente alguma surpresa: nas palavras de Francisco Campos (SANTOS, M., 2007, p. 36) o futuro da democracia depende do futuro da autoridade, constituindo, assim, o cerne de sua crítica à democracia e na proposta de um constitucionalismo autoritário: a autoridade como resposta à crise produzida pelo próprio Estado - crise esta que atribui como problema urgente e de primeira ordem os *excessos* da democracia.

Clarifique-se, nessa toada, que código normativo algum surge do nada. A respeito do surgimento e do desaparecimento do direito, enraizado no seu caráter social, a ciência jurídica-normativa encabeçada por Francisco Campos tinha forte correlação com a teoria kelseniana, "cuja pedra de toque é a validade da norma, seja qual for o conteúdo que essa possa veicular" (ALMEIDA, S., 2006, p. 89). Para a expressão positivista, então, não há valor social e ideológico que preceda ou valide a construção da norma: a norma, por si só, se validará, ocupando a função e o caráter coativo na regulação das atividades sociais.

Na contraface disso, Evgney Pachukanis (1988, p. 37) ensina que a problemática não é somente a de "admitir ou contestar a existência da ideologia jurídica (ou da psicologia), mas em demonstrar que as categorias jurídicas não têm outra significação além da sua significação ideológica". Quer-se dizer, assim, que propor uma explicação para o porquê de a regulamentação jurídica naquele determinado tempo histórico ser daquela ou de outra maneira é explicar, ao mesmo tempo, a própria regulamentação jurídica.

Na teoria clássica da hermenêutica jurídica, a teoria objetivista de interpretação de Karl Larenz (CAMARGO, 2003, p. 129-130), preponderante no século 20, dirá que a letra da lei possui, em si, uma razão própria que, quando derramada na folha do papel, passa a ser independente e autônoma da subjetividade do legislador, que estará sempre fadada à prisão do seu tempo histórico[14]. Essa linha teórica difere da que sugere que a lei carrega consigo a vontade subjetiva do legislador em determinado tempo histórico, ou seja, que o pensamento jurídico sempre buscará ser fiel ao *zeitgeist*[15].

Crer na primeira linha teórica é supor que as formulações do CPP de 1941, se mantidas inalteradas, não representam expressão ideológica alguma, somente manifestações de caráter racional[16]. Deixa intocado, portanto, o pano de fundo ideologizado da lei. Logo, se verdade que toda relação social objetiva apresenta o reflexo de uma expressão ideológica, então o processualismo penal, enquanto categoria jurídico-normativa, também o faz, não estando alheio às influências do campo ideológico (cultura, costumes e moralidade).

Não significa dizer que a confecção técnico-formal de todos os conceitos normativos – como, por exemplo, jurisdição e competência - refletem, por inteiro, uma concepção ideológica e se apresentem como ferramentas políticas. Diferente disso, o que se quer dizer, unicamente, é que algumas conceituações alegadamente técnicas são, na verdade, fruto do suporte ideológico da época, qual seja o de aparatar organizacionalmente a forma burocrática do Judiciário para aplicar, no osso e na carne, a política autoritária de controle socioeconômico e de criminalização da oposição política.

Fica claro, portanto, que existe uma distinção abrupta entre regulamentação técnica e regulamentação jurídica. Em razão disso é que se deve olhar com maior atenção àquilo que se alega ser pura técnica-burocrática: "a regulamentação ou a normativização das relações sociais só aparece homogênea e totalmente jurídica para uma reflexão superficial ou

---

[14] Essa consciência do inacabamento do instituto jurídico é o que funda a necessidade de reformar e atualizar a lei. De forma análoga à lição freiriana (FREIRE, 2021, p. 132) de que "a educabilidade humana se alicerça na finitude de que nos tornamos conscientes", de sorte que não se pode condenar o futuro à condição de estar preso ao tempo da factura da lei, porque "na compreensão da História como possibilidade, ao contrário, o amanhã é problemático" (FREIRE, 2021, p. 68).

[15] A síntese do direito em determinando momento histórico é impossível de ser compreendida se não vista em sua totalidade e com seus antecedentes, porque o presente que nos pertence "não surgiu sem preparação, nem cresceu só do solo atual, mas é característica de tal patrimônio o ser herança e, mais propriamente, resultado do trabalho de todas as gerações precedentes do gênero humano" (HEGEL, 1974, p. 327).

[16] Racionalidade que, deixando de considerar as questões materiais, se torna, na verdade, idealismo. O divórcio entre moral e direito deve perpassar, também, pela superação de uma visão histórica ultrapassada e pelo triunfo do Real em desfavor do Ideologizado.

puramente formal" (PACHUKANIS, 1988, p. 43). Mire-se no exemplo da execução da prisão (quer em flagrante ou determinada pela autoridade competente): o art. 292 do Código de Processo Penal[17] determina que é permitido ao executor da prisão e aos que lhe auxiliarem nesta execução o emprego de "meios necessários para defender-se ou para vencer a resistência" – não elabora, no entanto, o que pode significar *resistência* ou quais seriam os *meios necessários*.

No contexto de um Estado policialesco e violento, deixar vago esses conceitos oferta maior disponibilidade e liberdade de atuação à *polícia política* para que proceda em sua função da maneira que melhor convir aos objetivos do Estado. Essa norma, portanto, é de orientação política, não técnica.

De forma diferente faz o artigo 286 do Código de Processo Penal[18], que define o procedimento em que se dará a entrega e assinatura do mandado de prisão. Essa, sim, é uma norma evidentemente técnica, que não escapa do plano da tecnicidade e da burocracia. Isso porque por detrás do Código de Processo Penal o que há, na verdade, é um Estado ponderando, a favor de si, a aplicabilidade de sua própria força contra os particulares.

Dito doutra forma, a aplicação das regras processuais penais está relacionada não com a mera estruturação das regras do jogo processual, mas com o exercício de aparelho coercitivo e violento a ser posto contra o *criminoso* (porque a definição do que é o ser-criminoso também resguarda profundo caráter ideológico e político). No entanto, enquanto essas arbitrariedades forem consideradas mera burocracia – e tratadas no particular do terreno do direito - elas não serão nada mais do que ações técnicas. É dizer: sob o signo da tecnicidade e da burocracia se esconde tudo que há de ideológico e político no plano do processo penal.

---

[17] Art. 292. Se houver, ainda que por parte de terceiros, resistência à prisão em flagrante ou à determinada por autoridade competente, o executor e as pessoas que o auxiliarem poderão usar dos meios necessários para defender-se ou para vencer a resistência, do que tudo se lavrará auto subscrito também por duas testemunhas.

[18] Art. 286. O mandado será passado em duplicata, e o executor entregará ao preso, logo depois da prisão, um dos exemplares com declaração do dia, hora e lugar da diligência. Da entrega deverá o preso passar recibo no outro exemplar; se recusar, não souber ou não puder escrever, o fato será mencionado em declaração, assinada por duas testemunhas.

Nesse processo de escamoteação, o *Estado-polícia* e o *criminoso* se traduzem como simples sujeitos jurisdicionais, titulares de direitos e deveres, o que naturaliza e consolida o punitivismo, a inquisição e a policialização, "deste modo, a coação não é considerada apenas sob o ponto de vista da racionalidade do fim mas também sob o ponto de vista do seu caráter formal, isto é, juridicamente lícita" (PACHUKANIS, 1988, p. 44). Ou, nos moldes da velha verdade formal e jurídica: se está na lei e na decisão judicial, o que resta é cumprir[19].

Fecha-se, assim, a correlação entre o político e o jurídico, "mas não porque ambas sejam iguais ou equivalentes, e sim porque remanescem da mesma fonte" (MASCARO, 2013, p. 39). Resgata-se o já aqui apresentado para lembrar que a fonte da qual se originam as duas formas (política e jurídica) é a ordem econômica, que é invariavelmente ideologizadora.

A conceituação positivista põe uma névoa acima das normas jurídicas, ficando impossível de se separar e perceber o que é meio e o que é fim; o que é técnica e o que é ideologia. Aparta-se, assim, em dois polos distintos os códigos ora em análise. O primeiro polo trata, fundamentalmente, do plano técnico-burocrático, considerando apenas o ângulo de sua existência formal-normativa. O segundo, concentra sua atenção naquilo que há de real na relação jurídica, atentando, precipuamente, ao que está no plano do político e da ideologia.

Aquela primeira forma de ver as coisas considera a forma e a norma como suficientes em si mesmas. A segunda maneira, diferentemente, entende que é a essência substancial das coisas que domina e define a forma e a norma. É nesse ritmo que a edição de um novo código de processo realizada em 1941 traz, em sua exposição de motivos, uma crítica clara às leis processuais anteriormente vigentes. A crítica feita por Francisco Campos na Exposição de Motivos revela a ideia de que o *CPCrim* e as garantias liberais estavam, antes, a serviço da defesa e desfavorecendo a aplicação da ordem social.

Nesse sentido, a razão da reforma processual dava-se, segundo o relator, pela necessidade de alinhar o código ao objetivo de o Estado ser

---

[19] Como no clássico de Hannah Arendt (1999), a banalidade do mal não é o mal que puramente acontece (ou que injustamente acontece), mas a perda do critério moral e ético que julga o ato de fazer algo.

capaz de agir mais repressivamente contra a ação delituosa, já que as leis processuais até então vigentes:

> Asseguram aos réus, ainda que colhidos em flagrante ou confundidos pela evidencia das provas, um tão extenso catálogo de garantias e favores, que a repressão se torna, necessariamente, defeituosa e retardatária, decorrendo daí um indireto estímulo à expansão da criminalidade. Urge que seja abolida a injustificável primazia do interesse do indivíduo sobre o da tutela social. Não se pode continuar a contemporizar com pseudodireitos individuais em prejuízo do bem comum. O indivíduo, principalmente quando vem de se mostrar rebelde à disciplina jurídico-penal da vida em sociedade, não pode invocar, em face do Estado, outras franquias ou imunidades além daquelas que o assegurem contra o exercício do poder público fora da medida reclamada pelo interesse social (CAMPOS, F., 1941).

Esse tópico tem se dedicado a explicar o processo de consolidação do Estado brasileiro como um Estado policialesco e violento, em razão de sua orientação enviesada e tortuosa de controle e manutenção ordem que: elege inimigos; serve-se do medo como fonte de retroalimentação; e ataca, no seu mais íntimo interior, as garantias e direitos dos indivíduos. Essa consolidação, que adiante se busca desconstruir, produziu a ambiência em que, mais tarde, se escreveu a Constituição de 1937 e editou o Código de Processo Penal de 1941.

Tanto para a confecção da Constituição quanto para a do CPP era necessário desenvolver um arcabouço de ideias e compor uma teoria geral que alicerçasse a comissão constituinte e produzisse os conceitos gerais que guiassem toda a produção legislativa seguinte. No tópico seguinte, portanto, nos desvelaremos a investigar as raízes da Teoria Constitucional que compôs o campo doutrinário e jurídico do Estado Novo.

2. A Teoria Constitucional do Estado Novo: a doutrina-guia que produziu a Constituição de 1937 e o Código de Processo Penal de 1941

Nada obstante possa se definir que democracia é o regime em que se garante o estado de liberdade do homem e mecanismos de igualdade entre os pares, é tanto ampla quanto controversa o debate conceitual no entorno do que é ou não democracia (BOBBIO, 1997). Independente de qual conceito adotado, no entanto, é evidente que o modelo constitucional do

Estado Novo não guarda qualquer compromisso com os conceitos de igualdade, liberdade e democracia.

Para Francisco Campos (2001), o regime político das massas é a ditadura, não a democracia, porque é a liderança carismática o centro da integração e da homogeneidade política. A consulta popular deve ser meramente plebiscitária, para que as massas se integram no entorno de uma unidade política, não de cunho eleitoral. Democracia para Campos (2001, p. 23) é "expressão relativista e cética de preferência, de simpatia, do pode ser que sim pode ser que não, mas a forma unívoca, que não admite alternativas, e que traduz a atitude da vontade mobilizada para a guerra".

A forma intelectual do Estado Novo é, portanto, antidemocrática, corporativista e autoritária[20]. Para Paulo Bonavides (1991, p. 332), a geração de constitucionalistas que oferta intelectualidade à Carta de 1937 se guia pela *organização* como princípio básico. No campo político, essa organização concentra o poder na administração central e privilegia ao Executivo inclusive a competência para legislar. No campo jurídico, constrói um modelo em que o direito pode suspender o próprio direito, de forma que a constituição acaba por legitimar o autoritarismo (SANTOS, R., 2007, p. 283).

Esses mecanismos políticos e jurídicos estão plasmados na sistemática teórica do constitucionalista *Carl Schmitt*. O sistema schmittiano lança bases suficientes para inauguração de um modelo constitucional autoritário e ditatorial firmado na unidade política do povo no entorno de um líder populista.

Esse modelo, efetivamente, foi o adotado na Constituição de 1937, que reúne quatro características-guias principais, quais sejam:

> a) uma crítica ao direito, à política e às instituições liberais; b) uma aproximação constitucional vinculada à ideia de soberania como decisão personificada; c) um modelo de ordem democrática que se realiza pela mobilização irracional das massas por um César; e d) uma reorganização do Estado fundada na burocratização da legislação (SANTOS, R., 2007, p. 282).

---

[20] Os movimentos liberais que eclodem principalmente pós-Revolução Francesa são um marco na civilização para a superação da Autoridade e legitimação do Poder do Povo. Pensadores ligados à Igreja Católica e ao positivismo propuseram um modelo que desenvolvia uma outra fundamentação de Autoridade.

Notadamente essas características subvertem do conceito de democracia. A proposta schmittiana é de uma *democracia* de tão baixa densidade que mesmo as decisões tomadas à nível de vontade popular são manipuladas pela orientação do grande líder nacional (no Brasil, Getúlio Vargas; na Itália, Mussolini; na Espanha, General Franco; em Portugal, Salazar; etc.), porque, para Schmitt (KLEIN, 2009, p. 140), só existem dois princípios políticos-formais que legitimam toda atuação política: identidade e representação, correspondentes respectivos dos conceitos de homogeneidade e igualdade substancial (democracia).

Com estas diretrizes, a ossatura do Estado que se forma com a Constituição de 1937 é a de um *estatismo autoritário*, tomando empréstimo o termo cunhado por *Nicos Poulantzas*. Para Poulantzas (1980, p. 234), o estatismo autoritário é aquele que se origina em um período específico do capitalismo ainda em desenvolvimento - é, como sabido, o caso do Brasil da década de 1930. A mais clara característica dessa forma-Estado é a monopolização estatal que domina o campo econômico-social de forma tal que as instituições da democracia política sejam deformadas ao ponto de ser possível impor uma "dacroniana restrição, e multiforme, dessas liberdades ditas 'formais'" (POULANTZAS, 1980, p. 234) que, nesses Estados, vão ao chão.

Dessa forma, o surgimento desse gênero de Estado não pode ser simplesmente tratado como um *novo fascismo* ou mero processo de *fascitização* que imite os Estados fascistas da Europa da época. Mais complexo do que isso, o estatismo autoritário representa uma "nova forma 'democrática' da república burguesa" (POULANTZS, 1980, p. 240). Isso vai refletir em Francisco Campos (1942), para quem a liberdade não constitui princípio político algum, tampouco é origem para forma de governo, razão pela qual a participação popular deve ceder espaço à organização unitária. São o desprezo pelo liberalismo, a constrição da participação popular e o apego ao juspositivismo sob a égide da defesa social as três marcas de ferro que tatuam a Constituição de 1937.

Nesse caminhar, por exemplo, é que Campos elabora a constituição não como o produto da vontade popular, por meio de uma assembleia constituinte, mas como um fato dado pela vontade da unidade política do

Estado: a carta extrai de si mesma sua validade, de forma que poderá, também, impor limites para si dentro de si mesma[21].

Veja-se o exemplo do mandado de segurança: a Constituição de 1891 e a Reforma Constitucional de 1926 legaram um vácuo quanto ao tratamento do mandado de segurança no ordenamento constitucional, tendo se dedicado com maior profundidade a tratar do habeas corpus. Esse vácuo foi preenchido pela Constituição de 1934[22], que buscou equiparar o mandado de segurança à mesma conceituação generosa de garantias e de possibilidades de impetração que havia sido dada ao habeas corpus (LEGÓN, 1935, p. 65).

Havia, somando as possibilidades de aplicação do habeas corpus e do mandado de segurança, uma forte estrutura de proteção e efetivação dos direitos individuais na Constituição de 1934. A Constituição de 1937, na contramão disso, não faz menção alguma ao Mandado de Segurança. E deixa de fazer menção não por falta de técnica ou conhecimento jurídico, mas por clara inclinação política: quão menos remédios jurídicos puderem estar à disposição da garantia de direitos individuais, tais como a liberdade, melhor será para o Estado Novo, que mais facilmente se servia de dificultar o alcance dos direitos individuais.

Isso é dizer, portanto, que a Constituição de 1937 não tinha qualquer acordo, pacto ou obrigação assumida consigo mesma: estava à mercê de uma estrutura político-ideológica, desimportante o ordenamento e a coerência jurídica, qualquer que fosse. Nesse ponto, a curta crítica realizada por Pontes de Miranda (1938b) é a melhor possível: nada mais perigoso do que fazer uma Constituição sem o propósito de cumpri-la; ou, pior, de só se cumprirem os preceitos de que se precisa.

Esse estado de coisas é lógico por fatores temporais e teóricos: primeiro é a constituição define quais são as garantias individuais e os direitos dos homens; somente depois é que o código de processo, dentro da delimitação constitucionalmente construída, estrutura o funcionamento

---

[21] Também por essa razão é que Paulo Bonavides (1991, p. 333) dirá que "a Constituição de 37 não respeitou nem mesmo seu próprio texto [...] ela foi o biombo de uma ditadura que sequer tinha preocupação com disfarces".
[22] O marco inaugural do Mandado de Segurança (ao menos com esse nome) no direito pátrio é a Constituição de 1934, em seu artigo 113, § 33.

processual que pode alcançar essas garantias. Ora, se verdade que a Constituição não tinha apreço algum com a liberdade e com a democracia, então racionalmente lógico que, depois, o código processual de 1941 também não o tenha.

As limitações constitucionais postas às garantias individuais, sobretudo, sintetizam a estrutura jurídico-política do Estado Novo em dois fatores: (i) coloca o sistema processual como ferramenta à serviço de um Estado ditatorial e autoritário; (ii) depois, com êxito, reduz a persecução criminal a um processo entre particular e defesa da ordem social, aos moldes de um *direito penal do terror e do inimigo*[23].

Retoma, nesse segundo ponto, a mesma orientação já explorada na primeira parte dessa obra, ao dizer que as Ordenações Filipinas, enraizadas na cultura jurídica medieva e renascentista, tinham como norte mesmo a propagação do medo e do terror como orientação estrutural do direito criminal. Foi esse mesmo ideário incutido no CPCrim que pautou o discurso jurídico da escola responsável pela feitura do CPP de 1941 e da Constituição de 1937. Em outras palavras, a estrutura processualística do código de 1941 segue as diretrizes plasmadas à Constituição de 1937, que, por sua vez, retornam à fonte do direito penal do inimigo entabulado pelo rigoroso manifesto do Código Filipino.

Considerando a já abundante exploração acerca das Ordenações Filipinas e das demais fontes que pautaram o debate processual criminal brasileiro no século anterior à confecção do CPP, fica patente um descompromisso doutrinário e sistemática com a defesa das liberdades individuais[24]. Dessa sorte, é imprescindível analisar de que forma esse descompromisso se transpôs à normatividade do título das garantias constitucionais firmados na Carta de 1937, para que possamos identificar de que forma se deu ou não a proteção dessas garantias fundamentais dos homens.

---

[23] Essa redução, que permite o uso da política criminal como ferramenta de autoridade do Estado, toma-se pelo triunfo da pena corpórea, da vingança, da intimidação e do controle dos corpos em detrimento das liberdades individuais (FOUCAULT, 1987).

[24] Esse tema foi mais bem aprofundado e corretamente abordado na primeira parte da obra, de título "O Código de Processo Criminal de 1832 e as raízes do CPP de 1941", especificamente no capítulo 2, item 2.2, "Elaboração e estrutura do Código de processo criminal de 1832", de autoria do professor Walter Nunes da Silva Júnior.

Como objetivos da Constituição de 1937, Eduardo Spínola (1952, p. 28-30) elenca os seguintes: redução da importância e da função do parlamento, tanto em função legislativa quanto de controle das atividades do executivo; atribuição ao Executivo da capacidade e competência para legislar mais diretamente em qualquer instância; controlar e diminuir as brigas e lutas partidárias; conferir ao Estado a função de guia da economia nacional (corporativismo e intervencionismo); e, por, fim "reconhecer e assegurar os direitos de liberdade, de segurança e de propriedade do indivíduo, acentuando, porém, que devem ser exercidos nos limites do bem público".

A ideia de reconhecer os direitos de liberdade ao mesmo tempo que os limita não só parece, como é contraditório. Desde a lição *beccariana* o que se tem em termos de direitos individuais é a limitação do dever de punir – antes, um poder de punir, agora, um dever-punir. Essas limitações são postas como direitos e garantias não do Estado, mas dos indivíduos[25]. Na Carta Constitucional de 1937, essas proteções estão dispostas no título dos direitos e garantias individuais, inicialmente capitulado pelo artigo 122[26].

As tomando para análise, é possível adequar esses direitos em quadros gerais, dependendo de que tipo de liberdade individual pretendem proteger, isto é, se são proteções individuais *negativas* ou *positivas* e se as condições reais, políticas e jurídicas permitiam que fossem efetiváveis.

Retoma-se, nesse sentido, a tradicional disputa teórica no campo dos Direitos Fundamentais no que concerne à Liberdade e ao Estado Constitucional. O pêndulo da teoria dos direitos fundamentais busca identificar, por uma análise jurídico-científica, quais critérios metodológicos determinam o que é liberdade e garantia individual em certa teoria. Os teóricos do neoconstitucionalismo, movimento da segunda

---

[25] A lição *beccariana* bebe da fonte da teoria liberal clássica e absorve a ideia de que o Estado (ou o contrato social) não é somente a passagem do estado de natureza para o estado civil - como o é para outros contratualistas, como Hobbes e Rousseau -, mas é a proteção dos direitos dos homens livres. A ideia central de Locke, pai do liberalismo clássico, para divergir dos outros dois contratualistas, é a de que o indivíduo precede a sociedade e que a união dos homens para compor um ente social (o Estado) objetiva, nada mais do que isso, a consolidação da proteção e garantia dos direitos naturais, quais sejam a vida, a liberdade e a propriedade (WEFFORT, 2001, p. 84).

[26] Art 122 - A Constituição assegura aos brasileiros e estrangeiros residentes no País o direito à liberdade, à segurança individual e à propriedade, nos termos seguintes.

metade do século 20, identificam que a forma como um Estado compreende e determina os direitos fundamentais é a própria expressão do Estado[27].

A teoria liberal clássica se desenvolve na premissa básica de que liberdade é negativa: livre arbítrio e não-intervenção do Estado e, portanto, deve haver uma rígida separação entre Público e Privado (MARTINS, 2012, p. 9). O que se resulta dessa tese é a prática habitual de chamar liberdade de "liberdade como não-impedimento e como não-constrangimento" (BOBBIO, 1997, p. 50).

De outra forma, a outra definição de liberdade importa que esse conceito seja definido por seu caráter positivo, ou seja, de "autodeterminação, ou, ainda mais propriamente, de autonomia" (BOBBIO, 1997, p. 51). Essa tese de liberdade, que guarda íntima relação com a democracia, aporta a existência de um algo ou um o quê que possibilite, em seus atributos específicos, o exercício de determinado direito[28].

A teoria constitucional adotada pelo Estado Novo, no entanto, se desenvolve na antessala do antiliberalismo e despreza os ideais democráticos. A Constituição de 1937, dessa forma, buscava concretizar, finalmente, o processo de inclinação autoritária do Estado brasileiro iniciado pela Constituição de 1934, invertendo-se, no todo, o ideário da carta liberal de 1891[29].

Não se pode, portanto, com base nas teorias liberais ou democráticas, responder quais os critérios utilizados pelo constituinte de 1937 para determinar o exercício dos direitos fundamentais e qual função pública e política esses direitos representam. Isso porque, em relação à *liberdade negativa*, o Estado não agia como um ente protetor da autonomia do ser, tampouco havia separação entre Público e Privado; e, em relação à *liberdade positiva*, não se identifica qualquer compromisso do Estado com o provimento efetivo das garantias individuais, quer sejam constitucionais ou processuais.

---

[27] É da avaliação de importantes teóricos alemães - como Böckenförde, Friedrich Muller, Wilke, Grabitz e Scheuner – de que as teorias dos Direitos Fundamentais são a expressão de uma concepção do Estado (BONAVIDES, 2016).
[28] Para Hegel, a liberdade positiva sempre será política, porque se realiza no Estado, através das leis (BOBBIO, 1997, p. 52).
[29] Para maior provimento de como se deu e em quais instâncias teóricas se encontrava a Constituição de 1891, consultar a primeira parte deste livro, de autoria do professor Walter Nunes.

Para os teóricos da época, inclusive, a democracia liberal "aparecia diante da consciência nacional com os traços inconfundíveis de uma forma de organização estatal inadaptável[30] ao meio brasileiro" (AMARAL, 1938, p. 125). Isso se dava porque, com o sistema representativa e com o sufrágio universal, "não era possível defender a Nação contra os perigos que a ameaçavam" (AMARAL, 1938, p. 125).

As questões esquemáticas e estruturais da Constituição de 1937 davam-se nas formas seguintes: atribuição da competência legislativa ao Executivo Nacional; criação de uma nova legislação trabalhista; perspectiva centralizadora do Estado Nacional; possibilidade de nomeação de governadores-interventores nos estados da federação; concessão em caráter temporário de poderes políticos e econômicos ao chefe do Executivo; e ordem social como princípio-norte.

Para Pontes de Miranda (1938a, p. 5) a Constituição de 1937 não separava explicitamente os três poderes, sobretudo pela preponderância do Executivo sobre o Judiciário e o Legislativo, o que restringia a soberania e a autonomia dos outros poderes. Para Pontes (1938a, p. 7), ainda, o único dos poderes que era definitivamente soberano era o presidente da república, tratado no artigo 73 da Constituição de 1937[31] como sendo a *autoridade suprema do Estado*.

O doutrinador demonstra que o exercício dessa autoridade suprema se dava maiormente com a expedição vasta de Decretos-lei que não passavam pelo crivo do Legislativo, tampouco dependiam de análise de constitucionalidade do Judiciário (PONTES DE MIRANDA, 1938a, p. 8). Miranda muito bem esclarece isso ao demonstrar como a titulação da Constituição de 1937 não se envergonha em colocar prerrogativas do Presidente da República no âmbito dos outros poderes:

> [...] não há, na Constituição de 1937, um capítulo a que se chame "Do Poder Executivo", o que há é um capítulo "Do Poder Legislativo", seguido de cinco capítulos em que se trata dos órgãos legislativos e da produção legislativa; um capítulo "Do Presidente da República", no qual se enumeram as funções legislativa e executiva

---

[30] Essa inadaptabilidade é um dos motivos para o fato de a Constituição de 1937 ser como um *fantasma* na base jurídica do Estado Novo: existia no papel, mas sua outorga nunca lhe rendeu operacionalidade.
[31] "Art 73 - o Presidente da República, autoridade suprema do Estado, coordena a atividade dos órgãos representativos, de grau superior, dirige a política interna e externa, promove ou orienta a política legislativa de interesse nacional, e superintende a administração do País"

do Presidente da República, se fixam as suas prerrogativas, se regula a sua escolha, se apontam os seus crimes de responsabilidade, o processo e julgamento dele e se cogita dos Ministros de Estado; um capítulo "Do Poder Judiciário", seguido de capítulos sobre os órgãos da Justiça.

Desses sem-número de decretos-leis editados pelo Estado Novo, destacam-se o Código Penal (Decreto-lei nº 2.848, de 7 de dezembro de 1940), a Lei das Contravenções Penais (Decreto-lei nº 3.688, de 3 de outubro de 1941) e o Código de Processo Penal (Decreto-lei nº 3.689, de 3 de outubro de 1941), todos no campo do direito criminal, codificados há mais de 80 anos e ainda em vigor.

Observadores externos do constitucionalismo brasileiro àquela altura já alertavam para o que na Europa facilmente se reconhecia por sua faceta autoritária, Tancredi Gatti (1939, p. 198) enquadra a Constituição de 1937 no mesmo aspecto das constituições europeias que concebiam estados totalitários e corporativistas, em clara antítese aos desígnios sociais-democráticos inaugurados no mundo afora pela Constituição dos Estados Unidos Mexicanos de 1917 e a Constituição de *Weimer* de 1919.

O que se há de certeza, portanto, é que a racionalidade jurídica adotada pelo Estado Novo traz limites externos e internos às garantias individuais - o Estado era atuante para promover, diretamente no contexto social e jurídico, a limitação desses direitos. Para o Estado Novo, as garantias individuais não seriam liberdades para o pleno exercício de algo ou defesa contra determinado cerceamento, mas, tão somente, um conceito difuso de *liberdade para fazer algo dentro de certo limite imposto pelo Estado*.

Nesse contexto, a seguir discutiremos quais e quantos foram os limites impostos aos exercícios desses direitos e garantias fundamentais na Constituição de 1937.

2.1 Os freios e contrapesos da mentalidade autoritária e da ideologia da defesa social

A tendência da Constituição de 1937 era a de hierarquizar as garantias de acordo com o quão ofensivas elas fossem aos interesses do Estado: quão mais próximo o exercício de determinada garantia estivesse de possibilitar uma oposição às diretrizes do controle político-social do Estado Novo, mais limitado esse exercício seria. Significa, portanto, que o sujeito titular dos direitos só pode exercê-los dentro do campo proposto por categorias ideológicas e arbitráveis do próprio órgão governamental.

Pode-se dizer, dessa forma, que as liberdades e garantias individuais estariam condicionadas a elementos externos aos indivíduos, e que, ao invés de promover meios de possibilitar seu exercício, estavam, ao contrário, buscando limitar as garantias.

Reconhecível, assim, a primazia do controle estatal e da ordem social sobre as liberdades individuais. Para alguns autores, dentre os quais Paulo Bonavides (1991, p. 342) e Tristão de Ataíde (1940, p. 513) a Constituição de 1937 se contradizia[32] e formulava uma concepção errática do que é e para o quê é o Estado: dizia, por exemplo, que livre era o direito de expressão e de imprensa; no entanto, na vírgula seguinte, determinava que o exercício desse direito somente seria possível mediante as condições e limites prescritos em lei[33].

Nesse exemplo particular da expressão e da imprensa, o contexto social esclarece que a Carta advogada não pelo direito de expressão, mas por defender o Estado e a figura de Getúlio Vargas das críticas dos noticiários e da opinião dos particulares. Dois anos depois da outorga desse texto constitucional, inclusive, o governo Vargas cria o Departamento de Imprensa e Propaganda (DIP)[34], associado a outros dois órgãos, o Departamento de Propaganda e Difusão Cultural (DPDC), de 1934 e o Departamento Nacional de Propaganda (DNP), de 1938.

O DIP foi construído no entorno de dois projetos: a construção da imagem de Getúlio como líder (culto à personalidade)[35] e o exercício do controle da imprensa, da expressão e da opinião pública, com uma estrutura

---

[32] Outros autores, no entanto, influenciados pelo próprio Francisco Campos, tentavam justificar o injustificável e demonstrar o inexistente de que a Carta outorgada tinha algum caráter democrático ou protegia as liberdades dos homens (BONAVIDES, 1991, p. 338).

[33] Art. 122. 15) todo cidadão tem o direito de manifestar o seu pensamento, oralmente, ou por escrito, impresso ou por imagens, mediante as condições e nos limites prescritos em lei.

[34] A criação e direção do DIP foi ideia de Lourival Fontes, amigo de Vargas, e buscava "retratar o afável chefe de Estado como 'pai dos pobres', cobrindo a nação de propaganda" (LEVINE, 2001, p. 95).

[35] As comunicações oficiais do governo Vargas começavam com o presidente se dirigindo ao povo como "Trabalhadores do Brasil" e sendo intitulado como o trabalhador número um do mundo. A Voz do Brasil, criado no Estado Novo como o principal noticiário radiofônico estatal, existe até os dias de hoje.

montada, sabidamente, aos moldes do modelo nazista e fascista (CAPELATO, 2009).

Disse das limitações dadas à liberdade de expressão para dar um exemplo, mas essa forma de limitar as garantias é a regra da Carta de 37. Por essa e por todas as outras razões, o texto constitucional deve ser identificado não pelo grau de garantias que protege e de liberdades que concede, mas, ao contrário, pela perda de direitos que registra, pelas garantias que restringe e pelos controles que exerce nas liberdades individuais[36].

Nesse ponto, veja-se que norma constitucional é ponto de partida de aplicação do direito, mas também é resultado de um processamento intelectual dentro de um contexto social, porque não há norma constitucional que se distinga dos fatos - o direito é o resultado de uma equação na qual o fato social é um elemento definidor.

Em razão desse número de contraposições e incoerências, buscaremos categorizar as garantias elencadas no artigo 122 da Constituição de 1937 com base na seguinte questão-problema: com vistas ao contexto da época, a previsão legal do direito individual em análise resulta em algum compromisso político do Estado para que seja possível seu cumprimento ou a contrariedade entre norma (jurídica) e limitação (material) é denunciativa de que nenhum desses direitos estão, justamente, garantidos?

Os principais direitos fundamentais identificados no artigo 122 da Carta Constitucional de 1937 são: isonomia (§ 1º)[37]; propriedade privada (§ 14)[38]; livre locomoção (§ 2º)[39]; liberdade de pensamento, expressão e de imprensa (§ 15)[40]; liberdade religiosa (§ 4º)[41]; inviolabilidade do domicílio e da

---

[36] Nesse ponto, a Constituição de 1988, respondendo a um regime de exceção, além de catalogar um extenso número de direitos e garantias, dispõe em seu artigo quinto, parágrafo primeiro: "§ 1º As normas definidoras dos direitos e garantias fundamentais têm aplicação imediata."

[37] 1) todos são iguais perante a lei;

[38] 14) o direito de propriedade, salvo a desapropriação por necessidade ou utilidade pública, mediante indenização prévia, ou a hipótese prevista no § 2º do art. 166. O seu conteúdo e os seus limites serão os definidos nas leis que lhe regularem o exercício.

[39] 2º) todos os brasileiros gozam do direito de livre circulação em todo o território nacional, podendo fixar-se em qualquer dos seus pontos, aí adquirir imóveis e exercer livremente a sua atividade;

[40] 15) todo cidadão tem o direito de manifestar o seu pensamento, oralmente, ou por escrito, impresso ou por imagens, mediante as condições e nos limites prescritos em lei. A lei pode prescrever: [...]

[41] 4º) todos os indivíduos e confissões religiosas podem exercer pública e livremente o seu culto, associando-se para esse fim e adquirindo bens, observadas as disposições do direito comum, as exigências da ordem pública e dos bons costumes;

privacidade (§ 6º)[42]; liberdade de trabalho e associação sindical (§§ 8º, 9º e 10)[43]; e garantias processuais e proteção contra a prisão arbitrária, as penas corpóreas perpétuas e a pena de morte (§§ 11 e 13)[44].

Os freios e contrapesos estão postos ao longo do próprio artigo 122 e no artigo 123[45], ambos da Constituição de 1937, e podem ser identificadas pelos termos seguintes: bons costumes, bem público, interesse geral, necessidade da defesa, bem-estar, paz, ordem coletiva e segurança pública.

A argumentação que formulava esse tipo de sujeição das liberdades à vontade do Estado (pela ideologia da defesa social) partia do entendimento de que "liberdade pode ser um meio para a consecução de certos fins, mas não é um fim em si mesma" (GUIMARÃES, 1940, p. 248), e, mais do que isso, porque as liberdades individuais (quer por permissividade ou por concessão de possibilidade), na experiência daquele tempo, haviam se demonstrado inadequadas consecução da paz e da ordem social, então devendo ceder espaço à autoridade do Estado.

No preâmbulo e nas diretrizes iniciais da Carta de 37 o caráter autoritário, interventor e ditatorial do Estado Novo fica patente:

> ATENDENDO às legitimas aspirações do povo brasileiro à paz política e social, profundamente perturbada por conhecidos fatores de desordem, resultantes da crescente a gravação dos dissídios partidários, que, uma, notória propaganda demagógica procura desnaturar em luta de classes, e da extremação, de conflitos ideológicos, tendentes, pelo seu desenvolvimento natural, resolver-se em termos de violência, colocando a Nação sob a funesta iminência da guerra civil;

---

[42] 6º) a inviolabilidade do domicílio e de correspondência, salvas as exceções expressas em lei;

[43] 8º) a liberdade de escolha de profissão ou do gênero de trabalho, indústria ou comércio, observadas as condições de capacidade e as restrições impostas pelo bem público nos termos da lei; 9º) a liberdade de associação, desde que os seus fins não sejam contrários à lei penal e aos bons costumes;

[44] 11) à exceção do flagrante delito, a prisão não poderá efetuar-se senão depois de pronúncia do indiciado, salvo os casos determinados em lei e mediante ordem escrita da autoridade competente. Ninguém poderá ser conservado em prisão sem culpa formada, senão pela autoridade competente, em virtude de lei e na forma por ela regulada; a instrução criminal será contraditória, asseguradas antes e depois da formação da culpa as necessárias garantias de defesa; 13) não haverá penas corpóreas perpétuas. As penas estabelecidas ou agravadas na lei nova não se aplicam aos fatos anteriores. Além dos casos previstos na legislação militar para o tempo de guerra, a lei poderá prescrever a pena de morte para os seguintes crimes:

[45] Art. 123 A especificação das garantias e direitos acima enumerados não exclui outras garantias e direitos, resultantes da forma de governo e dos princípios consignados na Constituição. O uso desses direitos e garantias terá por limite o bem público, as necessidades da defesa, do bem-estar, da paz e da ordem coletiva, bem como as exigências da segurança da Nação e do Estado em nome dela constituído e organizado nesta Constituição.

ATENDENDO ao estado de apreensão criado no País pela infiltração comunista, que se torna dia a dia mais extensa e mais profunda, exigindo remédios, de caráter radical e permanente;

ATENDENDO a que, sob as instituições anteriores, não dispunha, o Estado de meios normais de preservação e de defesa da paz, da segurança e do bem-estar do povo;

Sem o apoio das forças armadas e cedendo às inspirações da opinião nacional, umas e outras justificadamente apreensivas diante dos perigos que ameaçam a nossa unidade e da rapidez com que se vem processando a decomposição das nossas instituições civis e políticas;

Resolve assegurar à Nação a sua unidade, o respeito à sua honra e à sua independência, e ao povo brasileiro, sob um regime de paz política e social, as condições necessárias à sua segurança, ao seu bem-estar e à sua prosperidade, decretando a seguinte Constituição, que se cumprirá desde hoje em todo o Pais (BRASIL, 1937).

Todos esses mecanismos, portanto, consagram a realização fática do objetivo inicial da teoria constitucional do Estado Novo: a criação e manutenção de um Estado autoritário que superasse, nas formas social, política e jurídica, as criações garantistas e liberais que haviam se sucedido anteriormente no Brasil, com o vistas à uma construção programática que trazia como princípio, acima de tudo, a ordem coletiva e a segurança nacional (FRANCO, 1960), simbologia insignes de um estado autoritário e totalitário, de forma que se justificasse a imposição de controles "rígidos aos direitos do homem" (SILVA, 2006, p. 137).

2.2 Direitos e garantias fundamentais da Carta de 37: uma classificação

A curta duração de vida da Constituição de 37 foi conturbada não por suas incoerências internas de texto, mas pelas relações externas da experiência do Estado Novo. Essas incoerências internas, ao contrário do que se pode supor, estavam politicamente justificáveis, se tratavam não mais do que o instrumento de ação do Estado Novo. Somente depois do fim do Governo Vargas em 1945 é que as críticas doutrinárias passaram a tratar a Carta de 37 como politicamente rejeitável e abominável juridicamente (BONAVIDES, 1991, p. 341).

Mais firme ainda do que isso, a Carta de 37 foi não só uma excepcionalidade da ciência jurídica nacional, mas uma carta que sequer teve aplicação prática, porque não se respeitava.

Diante disso, o *Quadro 1* categoriza a classificação dos oito principais direitos fundamentais presentes no artigo 122 da Constituição de 1937 de acordo com a imposição dos *remédios* propostos pela mesma carta constitucional. Trata-se de uma classificação que responde à pergunta: esse instituto jurídico está inteiramente violado, parcialmente ameaçado ou pode ser plenamente exercido? As respostas possíveis são: violada – quando a possibilidade material de exercício for manifestamente contrária à premissa básica do direito ou da instituição jurídica -, limitada – quando o exercício for possível, mas dentro de um campo pré-determinado - e pleno – quando não houver limitação pré-determinada ou intromissão alguma.

As justificativas, por sua vez, identificam sob qual argumento a carta constitucional limita ou viola o respectivo direito. Essas justificativas são as palavras-chave identificadas ao longo do artigo 122 e artigo 123 da Constituição de 1937.

Quadro 1
Classificação das Garantias Constitucionais de 1937

Direito	Situação	Justificativa
Isonomia	Limitada	Ordem coletiva, bons costumes
Propriedade Privada	Limitada	Interesse geral, bem-estar, ordem coletiva, bem público
Livre circulação e *habeas corpus*	Violada	Segurança pública, necessidade de defesa, interesse geral
Liberdade de pensamento, expressão e imprensa	Violada	Ordem coletiva, segurança pública, bons costumes
Liberdade religiosa	Violada	Bons costumes, interesse geral, paz, ordem coletiva

Liberdade de trabalho e associação sindical	Violada	Ordem coletiva, necessidade da defesa, paz e segurança pública
Proteção contra prisão arbitrária, penas perpétuas e de morte	Limitada	Necessidade de defesa, segurança pública e paz
Atuação do Supremo Tribunal Federal	Limitada	Ordem coletiva, paz e segurança pública
Atuação do Tribunal de Segurança Nacional	Violada	Ordem coletiva, paz e segurança pública

Notável que nenhuma das garantias é plena. Também notável o reiterado uso do argumento da ordem coletiva (cinco vezes) e da segurança pública (cinco vezes), que são típicos de um regime autoritário. Os direitos de expressão, crença e pensamento, além das violações postas por razões do Estado, são manifestamente violados pela defesa da moral (cristã) e dos bons costumes.

A atuação dos dois Tribunais citados está definida como limitada (em relação ao STF) e violada, em relação ao TSN. Quanto ao Supremo Tribunal Federal, a limitação se dá porque, organizacionalmente, e por pressuposto de existência, cabe ao Supremo Tribunal Federal o exercício das funções de defesa dos direitos e das garantias individuais constitucionalmente elencados e cumprir com o papel contramajoritário.

No entanto, não se tem notícia de que a corte suprema tenha agido contra as violações e restrições apresentadas nesse presente item. Qualquer estudo sério acerca dos casos interpretados pelo STF na época demonstram que havia uma interferência direta da ditadura Vargas no mais elevado órgão do Poder Judiciário (GASPARI, 2019, p. 39). Dois exemplos claros nesse sentido são a prisão do presidente Washington Luís (que não teve habeas corpus concedido pela Corte Suprema) e a deportação de Olga Benário.

No primeiro caso, o STF passava a mensagem de que estaria reconhecendo a vitória da revolução de 1930 e conferia ao Governo Provisório de Vargas os poderes típicos de uma ditadura, dentre os quais a capacidade de perseguir e prender opositores políticos. No segundo caso, ainda na esteira dessa concessão de poderes típicos de uma ditadura, o STF, a partir de uma interpretação do Decreto nº 702 de 31 de março de 1936, que declarava, "pelo prazo de noventa dias, equiparada ao estado de guerra, a comoção intestina grave, em todo o território nacional" (BRASIL, 1936), decidiu por não conhecer do habeas corpus e permitiu a deportação da esposa grávida de Luis Carlos Prestes, Olga Benário.

A decisão de deportar uma mulher grávida de filho brasileiro se deu porque não seria possível a invocação do habeas corpus quando a permanência de pessoa estrangeira presa no Brasil representasse perigo à segurança nacional, à ordem pública e nocividade aos interesses do país (ABAL, 2017, p. 896). Uma interpretação mais atual dos fatos sugere que essa decisão só se deu porque, naquela época, o Poder Judiciário estaria à mercê do Estado varguista, não podendo tomar decisões independentes e alheias à vontade do Estado[46].

Existe duas teses centrais sobre o cerceamento do STF durante esse período: uma sugere que se tratava de uma intromissão direta do Executivo nas decisões do Judiciário; a outra que o que havia era, na verdade, um autocerceamento do próprio tribunal que, em maior ou menor grau, tinha sua atividade jurisdicional fortemente influenciada pelo ambiente político-ideológico nacional (GASPARI, 2019).

Quanto ao Tribunal de Segurança Nacional, por outro lado, a questão é justamente de função: em 1936 o governo cria um Tribunal dedicado ao processamento e julgamento de crimes políticos cometidos no contexto de estado de sítio equiparado ao de guerra (BRASIL, 1936). A fictícia produção de um estado de guerra possibilitou que a lei penal fosse aplicada de maneira paralela por tribunais especiais nos moldes de tribunais militares, com dedicação exclusiva aos crimes de caráter político.

---

[46] Somente em 2022, 80 anos após a morte de Olga Benário, o Tribunal Constitucional sugeriu pedir desculpas pela deportação de Olga Benário, reconhecendo que a não concessão de *habeas corpus*, no fim das contas, foi uma sentença de morte para a militante comunista de origem judaica.

A criação desse Tribunal se coaduna, no contexto dos anos de 1936 e 1937, com a forte investida do Estado Vargas pela censura (PANDOLFI, 2018), pela centralização das decisões no Executivo Nacional, na criação de um serviço secreto de polícia e na institucionalização de tribunais especiais para julgamento de opositores políticos e militantes de movimentos subversivos, estando configurado na Constituição de 1937 no parágrafo 17 do artigo 122[47] e no Código de Processo Penal no inciso IV do artigo primeiro[48].

3. Regras de codificação e agregação para uma classificação das normas processuais penais de 1941

Não bastasse todo o esqueleto sociopolítico e de formação ideológica já contextualizado, havia forte adágio na época de que a democracia liberal, nas formas das garantias constitucionais e processuais, sobretudo em relação à herança da Constituição de 1891 e da República Velha, alimentava um doloroso anacronismo que desarmava o Estado na luta contra seus *inimigos*. Em razão disso, no âmbito doutrinário que construiu o código de 1941, seria necessário alterar as formalidades jurídicas impostas que tornavam tanto brandas quanto lentas os processos contra aqueles que feriam a ordem política e social (CAMPOS, R., 1982, p. 39).

Ainda assim, mesmo naquele momento, já era provérbio expresso da doutrina criminal que o direito penal (e processual penal) era uma conquista libertária dada pelo "princípio da legalidade, revelado no direito penal positivo através do *nullum crimen nulla poena sine lege*" (CRUZ, 1951, p. 179). A abolição total ou a supressão parcial desse princípio seria, portanto, típica de regimes iliberais e antidemocráticos: era o caso do Brasil de 1941.

No tópico passado, utilizamos de um método de avaliação para definir se o Estado Novo garantia, efetivamente, o exercício das garantias

---

[47] Art. 122. 17) os crimes que atentarem contra a existência, a segurança e a integridade do Estado, a guarda e o emprego da economia popular serão submetidos a processo e julgamento perante Tribunal especial, na forma que a lei instituir.
[48] Art. 1º O processo penal reger-se-á, em todo o território brasileiro, por este Código, ressalvados: IV - os processos da competência do tribunal especial (Constituição, art. 122, n. 17);

trazidas na Constituição de 1937 e a livre atuação do Supremo Tribunal Federal e do Tribunal de Segurança Nacional. Restou claro que a Constituição de 1937 e a orientação política do Estado Novo em nada firmavam compromisso com o cumprimento de suas próprias garantias. Neste tópico o que faremos é propor uma classificação para as normas processuais penais na redação original do código.

Imprescindível, no entanto, que partamos de uma base conceitual: o direito penal material é o que define os crimes, comina as penas e as medidas de segurança aplicáveis pela Justiça Criminal (CRUZ, 1951, p. 181), enquanto o direito processual penal é o que possibilita o movimento propulsar que aplica as normas materiais com o objetivo principal de impor a pena prevista e aplicável. São, portanto, forças complementares que guardam tão íntima relação que, por vezes, os criminalistas se acham em dúvida se estão tratando de um direito ou a outro (ROSA, 1942, p. 41).

Nas paulatinas entrelinhas das ciências penais que vieram se construindo desde o Código de Processo Criminal de 1832 o que se pode observar é a formulação de elaborações doutrinárias com o claro objetivo de colapsar com os avanços liberais gravados àquela carta processual anterior. O momento histórico em que se deu a concepção do Código de Processo Penal de 1941 exigia, portanto, a edificação de um sistema que fosse ideologicamente averso ao anterior. Notadamente, portanto, o sistema processual penal de Francisco Campos foi inventado por uma diretriz ideológica que não comportava as expressões de um processo penal liberal e democrático.

A concepção de um sistema penal que não tenha seus ritos procedimentais e processuais previstos na lei só é possível quando o direito penal material é aplicado pela boca absolutista e despótica de quem governa o Estado[49]. A legalidade como princípio fundante do processo penal, portanto, é a limitação dada pela democracia aos excessos punitivistas e inquisitórios do Estado: o passo seguinte ao *nullum crimen nulla poena sine lege* é o *nulla culpa sine judicio*.

---

[49] Uma mistura conceitual entre dois provérbios conhecidos da Revolução Francesa: "O Estado sou eu", de Luís XIV e *"Bouche de la loi"* ('boca da lei').

Apontamentos críticas da época já bem indicavam, nesse sentido, que o princípio da legalidade no Direito Penal estava em constante ameaça pelas inúmeras investidas cometidas que tinham "em mira permitir à magistratura criminal a apreciação dos delitos independentemente das rígidas formas legais" (GARCIA, 1942, p. 26). Formular, assim, que o direito criminal deve definir legalmente as formas de ativação da justiça criminal para uma justa aplicação das leis penais materiais é dizer, em outras palavras, que o postulado epistemológico básico do direito penal é o princípio da legalidade.

O grande êxito da teoria garantista, inclusive, é colocar a interpretação dessas conquistas da legalidade também no campo político (GLOECKNER, 2015, p. 380), de forma que se revela, na verdade, que o garantismo é não uma teoria do direito criminal, mas da própria democracia: só há democracia (no sentido material) quando há garantismo – e só há garantismo quando a democracia for o princípio-guia do Estado em questão.

Ao contrário do que insinua Francisco Campos e a doutrina criminal do Estado novo – para quem as garantias processuais nada mais seriam do que fórmulas para favorecer e proteger os *criminosos* -, a legalidade (e o que depois veio a ser o *garantismo*) prognosticava uma forma mais justa de punir um criminoso, "mas com as garantias amplas que lhe oferecem o direito de defesa e a observância das formas processuais mais adequadas ao descobrimento da verdade" (CRUZ, 1951, p. 186).

O garantismo é preceito básico de tutela dos direitos individuais em um Estado de Direito, porque, na democracia, os direitos individuais não podem ser corrigidos ou controlados por argumentos morais e políticos, ainda que sob o enredo da manutenção da ordem e da segurança pública. Por extensão, as garantias processuais também não podem ser diminuídas, atenuadas ou deduzidas para que se possa usar do direito criminal como forma de perseguição.

No título primeiro do código processual brasileiro, que trata das disposições preliminares, aquelas limitações constitucionais apontadas no item 2.2 reaparecem de forma clara, por exemplo, quanto à censura (art. 1º, inciso V, CPP)[50] e a perseguição de crimes políticos (art. 1º, inciso IV, CPP)[51]. Dessa forma, tanto um (a teoria constitucional) quanto o outro (a lei processual penal) apresentam um prejuízo claro à validade e viabilidade do sistema de garantias.

Fundamentado nisto, neste tópico buscaremos identificar as orientações da doutrina processualística penal no tratamento dessas garantias, para que possamos para construir uma escala tricotômica que avalia o nível de respeito à legalidade e ao garantismo das normas processualistas penais do Código de Processo Penal de 1941. Essa escala tricotômica permitirá uma classificação em três categorias: garantistas, semiautoritárias ou autoritárias.

Para que essa classificação seja possível, valemo-nos de um método de agregação que faz uso de três questões. As duas primeiras delas estão na dimensão da legalidade e tem como base os dez axiomas garantistas (FERRAJOLI, 2002, p. 75), a última trata da dimensão político-ideológica do Estado Novo. Essas perguntas se direcionam ao princípio ou ao instituto jurídico em trato e questionam sua relação com (i) o devido processo legal; (ii) o sistema acusatório; e (iii) com a orientação político-ideológica que editou o código.

Importante, nesse sentido, demonstrar o que representa o Devido Processo Legal e o Sistema Acusatório. Além disso, é necessário apresentar respostas adequadas a essas questões, de forma tal que se possa avaliar o grau negativo ou positivo da resposta encontrada.

3.1 A Legalidade e o Sistema de Garantias: Devido Processo Legal e Sistema Acusatório

Quem melhor sistematizou a legalidade em sentido estrito no processo penal foi Luigi Ferrajoli. A proposta de Ferrajoli tem como objetivo principal a defesa ferrenha da legalidade constitucional como forma de controle, em si, das arbitrariedades do Estado contra os particulares. Os princípios clássicos e fundamentais desse modelo

---

[50] Art. 1º O processo penal reger-se-á, em todo o território brasileiro, por este Código, ressalvados: [...] IV - os processos da competência do tribunal especial (Constituição, art. 122, n. 17);
[51] Art. 1º O processo penal reger-se-á, em todo o território brasileiro, por este Código, ressalvados: [...] V - os processos por crimes de imprensa.

epistemológico de organização do direito criminal são: "a legalidade estrita, a materialidade e a lesividade dos delitos, a responsabilidade pessoal, o contraditório entre as partes, a presunção de inocência" (FERRAJOLI, 2002, p. 29). Um sistema que não obedeça ou que inverta esses pressupostos trabalha na direção dos modelos autoritários de direito.

Na proposta de sistematizar um modelo correligionário da legalidade estrita, Ferrajoli propõe dez princípios os quais o estudo do direito criminal passa a entender como sendo os axiomas que definem se um sistema processual penal é garantista ou não. Assume-se, nesse particular, a própria definição de Ferrajoli (2002, p. 75) de que esse modelo é o que melhor define e protege "as regras do jogo fundamental do direito penal".

Qual, então, a grande relevância do garantismo penal? A lição fundamental é que esse sistema teórico, fabricado em postulados, limita o alcance do poder-punitivo do Estado sob o réu, estruturando um direito que protege, no todo, a sociedade – é, portanto, diametralmente oposto a um sistema inquisitivo e autoritário que faz concessões à arbitrariedade, concilia com os obscurantismos do totalitarismo e se limita em si mesmo. Os dez axiomas do garantismo penal são as máximas em cascata: (i) *nulla poena sine crimine; (ii) nullum crimen sine lege; (iii) nulla lex (poenalis) sine necessitate; (iv) nulla necessitas sine injuria; (v) nulla injuria sine actione; (vi) nulla actio sine culpa; (vii) nulla culpa sine judicio; (viii) nullum judieium sine accusatione; (ix) nulla accusatio sine probatione; (x) nulla probatio sine defensione* (FERRAJOLI, 2002, p. 73).

Esses brocardos correspondem, respectivamente, aos seguintes princípios:

> 1) princípio da retributividade ou da conseqüiencialidade da pena em relação ao delito; 2) princípio da legalidade, no sentido lato ou no sentido estrito; 3) princípio da necessidade ou da economia do direito penal; 4) princípio da lesividade ou da ofensividade do evento; 5) princípio da materialidade ou da exterioridade da ação; 6) princípio da culpabilidade ou da responsabilidade pessoal; 7) princípio da jurisdicionariedade, também no sentido lato ou no sentido estrito; 8) princípio acusatório ou da separação entre juiz e acusação; 9) princípio do ônus da prova ou da verificação; 10) princípio do contraditório ou da defesa, ou da falseabilidade (FERRAJOLI, p. 75).

Nesta feita, apenas as máximas seguintes são de ordem processual: (vii) não há culpa sem processo, princípio da jurisdicionalidade; (viii) não há processo sem acusação, sistema acusatório pela separação entre o juiz e a acusação; (ix) não há acusação sem prova, princípios do ônus da prova; e, por fim, (x) não há prova sem ampla defesa, consagrada pelos princípios do contraditório, da defesa e da falseabilidade (possibilidade de se provar o contrário). As outras seis máximas (da i a vi) dizem mais respeito ao direito penal do que ao processo penal, já que tratam das ordens anteriores à persecução (a codificação do crime, definição da pena, ação contra bem jurídico, noção de culpa etc.).

Noutras palavras, em um processo penal garantista, o acusado só pode ser culpado por meio de um processo (axioma 7), mas um processo que separe, formal e firmemente, o juiz da acusação (axioma 8), inaugurado após a comprovação mínima de que, virtualmente, a acusação pode provar o que está alegando (axioma 9), e existindo a possibilidade de a defesa arguir pela falseabilidade ou refutabilidade da prova apresentada (axioma 10).

Significa que no garantismo é a existência do contraditório que valida o processo – se há mais ou menos possibilidade de defesa, há, proporcionalmente, mais ou menos validade. Dentro dessa sistematização, é imprescindível identificar de que forma a edição original do Código de Processo Penal (1941) se incompatibiliza com os quatro axiomas processuais acima apontado.

Antes disso, no entanto, fundamental esclarecer que pôr em perspectiva essa contrariedade não se trata de uma análise anacrônica. O sistema de Ferrajoli categoriza em axiomas o antigo e tradicional "pensamento jusnaturalista dos séculos XVII e XVIII, que os concebera como princípios políticos, morais ou naturais de limitação do poder penal 'absoluto'" (FERRAJOLI, p. 75), que já estava difundido na criminologia brasileira na época da edição do Código de Processo Penal, inclusive normatizadas no Código de Processo Criminal de 1832, conforme pode ser conferido na primeira parte dessa obra[52].

---

[52] Nesse sentido, conferir com maior atenção os capítulos 1, 2 e 8 da primeira parte dessa obra, "O Código de Processo Criminal de 1832 e as raízes do CPP de 1941", que revelam o forte viés liberal e o avanço humanitário do CPCrim.

3.2 Violações do código ao Devido Processo Legal

O código de 1941 não carrega em si senão a postura de ser um instrumento do Estado na defesa social e da ordem coletiva. Não tem, portanto, compromisso qualquer com o devido processo legal, notadamente quanto ao contraditório, ampla defesa e preservação da pessoa acusada (SILVA JÚNIOR, 2022, p. 83). De um sistema que não se comprometa com o devido processo legal, basta a crítica de Ferrajoli (2002, p. 81) de que estes se caracterizam por estruturarem

> uma técnica punitiva que criminaliza imediatamente a interioridade ou, pior ainda, a identidade subjetiva do réu e que, por isso, tem um caráter explicitamente discriminatório, além de antiliberal. O caso limite é o das leis penais raciais, em que uma condição natural da pessoa constitui por si só o pressuposto da pena. Mas o mesmo esquema vem reproduzido pela persecução penal dos hereges e das bruxas e, nos tempos modernos, pelo modelo nazista do "tipo normativo de autor", pelo stalinista do "inimigo do povo" e pelo positivista do "delinqüente nato" ou "natural". Em nosso ordenamento são reconduzidas a ele, por exemplo, as normas que dispõem acerca de medidas punitivas contra os "ociosos", os "vagabundos", os "propensos a delinqüir" e similares.

Pelo tanto já estruturado até aqui, evidente que o modelo processual brasileiro de 1941 se assemelhava ao modelo nazista do *tipo normativo de autor*, em que o ordenamento se predispunha a punir uma camada social com certa identidade política distinta da desejada pela unidade nacional. Essa estruturação fecunda o nascimento de um Estado policial que propicia a intervenção punitiva do Estado mesmo antes da persecução, de acordo com determinado juízo prévio (FERRAJOLI, 2002, p. 82).

Dessa forma, irrigado de subjetivismos e substancialismos e pautado por uma política criminal do *tipo de autor* - em que se suprime a definição da ação e do objeto ofendido em prol de definir critérios para punir com base exclusivamente no agente -, uma série de institutos jurídicos processuais e penais buscavam corromper, ou senão acabar por inteiro, com o devido processo legal.

De forma parecida, o Código de Processo Penal de 1941[53], que carrega em si todos esses mesmos fatores históricos, principiológicos e

---

[53] Registre-se, inclusive, que Francisco Campos foi redator das duas peças: a Constituição de 1937 e o Código de Processo Penal de 1941.

ideológicos anuncia que acima do *catálogo de garantias e favores* e dos *pseudodireitos individuais* (CAMPOS, F., 1941), está a ordem social e o interesse público. Ou seja: o código que deveria instituir as garantias processuais e definir as regras do jogo não tem compromisso algum consigo mesmo, sua intenção é o de proteger o interesse público e a ordem social.

O tema delineado nessa primeira questão, assim, é o seguinte: se, e em que medida, o instituto jurídico em trato satisfaz normativamente os postulados clássicos germinados pelo liberalismo e pela Revolução Francesa, os quais garantem aos indivíduos fórmulas de proteção contra os excessos do Estado.

Ao contrário disso, Francisco Campos julgara que as garantias individuais e as regras do jogo processual representavam uma extravagancia, um exagero do modelo democrático, que, por seus incoerentes excessos, dificultaria a aplicação do direito penal material.

3.3 Violações do código ao Sistema Acusatório

Sistema acusatório é aquele em que quem acusa, defende e julga são sujeitos separados e sem conexão de interesses entre si. O axioma 8 é o que postula esse sistema como um princípio do modelo garantista, porque a imparcialidade do juízo é fundamental para a aplicabilidade da justiça. Para Ferrajoli (2002, p. 454) a separação entre juiz e acusação é o elemento constitutivo mais importante do sistema de garantias.

Viola-se esse sistema, portanto, quando o juiz e a acusação se confundem e essa confusão provoca um enfraquecimento da imparcialidade do juiz na fase de instrução e julgamento ao mesmo tempo em que se fortalecem os poderes dos órgãos inquisidores. Nesses termos, o sistema acusatório é corrompido quando a investigação e a instrução carregam a aparência de perseguição e a sentença representa não mais do que uma formalidade destinada a repetir a encenação feita na instrução ficta.

Em antítese ao acusatório, assim, está o sistema inteiramente inquisitório. Na Itália, com o Código *Rocco*, se funda um sistema misto, aquele em que "no que tange à fase instrutória, na confusão entre juiz e acusação, e na relação diádica inquisidor/inquirido" (FERRAJOLI, 2002, p.

590), no Brasil o modelo adotado na fase de investigação continuou sendo o inquisitivo.

A razão que explica a procedência desse juiz ativo é a classificação que Hélio Tornaghi (1967, p. 576) oferta ao sistema inquisitório como um "procedimento administrativo em que o Estado se auto-defende.". Como já tratado anteriormente, o cenário do pensamento processual penal que formulou o código processual de 1941 tinha como mola-mestre a ideia de que o Estado deveria ser combativo, belicoso e que pudesse se autodefender.

Há, nesse aspecto, uma conformação doutrinária de que "o juiz é inquisitivo no processo penal no Brasil, pelo menos há 150 anos, e já era inquisitivo no Brasil no tempo das Ordenações" (ALMEIDA, J., 1942, p. 338), esse posicionamento também posto no código de 1941 revela que os juízes criminais "devem procurar a verdade além do que as partes alegam e provam, tôdas as vezes que haja sério motivo para sua espontânea atividade inquisitiva" (ALMEIDA, J., 1942, p. 341).

Não significa, no entanto, que exista uma desatenção completa no ordenamento brasileiro ao sistema acusatório, o que há, em verdade, é uma série de restrições à plenitude do sistema acusatório, por meio de um ordenamento dualista e contraditório que ora se aproxima do modelo garantista ora se aproxima do modelo autoritário.

Nesse aspecto, o ordenamento processual brasileiro suprime a taxatividade da previsão legal bem definida e supõe que a *verdade real*[54] do processo poderá ser mais bem alcançada pela decidibilidade dos agentes processuais, o que introduz forte contaminação subjetivista nas regras do jogo (FERRAJOLI, 2002, p. 79). É um modelo de ação penal em que réu confronta não só a acusação, mas também o magistrado, "numa relação dúplice, de sujeição à verdade real, em face do juiz inquisitivo, e de contrariedade, em face da parte contrária" (ALMEIDA, J., 1957, p. 118).

Esse modelo, tanto fraco do ponto de vista filosófico quanto caquético do ponto de vista funcional, compreendia que um juiz imparcial e passivo não servia ao propósito de perseguir a verdade real do processo.

---

[54] Talvez a crítica mais contundente nesse sentido seja a de Habermas (2004), para quem aquilo que deliberamos politicamente para formarmos um consenso é *justificação* – do plano do intersubjetivo -, não verdade – que é do plano do mundo real.

Não se tem qualquer evidência, portanto, de que o código de 1941 tenha se desvencilhado da mentalidade inquisitória, razão pela qual o Juiz no processo penal brasileiro é senão uma *super-parte* (BARROS, 2009, p. 12) com os mesmos objetivos da acusação. No Estado Novo, o pseudocombate à criminalidade se dava de forma consequencialista, em que os fins desejados justificavam a supressão dos meios.

A marca principal desse impulso e dessa mentalidade é, justamente, a elevação do magistrado ao ponto de condução do processo, com uma série de poderes que cabem de ofício, sem requerimento das partes: esse protagonismo acaba por confundir Julgador e Acusado. Ainda que criado, supostamente, com boas intenções, a doutrina processo penal dos anos seguintes aos primeiros anos de vigência do código de 1941 já começava a compreender que o método inquisitório havia se relevado como "tecnicamente inidôneo" (TORNAGHI, 1967, p. 569), porque provocava invariável imparcialidade psicológica do julgador e prejudicada a defesa.

São muitos os exemplos de requisição *ex officio* do magistrado durante o processo, que vão desde a capacidade de inaugurar inquérito policial (art. 5º, inc. II, CPP)[55] até a possibilidade de condenar o réu mesmo diante de pedido de absolvição da promotoria (art. 385 do CPP)[56]. Também está determinada a previsão de que o magistrado deve, de ofício, interpor recursos contra sentença que conceder habeas corpus ou que absolver o réu (art. 574)[57] e da decisão que conceder reabilitação (art. 746)[58], de sorte que se faz parecer que é o magistrado parte da acusação (ou que deve agir para querer-punir).

No decorrer da instrução, ainda, o magistrado pode determinar inquirição de testemunha, produção de provas e até modificar

---

[55] Art. 5º Nos crimes de ação pública o inquérito policial será iniciado: II - mediante requisição da autoridade judiciária ou do Ministério Público, ou a requerimento do ofendido ou de quem tiver qualidade para representá-lo.

[56] Art. 385. Nos crimes de ação pública, o juiz poderá proferir sentença condenatória, ainda que o Ministério Público tenha opinado pela absolvição, bem como reconhecer agravantes, embora nenhuma tenha sido alegada.

[57] Art. 574. Os recursos serão voluntários, excetuando-se os seguintes casos, em que deverão ser interpostos, de ofício, pelo juiz: I – da sentença que conceder habeas-corpus; II – da que absolver desde logo o réu com fundamento na existência de circunstância que exclua o crime ou isente o réu de pena, nos termos do art. 411.

[58] Art. 746. Da decisão que conceder a reabilitação haverá recurso de ofício.

substancialmente a acusação postulada (art. 383 do CPP)[59]. Isso porque, como anteriormente dito, esse sistema indica que é o juiz quem deve chegar à *verdade real*, sendo também um gestor da prova, conforme deixa claro o art. 156[60]. Essas imposições normativas estão também justificadas na Exposição de Motivos do Código de Processo Penal que deixa claro o desprezo do legislador pelo modelo acusatório, quando diz, quanto papel do juiz, que:

> [s]ua intervenção na atividade processual é permitida, não somente para dirigir a marcha da ação penal e julgar a final, mas também para ordenar, de ofício, as provas que lhe parecerem úteis ao esclarecimento da verdade. Para a indagação desta, não estará sujeito a preclusões. Enquanto não estiver averiguada a matéria da acusação ou da defesa, e houver uma fonte de prova ainda não explorada, o juiz não deverá pronunciar o *in dubio pro reo* ou o *non liquet* (CAMPOS, F., 1941)

Revela-se o verdadeiro teor dessa permissividade de atuação do magistrado: a qualquer custo, mesmo que sob pena de romper com o devido processo legal e a ampla defesa, deve o juiz evitar a não condenação (absolvição) por incerteza ou insuficiência de provas. Essas normas mais do que sugerem uma preferência do legislador processual penal pelo modelo inquisitório em desprezo ao acusatório.

3.4 As motivações sustentadas pela orientação político-ideológica

Necessariamente, a estipulação das regras formais do jogo penal são, ao mesmo passo que limitadores do poder-punitivo do Estado, restritivas à atuação do direito penal como vingança (seja pública ou privada), que é a primeva forma de punir, marcada pela "reação dos grupos primitivos aos fatos antissociais, mediante a expulsão da comunidade e a vingança de sangue (ato de guerra)" (TAVARES, 2021, p. 70).

A forma-norma de persecução penal, tal qual aqui se trata, surge como uma superação iluminada à essa manifestação primitiva do homem. Não se pode olvidar, repise-se, que a pena e o processo penal são instrumentos jurídicos que "não nascem como ideias da autoridade ou de

---

[59]Art. 383. O juiz poderá dar ao fato definição jurídica diversa da que constar da queixa ou da denúncia, ainda que, em conseqüência, tenha de aplicar pena mais grave.
[60]Art. 156. A prova da alegação incumbirá a quem a fizer; mas o juiz poderá, no curso da instrução ou antes de proferir sentença, determinar, de ofício, diligências para dirimir dúvida sobre ponto relevante.

pura reflexão; ao contrário, toda a construção do instrumental jurídico nasce justamente no âmbito das relações de produção" (TAVARES, 2021, p. 72), isto é, mais do que puramente forma jurídica, o processo penal está no campo do controle social (PACHUKANIS, 1988; FOUCAULT, 1987), de feita que deve ser posta em análise sob o contexto da própria formação social, não como meramente produto dogmático-jurídico.

No campo do processo e da execução penal, as sociedades capitalistas liberais têm se dedicado a introjetar no sistema punitivo a noção (ideológica) de que a pena é prevenção de delitos - *prevenção geral* (SANTOS, J., 2012, p. 426) - e retribuição dos danos – prevenção especial (SANTOS, J., 2012, p. 424): deixa de contar que é também uma forma de controle econômico e de proteção do Capital. A tópica é a da retribuição por equivalência, conforme leciona Juarez Tavares (2021, p. 73). O que há, assim, é uma discussão em torno da verdadeira função do direito, sobretudo, no caso, do direito processual penal. A base ideológica já foi suficientemente revelada e debatida alhures, o que se busca, com esse item, é identificar se houve instrumentalização dessa motivação ideológica para moldar a categoria jurídica em análise.

4. Classificações das categorias processuais do Código de Processo Penal

Postas essas razões e os critérios a serem utilizados para definir o grau de violação, a categorização da norma passa a depender do número de violações (dos quatro axiomas), da qualidade dessas violações (se totais ou parciais) e do serviço que essa norma presta à orientação político-ideológica do Estado Novo. Assim, a classificação se distancia em um campo com dois polos (garantismo e autoritarismo) e um centro (semiautoritaria).

Essa definição pressupõe, desta feita, que entre garantismo e autoritarismo há uma área cinza que não elimina as diferenças entre os opostos, pelo contrário, as expõem, enriquecendo o método[61].

---

[61] Com base na lição de Norberto Bobbio (1995, p. 36) de que "entre o branco e preto pode existir o cinza; entre o dia e a noite há o crepúsculo. Mas o cinza não elimina a diferença entre o branco e preto, nem o crepúsculo elimina a diferença entre a noite e o dia".

As questões qualitativas e ordinais do método tricotômico urgem, logicamente, a interferência de juízos subjetivos, mesmo que ponderadas as regras bem definidas de classificação. Destas questões de teor subjetivo, clarifique-se que esse tipo de julgamento é necessário para que a definição das normas não se resuma a uma leitura meramente técnico-burocrática, sob o risco de se tornar submínima – isto é, deixem de apresentar alguma categoria indispensável já organizada e fundamentada pela literatura.

Por exemplo: na análise de uma categoria processual penal[62], se três dos quatro axiomas forem atendidos, mas um apenas for violado, então não se pode dizer que a norma em questão é garantista ou que o sistema seja democrático. Afirmando o contrário ter-se-ia uma definição ignorante às dimensões fundamentais do próprio garantismo e do Estado de direito, uma vez que esses princípios estão conectados e encadeados sistematicamente entre si.

Na órbita de cada um desses quatro axiomas, gravitam alguns fatores teóricos de validação e confirmação que constituem a afirmação axiomática. Com base nisso, se buscou formalizar esses fatores teóricos em quatro condições necessárias à consecução de cada um dos quatro axiomas. Parte-se, assim, do pressuposto de que as ideias principiológicas construídas nos axiomas (*culpa, processo, acusação, prova* e *ampla defesa*) possuem também seus próprios elementos constitutivos, todos de igual valor e complexidade.

Os valores atribuídos a esses elementos são claramente políticos e subjetivos - como aferir a justeza de um processo? ou a clareza e precisão de uma norma penal material? -, de toda forma, a análise de cada um dos axiomas depende da validação do axioma anterior e de seus elementos constitutivos, isto é: a *culpa* do axioma 7 atenda ao princípio da exterioridade da ação do axioma 6? Essa ação, por sua vez, atende ao princípio da ofensividade do evento do axioma 5?

Examinados todos esses fatores e ponderadas todas as principais garantias de cada um dos axiomas, foi possível produzir o *Quadro 2* que,

---

[62] Instituto, princípio ou norma.

indicando as necessidades de cada um dos axiomas, torna possível a produção da escala teórica do *Quadro 3*, conforme adiante se explicará.

Quadro 2
Requisitos de classificação das categorias processuais penais

Para consecução do axioma:	São necessárias as seguintes garantias:
A7. Não há culpa sem processo	1. Processo seguro juridicamente[63]
	2. Terceiro imparcial
	3. Presunção de inocência
A8. Não há processo sem acusação	1. Princípio do acusatório
	2. Conjunto probatório mínimo de autoria
	3. Taxatividade da ação como tipo penal claro
A9. Não há acusação sem prova	1. Ônus da prova cabe a quem alega
	2. Necessidade da prova ou verificação
	3. Legalidade da prova
A10. Não há prova sem ampla defesa	1. Contraditório e contraprova
	2. Possibilidade de refutação
	3. Aceitabilidade justificada

Com base na leitura de cada um dos institutos penais em análise, avaliados sob os critérios do *Quadro 2*, será possível apresentar uma classificação das garantias processuais penais em de acordo com o número de axiomas violados e o grau de violação de cada um dos axiomas (de 0 a 3), com base nos elementos necessários acima elencados.

---

[63] Segurança jurídica que se dá pela demarcação das regras de competência e atenção a princípios atinentes a uniformidade, coerência e previsibilidade do processo e das decisões judiciais, dentre os quais a legalidade, proteção à coisa julgada material, recorribilidade e anterioridade.

As justificativas buscam apontar, justamente, o número supressões de cada axioma violado e a razão para se considerar cada supressão. Esse capítulo, no entanto, não se debruça a ofertar maiores explicações para cada uma das justificativas apontadas, porque o exercício dessas explicações se dará ao longo da leitura deste livro, que tratará, separadamente, de todas essas categorias (inquérito, ofendido, prisão, procedimentos, nulidades, execução etc.).

O maior aprofundamento nessas questões servirá, portanto, para que se compreenda o significado de cada um termos colocados como no quadro abaixo como justificativas, quais sejam: cerceamento da defesa[64], presunção de culpabilidade[65], excepcionalidade da liberdade[66], polícia política no inquérito e nos procedimentos de investigação e a instrumentalização do Judiciário como forma de perseguição política[67].

Entende-se, que a definição tricotômica (garantista, semiautoritário ou autoritário) aqui proposta é descritiva em conceitos. A justificativa para que a aproximação do meio seja em relação ao autoritarismo (portanto, semiautoritária) se dá em razão da noção de que os axiomas, por serem premissas conexas e consequenciais, anulam-se entre si: sempre que uma for violada, a posterior também será, até que se decaia todo o sistema proposto.

Como foram elencadas quatro garantias para cada um dos quatro axiomas, significa que cada categoria investigada pode suprimir um total de 12 (doze) garantias. Essa definição classificatória funciona, assim, como uma escala de pontuação que vai de a 0 (zero) a 12 (doze). Dessa forma, para os fins de separação da classificação em escala tricotômica: (1) se enquadra como *Garantista* a categoria que viole, no máximo, um dos elementos; (2) *Semiautoritária* é aquela que suprimir menos da metade das

---

[64] Os exemplos são vários e melhor será também abordado a questão da plenitude de defesa nos capítulos seguintes da obra, mas, nesse capítulo, essa questão ficou suficientemente demonstrada não só pela exposição da aversão ideológica do Código e da Constituição às garantias individuais, mas também pelas questões suscitadas nos itens 3.1 e 3.2.

[65] Hélio Tornaghi (1967), dentre tantos outros, bem demonstra que o Código de Processo Penal não concebe a presunção de inocência, mas, ao contrário, uma verdadeira presunção de culpabilidade. Essa construção será adiante melhor desenvolvida no correr da obra.

[66] Para os críticos do Código de Processo Penal, pela forma como está posto no texto, o código sugere que a liberdade é a exceção da regra-prisão (SILVA JUNIOR, 2022).

[67] Neste caso específico este capítulo tratou, por exemplo, do Tribunal de Segurança Nacional e do cerceamento do Supremo Tribunal Federal no item 2.2.

garantias; e (3) *Autoritária* é a que violar metade ou mais da metade das garantias.

Quadro 3

Classificação das Garantias Processuais Penais

Categoria	Definição	Axiomas violados e garantias suprimidas[68]	Justificativa
Devido processo legal	Semiautoritária	A8 (2), A9 (3), A10 (1, 2, 3)	Cerceamento da defesa
Presunção de Inocência	Autoritária	A7 (1, 2, 3), A8 (2, 3), A9 (1, 2, 3), A10 (1, 2, 3)	Presunção de Culpa
Liberdade Provisória	Semiautoritária	A8 (2, 3) e A10 (1, 2, 3)	Liberdade é exceção
Investigação	Autoritária	A7 (2, 3), A8 (2, 3), A9 (2, 3) e A10 (1)	Polícia Política
Tribunais de Justiça	Semiautoritária	A7 (1, 2), A8 (1, 3), A10 (3)	Perseguição Política

Nessas linhas, por fim, o que se tem é não só uma Constituição (1937) descompromissada com a democracia, com a liberdade[69] e com os direitos individuais[70], mas um Código de Processo Penal (1941) totalmente alheio aos pressupostos básicos do direito criminal libertário e democrático.

A manutenção desse modelo processual penal autoritário não só deslegitima, mas quase que criminaliza a defesa - ou pela subtração, no sistema de garantias, "dos princípios do ônus da prova e do direito de defesa" (FERRAJOLI, 2002, p. 79) ou pelo método inquisitivo, que deriva, "da subtração do axioma A8 sobre a imparcialidade do juiz e sobre sua

---

[68] Os números indicados fazem menção à forma como foram elencadas as garantias no *Quadro 2*, de modo que, por exemplo, A7 (4) significa "4. Presunção de inocência até que se reconheça a culpa em todos os graus possíveis de jurisdição".

[69] Campos ainda tenta utilizar de artifícios de caráter liberal para escamotear as reais inclinações iliberais e antidemocráticas de sua fórmula jurídica. Essa tentativa, no entanto, não se encontrou exitosa.

[70] Porque os limita em si mesma.

separação da acusação" (FERRAJOLI, 2002, p. 79) -, pela mistura clara entre acusação e julgamento.

Foi com base no método de pontuação construído com base nas garantias provocadas por cada um dos axiomas que se percebeu, como demonstra o *Quadro 2*, como, de forma ampla, se consolidou na prática do direito criminal brasileiro uma desnaturalização dos axiomas garantistas – até mesmo por quem se diz garantista. Claro que aqui, nos dias de hoje, as justificativas para a supressão das garantias são outras, mas as reformas de baixa densidade realizadas no material de trabalho do operador do direito processual penal ao longo dos últimos 80 anos fizeram pouca ou nenhuma mudança no resultado apresentado no *Quadro 3*.

Considerações finais do capítulo

Em 1981 Gabriel García Marquez escreve uma obra chamada *Crônica de uma Morte Anunciada*, que narra de forma não-linear os acontecimentos trágicos de um assassinato revelado já na primeira página. A narrativa subverte a tradição romancista e de dramas do gênero: é como se o *Gabo* dissesse que os desfechos nem sempre são chocantes, principalmente quando desde o início já estão premeditados. No romance do colombiano nenhum personagem empreende esforço algum para evitar a tragédia que viria pôr fim a *Santiago Nassar*.

Também assim o foi com a doutrina processual penal das décadas de 1940 e seguintes: não houve empreendimento suficiente de esforços para avisar, sistematicamente, que esse código premeditava a falência da prática criminalista no Brasil ou para evitar que essa tragédia se prolongasse até hoje. Isso porque a edição dos ordenamentos jurídicos nacionais durante o Estado Novo se serviu de péssimas conselheiras políticas. Desses péssimos conselhos, os principais são: (i) a ideia de que a legalidade estrita que protege o sistema de liberdades e direitos individuais retarda o cumprimento da Justiça Criminal; e (ii) a tese de que os *excessos* e *extravagancias* de um Estado democrático atrapalham a proteção da ordem coletiva e da defesa social.

A realidade advoga pelo contrário disso: em relação ao primeiro ponto porque o justo e o efetivo no processo penal decorrem, necessariamente, do estrito cumprimento e condução da persecução dentro das linhas definidas pelas garantias processuais e constitucionais – sem isso, o que há é violência formal e vingança pública. Ao segundo ponto porque ficou evidente se tratar nada mais do que um postulado *fascista* que revela não só puro desconhecimento de até mesmo a mais mínima definição do que é democracia, mas puro desprezo à vivência social e ao pluralismo político e cultural.

A tragédia de 1941 foi uma profecia certeira. Não fogem os fatos aqui delineados da clássica lição de que quanto mais endurecido e forte for o direito criminal (penal e processual penal), sob qualquer justificativa ideológica, quem mais sofre com esta manifestação do direito são senão os pobres e os grupos minoritários. Como ficou demonstrado nesse capítulo, vem, desde a construção teórica e doutrinária da Constituição de 1937 e do Código de Processo Penal de 1941, a crença da doutrina criminalista e das ciências jurídicas criminais de que garantias são ferramentas de favorecimento do *criminoso* e que, em razão disso, deveriam ser podadas e recortadas.

Queríamos nós, pesquisadores do direito criminal, que essa fosse uma avaliação doutrinária atrasada: não é. Existe, ainda hoje, forte provérbio-mítico entre doutrinadores penais ditos modernos de que o garantismo penal está a serviço do crime e não da Justiça.

Os que nisso creem – e *creem* porque é um exercício de fé achar que isso seja *verdade* – demonstram ou desconhecimento em relação ao que são os axiomas garantistas e o sistema processual penal democrático ou pura desonestidade intelectual, fazendo uso de todo tipo de sortilégio e malabarismo para se inserir na esteira de um pensamento reacionário que já há muito está atrasado.

Os que confabulam com essa deturpada e tortuosa ideia de garantismo são responsáveis por apoiar esse mesmo modelo de processo penal apresentado e explorado nesse capítulo, sem que percebam que estão reproduzindo, na verdade, um discurso ideológico de natureza autoritária. Esse discurso não só deslegitima a defesa, mas quase a criminaliza, quer pela subtração de princípios fundamentais do processo penal democrático, tais como o ônus da prova e o direito de defesa, quer pelo respaldo ao método inquisitivo que subtrai a imparcialidade do juiz e o conjuga com a acusação.

Ainda que com importantes lições históricas que poderiam colocar o Código de Processo Penal em outro rumo – como o foi no Código de Processo Criminal de 1832 e na Constituição de 1891 -, o legislador do código optou por render homenagens a tenebrosos expedientes típicos das catacumbas e masmorras do Santo Ofício, construindo um sistema processual criminal que é, na verdade, um cadafalso para perseguir alvos pré-selecionados e os punir com sentenças pré-fixadas.

Reafirme-se: alguns atores do processo penal moderno não só concordam como agem conforme essas ideias. A questão é se sabem que estão dominados por uma forma ideológica. Suficientemente, com isso, se mostra a ainda hoje irreparável aliança que ajunta a doutrina jurídica à política e, consequentemente, à ideologia. Por força disso, logicamente, qualquer que seja a reforma normativa que deixe entocada a raiz do Código de Processo Penal ou que não se proponha a discutir as origens dessas ideias será inoperante.

Veja-se, nesse sentido a última grande tentativa legislativa de reformar o Código de Processo Penal: o Pacote Anticrime (Lei nº 13.964/2019). O pacote, apesar de seus esforços, foi incapaz de instituir o Juiz de Garantias: é que, deixando intocado o forte senso do método inquisitivo que está sedimentado no arcabouço ideológico do nosso sistema processual penal, é impossível que se coloque, forçosamente e sem criticar prontamente a espinha dorsal do código, um instituto jurídico que objetifique proteger as garantias processuais do réu e separe firmemente instrução e julgamento.

As formas do Código de Processo Penal de 1941 nasceram, sabidamente, para enfraquecer a defesa e fortalecer a acusação. De forma que nem mesmo as reformas editadas ao Código de Processo Penal após a promulgação da Constituição de 1988 puderam desconstruir essa estrutura que confere ao processo penal a missão instrumental de estar à serviço do Estado para *caçar*, culpar e punir.

Essa diretriz é o que confere, ainda hoje, ao Judiciário o funcionamento de um sistema processual penal antitético com as proteções garantistas. Os exemplos são tantos, e tão cotidianos, que não necessitam de nota. O ponto é que a manutenção desse ideário doutrinário no sistema penal, mesmo após a transição política do Brasil, significa chancelar, formalmente, ao Estado o direito de atuar de forma judicialmente inquisitiva e *antigarantista*, além de naturalizar a ação policial violenta e normalizar as práticas remanescentes dos regimes autoritários que marcaram nossa passagem no século 20, dentre as quais a tortura como forma de inquérito e a prisão provisória como regra.

A realidade social objetiva, ainda encabeçada por essa atrasada concepção ideológica não autoriza que a persecução penal exista hoje de forma mais justa e democrática, porque sua substância é essencialmente autoritária: do choque entre a *forma* democrática dada pelas reformas e a intocada *substância* autoritária, prevalece esta em detrimento daquela. Essa questão o professor Florestan Fernandes já muito bem fundamentou ao dizer que é típico do Brasil a inoperância de procedimentos democráticos – ainda que formalmente existentes – quando a operacionalidade desses direitos for contrária à dominação burguesa, que continuará a se a se associar aos procedimentos autocráticos herdados do passado.

Deve-se aí, nessa associação ao passado, compreender que as práticas do direito criminal pós-promulgação da Constituição de 1988 têm se dado como de baixa efetividade, ou formado uma crise no sistema criminal, precisamente porque se operam, em adaptação ao termo *gramsciano*, no contexto temporal do *interregno* entre a morte do velho e o não nascimento do novo[71]. Significa dizer, assim, que a crítica total a ser feita nessa obra é no caminho da propositura do nascimento do *novo*, por consequência de uma leitura que demonstre a tragédia anunciada do já insustentável *velho*.

Esse capítulo, nesse caminho, mais do que sistematizar e classificar as garantias processuais no Código de Processo Penal de 1941 e os direitos individuais na Constituição de 1937, demonstrou como se deu o início da construção doutrinária penal que hoje está consolidada no Brasil. Em

---

[71] O sentido original do termo trata do que Gramsci chama de crise de autoridade, que se dá quando a classe dominante perde o consenso, mas detêm o domínio sob uso da força, de forma que "a crise consiste justamente no fato de que o velho morre e o novo não pode nascer: neste interregno, verificam-se os fenômenos patológicos mais variados" (GRAMSCI, 2017, p. 195).

relação ao CPP/1941, as tabelas construídas demonstram que a autoridade sobrepujava as liberdades individuais e que nem mesmo a herança liberal do CPCrim e da Constituição de 1891 seria suficiente para erigir um modelo processual penal de ordem democrática e libertário.

Já em relação à Constituição de 1937 e suas garantias individuais, ficou consignado que a Carta de 37 limitava em si mesmo as garantias que propunha. Era, afinal, o cumprimento do preceito político do Estado Novo de defesa social, segurança nacional e ordem coletiva.

Por fim, com tudo até aqui construído, que explora não só o histórico dos códigos de processos criminais no Brasil (conforme a primeira parte da obra, de autoria do Professor Walter Nunes), mas as raízes do pensamento criminalista que deu frutos ao CPP, estará facilitada a leitura dos sequentes capítulos dessa obra, que tratarão, separadamente, dos mais relevantes títulos do Código de Processo Penal de 1941, com o objetivo de desconstituir o velho para propositura do novo.

Bibliografia

ABAL, Felipe Cittolin. *Getúlio Vargas e o Supremo Tribunal Federal*: uma análise do habeas corpus de Olga Prestes, Antíteses, vol. 10, n. 20, p. 881-900, jun./dez., 2017.

ALMEIDA, Sílvio Luiz. *O Direito no Jovem Lukács*. São Paulo: Alpha-Omega, 2006.

ALMEIDA, J. C. M. de. *A Individualização da Pena e o Direito Judiciário*. Revista forense: doutrina, legislação e jurisprudência, Rio de Janerio, v. 91, n. 470/471, p. 332-341, jul./set., 1942.

ALMEIDA, J. C. M. de. *O princípio da verdade real*. Revista da Faculdade de Direito, Universidade de São Paulo, v. 52, p. 116-138, 1957.

AMARAL, Azevedo. *O Estado Autoritário e a Realidade Nacional*. Rio de Janeiro: Livraria José Olympio, 1938.

ARENDT, Hannah. *Eichmman em Jerusalém*. Trad. José Rubens Siqueira. São Paulo: Companhia das Letras, 1999.

BARROS, Flaviane de Magalhães. *(Re)Forma do Processo Penal*. 2 ed. Belo Horizonte: Del Rey, 2009.

BOBBIO, Norberto. *Direita e esquerda*: razões e significados de uma distinção política. São Paulo: Editora da Universidade Estadual Paulista, 1995.

BOBBIO, Norberto. *Igualdade e liberdade*. Trad. Carlos Nelson Coutinho. 2. ed. Rio de Janeiro: Ediouro, 1997.

BONAVIDES, Paulo. *História constitucional do Brasil*. Rio de Janeiro: Paz & Terra, 1991.

BONAVIDES, Paulo. *Curso de direito constitucional*. 31. ed. São Paulo: Malheiros, 2016.

BRASIL. *Constituição (1937)*. Constituição dos Estados Unidos do Brasil. Rio de Janeiro, 1937. Disponível em http://www.planalto.gov.br/ccivil_03/constituicao/constituicao37.htm

BRASIL. Decreto-lei nº 702, de 21 de março de 1936. Declara pelo pelo prazo de noventa dias, equiparada ao estado de guerra, a comoção intestina grave, em todo o território nacional. *Diário Oficial da União*: seção 1, Brasília, DF, p. 6103, 1936.

CAMARGO, Margarida. *Hermenêutica e Argumentação*. São Paulo: Renovar, 2003.

CAMPOS, Francisco. Exposição de motivos do Código de processo penal. *Revista forense*: doutrina, legislação e jurisprudência, Rio de Janeiro, v. 38, n. 88, p. 627-636, out./dez., 1941.

CAMPOS, Francisco. *Direito constitucional*. Rio de Janeiro: Forense, 1942.

CAMPOS, Francisco. *O Estado nacional*: sua estrutura, seu conteúdo ideológico. Brasília: Senado Federal, 2001.

CAMPOS, Reynaldo Pompeu de. *Repressão judicial no Estado Novo*: esquerda e direita no banco dos réus. Rio de Janeiro: Achiamé, 1982.

CAPELATO, Maria Helena. *Multidões em cena*: propaganda política no varguismo e no peronismo. Campinas: Papirus, 2009.

CRUZ, Luis. *Da correlação entre o direito processual penal e o direito penal*. Revista da Faculdade de Direito do Ceará, Fortaleza, v.5, p.179-188, 1951.

FERRAJOLI, Luigi. *Direito e razão*: teoria do garantismo penal. São Paulo: Editora Revista dos Tribunais, 2002.

FOUCAULT, Michael. *Vigiar e punir*: nascimento da prisão. Trad. Raquel Ramalhete. Petrópolis: Vozes, 1987.

FREIRE, Paulo. *À sombra desta mangueira*. 14. ed. Rio de Janeiro: Paz & Terra, 2021.

GARCIA, Basileu. A Polícia e o Novo Código Penal. *Revista forense*: doutrina, legislação e jurisprudência, Rio de Janeiro, v. 39, n. 90, p. 26-38, abr./jun., 1942.

GASPARI, Filipe Natal. *STF cerceado (1930-1937)*. Dissertação (Mestrado em Direito) – Faculdade de Direito, Universidade de São Paulo. São Paulo, 160 p., 2019.

GLOECKNER, Ricardo Jacobsen. Processo Penal Pós-acusatório? Ressignificações do Autoritarismo no Processo Penal. *Revista EMERJ*, Rio de Janeiro, v. 18, n. 67, p. 378-408, jan./fev., 2015.

GRAMSCI, Antonio. *Cadernos do Cárcere*, Volume 3: Maquiavel, notas sobre o estado e a política. Tradução de Luiz Sérgio Henriques, Marco Aurélio Nogueira e Carlos Nelson Coutinho. Rio de Janeiro: Civilização Brasileira, 2017.

HABERMAS, Jurgen. *Verdade e justificação*: ensaios filosóficos. Trad. Milton Camargo Mota. São Paulo: Loyola, 2004.

HEGEL, G. W. F. *Introdução à História da Filosofia*. Coleção Os Pensadores, vol. XXX, 1ª ed. Trad. Antônio Pinto de Carvalho. São Paulo: Abril Cultural, 1974.

KLEIN, Joel Thiago. A teoria da democracia de Carl Schmitt. *Princípios*, Natal, v. 16, n. 25, jan./jun., p. 139-156, 2009.

LEGÓN, Faustino J. *Reorganizacion del sistema constitucional del Brasil: constitución del 16 de Julio de 1934*. Buenos Aires: Libreira Cervantes de Julio Suárez, 1935.

LEVINE, Robert M. *Pai dos pobres?*: o Brasil e a era Vargas. São Paulo: Companhia das Letras, 2001.

MARTINS, Leonardo. *Liberdade e Estado Constitucional*: leitura jurídico-dogmática de uma complexa relação a partir da teoria liberal dos direitos fundamentais. São Paulo: Atlas, 2012.

MASCARO, Alysson Leandro. *Estado e forma política*. São Paulo: Boitempo, 2013.

PONTES DE MIRANDA, Francisco Cavalcanti. *Comentários à Constituição da República dos E.U. do Brasil*. Rio de Janeiro: Guanabara, t. I, 1936.

PONTES DE MIRANDA, Francisco Cavalcanti. Visão sociológica da Constituição de 1937. *Revista Forense*. Volume 74, ano 35, fascículo 418, abril de 1938a.

PONTES DE MIRANDA, Francisco Cavalcanti. *Comentários à Constituição Federal de 10 de Novembro 1937*. Rio de Janeiro: Irmãos Pongetti Editores, 1938b.

PACHUKANIS, E. B. *A teoria geral do direito e o marxismo*. São Paulo: Editora Acadêmico 1988.

PANDOLFI, Dulce Chaves. *Censura no Estado Novo*. Revista Concinnitas, Rio de Janeiro, v. 19, n. 33, p. 103-113, dez. 2018.

PLEINES, Jürgen-Eckardt. *Friedrich Hegel*. Trad. Silvio Rosa Filho. Recife: Editora Massangana, 2010.

ROSA, Inocencio Borges da. *Processo Penal brasileiro*: obra de teoria e pratica sobre o Codigo do Processo Penal brasileiro. 4 v. Porto Alegre: Barcelos Bertaso, 1942.

SANTOS, Rogerio Dultra. Francisco Campos e os fundamentos do constitucionalismo antiliberal no Brasil. *Dados – Revista de Ciências Sociais*, Rio de Janeiro, vol. 50, n. 2, p. 281-323, 2007.

SANTOS, Marco Antonio Cabral. Francisco Campos: um ideólogo para o Estado Novo. *Locus*: revista de história, Juiz de Fora, v. 13, n. 2, p. 31-48, 2007.

SANTOS, Juarez Cirino dos. *Direito Penal* – parte geral. 5. ed. Florianópolis: Conceito Editorial, 2012.

SCHMITT, Carl. *O conceito do político. Teoria do Partisan.* Trad. Geraldo de Carvalho. Belo Horizonte: Del Rey, 2008.

SILVA, Fernanda Xavier da. *O Estado Constitucional da Era Vargas:* Uma abordagem à luz do pensamento social brasileiro dos anos 30. Dissertação (Mestrado em Ciências Sociais) – Centro de Educação e Ciências Humanas, Universidade Federal de São Carlos. São Carlos, 174 p., 2006.

SILVA JÚNIOR, Walter Nunes da. *Reforma tópica do processo penal*: inovações aos procedimentos ordinário e sumário, com o novo regime das provas, principais modificações do júri e as medidas cautelares pessoais (prisão e medidas diversas da prisão). 4a ed. Natal: OWL, 2022.

TAVARES, Juarez. *Crime*: crença e realidade. Rio de Janeiro: Da Vinci Livros, 2021.

TORNAGHI, Hélio. *Compêndio de Processo Penal.* Tomo II. Rio de Janeiro: José Konfino, 1967.

TORNAGHI, Hélio. *Instituições de Processo Penal.* Vol 2. São Paulo: Saraiva, 1977.

WEFFORT, Francisco Corrêa (Org.). *Os Clássicos da Política*: Maquiavel, Hobbes, Locke, Montesquieu, Rousseau, "o Federalista". São Paulo: Ática, 2001.

CAPÍTULO 2

NOTAS SOBRE O INQUÉRITO POLICIAL: POLÍCIA POLÍTICA
E VIGILÂNCIA CRIMINAL

Lauro Marinho Maia Neto[1]

Walter Nunes da Silva Júnior[2]

Em termos do sentido do estudo da história processual penal brasileira, a primeira grande marca de excepcionalidade e ruptura com a técnica liberal-burguesa desenvolvida ao final do surgimento do Estado moderno foi durante o período do Estado Novo, marcado pelo autoritarismo e pela centralização do poder político no Executivo Nacional. Apontar para esse passado, no entanto, somente no campo da interpretação das mudanças legislativas é deixar escapar as entranhas do próprio poder estatal, os objetivos dessa forma de Estado e sua exacerbação.

Dessa forma, este capítulo concentra sua análise justamente na perspectiva originária e nas implicações práticas das mudanças orquestradas pelo Estado Novo na legislação processual penal, no âmbito do Inquérito Policial. Essa análise se desdobra na leitura de outros fatores laterais: o tratamento dos crimes políticos, o poder de polícia e a vigilância criminal. Sob esse prisma crítico, serão explorados aspectos históricos e jurídicos

[1] Graduando em Direito pela Universidade Federal do Rio Grande do Norte (UFRN). Foi bolsista de iniciação científica no âmbito do projeto de pesquisa "Militares e Política no Brasil: Memória em Disputa e/ou projeto político?" (UFRN/CCHLA – Departamento de História). É pesquisador no projeto "Direito processual em movimento: ótica constitucional do processo criminal" (UFRN/CCSA – Departamento de Direito Processual e Propedêutica). ORCID: https://orcid.org/0000-0002-3729-233X.
[2] Juiz Federal; Corregedor do Presídio Federal em Mossoró/RN; Mestre e Doutor; Professor Associado da Universidade Federal do Rio Grande do Norte (UFRN); Professor da Escola Nacional de Formação e Aperfeiçoamento de Magistrados (ENFAM); Professor da Escola de Magistratura Federal da 5ª Região (TRF5); Coordenador dos Projetos de Pesquisa *Direito processual em movimento: ótica constitucional do processo criminal;* e *Criminalidade violenta e diretrizes para uma política de segurança pública no Estado do Rio Grande do Norte*; Conselheiro do Conselho Nacional de Política Criminal e Penitenciária (CNPCP); e membro da Academia de Letras Jurídicas do Rio Grande do Norte (ALEJURN); ORCID: https://orcid.org/0000-0003-1747-9233.

relevantes para compreender as mudanças que ocorreram nesse período e suas implicações no contexto atual do sistema processual brasileiro.

O que se busca é demonstrar como esses elementos se organizam como correntes e engrenagens componentes de uma maquinaria dirigida pelos interesses do Estado. Essa maquinaria tem como produto o medo, a mais imponente forma de controle social exercida pelo Estado. Controlar pelo medo é impor um estado de submissão, conformidade e desesperança em relação ao futuro, a fim de inibir ações revolucionárias e resistências minoritárias.

Conhecido o contexto que levou à consecução do Estado Novo (Plano Cohen), sabe-se também quais as ações revolucionárias e de resistência que buscavam combater para manter e proteger a ordem estabelecida. Tratava-se de um esforço para alterar teleologicamente os sistemas processuais em vigor na época com o objetivo de (a) impor controle e ordem social; e (b) formar uma identidade política única em torno do Estado.

Este texto sugere, com esse segundo ponto, que a produção do medo também é de competência da própria sociedade, que muitas vezes se identifica e compartilha uma unicidade em razão de um medo em comum. A questão, no caso ora em análise, é que o medo que se alastrou no corpo social não veio de uma composição orgânica contra um inimigo real, mas de uma fabricação errática mentalizada por um projeto de manutenção e perpetuação do poder político.

Por isso é que se estabelece aqui a metáfora da maquinaria do medo: tanto a produção quanto a disseminação dessas ideias de temor social são orientadas pela mesma classe dominante, usando e modificando diferentes institutos jurídicos, práticas policiais e discursos oficiais. O controle da narrativa com o artifício da censura e a manipulação da imprensa é apenas um dos fatores de produção da insegurança, mas não se pode tratar como *a lateri* as forças policiais, a legislação opressiva, os tribunais de exceção e a normalização doutrinária de conceitos fascistas como se democráticos fossem.

É fundamental apontar esses fatores, pois só assim a leitura desses fatos poderá ir além do mero registro histórico, permitindo compreender como o passado moldou o presente. Trata-se, portanto, de uma leitura que visa superar esses fatores, decompondo a estrutura de um maquinário que persiste até os dias de hoje, ainda que com as práticas diluídas em outras formas.

Com esse objetivo, a leitura deste capítulo se divide em três pontos fundamentais: primeiro, explicar o funcionamento da ideia do binômio Ordem e Terror como produtora do medo que justifica as alterações e atuações abordadas em seguida; em segundo lugar, introduzir a ideia de defesa da *Ordem Social* como escola penal e processual penal e as implicações dessa escola nos conceitos de *poder de polícia* e *crimes políticos*; por fim, explorar os efeitos práticos e a estrutura normativa das alterações realizadas no inquérito policial.

Acredita-se, com isso, que será produzido, conjuntamente com o capítulo anterior, que se propôs a construir a ideia do constitucionalismo autoritário, conteúdo suficiente para uma leitura detida dos demais capítulos desta obra. Isso porque as demais alterações legislativas estudadas separadamente nos capítulos subsequentes também remontam às ideias aqui apresentadas de medo, violência política e policial, e vigilância criminal.

1. A persecução criminal como materialização da ideologia política do Estado

A superação do bloco histórico chamado *Idade Média*[3] e o domínio das visões iluministas dos séculos XVII e XVIII nutriram o solo para a germinação e crescimento de uma unidade política burguesa na Europa. Essa organização concebeu, em seu favor, um novo modo de instrumentalização e controle do poder político no mundo: a juridicidade. As acepções da política enquanto ciência do exercício do poder do Estado (totalmente apartada da moral[4]) e do direito como reserva única de origem

---

[3] Embora conceitualmente se date que o processo de decadência da Baixa Idade Média se finde com a conquista da Constantinopla em 1453 – marcando o início da Idade Moderna –, a literatura historiográfica mais aceita e precisa é a de que não seja possível limitar cronologicamente o fim desses períodos. Fato é que o *homem medieval*, no século XV, não dormiu em um feudo e acordou cercado por *burgos* e fábricas. O desenvolvimento histórico foi mais complexo e demorado do que sugere essa simplória delimitação em datas específicas.

[4] É Maquiavel (2010) quem inaugura o estudo da política enquanto ciência do exercício do poder e alheia à moral.

desse poder passaram a homogeneizar o pensamento científico da época em detrimento da concepção essencialmente teológica e absolutista que predominava no *ancien régime*[5].

Substituídos o dogma e o direito divino pelo direito do homem, a organização política assumia forma jurídica que, agora, passaria a limitar e controlar o exercício da violência praticada pelo Estado. Desde a repressão policial direta (hoje representada pela presença policial ostensiva nas ruas) até a burocracia administrativa dos sistemas prisionais, o Estado moderno passou a advogar e deter para si o *monopólio da violência física legítima*[6]. Essa previsibilidade *legal* para o uso do braço-armado do Estado limitava a operação física do poder que antes se concentrava na *boca* do rei. A tendência, ao menos em tese, era a de que essa austeridade pudesse reduzir gradualmente a violência exercida pelo Estado sobre seu povo[7].

O desvario de que a racionalização legal do monopólio estatal da violência, no contexto dos Estados capitalistas, implicaria em menor uso deliberado e injusto da força, em comparação às formas estatais pré-capitalistas, não encontrou efetivo cumprimento. Posteriormente à consecução das revoluções burguesas (sobretudo na Inglaterra e França) e unificação de países como Itália e Alemanha, finalizou-se, ao término do século XIX, tal processo interno de unidade burguesa na Europa[8].

No correr do século XX, mostrou-se a ruína da tese de que a primazia da Legalidade inclinava à atenuação do exercício opressor e imperioso da violência pelo Estado burguês. Curiosamente, a parte do mundo que se dá melhor para ilustrar isso não é a Europa - que derramou seu padrão de Estado e exerceu influência direta na política interna de outros

---

[5] No todo, este termo faz menção ao sistema político francês anterior à Revolução Francesa, referenciado a monarquia absolutista da dinastia *Bourbon* – na figura do rei deposto e guilhotinado Luís XVI. Para os propósitos deste texto, estende-se o termo *ancien régime* - ou antigo regime – para todas as formas absolutistas de governo na Europa que foram abolidas e substituídas por essa nova concepção do mundo burguês.

[6] Expressão cunhada por Max Weber (2011).

[7] A pretensão liberal-burguesa com os chamados *Direitos Fundamentais de primeira geração* era justamente proteger e fazer prevalecer os direitos individuais (civis e políticos) em face do Estado (BONAVIDES, 2016).

[8] Não confundir esse conceito que explica a formação política dos países europeus com o processo de criação da União Europeia, que só teve início na metade do século XX. Não é coincidência que os últimos países unificados na Europa central foram justamente Itália e Alemanha, que poucas décadas mais tarde firmaram a aliança *Eixo Roma-Berlim*.

países, fazendo deles subordinados -, mas o *sul do mundo*[9], que se viu inundado por regimes ditatoriais militares e Estados de exceção autoritários e totalitários.

Da primeira grande crise cíclica do capitalismo, nos anos 1920 e 1930, poucos anos após o fim da Primeira Guerra Mundial e da Revolução Russa, se tomam os casos dos primeiros *Estados autoritários modernos*. Em apertada síntese, o que se deu como resposta à crise econômica da década de 1920 foi a concentração do poder nas mãos de uma pequena elite que consolidou sua política num Estado estruturado em três principais características: repressão policial, legislação opressiva e controle da opinião pública.

Essa forma-Estado tem como principal *função* a proteção dos interesses de sua classe dirigente, sob o véu do argumento da manutenção da *ordem social*. Não se afigura, no entanto, qualquer precedente na história de um desses Estados que tenha sancionado e reproduzido, de maneira deliberada, violência e repressão policial *nua* e *crua* sem que antes tivesse lançado mão diretamente da construção de uma base ideológica que impusesse a necessidade dessa mão mais firme do Estado.

Abre-se vistas para dizer, no entanto, que a ideologia[10] de um Estado autoritário não se limita, em si, a um sistema de ideias ou representações subjetivas dos anseios institucionais e de classe de determinado partido político (ou chefe de Estado, no caso do Brasil de Vargas). A extensão do aspecto ideológico de um Estado aporta também uma série de fatores *reais* e *materiais* que arrimam o pensamento social coletivo de um povo e, de maneira retroalimentar, fortalecem novamente esse mesmo plano ideológico.

Essa concepção compreende que, de certa forma, aquilo que um Estado proíbe, expulsa, controla ou impede no campo físico-material é antes uma construção de ideias que se tornam, com o tempo, um anseio coletivo que legitima a ação do próprio Estado. Aquilo que está no campo estrutural

---

[9] África, Sudeste Asiático, Oriente Médio, Caribe, América Central e América do Sul. Em outros termos, países emergentes e em desenvolvimento que não são compreendidos pelo padrão eurocêntrico. O Sul global é um termo geopolítico que não se confunde com a mera orientação cartográfica e de geolocalização dos países nos pólos Norte-Sul.
[10] Tema introduzido e debatido no capítulo anterior que se estendeu a tratar sobre o papel da ideologia na forma jurídica e política.

da sociedade, isto é, todos os seus elementos formais e legais interconectados (modo de produção, sistema jurídico, modelo político etc.) não pode ser confundido com a *ideia* que uma sociedade tem de si mesma. Enquanto a estrutura pode ser investigada, como a seguir se fará, por meio da interpretação crítica do que está normatizado, o imaginário que a sociedade projeta *de si* e *para si* mesma está inserida na gerência do Estado, podendo ser oficial-declarada ou velada-acobertada, e na esfera privada.

No caso do Estado brasileiro no período em que ora se investiga (1930-1945), as classes dirigentes queriam ver em seu reflexo a imagem mais aproximada possível do homem branco europeu. Nesse ponto, tem-se que considerar que o contexto político europeu da época estava dominado, principalmente na Alemanha e Itália, pelas ideias dos movimentos iliberais e fascistas. Ancora no Brasil o navio dessas ideias vindas da Europa, que tão logo se enveredam no caminho do pensamento jurídico e tomam de conta do contexto político.

O labor do Estado brasileiro, daí então, foi forjar artifícios para condensar tais conceitos à maneira tupiniquim, para então envolvê-los no manto do pensamento social. A manutenção dessas ideias no Brasil, naturalmente, se distingue das justificativas fascistas-italianas e nazistas-alemãs, embora os elementos de embasamento sejam análogos: medo, incerteza, violência, brutalidade, conflito e terror. Essas são as prerrogativas invocadas pelo autoritarismo para exacerbar e agravar o domínio sobre a sociedade. Repaginados aqui e ali[11], os pretextos que sustentam a intensificação da repressão sempre convergem para um único ponto crucial: a *defesa social*.

O que existe, efetivamente, na palavra de ordem da defesa social, é uma autêntica doma e concentração das pessoas sob a guarda da mão armada do Estado. Rodeados de tronqueiras ideológicas erguidas pelo devaneio doutrinário e ideológico, homens e mulheres veem tolhida a sua sociabilidade[12]. Em um Estado que alardeia a defesa social, a premissa é que

---

[11] Guerra ao terror, combate às drogas, crises humanitárias, rebeliões no sistema prisional.

[12] Na obra *Dias e Noites de Amor e de Guerra*, o escritor uruguaio Eduardo Galeano bem demonstra como essas tronqueiras ideológicas nos arrebanham: "a ditadura é um costume da infâmia: uma máquina que te faz surdo e mudo, incapaz de escutar, impotente para dizer e cego para o que está proibido olhar" (GALEANO, 2019, p. 83).

a aplicação firme e implacável da Lei seja o antídoto ao Terror. Ergue-se, então, a ficção do binômio Ordem-Violência, que, de modo paradoxal, organiza a mais violenta configuração estatal por debaixo do manto jurídico supostamente legítimo (POULANTZAS, 1980, p. 85-86).

Diz-se paradoxal porque há aí uma forte contradição: necessariamente, até mesmo para fins de estudo do Direito, a ordem jurídica é parte constituinte da repressão violenta do Estado. Donde não há antítese entre Ordem e Violência, mas sim uma robusta relação dialética que fertiliza o monopólio da violência organizada. Esse monopólio é tido como uma condição crucial para a estabilidade política e a autoridade do Estado, principalmente em situações em que se anuncia, supostamente, a ameaça da anarquia e de violência não estatutária. No contexto do Estado Novo, a própria gênese da ditadura varguista decorreu como resposta ao imaginário levante comunista esboçado no *Plano Cohen*.

A necessidade de forjar um plano de tomada violenta do poder se deu, justamente, porque o *autoritarismo* precisa que o seu discurso autoritário se engendre na imagética sociocultural de tal forma que a própria forma social adquira para si o discurso autoritário e passe, então, a exigir e apoiar maior repressão do Estado, porque a autonomia do Estado é relativa, não absoluta, derivando sempre de acordo com a "crise ideológica que acompanha a crise política e, assim da intervenção particular da ideologia, que redobra o acréscimo de repressão em relação às classes populares" (POULANTZAS, 1972, p. 105)[13].

O resultado disso está estampado na *Exposição de Motivos* do Código de Processo Penal de 1941 e no preâmbulo da Constituição de 1937, que já foram introduzidos no capítulo anterior: o Estado produz instabilidade política, insegurança e desordem social para vender a violência como resposta, a um custo elevado: supressão da representação político-partidária; eliminação do sufrágio; deslocamento do papel dominante do aparelho repressivo; reforço acentuado na concentração burocrática do Estado no Executivo; hierarquização do centro diretivo do Estado como fonte de informação; e controle das cadeias de transmissão das ideias.

---

[13] Como na letra de *As Caravanas*, Chico Buarque: "Tem que bater, tem que matar, engrossa a gritaria/ Filha do medo, a raiva é mãe da covardia".

De certo modo, o ponto central deste capítulo é, justamente, identificar quais são e onde estão os elementos dessa resposta violenta do Estado, visto que essa forma-Estado não constitui um regime político próprio e específico, mas apenas revela uma manifestação do Estado capitalista em um momento de excepcionalidade, como resposta à uma crise hegemônica (POULANTZAS, 1980, p. 83).

Isso dito porque é fundamental evidenciar que, embora tenha tais aspirações, o Estado Novo (ou o regime Vargas em geral) não é constitutivamente fascista, sequer seria totalitário. Enquanto o fascismo é um regime político autoritário e nacionalista que surgiu na Europa no período entre guerras, caracterizado pelo culto à personalidade do líder, pela supressão das liberdades individuais e pela perseguição a minorias étnicas e políticas, o estatismo autoritário é uma forma alegadamente *democrática* de Estado que se caracteriza pela supressão dos representantes políticos tradicionais, exclusão de instituições participativas da vida política e pelo aparelhamento do Estado de bem-estar social.

Embora coincidam algumas características, o que faz o Estado Novo é legitimar a autoridade sob um discurso que se diz democrático, não pela imposição à força nos moldes exatos de um Estado fascista, tanto por isso é imprecisa, de certo modo, a afirmação de que o Estado Novo era, diretamente, um Estado fascista. Na verdade, a *forma Estado Novo* seria, como diria Poulantzas (1980, p. 240-241), ao mesmo tempo melhor e pior do que um Estado claramente fascista: melhor porque mantinha uma certa realidade democrática; pior porque, não sendo fruto de uma simples conjuntura política, não seria tão fácil reverter o Estado e retroceder ao restabelecimento dessas liberdades retraídas.

Nesses dois fatores, (1) o avanço Estadonovista no rumo da legitimação da autoridade se deu com a instrumentalização do discurso da defesa da ordem social nas formas que a seguir serão debatidas; e (2) o desafio está, enfim, em compreender que pela decantação desse discurso, não foi suficiente o fim do Estado Novo, em 1945, para recuperar e proteger direitos e garantias fundamentais no campo do direito criminal, vez que a aparelhagem tecnocrática e autoritária desses conceitos consolidaram, no presente, a institucionalização dessas ideias pertencentes ao passado.

2. A defesa da Ordem Social: do poder de polícia à fase investigatória

O Estado, criação que consulta a necessidade natural da vida em sociedade do ser humano[14], foi concebido no escopo de harmonizar o convívio das mais diferentes pessoas, direcionando-se à satisfação do bem comum, mediante o desempenho de múltiplas e complexas funções. Sem embargo das divergências entre *deterministas*[15] e *finalistas*[16], resta claro que o Estado tem uma finalidade básica, que reside, justamente, no emprego de sua autoridade e legitimidade para a manutenção da segurança pública, tendo como parâmetro o primado da justiça.

Nesse particular, a Constituição de 1937 antecipa o trato do ideal de *segurança* no preâmbulo de seu texto, ao dizer que atende e responde, com aquela constituição "ao estado de apreensão criado no País pela infiltração comunista, que se torna dia a dia mais extensa e mais profunda, exigindo remédios, de caráter radical e permanente" (BRASIL, 1937) e, mais, buscava ali encontrar ferramentas de "preservação e de defesa da paz, da segurança e do bem-estar do povo" (BRASIL, 1937), isto é,

Não se há de olvidar que a principal função de *qualquer* Estado é garantir a segurança das pessoas e bens. O Estado brasileiro de 1937, no entanto, prometia, com grande ênfase no tema da segurança (social e de soberania nacional) um a mais com o seu *poder de polícia*: associado a um *estado figurado de guerra*, necessitava-se responder, de maneira radical, um alegado estado de apreensão criado por movimentos revolucionários, produzindo, com essa desculpa, um instrumento de controle político-social que, mais tarde, somente serviu para atacar os direitos fundamentais e civis.

---

[14] Como se sabe, há basicamente duas correntes a respeito da criação do Estado: naturalista e contratualista. De acordo com o pensamento naturalista, os homens são induzidos, por uma necessidade natural, a associarem-se, pois só a vida em grupo é da própria condição humana. Os precursores dessa ideia foram Aristóteles, no seu livro *A política* e Cícero, com a obra *Da república*. Entre os contratualistas, os maiores divulgadores foram Thomas Hobbes, em *Leviatã* e Jean Jacques Rousseau, com *O contrato social*.

[15] Os deterministas alegam a que sociedade, assim como o homem, age sob o império de uma série de leis naturais, sujeitas ao princípio da causalidade, daí por que, sem embargo de ser possível estabelecer metas em pormenores da vida social, há vários fatores (para alguns de ordem econômica, para outros, geográfica etc.) comandando a sucessão dos fatos fundamentais (DALLARI, 1979, p. 19).

[16] De acordo com esta corrente, o Estado atua sob uma orientação fixada no sentido de atender às necessidades fundamentais, ou melhor, satisfazer o bem comum. Essa seria a finalidade e *ratio essendi* do Estado.

Em linha de rigor, o objeto principal dessa atividade policial compreende todo tipo de relação que se refere ao convívio dos integrantes do grupo social, assim como se ocupa de patrulhar toda espécie de atos que venham a ameaçar ou a transgredir a ordem na sociedade.

Com o que vem de ser dito, nota-se que essa atividade de polícia do Estado, que vai além da questão afeta propriamente à segurança pública, que é uma de suas modalidades, tem três dimensões: (1) uma relativa às pessoas, na medida em que concede tutela à vida, à honra, à liberdade e ao patrimônio, bem como aos direitos e interesses valorados pelo sistema jurídico, pertencentes ao ser humano não apenas em razão dessa condição, mas também tendo em consideração a vida da pessoa em sociedade. Sob outra perspectiva, (2) o poder de polícia leva em consideração a figura do Estado, dimensão na qual esse atributo estatal "... tutela a livre função dos órgãos públicos, a honra, o patrimônio e todos os demais direitos e interêsses respeitáveis, ao mesmo tempo que garante, principalmente, a própria existência do Estado e de sua forma de govêrno" (CRETELLA JÚNIOR, 1968, p. 16).

Por fim, (3) a dimensão que confere profundidade às duas anteriores: a dimensão do *para-quê*. Como anteriormente dito, a construção da ideia que possa justificar o uso da violência estatal é uma retroalimentação entre Particular e Estado.

No ponto, em definição jurídica lapidar da expressão *polícia*, Cretella Júnior (1968, p. 31) arremata que se trata do "[c]onjunto de podêres coercitivos exercidos pelo Estado sôbre atividades dos administrados, através de medidas impostas a essas atividades, a fim de assegurar a ordem pública".

Entendida a polícia administrativa como a atividade com a qual o Estado não apenas procura impedir a prática dos delitos e manter a ordem pública, como também, por meio de ações educativas e de comando da convivência em sociedade, trata de orientar e emitir ordens e determinações para serem cumpridas por todos, tem-se que ela é executada pelos mais diversos órgãos públicos.

As justificativas para a outorga da Constituição de 1937, porém, antecipavam que as normas que afetam à organização do poder de polícia tratavam, precipuamente, de oferecer ao braço armado do Estado ferramentas suficientes para combater e constranger o exercício da oposição política ao Governo Vargas. Nesse contexto, as alterações legislativas e a imposição dessa forma violenta tinham o objetivo claro de "amedrontar e desestimular futuras tentativas revolucionárias" (CAMPOS, R., 1982, p. 90), indo além, correligionários de Campos diziam que a Constituição de 1937 era democrática e respeitava o *princípio da autoridade* (VIANNA, 1939).

É curioso o paralelo, ainda que anacrônico seja, com os preceitos da segurança pública na atual Constituição vigente no Brasil. Para a Constituição de 1988, a segurança pública se trata de dever do Estado, direito e responsabilidade de todos, e é exercida para a preservação da ordem pública e da incolumidade das pessoas e do patrimônio, mediante os órgãos que ela especifica (art. 144, *caput*, Constituição Federal). Na ótica reducionista empregada pelo constituinte, por segurança pública devem ser compreendidas as ações desenvolvidas pelos órgãos públicos na proteção aos direitos que se referem às pessoas em si, aí se incluindo aqueles inerentes à vida, à intimidade e à honra, e aos que dizem respeito ao seu patrimônio.

Claramente que o momento da redação é fundamental para compreensão dessa orientação no trato da segurança pública. A Constituição Cidadã de 1988 vem como resposta ao período de ditadura militar, com o objetivo principal de superar, ao menos do ponto de vista constitucional, o exercício violento dos órgãos policiais e de segurança pública que já há muito tempo haviam se sedimentado no corpo social brasileiro.

Nesse caso, o primado da Constituição de 1988 é o de que os interesses individuais e a proteção da pessoa e de sua dignidade são, necessariamente, o objetivo tutelado pelo Estado. A visão do constituinte de 1937 era outra: para Francisco Campos, o interesse do indivíduo não poderia prevalecer sobre o da tutela social. A ideia formulada por Campos era a de que os direitos individuais – conquistas e garantias processuais e constitucionais aportadas ao direito brasileiro pelo CPCrim de 1832 e Constituição de 1891, alvos de debate na primeira parte desse livro e no capítulo anterior - eram *excessos indigestos* que dificultavam o exercício do controle e da ordem social.

Essa orientação jurídica relativizava até mesmo os direitos fundamentais de primeira geração, propondo, com uma crítica aos modelos jurídicos internacionais (quer de orientação socialista ou liberal), a existência de um ideário legal que se adequasse à *realidade nacional*, nos termos apresentados no tópico anterior. Nesse processo de mudança das legislações penais e da ciência criminal no Brasil, Nelson Hungria (1941) foi um dos doutrinadores que apontaram que as alterações se direcionavam para a manutenção de um material normativo que se adequasse aos interesses do Estado, deixando em segundo plano os direitos fundamentais e civis.

A promessa era a de que as reformas urgentes[17] operadas pelo Governo Vargas forneciam, com acertada precisão, o que mais necessitava o povo brasileiro e melhor desenvolviam o Brasil enquanto Nação. Logo, esse desenvolvimento não poderia ser frustrado ou dificultado pela coligação de opositores políticos – óbvio que essa ótica deixava omisso o fato de que a verdadeira orientação do governo era abraçar os interesses de uma pequena elite política que o dirigia.

Com a instrumentalização do *falso* plano de tomada revolucionária do poder por parte dos comunistas, os avanços legislativos na área da segurança pública desenvolveram um autoritarismo jurídico que se sedimentou, principalmente, em três fontes: Emenda Constitucional n.º 1/1935, a criação do Tribunal de Segurança Nacional e a Constituição de 1937. Essas três fontes, de forma intensa e direta, deram base à formulação do Código de Processo Penal em 1941, sobretudo no que concerne ao *poder de polícia* e ao processamento e julgamento de *crimes políticos*.

2.1 O Poder de Polícia

O poder de polícia, tradicionalmente, distingue-se em duas espécies bem precisas: polícia administrativa e polícia judiciária[18]. A que nos

---

[17] Como típico do que é feito sob caráter de urgência, as reformas passavam atravessadas sem que se fizesse, detidamente, um debate público concreto e essencial acerca do que se estava aprovando.
[18] Há outras classificações dessa função de polícia, porém a mais clássica é a que faz a divisão entre polícia administrativa e judiciária.

interessa aqui é esta segunda, impropriamente conhecida como polícia judiciária, que se ocupa em investigar os crimes que escapam do patrulhamento preventivo e ostensivo da polícia administrativa. A terminologia é imprópria porque causa a falsa impressão de que se trata de um tipo de poder de polícia exercido por um órgão constituído dentro da estrutura administrativa do Poder Judiciário, o que não corresponde à realidade, pois pertence ao Executivo.

A atividade da polícia judiciária é desempenhada por meio de *procedimento administrativo* denominado pelo CPP de *inquérito policial*, que a seguir será também aprofundado. Para a doutrina moderna, nas palavras de Celso Antônio Bandeira de Mello (2015, p. 845), é infeliz a expressão poder de polícia porque "traz consigo a evocação de uma época pretérita, a do 'Estado de Polícia', que precedeu ao Estado de Direito", além de que engloba, em um só nome, um conjunto de coisas que são radicalmente distintas. Ainda segundo Bandeira (2015), o fim do poder de polícia, no sentido amplo, é condicionar o exercício das atividades privadas às necessidades coletivas. O mesmo afirma Hely Lopes Meirelles (2016, p. 152), para quem a característica principal do poder de polícia é o de restringir o exercício dos direitos individuais em benefício do interesse público.

No contexto do Estado Novo, no entanto, é assertivo o termo poder de polícia por tratar, justamente, de um Estado de Polícia, como quis dizer Bandeira de Mello quanto à forma-estado que seria o passado do Estado de Direito. É que, no autoritarismo varguista, a polícia desempenhava, para além das atividades administrativas, um papel fundamental na manutenção do regime autoritário. Era ela, a polícia, a responsável por reprimir qualquer oposição ao governo, em especial as vozes dissidentes do governo e a organização de movimentos sociais e políticos oposicionistas (CANCELLI, 1993).

Dava-se a liberdade restringida pela vigilância, com a utilização de práticas violentas e abusos de poder que impunha medo e silenciamento. A justificativa doutrinária para que essas técnicas fossem inseridas com naturalidade na atuação policial era a de que, só desta maneira, a sociedade não ficasse *desamparada de meios defensivos*. Sabe-se, no entanto, que essa repressão político-social ganhou caráter de urgência quando viu-se crescer, no seio da classe trabalhadora, certa adesão aos movimentos sindicalistas e oposicionistas ao governo (MATTOS, 2007, p. 426).

Nesse ponto, volta-se ao que anteriormente foi tratado nesse texto: é notório que o modelo de policiamento organizado pelo Estado Novo divide o mesmo plano teórico daquele policiamento idealizado pelo Estado burguês, que se que se pauta pelo controle e cerceamento dos movimentos populares e oposicionistas, fazendo nascer a assim chamada *polícia política* (PACHECO, 2018), que afora o ofício próprio da polícia de salvaguardar a lei, possui, a mesma porta, a incumbência de aparelhar as massas populares sob o mesmo ideal de autoridade, mantendo uma coesão social única.

Foi durante o correr do governo provisório de Vargas (1930-1934), antes do Estado Novo, que se efetuou uma reformulação e remodelação das polícias civis para que estas se constituíssem como mecanismos de segurança política – vigilância e censura à oposição política e dissidência partidária - e social – controle dos movimentos sociais, sobretudos os sindicais e comunistas. Ao cabo disso, importou-se nessa forma-polícia os ensinamentos da escola positiva de *Cesare Lombroso*, mormente o pensamento de que o crime, em si, não tinha origem social, mas biológica, de forma tal que a atuação policial tinha resguardada em seu âmago, uma forte conotação moralista como sugere a ideia de que existe um *cidadão de bem*, a ser protegido do *cidadão do mal* ou coisa que o valha.

O enraizamento dessas ideias cuidou de reproduzir, organicamente, na atividade policial, uma determinação sobremaneira preconceituosa e discriminatória, sobretudo naqueles grupos-alvos elegidos pela direção do Estado. São óbvios os resquícios desse *etiquetamento*. Passava a valer no Brasil, então, uma forma de persecução preconceituosa - porque industriada e sectarista – que fornecia "aos mecanismos da punição legal um poder justificável não mais simplesmente sobre as infrações, mas sobre os indivíduos; não mais sobre o que eles fizeram, mas sobre aquilo que eles são, serão, ou possam ser" (FOUCAULT, 1987, p. 22).

A observação a ser feita nesse sentido deve se dividir em duas partes: uma primeira, aqui se desenhando, que investigue, especificamente, essa forma policial, que se desmembra, principalmente, na atuação do Departamento de Ordem Política e Social (DOPS).

Essa urgência policial se dava principalmente por duas razões: a primeira, atinente à trepidação moral causada pela criminalidade na ordem social; a segunda está relacionada ao projeto político estadonovista. Essa segunda razão será mais bem aprofundada no item seguinte, sob o pretexto de compreender o papel e o aparelhamento do Judiciário na construção do estado de exceção constitucional que se deu, com maior intensidade, após a Constituição de 1937, mas pautada, anteriormente, pela Lei de Segurança Nacional.

Quanto ao primeiro ponto, o receio moralista era com a proteção do que se havia criado como imaginário de sociedade perfeita, que estaria, naquele momento, ameaçada pela agitação política desencadeada pela oposição governista. Isso está evidenciado, por exemplo, em um dos discursos oficiais de Vargas (FARIA; BARROS, 1984), para quem o Estado e a Lei não iriam entregar o Brasil a movimentos políticos que tivessem caráter perturbadores e de agitação, destituídos do sentimento de pátria e família.

A vigilância criminal, de forma mais específica, tinha o objetivo secundário de produzir dossiês políticos sobre o indivíduo investigado, tratando de todas as suas associações ou tentativas de engajamento com algum bloco político, sobretudo se essa participação se desse com agremiações políticas suspeitosas ou ditas como revolucionárias. Outro grupo-alvo comum do DOPS eram os imigrantes europeus, sobretudo pela suspeita de que fossem agremiados de partidos comunistas, anarquistas ou socialistas (CANCELLI, 1993).

Instaurava-se, portanto, um modelo conservador que endossava as forças repressivas e ostensivas da polícia, além de legitimar um Estado-policial vigilante e censor. Voltava-se, como já dito, à defesa do interesse de poucos que haviam monopolizado o poder, suprimindo a sociabilidade das pessoas. Todas as esferas policiais – política, civil e militar – estavam orientadas pelo Serviço de Informações do governo federal e não tinham compromisso de *accountability* com o Judiciário, permitindo-se o exercício arbitrário da força.

No capítulo anterior, por exemplo, tratou-se sob a lacuna normativa deixada pelo art. 292 do Código de Processo Penal, que determina o exercício de meios necessários nos casos de resistência à prisão. Apesar de certo que a legitimação específica para o uso da força decorre das circunstâncias do caso, a permissividade por omissão textual do código permite certa tendencia ao abuso, não evitada por possíveis restrições normativas.

Certo assim, conforme lição de Marcos Florindo (2000, p. 61), com a permissividade para o exercício arbitrário da força policial, "o Estado confirma sua intenção de legar à polícia a administração da justiça nos recantos sociais menos abarcados pela ordem burguesa", isto é, passava a permitir que a execução física da defesa da ordem social nas margens da sociedade fosse realizada mesmo que sem a observância de critérios legais.

Nesse item, o que se tratou foi que o *poder de polícia* no contexto do Estado Novo tomou não só as formas jurídicas sobre as quais versa a doutrina processual penal, mas viu ser expandida a possibilidade de sua atuação para um modelo prático que representava, naquele momento, uma instrução e julgamento extraoficial, com a formação de convicções antes mesmo da chegada dos autos ao Judiciário – era, portanto, uma técnica de controle da vida social em todas as suas manifestações, não a administração da justiça, mas da própria ordem social.

Hélio Tornaghi (1977, p. 202) ensina que não deveria ser de atribuição da polícia, no procedimento de investigação e na produção do inquérito, a prerrogativa de fazer sequer juízo de valor provisório acerca dos fatos apurados e das provas colhidas. Entretanto os próprios procedimentos definidos no CPP acerca, por exemplo, da prisão em flagrante e da emissão de nota de culpa, registram claro juízo de valor emitido pela autoridade policial acerca dos fatos no curso da investigação.

A própria palavra *poder* em *poder de polícia* guarda em si um discurso típico desses mecanismos de medo e da vigilância do Estado. Talvez em razão do extenso uso cotidiano na prática jurídica e da literatura jurídica do termo poder de polícia, não se possa assumir que há, aí, uma faceta inevitavelmente negativa, mas o fato é que nele se inclui uma instância ao menos de incitação e reprodução inerentemente violenta de um sistema político de falseamento e violência.

No que concerne ao poder de polícia e ao papel da violência na estrutura de um Estado autoritário, esses foram tópicos amplamente debatidos pela literatura sociológica da segunda metade do século XX, pelos mais importantes e influentes críticos da teoria política, dentre os quais destacam-se dois opostos: *Nicos Poulantzas* e *Michel Foucault*.

Para Foucault, a violência é uma dimensão fundamental da biopolítica[19] (do exercício do poder sobre os corpos), estando simbioticamente relacionada com o relacionamento entre indivíduos ou grupos sociais[20], pode ser simbólica, política ou mesmo econômica – por ser descentralizada, está distribuída no corpo social, exercida também no sentido horizontal, entre pares. Noutro lado, Poulantzas conceitua a violência como um meio de garantia da dominação do Estado classista, necessariamente parte do poder estatal: ao contrário de Foucault, para o conceito do grego a violência é institucional e centralizada no Estado, tem, portanto, um objetivo *político* claro e, por ser exercida por por instituições de Estado, tais como a polícia e o exército, seu sentido de aplicação é vertical.

Os dois autores, no entanto, concordam quanto à noção de que o exercício da violência não se esgota efetivamente nem no campo físico (*violência física*) nem na sua justificação (*violência do discurso*): o grande objetivo dessa violência institucionalizada é a criação do *medo*[21]. É pelo exercício do *jus puniendi* e do *poder de polícia*, isto é, da persecução criminal, que o Estado põe no plano material a sua ideologia impositiva, sua maquinaria do medo. Nas mãos de um *estatismo autoritário*, o poder de polícia é tanto uma proteção quanto uma ameaça.

---

[19] Em outros momentos dessa obra a relação entre direito e biopolítica será retomada, sobretudo nos capítulos que versam sobre a pena de prisão.

[20] No conceito *foucaltiano*, a tópica é a de *normalizar* para *normatizar*: conter, lapidar e classificar as relações sociais antes no campo da vida pública-privada para só depois impor essa questão normativamente.

[21] Para Poulantzas (1980, p. 94), *os mecanismos do medo* ou *teatralidade do Estado moderno*. Foucault não chega a definir um termo específico, mas é vasta sua obra sobre como o controle, a punição e o castigo *amedrontam* para controlar.

Num repente pode parecer contraditório, mas a verdade é que o domínio político-social de um Estado autoritário se move livremente entre a Lei e o Terror. Quando a Legalidade – ou seja, a administração pública só está autorizada pelo pleno exercício da Lei; e o cidadão, ao contrário, só não pode fazer o que a Lei proíbe - se depara com movimentos sociais que anseiam por uma estrutura política mais virulenta, direta e firme, o Terror desbanca a Lei e passa a controlar a máquina estatal, intensificando como método a violência como meio de repressão e controle, ou, dito de outro modo, "o acréscimo do papel da repressão física é necessariamente acompanhado por uma intervenção particular da ideologia, que legitima essa repressão" (POULANTZAS, 1972, p. 105).

Dessa forma, não há como negar que Lei e Terror são duas faces de um mesmo cenário, duas técnicas do mesmo poder, utilizadas alternadamente, com mais ou menos intensidade, ora de maneira explícita, ora oculta. Com isso, considerando que o Estado Novo se propunha a combater a *desordem social* vigente, o que se procura a seguir é desvendar onde se escondem os elementos que podem evidenciar a utilização da investigação criminal com o objetivo de impor a ordem e restringir a oposição política.

2.2 Crimes políticos e o Judiciário

Entre as principais preocupações do Estado Novo constava a criação de um sistema jurídico capaz de processar e julgar crimes de caráter político e social. Como se fazia parecer que a criação de um sistema desse modelo fosse urgente em 1936-37 - antes da Constituição do Estado Novo e do Código de Processo Penal – era necessário que se fizesse algo além das modificações legislativas. Dizia-se isso até por interpretação própria da época de que as formas processuais eram insuficientes para impedir "iminentes" revoluções proletárias.

Daí que as primeiras mudanças foram voltadas para a criação de novos mecanismos institucionais, partes da maquinaria do medo, que tivessem ritos e procedimentos próprios, que pudessem julgar com *livre convicção* os que ameaçavam o governo. Sobreveio, nesse contexto, uma emenda à Constituição da República que instaurou no Brasil um estado análogo ao de guerra, mas silenciou quanto à competência para julgamento dos tais crimes cometidos nesse estado de guerra. Havia certa interpretação de que, nesse silêncio, a competência seria da legislação militar e dos respectivos tribunais militares.

Lado outro, o argumento principal da Emenda Constitucional era a de que não se tratava de um estado de guerra, mas de pura *equiparação*, justamente com a intenção de afortalezar os poderes autoritários do Estado na defesa da ordem social. Fabricou-se, assim, com o Decreto nº 702 de 1936, a urgente necessidade de um modelo excepcional para julgamento dos crimes cometidos no contexto da Lei nº 38 de 1935 (Lei de Segurança Nacional), que para Nelson Hungria (1935, p. 318) destratava a normatização tradicional da matéria de crimes políticos, mormente por sua má redação.

O Estado com sua intolerância para com a oposição, busca fazer do direito penal material e processual um instrumento de controle político. Para Nelson Hungria (1935, p. 311) o legislador penal "relegou para segundo plano o problema da criminalidade commum, para só cuidar da repressão dos crimes de lesa Estado", de forma tal que mesmo a barreira entre criminalidade política e criminalidade comum havia sido rompida.

O conceito de crime político em si é bastante diverso, multifacetado e interpretado de diferentes formas, mesmo porque pode se dizer que todo crime é político. Certo é que o objetivo era manipular o conceito jurídico de crime político a fim de poder concatenar os objetivos do Estado autoritário.

Ainda para Hungria (1934, p. 112), o crime político não pode mesmo ter o mesmo trato do crime comum, justamente por isso é que os arquitetos do Código Penal preferiram deixar para legislação paralela o trato de crimes contra a ordem política e social.

Pode-se dizer que o conceito acolhido de ordem política (contra a qual, portanto, se comete o crime político) está amparado no parágrafo primeiro do artigo 22 da Lei de Segurança Nacional, qual seja a de que a ordem política "é a que resulta da independencia, soberania e integridade territorial da União, bem como da organização e actividade dos poderes politicos".

Assim, para os fins do estatismo autoritário brasileiro, os crimes políticos são entendidos como os crimes contra a ordem política e social. Especificamente, os crimes dessa natureza foram dispostos no corpo da Lei de Segurança Nacional na seguinte ordenação: (1) os crimes contra a ordem político; (2) crimes contra a ordem social; (3) propaganda política subversiva; (4) crimes de imprensa; (5) disposições quanto à imigração.

No contexto dessa legislação paralela é que, em 1936, o governo cria um *Tribunal de Justiça* dedicado ao processamento e julgamento desses crimes políticos: o Tribunal de Segurança Nacional. Nesse aspecto, foi a fictícia produção de um estado de guerra que possibilitou que a lei penal e processual penal fossem aplicadas sob a sociedade civil nos moldes de tribunais militares.

A criação do TSN se coaduna, no contexto dos anos de 1936 e 1937, com a forte investida do Estado Vargas pela censura, pela centralização das decisões no Executivo Nacional e com a criação de um serviço secreto de polícia. A institucionalização de um tribunal especial para o julgamento de opositores políticos e militantes de movimentos subversivos foi doravante configurado na Constituição de 1937 no parágrafo 17, artigo 122[22] e no Código de Processo Penal no inciso IV do artigo primeiro[23].

O argumento mais firme da época seria o de que a herança liberal da Constituição de 1891 e da República Velha servia um doloroso anacronismo que desarmava o Estado na luta contra seus inimigos políticos. Em razão disso, seria necessário alterar as formalidades jurídicas impostas que tornavam tanto brandas quanto lentas os processos contra aqueles que cometiam crimes contra a ordem política e social (CAMPOS, R., 1982, p. 39). Foi esse mesmo argumento que serviu como base para o controle das garantias na Constituição de 1937 e no Código de Processo Penal de 1941, como tratado no capítulo anterior.

Essa ponderação sucedeu à criação de um tribunal especial para o trato dessas causas, servindo, precipuamente, para silenciar e impossibilitar, pela força e pela violência, a ação de opositores, fossem legítimos ou não.

---

[22] "os crimes que atentarem contra a existência, a segurança e a integridade do Estado, a guarda e o emprego da economia popular serão submetidos a processo e julgamento perante Tribunal especial, na forma que a lei instituir".
[23] "os processos da competência do tribunal especial (Constituição, art. 122, n. 17)".

A existência, em si, do Tribunal de Segurança Nacional já representa uma violação direta às garantias individuais. No entanto, pela construção do critério interno de estado de guerra, não havia exteriorização crítica em relação a esse modelo de Tribunal de Justiça Disciplinar.

Tanto os *sujeitos políticos ilegais* quanto os *atos e as formas de gerenciamento jurídico* desses sujeitos se inseriam, de forma orgânica dentro da legalidade do direito; o Estado assim escolhia quais eram os ilegalismos e qual o modo de aplicação da legalidade.

Esses sujeitos ilegais, para Francisco Campos (1941b, p. 289), eram todos aqueles que tentavam cooptar o Estado pelo exercício de uma política partidária que falseava as decisões populares, retardando o processo de desenvolvimento brasileiro. Já a forma de gerenciamento se guiava principalmente por uma instrução que resguardasse as provas – ou indícios mínimos – e que a condenação fosse tão rápida quanto energética.

Dessa sorte, a linha é a de que para os fins autoritários, a legislação vigente seria sempre insuficiente ou vagarosa, assim como as garantias (direitos fundamentais) são retardatárias do fazer-justiça. Nessa confusão argumentativa, perde-se tanto a proteção dos direitos individuais quanto os critérios de justiça na persecução criminal. Elegeu-se assim, com o Tribunal de Segurança Nacional, regras e procedimentos específicos, finos e particulares – em caráter de excepcionalidade – que buscavam não o direito, mas a disciplina; não a justiça, mas a ordem. Regia-se, nos corredores desse tribunal, um processo judicial de agenciamento do poder político do Estado.

Veio-se o Tribunal de Segurança Nacional (TSN) como órgão da justiça militar, não comum. Suas características específicas, disciplinadas pela Lei nº 244 de 1936, são: (1) a análise dos recursos submetidos contra decisão do TSN seria de competência do Superior Tribunal Militar, não do Supremo Tribunal Federal; (2) os juízes eram nomeados e não poderiam ser demitidos; (3) a OAB poderia indicar advogado para exercer a defesa de réu revel ou que não tivesse constituído defensor; (4) a Promotoria teria direito de arrolar ilimitadas testemunhas; (5) a defesa tinha prazo acurtado para oferecimento de resposta à acusação; (6) os juízes-membros do TSN podiam, de ofício, determinar a produção de quaisquer tipo de provas; (7) os julgamentos poderiam acontecer mesmo na ausência do réu; (8) em casos de flagrantes, sobretudo nos casos em que o réu fosse pego, por exemplo, portando armas de fogo, a presunção (*in dubio*) era em favor das alegações; e (9) a sentença dos membros do TSN deveria se guiar pela *livre convicção*, o que, logicamente, afastava a necessidade de fundamentações mais elaboradas para condenar.

Quanto a esse ponto último, um importante membro do TSN, o juiz Raul Machado, produziu defesa em nome da *livre convicção* ao dizer que não havia a previsão de que fosse feita sentença condenatória contrária às provas dos autos, mas tão somente a lei conferia ao juiz a possibilidade de decidir "conforme o seu conhecimento, alicerçado em 'qualquer das provas' (e aí é que está a suposta 'liberdade' de convicção) a que, no inventário e exame meticuloso das peças no processo, dê mais crédito e validade" (MACHADO, 1941, p. 19), o que não significava, necessariamente, que o juiz podia julgar livremente.

No entanto, fica evidente que as sentenças do TSN não seguiam o mesmo sistema legal de provas que circundava o julgamento de processos na justiça comum ou até mesmo na militar. Dessa forma, era possível que sentenças proferidas em processos no âmbito do TSN aceitassem como prova depoimentos únicos de uma só testemunha (em desatenção à lógica "testemunha única, testemunha nula") e validar confissões produzidas somente perante a autoridade policial (convalidando tortura, por exemplo). Mais tarde, essa forma de julgar com livre apreciação das provas levou à alteração promovida no Código de Processo Penal que, na Exposição de Motivos, levou Francisco Campos (1941a) a dizer que com o livre convencimento do juiz, seria possível produzir uma "sentença que oferece garantia contra os excessos, os erros de apreciação, as falhas de raciocínio ou de lógica ou dos demais vícios do julgamento".

3. A estrutura normativa do Inquérito Policial e suas implicações práticas

Foi com o avanço da legislação autoritária cunhada por Francisco Campos que se buscou reagir ao *bacharelismo* e *liberalismo* da Constituição de 1891 e do CPCrim de 1832, a começar, logicamente, pela persecução criminal. A *persecução criminal* compreende as atividades que são desempenhadas pela polícia judiciária na órbita da ação penal, sobretudo pelo seu ponto inaugural, que é o *inquérito policial*.

No ponto, o inquérito policial é o procedimento administrativo que elabora a *forma jurídica da* investigação policial para que esta possa chegar à instância judiciária, sendo, portanto, a justa causa para o início da ação penal. Na exposição de motivos do Código de Processo Penal, Francisco Campos (1941a) informa manter o inquérito policial com as mesmas características que já tinha anteriormente vencido o debate entre inquérito policial e juizado de instrução.

Esse debate pautou-se, anos antes, pela proposição de Vicente Ráo, n'uma comissão para elaboração de um novo código de processo penal, para que se pudesse promover uma mudança radical na estrutura do inquérito, aportando-se o juiz de instrução, retirando da polícia essa função de instrução provisória (interrogação do acusado, tomar o depoimento das testemunhas, colher provas), mantendo apenas sua função investigadora (ACOSTA, 1955, p. 24). Essa mudança, no entanto, não chegou a ser realizada, mantendo-se o sistema em que a polícia tinha uma função de instruir preliminar e provisoriamente a ação penal.

Já com a comissão de elaboração do Código de Processo Penal de 1941, já se bradava contra os excessos praticados pelas autoridades policiais na condução dos inquéritos, já que estes não se submetiam ao controle judicial. Para obviar o problema, muitos países da Europa Continental começaram a adotar o *juízo de instrução*, atribuindo a um juiz a missão de e controlar a atuação policial e fazer a investigação pré-processual.

Com o passar do tempo, o juiz foi dando lugar ao Ministério Público quanto ao desempenho da atividade investigatória, passando a assumir uma posição de controle quanto aos excessos. Conquanto a investigação preliminar tenha sido identificada como o coração do *Código Rocco*, ainda assim, para maior controle, era confiada, porém, ora ao juiz, ora ao Ministério Público, que possuía função de polícia judiciária, pois detinha competência para promover atos de conservação das provas e investigatórias (GLOECKNER, 2018, p. 284-285) e mesmo judiciária, pois podia decretar a prisão, sem possibilidade de impugnação.

Na exposição de motivos, sob a rubrica *A conservação do inquérito policial*, Francisco Campos (1941a) disse, sobre a manutenção das características do inquérito, que o modelo de juízo de instrução limitaria a função da autoridade policial e só seria "praticável sob a condição de que as distâncias dentro de seu território de jurisdição sejam fácil e rapidamente superáveis", o que não seria possível na época, em razão dos precários meios de comunicação, de modo que, mesmo sendo viável a implementação nas sedes das comarcas, não haveria condições de estender a todos os distritos.

Nesse ponto, o código aduz que "A polícia judiciária será exercida pelas autoridades policiais no *território* de suas respectivas *jurisdições* e terá por fim a apuração das infrações penais e da sua autoria" (art. 4, *caput*, CPP). Essa conceituação inaugural da forma-inquérito no código processual penal resguarda, justamente, importante e fundamental orientação política da escola jurídica que o elaborou.

No inquérito, a competência é territorial no sentido de que resulta do local onde ocorre a infração investigada, além de questões outras próprias e inerentes à natureza do crime (ACOSTA, 1955, p. 30). O ponto é que, para os propósitos policialescos do Estado Novo, as autoridades policiais poderiam até mesmo avocar (*chamar a si*) a jurisdição de investigação nos casos de crimes de ação pública.

Entre os dispositivos operacionais de poder introduzidos pelo CPP de 1941, os que mais evidentemente revelam as orientações do autoritarismo jurídico no inquérito policial são esses atinentes à questão território-jurisdição, fatores políticos que controlam o alcance do exercício do poder policial no contexto pré-processual.

Sabe-se que um dos três fatores que compõem conceitualmente o ideário moderno de Nação é o *território*. Para uma nação, o território é mais do que mera delimitação cartográfica de suas fronteiras em uma extensão de terra; o território é a determinação de unidade política e de campo de alcance possível para o exercício do poder do Estado.

É dentro de um território que há a *jurisdição* – ou seja, competência de determinado poder ou órgão legal para aplicar ou deixar de aplicar a lei. Dizer *onde* e *quem* tem a competência para processar e julgar infrações desta ou daquela natureza é revelar, antes de tudo, a posição primordial que o legislador tem para com determinado gênero de infração (se crime político, contra a fé pública, contra a economia popular etc.), é, portanto, mais um conceito político do que jurídico-formal.

Já em razão disso recaia como falácia o argumento de que o modelo de juízo de instrução limitaria o exercício do poder policial dentro de uma mesma jurisdição, ainda mais em razão dos signos eleitos pela exposição de motivos como motivos para tal, quais sejam os de que o inquérito policial, na qualidade de instrução provisória, seria "uma garantia contra apressados e errôneos juízos", assegurando "uma justiça menos aleatória, mais prudente e serena" (CAMPOS, 1941a).

Magalhães Noronha (1976, p. 21) aceitou como válida apenas a primeira justificativa, e foi cirúrgico ao assinalar a grande desvantagem e problema com a adoção do inquérito policial, por reduzir "a justiça quase à função de repetidor de seus atos". Por isso mesmo, ele defendia que "paulatinamente o juizado de instrução poderá (ia) ir sendo adotado, a começar pelas comarcas das capitas" (NORONHA, 1976, p. 21). Tanto é assim que alguns juízes – talvez o correto seja dizer muitos – possuem o mau vezo de adotar como estratégia nos interrogatórios e nas inquirições, a praxe de indagar aos acusados e às testemunhas se confirmam o que já disseram na investigação.

Dessa maneira, no nosso sistema misto de forte sotaque inquisitivo e policialesco, a missão investigatória em si foi outorgada à polícia, sem controle judicial algum. Consoante salientado linhas acima, o Código de Processo Penal de 1941 foi pensado como um instrumento de força a ser manejado pelo Estado para combater a criminalidade, concebendo o ambiente no qual exercida a persecução criminal, antes ou durante a fase processual, como uma arena, na qual é travada verdadeira *guerra entre o bem e o mal*[24].

A eficiência da persecução criminal não estava centrada na preservação dos direitos da pessoa investigada ou acusada, mas, sim, em conseguir a punição. Para Foucault (FONSENCA, 2002, p. 92-93), o

---

[24] O que se busca, repetindo à exaustão, com esse texto, é demonstrar como a feitura do Código de Processo Penal – e consequentemente a operação do direito penal material – foi afetada profundamente por um caráter moralista.

inquérito é, a um só tempo, um modo emblemático na busca da *verdade* e um instrumento para um sem-número de práticas políticas. Para o francês, além do critério administrativo, sob o signo do inquérito há algo de quase religioso.

O escopo da persecução criminal era descobrir justamente essa verdade, a chamada verdade real – algo que ontologicamente não existe e, ainda que possível fosse, o fim principal do processo não deve ser esse (LOPES JÚNIOR, 2010, p. 564). Nesse desenho, o que importa para o processo, e especialmente para o juiz, o responsável em combater o crime, é descortinar a verdade, sendo irrelevante o meio empregado: os fins justificam os meios. Em outras palavras, é o vale-tudo na persecução penal, no desiderato de conseguir a punição.

O viés inquisitivo e policialesco do processo penal, com preocupação voltada para angariar os elementos para a aplicação da sanção, colorido com cores fortes na fase pré-processual, entregou à autoridade policial autonomia alargada para proceder as investigações, sem controle judicial. Ademais da investigação descontrolada, a autoridade policial contava com o auxílio incondicional do juiz. Nesse modelo, a missão do juiz não era controlar a investigação, mas, sim, auxiliá-la.

Com efeito, a atuação do magistrado nesse momento da persecução criminal foi estimulada apenas no sentido de contribuir com a investigação, sendo-lhe conferidas as tarefas de: (a) requisitar a instauração do inquérito policial, ou seja, determinar a apuração do fato tido como ilícito pela autoridade policial (art. 5°, II, primeira parte, do CPP); (b) decidir sobre a dilação do prazo de encerramento da investigação (art. 10, § 3°, do CPP); (c) interferir nos rumos da investigação, podendo decidir pela realização de diligências que entender pertinentes (art. 13, II, do CPP); (d) receber a representação do ofendido autorizando a investigação em crime de ação penal pública condicionada (art. 39, caput e § 4°, do CPP); (e) decretar o sequestro (art. 127 do CPP); (f) determinar, de ofício, a produção de prova (art. 156 do CPP, redação originária), a busca e apreensão (art. 242 do CPP) e a prisão preventiva, na fase do inquérito ou do processo (art. 311 do CPP, redação originária). Enfim, o juiz tinha uma atuação na fase investigatória, em prol da persecução criminal, mais ativa até mesmo do que o próprio Ministério Público tem hoje.

Memore-se que na redação originária do *CPCrim*, não foi havia previsão própria de algo denominado inquérito policial, mas tão somente um instituto da investigação era denominado formação da culpa, sob a direção do juiz de paz. Era, ali sim, uma espécie de juizado de instrução, pois a apuração do fato criminoso competia a um juiz, muito embora não fosse requisito para o exercício do cargo de juiz de paz não fosse privativo de bacharel em direito. Em verdade, o juiz de paz, em alguns casos, investigava, acusava e julgava, o que era inaceitável. Muitas críticas foram endereçadas a esse arranjo, cujo argumento central era de que o legislador tinha atribuído ao judiciário função policial.

Ao invés de resolver essa hipertrofia da competência do juiz de paz, a Lei n° 261, de 1841, transferiu considerável parte dessa competência para a autoridade policial, que em alguns casos, além de investigar, ainda passou a ser o julgador. Enfim, a Lei n° 2.033, de 1871, excluiu essa função anômala da autoridade policial, circunscrevendo a sua atuação à fase de formação da culpa, preservando, porém, a competência para pronunciar no caso do art. 60 do Regulamento de 31 de janeiro de 1842 (art. 9°, caput e parágrafo único).

Embora diga, por exemplo, Frederico Marques (1977, p. 104), que essa lei teria criado o inquérito policial em nosso meio, nela não há nenhuma menção expressa a esse respeito. De fato, o art. 10, § 1°, da Lei n° 2.033, de 1871, prescreve, apenas, que, para fins da formação de culpa, as autoridades policiais deverão cuidar de realizar as diligências que forem necessárias para o "descobrimento dos fatos criminosos e suas circunstâncias, e transmitirão aos Promotores Públicos, com os autos de corpo de delito e indicação das testemunhas mais idôneas, todos os esclarecimentos coligidos".

Quem de fato criou o instituto do inquérito policial foi o Decreto n° 4.824, de 1871, com a disciplina do art. 42, caput, assim nominando o instrumento no qual deveriam ser reduzidas a escrito as diligências a cargo da autoridade policial no desempenho de sua atividade investigatória (LEAL, 1942, p. 79) . Agrega Rogerio Schietti (2020, p. 47) que, efetivamente, quem criou o instituto do inquérito policial foi o Decreto nº 4.824, de 1871, "instituindo-se uma rotina que, passados mais de 140 anos, é quase idêntica à que atualmente orienta a atividade investigatória policial".

3.1 Investigação e controle judicial

Em verdade, a feitura do CPP partiu da premissa de que o juiz, assim como a autoridade policial, estava envolvido e era também interessado no *descortinamento da verdade* e na punição do infrator. Tanto assim foi que o legislador o escolheu como o destinatário dos autos do inquérito policial (art. 10, § 1º, do CPP), quando, naturalmente, deveria ser endereçado à Promotoria, que é o legitimado para o ajuizamento da ação penal. Aliás, a Lei nº 2.033, de 1871, ao conferir à autoridade policial o papel de realizar as diligências investigatórias preliminares, esclareceu que os dados relacionados ao descobrimento dos fatos criminosos e suas circunstâncias deveriam transmitidos aos promotores públicos (art. 10, § 1º)

O juiz ficava alheio à investigação, salvo quando lhe convinha participar ativamente, com a finalidade de cooperar com a investigação. A autoridade policial não necessitava de permissão judicial para os atos de diligência, sequer quando se tratava de busca e apreensão, em razão da dicção normativa do art. 242 do Ordenamento Processual Penal e a Constituição então vigente – situação que perdurou até a Constituição de 1988. Consoante lembra Câmara Leal (LEAL, 1942, p. 99), tanto a autoridade judicial quanto a polícia poderia realizar "a busca e apreensão... desde que tenha conhecimento da ocultação ou existência de objetos a serem apreendidos, ou a requerimento da parte interessada".

Ou seja, sequer quando se tratava de diligência que importava na flexibilização de um direito fundamental da envergadura da inviolabilidade do domicílio, garantida em todas as Constituições brasileiras, não se exigia autorização judicial, podendo o delegado de polícia atuar livremente, sem nenhum controle prévio. Aliás, essa era uma tradição do nosso direito, vinda do CPCrim de 1832, até porque os direitos fundamentais, uma vez que vazados nas nossas Constituições em forma de princípios, não eram considerados normas, possuindo menos valor do que as regras estampadas na legislação infraconstitucional[25].

O exame da persecução criminal, no âmbito do inquérito, tinha como centro não o ato delituoso em investigação, mas o indivíduo que supostamente o cometeu. De forma que o descobrimento da *verdade real*, enquanto objetivo de um alguém que deveria ser imparcial, não se sujeita a qualquer tipo de formalismo, assegurando ao juiz ampla iniciativa em restringir as garantias individuais. Fato é que essa falta de controle judicial se dava, a mais ver, em razão da *presunção de culpabilidade* que se instaurava contra o acusado mesmo no curso da investigação preliminar.

Isso mais ainda quando essa supressão era cometida pela autoridade policial, longe do controle judicial. Quer dizer, se a polícia precisasse ter acesso a documentos, bastava fazer a diligência nesse sentido, ainda que para tanto precisasse entrar, à força, no domicílio ou no lugar de trabalho do investigado, mormente porque contra esse investigado recai toda a pecha de *criminoso a ser condenado*, sem consideração alguma à inocência presumida.

O fato de a condução do inquérito dar-se de forma sigilosa era, na prática, uma permissão para que a polícia realizasse as investigações longe das limitações próprias de um inquérito, o que invariavelmente levava a abusos e arbitrariedades. Também não se alcançava qualquer previsão do contraditório e da ampla defesa, de sorte que detinha a polícia excessivo poder na condução dos inquéritos. Na condução do inquérito, a autoridade policial era o seu próprio limite, ademais de poder contar com o juiz, como coadjuvante em sua árdua missão de investigar e perseguir a *verdade real*.

3.2 Medidas cautelares probatórias

São medidas cautelares de caráter probatório aquelas que almejam a obtenção e guarda de prova no curso de uma investigação ou processo criminal, trata-se de medida com natureza de *cauteralidade* justamente porque o objetivo é o de impedir que a prova se perca. Com essa intenção, por exemplo, o artigo 366 do CPP permitia que o Juíz seguisse a condução

---

[25] É sobre essa baixa densidade de garantias dos direitos fundamentais que trata o capítulo anterior.

e produção antecipada de provas urgentes no caso de não comparecimento do réu ao processo (esse artigo segue inclusive inalterado no sistema processual).

O Código Italiano de 1930, em que se inspira a redação original do código brasileiro, expressa em seu art. 226 que os poderes dados à polícia judiciária no curso do inquérito para terem acesso ao sistema de telefonia seria de forma tão ampla que poderiam "transmitir, interceder ou impedir comunicação, bem assim, dela tomar conhecimento ou adquirir outras informações", sem maior controle.

No processo penal brasileiro, no entanto, só foram tratadas as medidas probatórias de questões patrimoniais, e mesmo a prisão processual não recebeu a feição de medida cautelar, sendo tratada como um instrumento de antecipação do cumprimento da pena futura a ser definida na sentença condenatória, o que será aprofundado mais adiante nesta obra.

Fato é que, mesmo com clara inspiração no Código Italiano, que despendeu clara atenção ao tema, dando-se somente um exemplo acima, as chamadas medidas cautelares probatórias aparentemente não mereceram qualquer consideração do legislador do código processual.

Nem mesmo a busca e apreensão, pois esse instituto foi catalogado tão somente como mais uma das espécies de prova previstas na codificação. E, de fato, a busca e apreensão era isso mesmo, pois a autoridade policial, ela própria, sem qualquer controle do juiz, poderia determinar a expedição da busca e apreensão, não havendo necessidade, sequer, da confecção do mandado, quando a diligência fosse realizada por ela mesma, conforme a redação do art. 241 do CPP[26].

Note-se que, dessa forma, a expedição do mandado foi tratada como uma excepcionalidade, um formalismo dispensável. Tudo isso com o respaldo da Constituição de 1937, pois, no ponto, restou dito, no art. 122, item 6º, que era garantida "a inviolabilidade do domicílio e de correspondência, salvas as exceções expressas em lei". O legislador do CPP disciplinou no ambiente subconstitucional essas exceções ao seu arbítrio, como introduziu o capítulo anterior.

---

[26] Art. 241. Quando a própria autoridade policial ou judiciária não a realizar pessoalmente, a busca domiciliar deverá ser precedida da expedição de mandado.

E mais, o dispositivo em causa abriu uma brecha para o juizado de instrução, uma vez que alvitrou a possibilidade de o próprio juiz, pessoalmente, realizar a diligência, fazendo as vezes da autoridade policial, descaracterizando, ainda mais, a função jurisdicional, autorizando-o a vestir a camisa da acusação por cima da toga.

Significava, nesse particular, até mesmo uma ressalva ao ônus da prova. Dirá o artigo 156 que a prova incumbe a quem acusa, "mas o juiz poderá, no curso da instrução ou antes de proferir sentença, determinar, de ofício, diligências para dirimir dúvida sobre ponto relevante". Essa faculdade inclusive não dependia de decisão judicial bem fundamentada, podendo o juiz genericamente indiciar a produção de provas. Este artigo mantém-se, alegadamente, válido no sistema processual hodierno, mesmo com as mudanças pós-Constituição de 1988, ainda que, agora, o juiz tenha de fundamentar detidamente a necessidade dessa sorte de diligências.

Fato é que a razão pela qual o legislador brasileiro deixou de disciplinar aprofundadamente as medidas cautelares probatórias se encontra justamente no item anterior: não havia controle judicial no ambiente de investigação. Seria paradoxal, portanto, que a autoridade policial visse limites normativos impostos à sua investigação se esses limites não existiam de fato. Como bem registrou o *Quadro 1, Item 2.2* do Capítulo anterior, estavam violadas ou limitadas as garantias individuais da Constituição de 1937, quer em qualidade ou quantidade, de sorte à suprimir, justamente, qualquer direito individual que pudesse sustar, retardar ou reduzir a *eficiência* da investigação criminal.

Observe-se que, em praxe oriunda do denominado termo de bem viver do *CPCrim*, dentro desse contexto de superpoderes, era comum a autoridade policial realizar prisões para averiguações de bêbados, prostitutas e mendigos, mesmo sem lastro em decisão judicial, a pretexto de manutenção da ordem pública, prática que subsistiu durante a vigência do CPP, muito embora não houvesse nenhuma disposição normativa a respeito. Basileu Garcia abordava *en passant* esse assunto, ressaltando que "entre os casos de prisão admitidos por lei não se inclui, nem jamais se incluiu, em nossos textos legais, a prisão para averiguações policiais" (1945, p. 13).

Todavia, mesmo reconhecendo que, em princípio, não poderia haver a detenção sem ser em situação de flagrante ou em razão de ordem judicial, Gomes Neto (1957, p. 122), embasado em fundamento empírico, defendia que há "casos em que a chamada prisão, então chamada correcional, é necessária". Essa práxis, infelizmente, eliminada de nosso meio jurídico-formal apenas com o advento da Constituição de 1988, ainda se encontra no substrato da atuação policial hodierna.

A prova de que essa detenção partia de um arbítrio era que durava curto espaço de tempo, posto que havia a norma não escrita de que não poderia perdurar por mais de 24 (vinte e quatro) horas, primacialmente quando se tratava de bêbado, em que o recolhimento ao cárcere se justificava como medida para a manutenção da ordem, ainda que preventiva, diante do estado de embriaguez. Era o que se convencionou chamar *prisão para curar o porre*.

Como esse lapso temporal era muito curto, o legislador do CPP, com o art. 21, *caput* e parágrafo único, avançou a fim de prever a possibilidade de a autoridade policial determinar a incomunicabilidade do indiciado, pelo prazo de até 3 (três) dias, bastando para tanto que, por meio de despacho nos autos, dissesse que a medida se impunha em razão do interesse da sociedade ou por conveniência da investigação.

Em verdade, embora a incomunicabilidade não tenha sido prevista no CPCrim, ela era utilizada na prática, mediante a interpretação a contrario sensu de seu art. 181, que estabelecia como crime próprio da alçada do carcereiro, deixar de comunicar, a incomunicabilidade do preso, quando não houver ordem escrita da autoridade competente (ALMEIDA JÚNIOR, 1959, p. 391). Informa Almeida Júnior (1959, p. 391) ainda que essa era uma prática antiga, denominada, no sistema francês, *mise ém secret*, como espécie de tormento infligido aos presos, mas havia divergência quanto à compatibilidade desse instituto mesmo em relação à Constituição Imperial, que incluiu dentre os direitos fundamentais a entrega da nota de culpa, no prazo de 24 (vinte e quatro) horas (art. 179, § 8º).

O legislador de 1940, a fim de espancar dúvida a respeito da legalidade da medida, tratou de deixar expressa a possibilidade da incomunicabilidade, ao tempo em que aproveitou para aumentar o prazo para 3 (três) dias. Cabe lembrar que o infrator foi tratado como objeto, não como sujeito processual , motivo pelo qual, para fins de obter a verdade por meio de exaustivos interrogatórios, a autoridade policial podia determinar o seu recolhimento à cadeia, ficando a sua inteira disposição para longos e sucessivos interrogatórios, sem poder se comunicar com ninguém, nem mesmo seu advogado, sendo levado à confissão pelo cansaço físico ou mental. Era o que se pode chamar *tortura normativa*[27].

É verdade que, não tendo a norma identificado claramente quem poderia determinar a incomunicabilidade, havia divergência na doutrina se era imprescindível ordem judicial, o que para Câmara Leal (1942, p. 128) se apresentava como questão bizantina, pois, na hipótese de prisão em flagrante, situação em que o recolhimento ao cárcere não ficava à mercê da decisão de magistrado, não se podia denegar à autoridade policial a faculdade de determiná-la.

Assim, no seu pensar, "a incomunicabilidade é medida da alçada policial, muito embora também o juiz a possa determinar por ocasião da decretação da prisão preventiva" (LEAL, 1942, p. 128). Essa anomalia, de alguma forma, foi reduzida, com a nova redação dada ao parágrafo único no art. 21 pela Lei nº 5.010, de 30 de maio de 1966, ao deixar consignado que, para a sua validade, a incomunicabilidade exige sempre, "despacho fundamentado do juiz, a requerimento da autoridade policial, ou do órgão do Ministério Público, respeitado, em qualquer hipótese, o disposto no art. 89, inciso III, do Estatuto da Ordem dos Advogados do Brasil (Lei nº 4.215, de 27 de abril de 1963)".

Isso foi o bastante para suscitar a ira de Tourinho Filho (1984, p. 191) contra essa iniciativa, taxando-a de mais uma das inconsequentes atitudes liberais, que servem para reduzir a função repressiva do Estado, tendo ele defendido que, mesmo com a nova regra, "se o indiciado estiver incomunicável e o advogado quiser com ele se avistar, deverá fazê-lo em companhia da autoridade responsável pela investigação". Esse dispositivo,

---

[27] Guardadas as devidas proporções, a prática remanesceu vigente na atuação judiciária brasileiro, basta ver o que diz o Ministro do STF Gilmar Mendes sobre as delações premiadas de presos no curso da Operação Lava Jato (RAMALHO, 2022), tendo dito que assistiu de "'forma atônita' as 'prisões alongadas, como forma de pressionar e mesmo como forma de tortura psicológica'. Acrescentou que, além das prisões, as conduções coercitivas 'a pretexto de combate à corrupção, atentaram e atentarão sempre contra o devido processo legal'".

porém, atualmente, é tido como revogado pelo art. 136, § 3º, inciso IV da Constituição, na medida que a ordem jurídica vigente veda a incomunicabilidade do preso até mesmo na vigência do estado de defesa, quanto mais em situação de normalidade constitucional.

Para incrementar o descontrole da atividade investigatória pré-processual, sob o dogma de que o inquérito policial se constituía em mera peça informativa, a doutrina tradicional (SALLES JUNIOR, 1986, p. 7) , acompanhada da jurisprudência do Superior Tribunal de Justiça e do Supremo Tribunal Federal, firmou o entendimento de que as nulidades do inquérito policial não tinham o condão de contaminar o processo.

A guisa de confirmação dessa assertiva, veja-se parte da ementa do acórdão do Superior Tribunal de Justiça, em habeas corpus relatado pelo Ministro Pedro Acioli, em que ele afirmou, com todos as letras, que "o inquérito policial é mera peça informativa" tratando-se de "simples investigação criminal", de modo que "mesmo que existissem irregularidades nos inquéritos policiais, tais falhas não contaminariam a ação penal", sendo esse entendimento tão "pacífico e tão evidente que se torna até mesmo difícil discuti-lo" (FRANCO; STOCCO, 1999, p. 889).

A despeito dessa posição da Suprema Corte, Tourinho Filho (1984, p. 188) era incisivo, ao afirmar, com ênfase, que, dado o caráter inquisitório do inquérito, "o indiciado não é um sujeito de direito em face da autoridade policial, e, sim, um objeto de investigação", pelo que não lhe era assegurado o direito de defesa, nessa fase. Para além disso, Tourinho Filho (1984, p. 183), sob o argumento de que o *jus accusationis* só tem início com o ajuizamento da ação penal, desenvolvendo raciocínio lógico tendo como verdadeira essa premissa, arrematava que "se no inquérito não há acusação, claro que não pode haver defesa".

Ainda assim, a despeito desse caráter inquisitivo e a ausência de garantia do direito de defesa, o legislador concebeu a possibilidade de o indiciado requerer qualquer diligência, salientando, porém, que, a despeito do pedido, ela seria "realizada, ou não, a juízo da autoridade" (art. 14 do CPP). Isto é, não se tratou, propriamente, de um direito, pois não se reconheceu ao indiciado a possibilidade de solicitar ao juiz a determinação da realização da diligência, senão de fazer o pleito perante a autoridade policial, que poderia, ao seu talante, indeferir o pedido, sem que fosse alvitrado recurso para a impugnação da decisão.

Por isso mesmo, Câmara Leal (1942), a despeito de aplaudir a inovação trazida com o CPP, qualificando-a de acertada, argumentava que, não tendo sido previsto nenhum recurso da denegação do pedido de diligência, só restava ao indiciado, caso ela fosse tida como arbitrária, "fazer uma representação à autoridade policial hierarquicamente superior, expondo-lhe o pedido, sua importância e a improcedência do indeferimento".

Em razão dessa cultura inquisitiva, o juiz em nosso meio continua com o seu protagonismo na investigação, tendo tríplice função: (a) auxiliar a investigação; (b) decidir sobre a flexibilização dos direitos fundamentais durante a investigação; e (c) processar e julgar a pretensão acusatória. Se em outros sistemas jurídicos o Ministério Público entrou na investigação para assumir a coordenação dos trabalhos, com a consequente saída do juiz por outra porta a fim de assumir uma posição de controle de legalidade, no nosso meio os poderes investigatórios foram conservados nas mãos dos juízes. Criou-se o sistema 3 (três) em 1 (um), ou dos 3 (três) contra 1 (um): polícia, promotor/procurador da República e juiz de um lado, enquanto, do outro, o investigado, aqui e ali assistido por um advogado.

Isso tudo posto sob a missão governamental de *defender a ordem social*, o que desafia a própria definição de delicada política criminal, que deve orientar o Estado em seu agir na persecução da criminalidade. Tobias Barreto (1926, p. 149), com a clarividência de sempre, criticando a discussão doutrinária sobre os fundamentos jurídicos do direito de punir, adverte que o conceito da pena escapa do campo jurídico e recai-se como conceito político, partindo da lógica de que o sistema jurídico perturbado, assim como o ofendido, ao reagir, não possui outro interesse senão a reparação do dano, se possível, *in natura*, de modo que "o que vai além dessa esfera nasce de motivos que são estranhos ao direito mesmo" (BARRETO, 1926, p. 151), ingressando por fim no campo político.

Mostra-se relevante relembrar que as concepções filosóficas sobre as intrincadas questões de ordem criminal, com o decorrer do tempo, evoluíram e mesmo involuíram para, mais tarde, renovarem-se, em consonância com a própria evolução da humanidade. Fato é que o direito criminal (processual e penal material) deve ser aperfeiçoado, no tempo, em sentido de buscar os aperfeiçoamentos de seus sistemas jurídicos e penais tanto para resguardar as garantias e liberdades individuais dos cidadãos quanto para efetivar o cumprimento de seu objetivo de segurança, paz e ordem pública.

Considerações finais do capítulo

Ao contrário de uma defesa social repressiva, como pregavam os *positivistas*, procedeu-se na segunda metade do século XX, em resposta ao estatismo autoritário, uma Nova Escola Defesa Social, de ótica estruturalmente democrática.

Nessa escola, à qual são agregados, ainda, alguns valores anunciados pela corrente abolicionista contemporânea e, notadamente, pelo modelo plantado com as raízes do *garantismo*, está pautada uma agenda comprometida, ao mesmo tempo, com a defesa das garantias individuais e com o tratamento normativo do problema criminal.

O devido processo, nesse modo de ver, não é apenas uma garantia individual daquele que está submetido a uma demanda criminal, mas um postulado coletivo e universal, que impõe ao Estado o respeito a direitos históricos da humanidade.

Nessa concepção, do que se cuida é *menos de um direito-poder de punir e mais de um dever-poder de punir*[28] ou, melhor, na concepção de um direito criminal democrático, que adota mecanismos de *despenalização* e mesmo de *descriminalização, dever-poder de exercer a persecução criminal*.

A expressão *dever-poder de exercer a persecução criminal* é mais adequada tendo em conta institutos negociais e despenalizantes a exemplo da transação, da suspensão condicional do processo e do acordo de não persecução penal, como os quais a solução do problema criminal é alvitrada por meio de consenso e sem aplicação de pena, com a consequente extinção

---

[28] Para Jurgen Baumann (1986, p. 10) *"la imposición de consecuencias penales no constituye solamente un derecho, sino también un deber del Estado"*.

da punibilidade, após o cumprimento das condições estabelecidas no acordo firmado entre as partes. Cabe lembrar que a sentença de extinção de punibilidade, nessa hipótese, tecnicamente, é considerada absolutória, em razão do que prescreve o art. 397, IV, do Código de Processo Penal.

A nomenclatura *persecução criminal* também é preferível a *persecução penal*, pois nem sempre a atuação do Ministério Público se pauta no propósito de conseguir a punição do infrator, seja porque é seu dever pedir a absolvição quando considerar o acusado inocente, seja porque, assim como ressaltado acima, em muitos casos ele propõe a solução consensual, por meio dos institutos da transação, suspensão condicional ou do acordo de não persecução penal.

Isto é, nesses casos, a persecução criminal não tem como finalidade *punir* ou aplicar pena, mas, sim, solucionar o problema sem a imposição de sanção, atendendo ao mandamento contido no art. 3°, III, da atual Constituição, que orienta o desenvolvimento de política criminal no afã de *erradicar a marginalização*.

De outro lado, na visão moderna decorrente de um sistema criminal pautado de acordo com o entendimento de que a teoria do processo penal tem raiz nos direitos fundamentais, o *jus persequendi* é oriundo da perspectiva objetiva dessa classe de direitos.

O objetivo, com isso dito, é demonstrar como, por tantas escolas criminalistas que sucederam à responsável pelo Código de Processo Penal original, se buscou superar a legislação criminal dos estados autoritários dos quais tratamos nesta obra. A ordem era a de inverter a lógica de antes, em que se governava o povo por meio de mecanismos de segurança pública.

Percebia-se, como hoje mesmo é claro, o nítido teor autoritário que exsurge dessas legislações penais e processuais repressivas e excessivas, com forte conotação artificial para definição de conceitos como o de crime político e para o exercício do poder de polícia.

Hoje, a persecução criminal, espraiada entre a chamada polícia judiciária e o Ministério Público, é poder político conferido ao Estado e monopólio dele, que deve ser exercido não só com obediência aos direitos fundamentais do homem, como também de forma legítima.

A política criminal justificadora da persecução criminal deve ser orientada por critérios que se conformem com ordem constitucional. Por isso mesmo, sendo democrático o Estado, não seria necessário dizer que a persecução criminal, igualmente, deve confortar-se com as premissas democráticas, o que implica afirmar, no que é mais importante aqui realçar, que os Direitos Penal e Processual Penal precisam ser elaborados e pensados sob esse viés político.

Veja-se, assim, que na linha de pensamento do regime varguista de que o ordenamento processual penal não mais poderia ser uma carta de regalias individuais em favor do acusado porque este, ao fim, colocaria sob risco a defesa social, orientou-se a construção de uma investigação preliminar (inquérito) como um aparelho disciplinar que organizava e dirigia a ostensividade (vigilância).

Era a forma burocrática de orientar e sujeitar os indivíduos ao peso da burocracia estatal e da possível sanção punitiva. O objetivo era produzir material mínimo, em um procedimento sem contraditório, para que tivesse início uma ação penal ou fosse requisitada alguma medida cautelar com base nas justificativas elencadas pelo código, tais como a garantia da ordem pública, conveniência da instrução ou assegurar a aplicação da lei penal.

O detalhe importante – para não dizer drástico – é que o *juiz hércules brasileiro*, nessa fase preliminar destinada para a apuração dos fatos criminosos, desempenha, a um só tempo, a função de investigador e de juiz dos poderes investigatórios da autoridade policial e do Ministério Público. Em alguns momentos, ele age como investigador, em outros, como terceiro desinteressado na investigação em si. Isso sem falar que lhe cabe, ainda, processar a persecução penal e julgar o caso. Somente recentemente, com o chamado Pacote Anticrime é que se tentou resolver, por vez, esse problema com a criação da figura do *juiz das garantias*, porém, o Supremo Tribunal Federal, em decisão monocrática do Ministro Luiz Fux, suspendeu, *sine die*, a sua entrada em vigor (ADI 6.298/DF 2020).

Portanto, em nosso sistema, o juiz persiste tendo a possibilidade de participar ativamente da fase investigatória, o que compromete sua imparcialidade, e desconfigura o chamado processo de conhecimento, que de fato não para de uma fase processual de reconhecimento ou validação do que conhecido na durante a apuração dos fatos, no processo conduzido pela autoridade policial.

Postas essas linhas específicas para demonstrar como tantos são os problemas práticos da Justiça Criminal e da atuação policial que decorrem, justamente, da configuração-modelo erigida pelo Estado Novo e remodelada, aqui e ali, pela doutrina jurídica nacional, ainda ligada, mesmo que sem o mesmo credo filosófico, à essa ortodoxa tradição reacionária e iliberal.

Evidente que o regime militar (1964-1985), rendeu fôlego a essa forma criminal autoritária, questão que só veio a ser minimamente desconstruída com a Constituição de 1988 e com reformas processualistas mais diretas efetuadas ao longo da primeira década do século XXI. Fato é que essa aparente anomalia ou desordem jurídica não trata de um fato indesejado, mas de uma expressão da desordem social histórica do Brasil, radicalmente enfincado em raízes autoritárias, patrimonialistas, racistas, patriarcalista, enfim, que se formou identitariamente como país no turbilhão de todas essas ideias.

O que não quer acreditar a crítica feita nesta obra, de forma geral, é que tudo fez o caminho passado da doutrina e política criminal foi confirmar a incompetência do Estado brasileiro, que aparentemente sempre precisará desses mesmos meios ditatoriais[29]. Necessário insistir na ideia de que não pode haver desenvolvimento da política criminal, mesmo em seu sentido mínimo, sem o estabelecimento e proteção de um sistema jurídico propriamente democrático.

Assim, o esforço aqui projetado foi o de evidenciar e identificar a capacidade de disseminação e decantamento dessas ideias autoritárias de defesa da ordem social na doutrina e no tecnicismo jurídico atual. Isso é particularmente importante porque compreendemos que ainda hoje se fazem homenagens e referências ao modelo criado pela escola jurídica que elaborou o Código de Processo Penal de 1941, o que indica a conformidade com um sistema jurídico atormentado pelo passado e carente de uma democracia que pouco se esboça.

---

[29] Em paráfrase à música *Podres Poderes* de Caetano Veloso, que indaga: "Será que nunca faremos senão confirmar/ A incompetência da América católica/ Que sempre precisará de ridículos tiranos".

Bibliografia

ACOSTA, Walter P. *O processo penal*. 1. Ed. Rio de Janeiro: Editora do autor, 1955.

ALMEIDA JÚNIOR, João Mendes. *O processo criminal brasileiro*. Rio de Janeiro: Freitas Bastos, 1959.

BARRETO, Tobias. *Algumas idéias sobre o chamado fundamento do direito de punir*. *In*: BARRETO, Tobias. Menores e loucos. Edição do Estado de Sergipe, 1926.

BAUMANN, Jürgen. *Derecho procesal penal*: conceptos fundamentales y princípios procesales. Tradução Conrado A. Finzi. Buenos Aires: Depalma, 1986.

BONAVIDES, Paulo. *Curso de direito constitucional*. 31. ed. São Paulo: Malheiros, 2016.

BRASIL. *Constituição (1937)*. Constituição dos Estados Unidos do Brasil. Rio de Janeiro, 1937. Disponível em http://www.planalto.gov.br/ccivil_03/constituicao/constituicao37.htm.

CAMPOS, Francisco. Exposição de motivos do Código de processo penal. *Revista forense*: doutrina, legislação e jurisprudência, Rio de Janeiro, v. 38, n. 88, p. 627-636, out./dez., 1941a.

CAMPOS, Francisco. *O Estado nacional*: sua estrutura, seu conteudo ideológico. 3. Ed. Rio de Janeiro: J. Olympio, 1941b.

CAMPOS, Reynaldo Pompeu de. *Repressão judicial no Estado Novo*: esquerda e direita no banco dos réus. Rio de Janeiro: Achiamé, 1982.

CANCELLI, Elizabeth. *O mundo da violência*: A polícia da era Vargas. Brasília: Ed. UNB, 1993.

CRETELLA JÚNIOR, José. *Tratado de direito administrativo*: polícia administrativa. Rio de Janeiro: Forense, 1968.

CRUZ, Rogerio Schietti. *Prisão cautelar*: dramas, princípios e alternativas. 5. ed., rev., atual. e ampl. Salvador: JusPODIVM, 2020.

DALLARI, Dalmo de Abreu. *Elementos de teoria geral do estado*. 6 ed. São Paulo: Saraiva, 1979.

FARIA, Antonio Augusto; BARROS, Edgard Luiz de. *O retrato do velho*. São Paulo: Atual, 1984.

FLORINDO, Marcos Tarcísio. *O serviço reservado da delegacia de ordem política e social de São Paulo na Era Vargas*. 2000. Dissertação (Mestrado em História) – Faculdade de História, Direito e Serviço Social da Universidade Estadual Paulista, França.

FONSECA, M. A. da. *Michel Foucault e o Direito*. São Paulo: Max Limonad, 2002.

FOUCAULT, Michael. *Vigiar e punir*: nascimento da prisão. Trad. Raquel Ramalhete. Petrópolis: Vozes, 1987.

FRANCO, Alberto Silva; STOCCO, Rui (coord.). *Código de Processo Penal e Sua interpretação jurisprudencial*. São Paulo: RT, 1999.

GALEANO, Eduardo. *Dias e noites de amor e de guerra*. Porto Alegre: P&M, 2019.

GARCIA, Basileu. *Comentários ao código de processo penal*. Rio de Janeiro: Revista Forense, 1945.

GLOECKNER, Ricardo Jacobsen. *Autoritarismo e Processo Penal*: Uma genealogia das ideias autoritárias no Processo Penal Brasileiro. São Paulo: Tirant Brasil, 2018.

GOMES NETO, F. A. *Teoria e prática do código de processo penal com formulários*. Vol. v. 1. Rio de Janeiro: José Konfino - Editor, 1957.

HUNGRIA, Nelson. A repressão dos delitos políticos. *Revista de Direito Penal*, 1934.

HUNGRIA, Nelson. A Lei de Segurança. *Revista dos Tribunais, v. 34, abr./jun., 1935*.

HUNGRIA, Nelson. O direito penal no estado novo. *Revista forense*: doutrina, legislação e jurisprudência, Rio de Janeiro, v. 38, n. 85, p-265-272, jan./mar., 1941.

LEAL, Antonio Luiz da Camara. *Comentários ao Código de Processo Penal brasileiro*. Rio de Janeiro: Freitas Bastos, 1942.

LOPES JÚNIOR, Aury. *Direito processual penal e sua conformidade constitucional*. Rio de Janeiro: Lumen Jures, 2010.

MACHADO, Raul. Do julgamento por livre convicção. *Revista do Direito*, v. 7, ano 2, 1941.

MAQUIAVEL, Nicolau. *O Príncipe*. Trad. Maurício Santana Dias. São Paulo: Companhia das Letras, 2010.

MARQUES, José Frederico. *Elementos de direito processual penal*. Vol. I e IV. Campinas: Bookseller, 1977.

MATTOS, Marcelo Badaró. *As greves na trajetória da classe trabalhadora brasileira*. Conferência de Abertura da IV Jornadas de História do trabalho, 2007.

MEIRELLES, Hely Lopes. Direito administrativo brasileiro. São Paulo: Malheiros, 2016.

MELLO, Celso Antônio Bandeira de. *Curso de direito administrativo*. São Paulo: Malheiros, 2015.

NORONHA, E. Magalhães. *Curso de direito processual penal*. São Paulo: Saraiva, 1976.

PACHECO, T. Polícia política, inteligência e segurança na ditadura militar (1964-1984). *Sæculum – Revista de História, [S. l.]*, n. 39 (jul./dez.), p. 191–204, 2018. Disponível em: https://periodicos.ufpb.br/index.php/srh/article/view/40750.

POULANTZAS, Nicos. *Fascismo e ditadura*. Vol. 2. Porto: Portucalense Editora, 1972.

POULANTZAS, Nicos. *O Estado, o poder, o socialismo*. Rio de Janeiro: Edições Graal, 1980.

RAMALHO, Renan. Em debate sobre Lava Jato, Gilmar Mendes e Aras comparam delações a tortura. *Gazeta do Povo*, Paraná, 07 de março de 2022. Disponível em: www.gazetadopovo.com.br/republica/lava-jato-gilmar-mendes-e-aras-comparam-delacoes-a-tortura.

SALLES JUNIOR, Romeu de Almeida. *Inquerito policial e ação penal*: indagações, doutrina, jurisprudencia, pratica. São Paulo: Saraiva, 1986.

TORNAGHI, Hélio. *Instituições de Processo Penal*. Vol 2. São Paulo: Saraiva, 1977.

TOURINHO FILHO, Fernando da Costa. *Processo Penal*. São Paulo: Saraiva, 1984.

VIANNA, Oliveira. *O idealismo da constituição*. 2 ed. Rio de Janeiro: Companhia Editora Nacional, 1939.

WEBER, Max. *Ciência e Política: Duas Vocações*. São Paulo: Editora Cultrix, 2011.

CAPÍTULO 3

O INTERROGATÓRIO JUDICIAL DO ACUSADO NO CÓDIGO DE PROCESSO PENAL DE 1941: UM MEIO DE PROVA

Sophia Fátima Morquecho Nôga[1]

A disposição do interrogatório no título referente às provas na redação original do Código de Processo Penal de 1941, reflete o contexto sob o qual ele foi editado, na vigência do Estado Novo[2]. Esse instituto processual veio atender às premissas do sistema inquisitório, marcado pela ausência de primazia às garantias do acusado no decorrer do processo penal.

É dizer que, princípios como a ampla defesa, o contraditório e o devido processo legal são colocados em segundo plano. A própria condução do interrogatório judicial corrobora com essa visão peculiar. Não havia uma separação concreta das funções de acusar, defender e julgar. Logo, havia uma confusão no procedimento do interrogatório, a começar pela possibilidade da condução coercitiva do acusado até a autoridade judicial para ser inquirido numa posição eminentemente desfavorável.

Não bastasse o desgaste de se submeter a um escrutínio judicial – o que acontece por si só, inclusive quando são observadas garantias como em um sistema acusatório – o réu conduzido ao interrogatório é presumivelmente culpado. As perguntas que lhe são feitas são uma chance de ele confessar e ter sua pena reduzida. Se optar por não as responder, que

[1] Mestra em Direito Constitucional pela Universidade Federal do Rio Grande do Norte. Graduada em Direito pela Universidade Federal do Rio Grande do Norte. Advogada OAB/RN. Professora de Direito Processual Penal na pós-graduação do Centro Universitário do Rio Grande do Norte (UNI-RN). Assistente de representante processual na Procuradoria-Geral do Estado do Rio Grande do Norte. Pesquisadora nos grupos "Criminalidade violenta e diretrizes para uma política de segurança pública no estado do Rio Grande do Norte" e "Direito Criminal como corpo normativo constitutivo do sistema de proteção dos direitos e garantias fundamentais, nas perspectivas subjetiva e objetiva", ambos vinculados à UFRN. E-mail: sophia_mnoga@hotmail.com. Orcid: https://orcid.org/0000-0001-5872-5651.
2Instaurado por Getúlio Vargas, o período do Estado Novo durou de 10 de novembro de 1937, até 29 de outubro de 1945.

junte provas cabais e indubitáveis de que não é o culpado, ou aceite, desde já que o seu silêncio poderá, e muito provavelmente será, interpretado em seu desfavor.

Essa era a sina do acusado sob os olhos do Código Processual Penal de 1941, objeto desse estudo. Ou ele engendra todos os esforços e investe em uma defesa conclusiva na prova de sua inocência, ou finda por confirmar a posição de culpado.

Levando isso em consideração, o direito ao silêncio do acusado que escolhe não responder às perguntas no interrogatório é de análise fundamental para entender melhor este instituto. Não há como deixar de notar que esse direito não era observado na sua essência.

Um dos fatores que validavam esse *modus operandi* de flexibilização de garantias pessoais do acusado nessa busca implacável da verdade real é a distribuição do ônus da prova, tal como estabelecida pelo Diploma em estudo. A presunção era a culpa do infrator da lei, ou melhor, do acusado de violar um tipo penal, pois nem julgado havia sido.

Com todos esses obstáculos para a manutenção da liberdade e da inocência do acusado por um delito, a figura do defensor merece uma análise específica. O procedimento do interrogatório, tal qual previa o Codex de 1941, dificultava a vida não só do acusado de maneira direta, mas também por meio do seu defensor, que possuía restrições em assistir o seu cliente de maneira plena ao longo desse ato processual.

Com vistas ao regular desenvolvimento de um raciocínio mais especializado acerca do interrogatório judicial, tal qual era tratado no Código de Processo Penal de 1941, o presente capítulo é sistematizado em três seções.

A primeira seção se dedicará a tratar do interrogatório enquanto um meio de prova do acusado, abordando temas importantes que se relacionam como o direito ao silêncio, a presunção da culpabilidade e, ainda, o papel do defensor e os limites de sua atuação nesse ato processual.

Na segunda seção, será dissecado o procedimento do interrogatório, de acordo com o que prevê a redação originária do Código de Processo Penal de 1941. A análise topográfica desse instituto, alocado dentre os meios de prova é imprescindível nessa construção doutrinária. Tampouco poderá se deixar escapar o tratamento do réu enquanto objeto do interrogatório.

Seguindo essa linha intelectiva, a terceira e última seção se dedicará ao ônus da prova no interrogatório, que era do acusado. Serão abordados os desafios dessa fixação de ônus probatórios, com a consequente necessidade de o réu angariar provas para provar sua inocência. Essa posição desfavorável do acusado não termina por aí. A possibilidade da condução coercitiva também merece destaque nesse contexto.

Dessa forma, o estudo do interrogatório como previsto no Código de Processo Penal de 1941, com fortes resquícios do sistema inquisitorial, é de irrefutável relevância para a compreensão do sistema processual penal brasileiro como um todo, que vem avançando ao longo dos anos. O próprio reconhecimento expresso pela adoção de um sistema acusatório somente ocorreu em 2019, com a inclusão do artigo 3-A ao Codex. Essa parte da história não pode deixar de ser visitada pelo estudioso do Direito que analisa os direitos hoje alcançados.

É mister consignar, ademais, que o arcabouço referencial do presente capítulo é fomentado, especialmente, pelas informações coletadas e pesquisadas ao longo do engajamento com os grupos de pesquisa Criminalidade violenta e diretrizes para uma política de segurança pública no estado do Rio Grande do Norte" e "Direito Criminal como corpo normativo constitutivo do sistema de proteção dos direitos e garantias fundamentais, nas perspectivas subjetiva e objetiva", ambos sob a coordenação do Professor Walter Nunes.

Para desenvolver esses intentos, serão utilizados como método a pesquisa bibliográfica e descritiva acerca do tema. Em se tratando de pesquisa jurídica, far-se-á uso como fonte a legislação brasileira vigente sobre a matéria e os julgados considerados relevantes para a temática ora abordada.

Dessa maneira, é através dessa metodologia que se estruturará o eixo para a construção teórica, de base científica, relativamente a uma conclusão sobre a aplicação do interrogatório judicial no Diploma Processual Penal de 1941 como um meio de prova falível e que pouco favorecia o réu.

1. O interrogatório: um meio de prova do acusado

Neste primeiro momento, é mister destacar que o interrogatório objeto de análise deste capítulo se refere àquele da fase judicial. O enfoque principal, aqui, será dado ao interrogatório que ocorre durante a instrução processual e não a persecutória inicial, da fase policial, ora tratado no capítulo "Prisão em Flagrante no Código de Processo Penal de 1941". Para um aprofundamento quanto ao interrogatório na esfera administrativa, notadamente àquele posterior à prisão em flagrante, remete-se o caro leitor à leitura daquele capítulo.

Note-se que, enquanto o interrogatório policial se procede ainda na instrução do inquérito policial, momento no qual a autoridade policial indaga qual a versão dos fatos pela ótica do acusado acerca da imputação, o interrogatório judicial é realizado perante o Juiz, que representa o Estado, e trata dos fatos que já foram abordados na denúncia ou queixa (MARINHO, 2010).

Dito isto, é pertinente trazer à memória que a presença do interrogatório no início do processo penal remonta desde o Código de Processo Criminal de 1832 (CPCrim) até a redação original do Diploma Processual Penal de 1941. Conforme se observa na primeira parte desta obra, ao contrário do CPCrim, o Codex de 1941 passou a considerar expressamente o interrogatório como meio de prova, tratando-o, especificamente, no título das provas.

Esse uso do interrogatório em desfavor do réu, enquanto um meio de se produzir a prova processual contra ele, revela uma forte característica do sistema inquisitório ainda presente à época. A sua utilização era justificada pela busca da "verdade real", o princípio mor que predominava, e já serviu de escusa para a prática de inúmeras atrocidades em tempos passados.

Relativamente a isso, Tourinho Filho esclarece que:

> Quando se fala em verdade real, não se tem a presunção de chegar à verdade verdadeira, como se costuma dizer, ou, se quiserem, à verdade na sua essência – esta é acessível apenas à Suma Potestade –, mas tão somente salientar que o ordenamento confere ao Juiz penal, mais que ao Juiz não penal, poderes para coletar dados que lhe possibilitem, numa análise histórico-crítica, na medida do possível,

restaurar aquele acontecimento pretérito que é o crime investigado, numa tarefa semelhante à do historiador. (TOURINHO FILHO. 2012, pg. 58).

Sendo assim, apesar da importância de se perseguir a verdade em sua forma mais aproximada da realidade concreta, o perigo reside quando esse princípio é utilizado de maneira indiscriminada como fundamento para o acometimento de atos contrários à dignidade humana, notadamente.

Entretanto, pelo modo como era aplicado o interrogatório no modelo do Código Processual Penal de 1941, no início do processo e com o intuito predominante de se obter a confissão do réu, a verdade, dita real, mais se aproximava com o que era verdade para a acusação do que com a realidade fática.

Nesse sentido, com as modificações legislativas que ocorreram desde 1941 até a atualidade, sob a influência da Constituição da República de 1988, o que se nota não é uma extinção do princípio da verdade real. Mas o que se percebe é uma alteração no modo de se perquirir esse princípio. Ou seja, a busca pela verdade real não tem mais espaço para servir de escusa para violações de direitos como a dignidade da pessoa humana e o devido processo legal. Os fins não mais justificam os meios.

Todavia, a redação original do Código de Processo Penal de 1941 não era clara em estipular ressalvas na aplicação dessa busca incessante pela verdade real, em especial, num momento tão crucial quanto o interrogatório.

O interrogatório era usado como meio de prova. Ele não se prestava a ser uma oportunidade de o acusado exercer a sua autodefesa sendo que, por isso mesmo, era realizado logo no início do processo penal. Contrário a ideia de autodefesa, a sua utilização era limitada a servir para a produção de prova, notadamente, contra o réu. O acusado não podia fazer uso desse instituto para se defender das teses da acusação que enfrentaria ao longo do processo. Se fosse o último ato, o interrogatório seria uma oportunidade de dar a palavra a quem é diretamente interessado no resultado da ação penal, o réu. Mas, a contrassenso, o interrogatório servia como uma chance de colher informações que pudessem servir de substrato para a argumentação acusatória.

1.1 O interrogatório e o direito ao silêncio: a presunção da culpabilidade

De início, cumpre observar o contexto do sistema jurídico da época da redação original do CPP 1941. É dizer que, quando da instauração da ação penal, já havia uma presunção de que o acusado era culpado. Um exemplo simples e concreto dessa ideia está na leitura do artigo 240 do citado diploma: "Art. 240. A busca será domiciliar ou pessoal. § 1º Proceder-se-á à busca domiciliar, quando fundadas razões a autorizarem, para: a) prender *criminosos*).". (grifo acrescido). Em uma comparação com o pensamento de Cesare Lombroso, no livro "L'uomo delinquente", de 1876, o capítulo "A busca e apreensão sob a ótica da redação originária do Código de Processo Penal de 1941", no tópico "Instrumentalização da medida de busca e apreensão no Código de Processo Penal de 1941" ressalta o perigo dessa escolha legislativa de nomenclaturas para a imparcialidade de julgamento.

O artigo supracitado faz referência a criminosos, enquanto poderia fazer uso de outras expressões menos pejorativas e comprometedoras, como condenado ou réu. Essa escolha legislativa abre espaço para ambiguidades, pois pode levar a crer que uma pessoa que tem contra si a expedição de um mandado de busca domiciliar ou pessoal é criminoso. Isso vem reafirmar a ausência da presunção de inocência e, ao revés, a presunção de que o réu é culpado.

Ainda era possível notar resquícios da aplicação de um sistema inquisitivo, visto que havia previsão de mecanismos que corroboravam com a ideia da persecução de um criminoso e não de um devido processo legal em face de um acusado que, ao fim de tudo, poderia ser ou não culpado.

Levando isso em consideração, o artigo 186, do Código de Processo Penal de 1941, ditava que o réu no interrogatório até poderia deixar de responder as perguntas que lhe fossem formuladas, mas se o fizesse, seu silêncio poderia ser interpretado em seu desfavor.

O direito ao silêncio, na atualidade, é muito utilizado como sinônimo do princípio *nemo tenetur se detegere*, que traduz a ideia de que ninguém é obrigado a se autoincriminar. Entretanto, à época do CPP de 1941 o mais coerente é se referir ao direito ao silêncio e não usar o *nemo tenetur se detegere* como se fossem iguais. Isso porque havia a disposição do direito de o réu se manter calado no interrogatório, mas, ao mesmo tempo, esse silêncio poderia ser interpretado contra ele. Então, se optar por se manter calado pode ser usado de maneira desfavorável a si, indiretamente havia uma incriminação.

Sob uma análise sistêmica do direito brasileiro, não se pode deixar de notar que a Constituição de 1937, também conhecida como Constituição Polaca, que vigia à época, não dedicou nenhum artigo para tratar do direito ao silêncio do acusado. Nos 187 artigos da sua redação original, somente no artigo 122 fala-se de direitos e garantia individuais e não há nenhuma referência sequer aos direitos do réu, tampouco ao devido processo legal.

Apesar de se ver avanços ao redor do mundo, sob a influência de ideias liberais e de direitos individuais, anteriores ao CPP de 1941 – tal como a publicação da Quinta Emenda à Constituição dos Estados Unidos da América, através da qual consagrou o *privilege against self-incrimination*[3], possibilitando a liberdade de consciência do réu no interrogatório – há um desvio de finalidade do direito ao silêncio no interrogatório no Codex de 1941.

O artigo 186, do referido diploma processual penal escamoteou a real intenção desse direito ao silêncio que é evitar ao acusado a produção forçada de provas contra si mesmo ou de mentir em Juízo para evitar se incriminar. Veja-se:

> Art. 186. Antes de iniciar o interrogatório, o juiz observará ao réu que, embora não esteja obrigado a responder às perguntas que lhe forem formuladas, o seu silêncio poderá ser interpretado em prejuízo da própria defesa.

No mesmo sentido o artigo 191 acrescenta:

> Art. 191. Consignar-se-ão as perguntas que o réu deixar de responder e as razões que invocar para não fazê-lo.

Sendo assim, observa-se que, *a priori*, o CPP de 1941 resguarda ao acusado o direto de permanecer calado durante as perguntas que lhes forem formuladas no interrogatório. Entretanto, essa opção pode ser interpretada em seu prejuízo.

---

3 Direito de não incriminar a si próprio.

Essa ideia de que quem é inocente responde às perguntas do interrogatório, já que não tem nada a esconder e que quem não responde, merece ter a sua inocência questionada bebe do modelo de *accused speaks*, da Inglaterra (SMITH, 2005).

Para esse modelo processual, seria antinatural o silêncio de quem é inocente, já que seria mais uma oportunidade para bradar de que nada fez para estar naquela posição. Da mesma forma, seria antinatural ao culpado se manter calado, enquanto que com a confissão ele poderia alcançar alguma paz de espírito (MARINHO, 2010).

Entretanto, essa obrigatoriedade camuflada de faculdade de se pronunciar no interrogatório, consoante se extrai do CPP de 1941, colaborava com o prosseguimento de um discurso inverídico. Isso porque se fosse o caso de o réu ser culpado e não quiser se autoincriminar, nem se prejudicar pelo seu silêncio, seria mais conveniente optar por criar uma narrativa inverídica, do que simplesmente calar-se. Essa atitude gera ainda mais obstáculos à persecução penal e à obtenção da verdade real.

E se em hipótese distinta, o acusado fosse inocente, estaria em uma berlinda: ou silenciava e aceitaria que estaria consentindo com sua culpabilidade ou falava e teria o ônus de provar a verdade. E se não o fizesse, muito provavelmente seria declarado culpado.

1.2 O papel do defensor no interrogatório

No procedimento do interrogatório judicial disposto no Código de Processo Penal de 1941, a posição do defensor do réu é meramente figurativa. Não lhe cabia interferir nas perguntas, nem mesmo nas respostas do acusado. Desse modo, o papel de advogado orientador era rechaçado.

De acordo com a redação literal do artigo 187, do referido diploma, o defensor não poderia intervir ou influenciar, de qualquer maneira, as perguntas e respostas do interrogado. Não havia nenhuma menção expressa que vinculasse o promotor a seguir esses critérios, o que, a depender da interpretação do operador do direito, findava por gerar uma certa instabilidade e desequilíbrio entre as partes.

Não era possível, então, que o interrogado, antes de responder uma pergunta formulada pelo juiz, consultasse o seu patrono para dirimir qualquer dúvida, porque seria uma maneira de o advogado influir e isso era vedado pelo CPP de 1941. Para esses casos de dúvida quanto a repercussão jurídica das suas respostas, caberia ao imputado somente se calar (FRAGOSO, 2003).

Essa redução da atuação do advogado no interrogatório afasta mais ainda a hipótese de utilização desse instituto como meio de defesa e de um processo pautado no contraditório, e confirma que, de fato, se tratava de um meio de prova.

Apesar dessa vedação, a participação de um defensor ativo no interrogatório é deveras importante quando se estar a tratar da observância de direitos fundamentais do réu. Um advogado atuante poderia impedir a condução de perguntas de modo tendencioso pelo juiz, ao notar algum privilégio de certas linhas de indagação, em detrimento de outras.

Essa linha de condução tendenciosa do interrogatório, às vezes de maneira involuntária, não raro buscava estimular certas declarações do interrogado. Seria pertinente ao advogado se pronunciar para fazer constar alguma observação em ata ou, em casos extremos, intervir. É relevante o trabalho do defensor, ainda, na vista do termo do interrogatório para confirmar se as notas consignadas são condizentes com o ato processual praticado.

Um exemplo de diploma que dá primazia aos direitos processuais do acusado é o Código de Processo Penal alemão que traz uma série de vedações expressas de métodos de interrogatório, como a hipnose, engano ou tortura. Estabelece, ademais, que qualquer medida que viole a capacidade de compreensão ou a memória é proibida (VON LISZT, 2006).

Nada obstante a presente digressão sobre a importância dessa atuação por parte do defensor, o CPP de 1941 preferiu restringi-la. O Diploma Processual Penal em questão não foi construído sob uma visão protetiva do imputado. Ao contrário, o acusado era tratado como objeto do processo penal e não como parte ativa. E objetos não merecem tamanha proteção.

Um dos argumentos para defender a ausência de interferência por parte do defensor no interrogatório judicial é dizer que trata-se de ato privativo do Juízo e, em o sendo, somente caberia ao juiz se pronunciar, além do acusado, naquele momento. Quanto mais vulnerável se encontre o imputado, mais fácil seria extrair dele algum pronunciamento comprometedor, que corroborasse com aquela ideia preconcebida de que ele é culpado (FRAGOSO, 2003).

2. O procedimento do interrogatório na redação originária do Código de Processo Penal de 1941

A análise do procedimento em si do interrogatório tal como abordado pelo Código de Processo Penal de 1941 é fundamental para a compreensão das suas características e do modo como deve se portar o imputado. O interrogatório era realizado no início do procedimento, era a primeira providência defensiva e instrutória.

No início do processo, o acusado era intimado para comparecer em Juízo para participar do interrogatório. O artigo 185, do citado diploma assim dispunha: "Art. 185. O acusado, que for preso, ou comparecer, espontaneamente ou em virtude de intimação, perante a autoridade judiciária, no curso do processo penal, será qualificado e interrogado.".

Dessa maneira, a disposição legal dá a entender que o réu preso não teria margem de escolha para comparecer ou não naquele ato processual, ao passo que o imputado solto teria ainda uma certa liberdade de comparecer espontaneamente ao ato. Essa liberdade é diminuta porque se o réu solto não comparecesse por livre e espontânea vontade no interrogatório, ele podia ser conduzido coercitivamente, à luz da interpretação do artigo 260, do CPP de 1941.

Presente para o interrogatório, antes da inquirição, o acusado deveria ser qualificado, confirmando-se as informações pessoais que lhe dizem respeito (nome, estado civil, residência, dentre outras). Nessa etapa inicial, prevalecia o entendimento de que não cabia o exercício do direito ao silêncio, nada obstante a falta de clareza do CPP de 1941 sobre a partir de qual momento o réu poderia fazer uso desse direito.

O artigo 186, do referido diploma se restringiu a esclarecer que antes do interrogatório deveria o juiz informar que o acusado poderia não responder as perguntas que lhe fossem feitas e que esse silêncio poderia ser capaz de ser interpretado contra si.

Após a qualificação do imputado, ele deveria ser interrogado sobre:

> Art. 188 [...]
>
> I - onde estava ao tempo em que foi cometida a infração e se teve notícia desta;
>
> II - as provas contra ele já apuradas;
>
> III - se conhece a vítima e as testemunhas já inquiridas ou por inquirir, e desde quando, e se tem o que alegar contra elas;
>
> IV - se conhece o instrumento com que foi praticada a infração, ou qualquer dos objetos que com esta se relacione e tenha sido apreendido;
>
> V - se verdadeira a imputação que lhe é feita;
>
> VI - se, não sendo verdadeira a imputação, tem algum motivo particular a que atribuí-la, se conhece a pessoa ou pessoas a que deva ser imputada a prática do crime, e quais sejam, e se com elas esteve antes da prática da infração ou depois dela;
>
> VII - todos os demais fatos e pormenores, que conduzam à elucidação dos antecedentes e circunstâncias da infração;
>
> VIII - sua vida pregressa, notadamente se foi preso ou processado alguma vez e, no caso afirmativo, qual o juízo do processo, qual a pena imposta e se a cumpriu.

No que pertine a essas orientações, percebe-se uma tentativa legislativa em fixar perguntas imprescindíveis que deveriam ser feitas na oportunidade do interrogatório. Essas indagações não são taxativas e há margem para o juiz navegar durante esse ato processual, o que pode culminar em favorecer determinada linha argumentativa. Nesse sentido, Tornaghi preleciona:

> A palavra do acusado, circundado de sua atitude, de seus gestos, de seu tom de voz, de sua espontaneidade, pode dar ao juiz um elemento de convicção insubstituível por uma declaração escrita, morta, gélida, despida de elementos de valor psicológico que acompanham a declaração falada (TORNAGHI, 1992, p. 367)

Sendo assim, caberia, unicamente, ao acusado responder às perguntas formuladas pelo juiz e o modo como ele se portasse poderia ser usado contra ele. É mister ressaltar, nesse ínterim, que interrogatório é um ato personalíssimo do imputado, já que não seria possível a sua representação, substituição ou sucessão por qualquer pessoa. Trata-se, ainda, de ato privativo do juiz, tendo em vista que somente a autoridade judicial pode interpelar o interrogado nesse ato dedicado para isso.

Dessa forma, se o acusado negar alguma das imputações, ele será convidado a colacionar provas que confirmem suas declarações. Além disso, importante destacar o procedimento do interrogatório para o caso em que são dois ou mais réus. Nessa situação, o CPP de 1941 previu que cada um deveria ser interrogado separadamente, com vistas que as respostas de um não interferissem nas respostas do outro.

Se ao longo do interrogatório o réu confessasse sua autoria, caberia ao juiz questionar acerca dos motivos e circunstâncias dessa ação, bem como se outras pessoas concorreram para a infração e nominá-las.

No caso das perguntas não respondidas, deveria o juiz fazer consignar especificamente quais foram e as razões invocadas pelo réu por não respondê-las. Essa disposição do artigo 191 é contraditória com a noção do direito ao silêncio. Isso porque ao passo em que o legislador possibilitou ao interrogado a opção de se manter calado, o citado dispositivo ressalta a importância de registrar os motivos dados pelo imputado para se manter em silêncio, na busca incessante de extrair algo negativo dessa opção.

No caso de interrogado surdo, as perguntas deveriam ser apresentadas por escrito, sendo respondidas oralmente. Se o interrogado fosse mudo, as perguntas seriam feitas oralmente, e as respostas seriam dadas por escrito. Para o surdo-mudo as perguntas seriam formuladas por escrito e por escrito ele responderia.

Se o interrogado não soubesse ler ou escrever, uma pessoa habilitada poderia intervir no ato, na atribuição de intérprete, prestado o devido compromisso. Também seria assistido por intérprete o imputado que não soubesse falar a língua nacional.

Deveria ser feito o registro de todas as respostas do réu, ditadas pelo juiz e reduzidas a termo, que, ao final, após a sua leitura e rubricado pelo escrivão em todas as suas folhas, deveria ser assinado pelo juiz e pelo acusado. Se o acusado não soubesse escrever, não puder ou não quisesse assinar, isso deveria ser registrado no próprio termo.

2.1 A topografia do interrogatório

A topografia do interrogatório no Diploma Processual Penal de 1941 já é um indicador do procedimento que engloba esse ato processual. O capítulo dedicado ao interrogatório se encontra no Título VII, que trata especificamente da prova. Dito de outro modo, o interrogatório era considerado meio de obtenção de prova.

Nesse ínterim, é pertinente trazer à luz alguns conceitos relevantes sobre o assunto, tais como: fonte de prova, meio de prova e meio de obtenção de prova.

As fontes de prova são consubstanciadas nas pessoas ou coisas por meio das quais se obtém a prova. Por serem anteriores ao processo, a sua introdução neste ocorre através dos meios de prova. Essas fontes podem ser pessoais – quando se referir ao ofendido, acusado, testemunhas ou peritos – como também podem ser reais quando se tratar, notadamente, de documentos (LIMA, 2022).

Já os meio de prova se prestam a introduzir as fontes de prova introduzidas no processo. São instrumentos que promovem essa inserção processual do que o acusado tem a acrescentar, por exemplo, tal como ocorre com o interrogatório judicial. Dessa forma, o acusado é fonte de prova, ao passo em que o interrogatório processual é meio de prova (AVENA, 2020).

Esses meios de prova são classificados pela doutrina contemporânea em provas nominadas e provas inominadas (LIMA, 2022). As primeiras compreendem aquelas cujos meios de produção estão previstos em lei. As segundas se referem às provas das quais os meios de produção não se encontram dispostos na lei.

Por fim, o meio de obtenção de prova consiste em procedimentos, na maior parte extraprocessuais, que são regulados por lei, com o fim de servir à obtenção de provas materiais. Esses procedimentos não se limitam à execução pelo juiz. É dizer que outros profissionais podem colaborar para a sua concretização, como é o caso de policiais na busca pessoal (AVENA, 2020).

Tendo essas informações consignadas e da maneira como é abordado o instituto do interrogatório no CPP de 1941, é estreito o espaço para a interpretação do interrogatório como meio de defesa do acusado. Colabora para esse cerceamento, não só o próprio procedimento inquisitivo do interrogatório, mas também a escolha do legislador em ter, propositadamente, alocado esse instituto como uma das espécies de meio de prova.

2.2 O menor enquanto objeto do interrogatório

O Código de Processo Penal de 1941, em seu artigo 194, dispõe que: "Art. 194. Se o acusado for menor, proceder-se-á ao interrogatório na presença de curador.".

Dessa maneira, pelo que se extrai do disposto, e em consonância com uma análise sistemática dos diplomas jurídicos da época, conclui-se que se trata do menor de vinte e um anos e maior de dezoito anos. Nesse contexto, impende destacar que a maioridade penal em 1941 era dezoito anos de idade, mas era considerado menor sob o ponto de vista civil a pessoa que tivesse até vinte e um anos de idade incompletos.

Sendo assim, essa disposição legal teve o intuito de suprir a relativa incapacidade do menor de vinte e um anos, já imputável penalmente, mas ainda incapaz perante a lei civil ora vigente (HAMILTON, 1996). Nesse sentido, se o acusado menor de vinte e um anos de idade fosse interrogado sem o acompanhamento de um curador, seria o caso de nulidade absoluta.

Ao curador caberia exercer o papel de complementar a vontade do acusado, que é relativamente incapaz de decidir de maneira plena e por conta própria os seus atos. O curador em questão trata-se de advogado, em regra, o advogado do próprio réu. No caso de ausência do representante processual do réu no ato do interrogatório, deveria o juiz nomear-lhe um curador *ad hoc* (HAMILTON, 1996).

Ademais, a presença do curador deve ser registrada com a sua assinatura ao rodapé do ato, não sendo suficiente a simples menção à sua presença. Era necessário, ainda, o registro de que curador e o advogado estavam representados por uma só pessoa, que atuava em favor do menor (HAMILTON, 1996).

Levando isso em conta, surge o questionamento na hipótese em que durante o curso do processo penal, o acusado atinge a maioridade civil, completando os vinte e um anos de idade. Nessa situação, se ao tempo da realização do interrogatório o réu já possuía mais de vinte e um anos, apesar de quando da instauração da ação ele ainda era menor, não é o caso de ele ser acompanhado de curador.

Dessa forma, não importa a idade do réu no início da ação penal, mas sim à época do interrogatório. Não há que se falar em nulidade no caso em que o juiz deixa de nomear curador para pessoa que tem mais de vinte e um anos no ato do interrogatório.

3. O ônus da prova no interrogatório

O ônus de provar a verdade do que fosse dito cabia ao próprio acusado, objeto do interrogatório. Como já dito em seções anteriores, ao contrário da presunção de inocência que tem uma proteção tão clara no Código Processual Penal em vigor, prevalecia a ideia da presunção da culpabilidade do acusado. E, se ele fosse inocente, que provasse então.

Para uma melhor compreensão do que seria o ônus da prova, notadamente, a incumbência do interrogado de produzir provas acerca dos fatos alegados, se faz imprescindível rememorar alguns conceitos relevantes. Coerente com o sistema aplicado no momento da redação original do CPP de 1941, é válida a lição de Capez, de que a prova

> "é o conjunto de atos praticados pelas partes, pelo juiz e por terceiros destinados a levar o magistrado à convicção acerca da existência ou inexistência de um fato, da falsidade ou veracidade de uma afirmação" (CAPEZ, 2006, pg. 282)

Dito isto, o fim último da prova consistiria em convencer o julgador acerca da verdade sobre o que se está alegando. Suscitar pontos e trazer aos autos documentos ou meios que os comprovem facilita, de fato, o desenrolar processual. A problemática surge quando o réu já possui uma imagem preconcebida de que é culpado. É sobre isto que trata a distribuição do ônus da prova. E, no caso do interrogatório como concebido pelo Código ora em análise, o ônus de provar a sua inocência recai ao acusado.

Nesse diapasão, o ônus da prova consiste na faculdade da parte em demonstrar, ao longo do processo, a real ocorrência de um fato que foi por ela alegado, atendendo a seu interesse, e que será de grande valia para o julgamento da ação penal (JARDIM, 2016).

Ainda relativamente ao ônus da prova, José Carlos Barbosa Moreira preleciona que:

> parte-se da premissa, expressa ou implícita, de que o maior interessado em que o juiz se convença da veracidade de um fato é o litigante a que aproveita o reconhecimento dele como verdadeiro, por decorrer daí a afirmação de um efeito jurídico favorável a esse litigante, ou a negação de um efeito jurídico a ele desfavorável. Semelhante interesse naturalmente estimula a parte no sentido de persuadir o órgão judicial de que o fato deveras ocorreu - numa palavra, de prová-lo. Fala-se, ao propósito, num primeiro sentido de ônus subjetivo ou formal. (MOREIRA, 1980)

Para além desse sentido subjetivo do ônus da prova, não há como esquivar de notar as consequências práticas pela ausência da juntada da prova por quem recai o ônus. É dizer que a distribuição do ônus da prova não se restringe em fixar quem deve trazer a prova ao Juízo, mas também é sobre quem assumo o risco da sua falta[4] (ECHANDIA, 1981).

Esse ônus da prova do réu influenciava até mesmo na opção de calar-se em vez de responder as perguntas que lhes fossem formuladas, já que o silêncio poderia ser apurado em seu desfavor. Daí surgia outro desafio: o que decidisse responder no interrogatório, deveria encontrar meios suficientes de provar aquilo que fosse alegado. Uma resposta sem provas não lhe acresceria nenhum valor em benefício do interrogado.

Dessa forma, para obter algum proveito desse ato processual, era necessário que o acusado investisse no arcabouço probatório de tudo o aquilo que trouxesse à tona. Levando isso em consideração, um estudo pormenorizado acerca dessa tarefa do réu de reunir provas para proceder à negativa da imputação merece um tópico próprio dedicado a seguir.

3.1 A necessidade de reunir provas para a negativa da imputação

Como consequência da inversão do ônus da prova e corroborando com a noção de presunção de culpabilidade do acusado, a redação originária do Código de Processo Penal de 1941, assim dispunha no parágrafo único do artigo 188:

Art. 188 [...]

---

4 No original: *"No se trara de fijar quién debe llevar la prueba, sino quién asume el riesgo de que falta."* (ECHANDIA, 1981).

Parágrafo único. Se o acusado negar a imputação no todo ou em parte, será convidado a indicar as provas da verdade de suas declarações.

Nesse sentido, surgia para o réu três opções de agir durante o interrogatório. A primeira delas seria a admissão da culpabilidade, respondendo às perguntas e confirmando a imputação criminal. A segunda opção seria ficar em silêncio, não respondendo às perguntas que lhe fossem realizadas. Neste caso, deveria ficar ciente de que o seu silêncio poderia ser interpretado em seu desfavor. A terceira opção consiste em responder ao interrogatório, mas negando a imputação criminal.

Neste último caso, se o interrogado negar a acusação no todo ou em apenas um dos pontos, deve trazer ao Juízo provas que comprovem essa negativa. Dito de outro modo, o que contrariar a imputação da acusação deve vir acompanhado de comprovação.

A atribuição do ônus de produção probatória ao réu, na maioria dos casos, é demasiado dificultosa. O acesso aos meios de prova é, em regra, mais difícil ao acusado do que ao acusador. É extenuante exigir que para reverter uma prévia convicção de culpabilidade, o réu deva, de qualquer modo, provar que é inocente.

A essa exigência de produção de provas que não são facilmente obtidas pela parte é dada o nome de prova diabólica. Trata-se de modalidade de prova excessivamente difícil de ser produzida, a exemplo da prova que não ocorreu determinado fato, um fato negativo. Acerca desse tipo de prova, Cabral explica:

> O princípio da impossibilidade da prova negativa baseia-se nos ensinamentos do direito canônico de que somente o Diabo poderia provar um fato negativo. Dessa forma, deve-se afastar a chamada "probatio diabolica". Tal ideia fundamenta-se na seguinte situação: uma testemunha pode assegurar que não viu um réu cometer um crime. No entanto, é praticamente impossível que a mesma testemunha afirme que o réu nunca cometeu um crime (prova negativa, impossível ou diabólica). (CABRAL, 2015).

Dessa maneira, é mister observar que nem todas as provas diabólicas se referem a um fato negativo, quando a parte é obrigada a produzir uma prova quando não possui os meios necessários para tanto, seja por ser hipossuficiente sob qualquer aspecto (econômico, intelectual, dentre outros.).

Apesar de o interrogatório ser um meio de prova, é raro se ver um interrogatório ser utilizado como fundamento para uma sentença absolutória do réu. É muito mais corriqueiro o uso desse ato como substrato para embasar uma sentença condenatória.

3.2 A condução coercitiva

O artigo 260 do Código de Processo Penal de 1941, possibilita o juiz ordenar a condução coercitiva do imputado quando este não comparecer espontaneamente ao interrogatório, *in verbis*:

> Art. 260. Se o acusado não atender à intimação para o interrogatório, reconhecimento ou qualquer outro ato que, sem ele, não possa ser realizado, a autoridade poderá mandar conduzi-lo à sua presença.

A condução coercitiva do acusado para se fazer presente em interrogatório denota a própria função desse ato processual. Dessa forma, se fosse instrumento de defesa do réu, não haveria motivos para ele ser conduzido de maneira constrita a um ato que sua falta somente a si lhe prejudicaria.

Para além de um meio de prova, com essa previsão de condução coercitiva, é notável que esse instrumento ainda herda do direito canônico a ideia de pressionar o acusado de tal modo que ele assuma a culpa em relação à acusação. Somado à presunção de culpabilidade, essa condução coercitiva coloca ainda mais o imputado em uma situação desfavorável.

Não havia espaço para o réu deixar de comparecer ao interrogatório como estratégia de defesa, tendo em vista que, ao fim e ao cabo, ele poderia ser obrigado a se fazer presente nesse ato processual. A margem de defesa era restrita através do interrogatório se revela restrita, em contraponto com o direito à ampla defesa tão aclamado nos dias hodiernos.

Na atualidade é clarividente a inconstitucionalidade de uma condução coercitiva. Nota-se uma violação constitucional a direitos como a ampla defesa, devido processo legal e presunção de inocência. Todavia, em 1941, sob o manto da Constituição do Estado Novo, o Código Processual Penal vigente não era com ela incompatível ao fazer essa disposição. Mas com ela coadunava.

Considerações finais do capítulo

Levando tudo isso em consideração, portanto, o interrogatório previsto no Código de Processo Penal de 1941 ressalta uma realidade autoritária, de poucas garantias constitucionais, onde os direitos do acusado são restritos. Um diploma elaborado durante a vigência da Constituição de 1937 não poderia ser diferente.

O procedimento tal como é no interrogatório demonstra a presunção de culpabilidade com que era conduzido todo o processo penal. De início, é possível se ter uma falsa percepção de que havia direito ao silêncio do interrogado. Mas aprofundando o estudo, nota-se várias artimanhas legais que visam, ao final, a declaração de culpabilidade do réu.

Nesse sentido, a possibilidade de o silêncio ser valorado em desfavor do acusado compromete a integridade da própria natureza desse direito, já que o réu se sente acoado em quedar-se inerte e isso prejudicá-lo ainda mais. Mas se optar por negar as imputações, deverá ele, ainda, juntar provas cabais de tudo aquilo que alega e que é contrário à acusação. Dessa maneira, ou o imputado tem trabalho dobrado ou arrisca ser desfavorecido por se manter calado.

A solução mais fácil para acusado, *a priori*, seria nem comparecer ao interrogatório, se essa fosse uma estratégia de defesa. Saliente-se que, à guiza do CPP de 1941, esse instituto não se trata de meio de defesa, mas sim de meio de prova. E tampouco há livre espaço para ausências. Isso porque, o juiz pode mandar conduzir o réu coercitivamente.

A própria atuação do defensor era subestimada por esse diploma. Sob a justificativa de que o interrogatório trata-se de ato personalíssimo, vedou-se que o advogado intervisse ou de qualquer forma agisse para influenciar a condução desse ato processual.

De fato, não há dúvidas que de que se trata de ato personalíssimo do imputado, não cabendo nenhum tipo de substituição. Mas outro assunto totalmente distinto é o dever do defensor em resguardar os direitos do seu cliente, seja quando orienta seu cliente, seja quando revisa a redação do termo que consta as declarações se foram fiéis às respostas do acusado.

Nessa senda, não há como se deixar de notar que todo o procedimento esboçado para o interrogatório pela redação original do CPP de 1941 é dirigido ao fim de acanhar uma defesa eficaz do réu, ainda imbuído da ideia de se estimular uma confissão por parte dele.

Até nos dias atuais, percebe-se que há resquícios da ideia de que o silêncio de quem se mantém calado durante o interrogatório pode ser interpretado em seu prejuízo. Apesar de a Constituição da República de 1988 não ter recepcionado essa última parte do artigo 186, do Código de Processo Penal, aquela interpretação ainda persiste, sorrateiramente, em certos casos.

Tal fato é mais comum no âmbito das decisões advindas do Conselho de Sentença, no Tribunal do Júri, que não precisam de fundamentação dos jurados. Pela ausência da necessidade de uma motivação expressa que possibilite o controle, não é raro que o silêncio do acusado colabore para o convencimento dos jurados acerca da sua condenação.

A mudança dessa concepção de acusado culpado necessita mais do que modificações pontuais num diploma de 1941. A criação de um novo Código de Processo Penal que rompesse de vez com esses valores arcaicos é um avanço no caminho da evolução do Direito Processual brasileiro.

Bibliografia

AVENA, Norberto. Processo Penal. 12. ed. São Paulo: Editora Método, 2020.

ÁVILA, Humberto. "Neoconstitucionalismo": entre a "Ciência do Direito" e o "Direito da Ciência". Revista Eletrônica do Direito do Estado (REDE), Salvador, Instituto Brasileiro de Direito Público, nº. 17, jan./fev./mar., 2009.

BECCARIA, Cesare. Dos Delitos e das Penas, São Paulo: 11ª Edição, Hemus, 1995.

BONAVIDES, Paulo. Curso de Direito Constitucional. 31ª ed. São Paulo: Malheiros, 2016.

BRASIL. Constituição (1988). Constituição da República Federativa do Brasil.

Brasília, DF: Senado Federal: Centro Gráfico, 1988.

BRASIL. Decreto-Lei nº 3.689, de 03 de outubro de 1941 – publicação original. Brasília.

BUENO, José Antonio Pimenta. *Apontamentos sobre o processo criminal brasileiro.* Lisboa: A. M. Teixeira, 1910.

CABRAL, Bruno Fontenele; CANGUSSU, Débora Dadiani Dantas. Revista Jus Navigandi, Teresina, ano 17, n. 3211, 16 abr. 2012. Disponível em: <http://jus.com.br/artigos/21525>. Acesso em: 27 out. 2022.

CÂMARA LEAL, Antônio Luiz da. *Comentários ao código de processo penal brasileiro.* Rio de Janeiro-São Paulo: Livraria Freitas Bastos, 1942.

CAPEZ, Fernando. Curso de Processo Penal. 13. ed. rev. e atual. São Paulo: Saraiva. 2006.

DAMASCENO, Alisson Magela Moreira; SILVA, Gilson Fernando da. O impacto da Declaração Universal dos Direitos Humanos de 1948 na ordem jurídica nacional e os tratados internacionais de direitos humanos à luz da Constituição brasileira. In: Congresso Nacional do CONPEDI, 25, 2016, Curitiba. Anais. Curitiba: CONPEDI, 2016. Disponível em: < https://www.conpedi.org.br/publicacoes/02q8agmu/04122af6/Ev385709pT84 lHf5.pdf>. Acesso em: 03 nov. 2021.

DELGADO MARTÍN, Joaquín. Judicial-Tech, el proceso digital y la transformación tecnológica de la justicia: Obtención, tratamiento y protección de datos en la justicia. Madrid: Wolters Kluwer, 2020. P. 55.

DEPUTADOS, Câmara dos. Projeto de Lei nº 8.045 de 2010. Brasília.

ECHANDIA, Devias. Teoria general de la prueba judicial, Buenos Aires, 1981, Zavalla Editor, 5.ª ed., vol. 1.0.

FRAGOSO, Christiano. O advogado no interrogatório. 2006. Publicado no Boletim do IBCCrim n.º 132, de novembro/2003, págs. 4 e 5.. Disponível em: http://www.fragoso.com.br/wp-content/uploads/2017/09/arquivo68.pdf.

Acesso em: 08 nov. 2022.

HAMILTON, Sergio Demoro. Reflexões sobre o exercício da Curadoria no Processo Penal. Revista do Ministério Público, Rio de Janeiro, v. 3, p. 167-178, 1996.

HÄBERLE, Peter. Hermenêutica Constitucional: a sociedade aberta de intérpretes da constituição: contribuição para a interpretação pluralista e procedimental da Constituição. Sergio Antonio Fabris Editor: Porto Alegre, 2002.

HÄBERLE, Peter. Pluralismo Y Constituicion, Cap. II. Requisitos, Condiciones, etc. , Madri, Tecnos, 2013.

HABERMAS, Jurgen. Direito e democracia: entre factividade e validade. 2. ed. Rio de Janeiro: Tempo Brasileiro, 2003.

HEILIK, Jacob. Chain of Custody for Digital Data: A Practitioner's Guide. Canadá: Independently published, 2019.

HESSE, Konrad. A força normativa da Constituição. Porto Alegre: Sérgio Antonio Fabris Editor, 1991.

IBCCRIM. A CADEIA DE CUSTÓDIA NO PACOTE ANTICRIME. 2020. Disponível em: https://www.ibccrim.org.br/noticias/exibir/1011#_edn3. Acesso em: 01 dez. 2021.

IBRASPP. PARECER Nº 1.636, DE 2010. Disponível em: http://www.ibraspp.com.br/wp-content/uploads/2010/09/Reda%C3%A7%C3%A3o-final-PLS-156-09PDF1.pdf. Acesso em: 02 dez. 2021.

JARDIM, Afrânio Silva Direito processual penal: estudos e pareceres / Afrânio Silva Jardim, Pierre Souto Maior Coutinho de Amorim. Salvador: JusPODIVM, 2016.

LEITE, Marcelo Santos. A influência dos grupos de pressão na interpretação constitucional. Revista de Direito Constitucional e Internacional: Cadernos de

Direito Constitucional e Ciência Política, Brasília, v. 48, n. 12, p.187-211, jul. 2004.

LIMA, Renato Brasileiro de. Manual de processo penal, vol. único. Rio de Janeiro: JusPODIVM, 2022.

MARINHO, Ronaldo Ferreira. O INTERROGATÓRIO NO PROCESSO PENAL BRASILEIRO. Revista de Direito, Valinhos, v. 13, p. 169-185, ago. 2010.

MELO, Fernanda Cristina Ferreira de. O Insttituto da Prova Ilícita no Processo Brasileiro. 2010. 32 f. Monografia (Especialização) - Curso de Direito, Escola de Magistratura do Estado do Rio de Janeiro, Rio de Janeiro, 2010. Disponível em: https://www.emerj.tjrj.jus.br/paginas/trabalhos_conclusao/1semestre2010/trab alhos_12010/fernandamelo.pdf. Acesso em: 02 dez. 2021.

MENDONÇA, Andrey Borges de. Nova Reforma do Código de Processo Penal. São Paulo: Método, 2008.

MORAES, Alexandre. Curso de Direito constitucional / Alexandre de Moraes. - 30. ed. - São Paulo: Atlas, 2014.

MOREIRA, José Carlos Barbosa. Julgamento e ônus da prova, ln Temas de Direito Processual, 2.ª série, S. Paulo, Saraiva, 1980.

MÜLLER, Friedrich. Teoria estruturante do direito. Trad. Peter Naumann; Eurides Avance de Souza. São Paulo: Editora Revista dos Tribunais, 2008.

NEVES, Marcelo. A constitucionalização simbólica. 3. ed. São Paulo: WMF Martins Fontes, 2011.

PRADO, Geraldo. Breves notas sobre o fundamento constitucional da cadeia de custódia da prova digital. 2021. Disponível em: https://geraldoprado.com.br/artigos/breves-notas-sobre-o-fundamento-constitucional-da-cadeia-de-custodia-da-prova-digital/. Acesso em: 02 dez. 2021.

SILVA JÚNIOR, Walter Nunes da. *Curso de direito processual penal:* teoria constitucional do processo penal. 3. ed. Natal: OWL, 2021.

SILVA JÚNIOR, Walter Nunes da. Execução Penal no Sistema Penitenciário Federal. Natal: Owl, 2020. 400 p.

SILVA JÚNIOR, Walter Nunes da (org.). PROJETO DO NOVO CÓDIGO DE PROCESSO PENAL: temas fundamentais. Natal: Owl, 2022.

SILVA JÚNIOR, Walter Nunes da. *Reforma tópica do processo penal:* inovações aos procedimentos ordinário e sumário, com o novo regime das provas, principais modificações do júri e as medidas cautelares pessoais (prisão e medidas diversas da prisão). 4. ed. Natal: OWL, 2022.

SMITH, Bruce. The Presumption of Guilt and the English Law of Theft, 1750–1850, 23. LAW & HIST. REV. 133, 133–34 (2005)

STF, Pleno, MS no 24.268/MG, Rel. p/ac. Min. Gilmar Mendes, ac. 05.02.2004, DJU 17.09.2004, p. 53.

TARUFFO, Michele.A prova. São Paulo: Marcial Pons, 2014.

TORNAGHI, Helio. Curso de processo penal. São Paulo: Saraiva, 1997.

TORRES, Claudia Vechi; SILVA, Maria dos Remédios Fontes. Estudo da concretização da norma jurídica de direito social no estado brasileiro, sob a ótica de Müller e Alexy. Revista Cej, Brasília, v. 64, n. , p.13-19, set. 2014. Disponível em: <http://www.jf.jus.br/ojs2/index.php/revcej/article/viewFile/1877/1853>. Acesso em: 20 de setembro 2021

VON LISZT, Franz. Tratado de Direito Penal Allemão. Brasília: Ed. Fac-Similar, 2006.

CAPÍTULO 4

A OBJETIFICAÇÃO DAS VÍTIMAS NO CPP ORIGINÁRIO

Dulcerita Soares Alves[1]

Leonardo de Oliveira Freire[2]

Analisa-se, no presente capítulo, o papel do ofendido quando da redação originária do Código de Processo Penal de 1941, trazendo o escorço histórico de como as vítimas eram tratadas, pois para entender o futuro, precisa-se debruçar sobre o passado, conhecendo-o para transformar o porvir. É, ao mesmo tempo, um resgate cultural, pois foi possível conhecer, até de forma curiosa o tratamento das vítimas num Código de Processo Penal de 1941, que, embora atualmente vigente, já passou por diversas reformas tópicas e vem se atualizando até hoje.

Este estudo dedicar-se-á, portanto, ao contexto da vítima no CPP originário e à análise do seu art. 201, traçando o perfil e as características das vítimas de 1941, para compreender o seu tratamento naquele cenário e cultura da época. É um necessário mergulho no tempo de forma, a compreender a história do direito penal e processual penal no Brasil, numa época em que as estruturações no processo penal começavam a engatinhar.

Nesse aspecto, cabe destacar que, embora se entenda a redação originária do CPP como igualmente falha no quesito da disposição de direitos para o acusado, o presente capítulo tem como enfoque o tratamento dado à vítima por esse instrumento legal, motivo pelo qual, por questões metodológicas, não será abordada a situação do réu.

---

[1] Mestranda em Direito pela UFRN, Promotora de Justiça da Paraíba, Ouvidora das Mulheres-MPPB, membra do Comitê do Cadastro Nacional da Violência Doméstica-CNVD do Conselho Nacional do Ministério Público CNMP e membra do Grupo de Gênero, Diversidade e Raça do Ministério Público da Paraíba. Endereço eletrônico para contato alvesdulcerita@gmail.com
[2] Professor Doutor da UFRN. Membro Fundador do Instituto Brasileiro de Segurança Pública IBSP. Oficial da Polícia Militar do Estado do RN.

Desse modo, divide-se a análise em três eixos. Em um primeiro item traz-se a análise do contexto histórico de como era o tratamento do ofendido no CPP de 1941. É um verdadeiro resgate no tempo e, curiosamente, faz-se uma viagem ao passado com a exposição do que pensavam os doutrinadores da época da edição do CPP originário. A primeira etapa, para melhor compreensão, foi subdividida em duas, a primeira retoma as Ordenações Filipinas, já referidas na primeira seção deste livro, e a segunda dedicada à codificação do CPP de 1941, no que se refere ao tratamento do ofendido.

O segundo item do capítulo em curso evidencia a posição da vítima no CPP originário, seu tratamento em segundo plano. A visão do CPP, ao vislumbrar o ofendido como objeto de direitos e não como protagonista do sistema de justiça, é patente e poderá ser notada através de exemplos das decisões dos tribunais da época, notadamente no que diz respeito aos crimes contra os costumes, onde fica clara a reificação das vítimas.

Finalmente, o terceiro item traz à tona as críticas ao tipo de tratamento dispensado aos ofendidos no CPP, no sentido de demonstrar a necessidade urgente de mudanças de olhar para as vítimas do processo penal, no sentido de humanização do seu tratamento.

Esse diagnóstico é relevante, pois, mesmo tendo havido várias reformas tópicas, esse é o CPP que continua em vigor, sendo relevante esse sobrevoo sobre o Processo Penal originário para fins de entender o que permanece até hoje e trazer uma análise crítica sobre o que é necessário transformar para atualizar o tratamento das vítimas no futuro.

Para a consecução do capítulo utilizou-se o método do tipo puro/teórico, dedutivo, de consulta a fontes bibliográficas, documental e à jurisprudência analisando a vítima num contexto histórico da época e como eram tratadas por aquele modelo de justiça de 1941.

Como objetivo geral, busca-se responder a seguinte pergunta: como era o tratamento do ofendido no CPP de 1941 e o que é necessário para que a vítima de hoje exerça seu protagonismo no sistema de justiça? Traça-se com objetivo específico verificar se o Brasil evoluiu e qual a necessidade de mudanças futuras no tratamento da vítima. Não se trata de estudo comparativo com o Código de Processo Penal pós-reforma tópica, todavia, para que o capítulo se tornasse mais interessante, alguns pontos da atualidade, no tratamento das vítimas serão destacados.

O resultado a ser alcançado é descobrir e responder a problemática: se houve evolução no tratamento da vítima e o que é preciso para que as vítimas possam, finalmente, exercer seu protagonismo.

Verifica-se, ao longo do presente capítulo, a necessidade de mudança de paradigma no que se refere ao tratamento das vítimas, inadmissível o olhar com viés discriminatório, baseado no CPP de 1941, uma vez que a ofendida não é apenas objeto de provas, mas também sujeito de direitos, parte ativa no sistema de justiça. Necessário se faz, portanto, que os operadores do direito transformem seu o olhar, colocando a vítima em posição de destaque, ou seja, como verdadeiras protagonistas do processo penal.

1. Das Ordenações Filipinas à análise do ofendido no CPP originário

Para que se possa compreender como era tratada a parte ofendida, é relevante trazer, ainda que em breves palavras, como se dá tal realidade no Brasil, traçando a evolução do tratamento dispensado às vítimas, desde as Ordenações Filipinas, que abordava o assunto em seu livro V, até o advento do Código de Processo Penal de 1941, ponto de interesse do presente capítulo, importante verificar o que traziam as normas em período anterior. Esse retorno ao tempo justifica-se para se dar sentido ao estudo sobre ofendido e seu tratamento quando da edição do CPP originário.

Desse modo, trata-se no primeiro subitem sobre a evolução das normas antes do CPP, partindo das Ordenações Filipinas, até a chegada do Código de Processo Criminal de 1832, com seu viés democrático-liberal, enquanto o segundo inicia com a promulgação do Código de Processo Penal, em 13 de outubro de 1941, e com entrada em vigor em partir de 1º de janeiro de 1942, sob égide da Constituição de 1937, num período de ditadura militar, o que explicita o caráter positivista e evidencia como era tratado o ofendido naquela codificação, sendo este tratamento o ponto de ênfase do presente estudo.

1.1 Os antecedentes da chegada do CPP originário

Antes de entrar em vigor o primeiro Código de Processo Criminal, eram as Ordenações Filipinas que tratavam do Direitos Penal e do Processo Penal, caracterizando-se por um sistema normativo cruel, despótico, desumano e bárbaro, uma fenomenologia feudal, cuja imposição da violência era a máxima. Era baseado no medo, no terror, havia, por exemplo, a possibilidade da pena de morte por suplício (enforcamento seguido de esquartejamento), além das penas infamantes, castigos corporais, as mutilações, as devassas gerais e as especiais, que se traduziam em inquirições feitas pelos juízes para a apuração dos crimes incertos além dos tormentos por meio de tortura. A base destes instrumentos era fundada no *ius talionis* na lógica das teorias absolutas de Kant e de Hegel, que validavam a pena de morte e mesmo o uso da força (FREIRE, 2007, p. 36-37).

Após a edição da obra de Beccaria, *Dos Delitos e das Penas*, sinais da corrente humanística começam a ser sentidos no Brasil, motivo pelo qual houve a necessidade de modificação do Livro V das Ordenações Filipinas. Envolvida nesse espírito, D. Maria I, com esteio no Decreto de 31 de março de 1778, mesmo antes da Revolução Francesa (1789), designou uma junta para tratar da modificação do Livro V das Ordenações Filipinas, ou seja, o Livro que tratava do Direito Penal e Processual, conforme se extrai da primeira seção da presente obra.

No mesmo sentido, pode-se afirmar que o pensamento de Beccaria era predominantemente filosófico e seu livro mais festejado foi redigido na segunda metade do Século XIII, dando origem ao Direito Criminal e à Escola Clássica, tendo como pano de fundo a crítica quanto aos sistemas penais então existentes, principalmente em relação à pena de morte, à tortura e às penas cruéis em geral, ou seja criticando as atrocidades existente naquela época que não se confortavam com a essência dos direitos que são imanentes à condição humana.

Para se ter a visão sobre o Brasil e como eram tratadas as regras penais e processuais, é importante ressaltar que naquela época, as Ordenações Filipinas ditavam as regras penais e processuais no Brasil. Segundo Souza Neto (2005) todas as penas eram cruéis, e a pena capital poderia ser por enforcamento, por fogo, precedida de longos tormentos. Havia a penalização por acoites, degredo para Índia ou África, trabalho forçado, como os serviços nas galés. A característica dessas normas repressivas era a atrocidade implacável. Acrescente-se que a tortura era permitida quando existia provas contra a pessoa que negava a responsabilidade no crime. Era a forma de conseguir a confissão e tal confissão e, esta, na qualidade de regime *probatorum*, era suficiente para levar à condenação. Fidalgos, juízes, doutores em cânones, leis e medicina e membros do alto clero não eram submetidos aos tormentos, na maioria dos casos, exceto em casos de crime de lesa-majestade, falsidade, moeda falsa, feitiçaria, sodomia e furto.

Em 1791, surgia o regime liberal-individualista e já vigorava, desde 1789, a Declaração Universal dos Direitos do Homem e do Cidadão. Incansavelmente, os periódicos divulgavam ideais de igualdade e liberdade, e no Brasil eram difundidos conceitos iluministas e humanistas, ganhando destaque a discussão sobre a liberdade, promulgada no ano de 1821 a lei sobre a liberdade de imprensa.

Neste contexto, veio a Constituição Política do Império, em 25 de março de 1824, outorgada por D. Pedro I, que estabelecia os direitos civis e políticos. Apesar de sensivelmente liberal no tocante os direitos individuais, dispunha com precisão sobre as possibilidades de restrição à liberdade. Essa Constituição estabelecia as regras do processo criminal garantista e estabelecia o que se chama de princípio da legalidade, ao prever que "nenhum cidadão pode ser obrigado a fazer ou deixar de fazer alguma coisa, senão em virtude de lei" (art. 179, 1º), e acrescentar "que nenhuma lei será estabelecida sem utilidade pública".

Até a chegada do Código de Processo Criminal de 1832, as Ordenações Filipinas continuavam vigentes, desde que não contrariassem os preceitos constitucionais. Percebe-se que esse período indefinições no sistema penal brasileiro que perduraram até 1830, com a edição do Código Criminal do Império, e, logo após, o Código de Processo Criminal (SOUZA NETO, 2005).

Conforme o item 1.3 da primeira seção deste livro, a Declaração dos direitos do homem e do cidadão, em sintonia com a obra Beccariana de

1764, forneceu concretude e universalidade aos direitos essenciais da pessoa humana, pois aduzia que eles deveriam ser reconhecidos e respeitados independentemente do que dispõe o ordenamento jurídico posto e do país no qual se encontre a pessoa, pois, são inerentes à condição humana e indispensáveis para o gozo do direito à vida com dignidade.

Nesse contexto, surge a escola clássica, como uma resposta aos excessos estatais cometidos a pretexto de punir. Também chamada de idealista, filosófica, humanitária e jurídica, Escola Clássica é a denominação mais conhecida, assim chamada, tempos depois, pelos adeptos da corrente seguinte – a Escola Positiva. Ressalte-se que, na medida em que o movimento iluminista contestava o autoritarismo da Igreja, do rei e da aristocracia, preocupava-se em estabelecer, de forma prática, o seu ideário humanístico (SILVA JÚNIOR, 2021, p. 53-58).

Enquanto o Código de Processo Criminal não entrava em vigor, eram editadas normas esparsas para abrandar o rigorismo das Ordenações Filipinas, aparecendo com singular relevância o Aviso de 15 de novembro de 1828, com o qual o Imperador, sensibilizado com os muitos súditos que se encontravam presos sem a observância dos sólidos princípios da justiça e da humanidade, reiterava o dever de cumprimento das normas que conferiam garantias processuais relativas à prisão (ALMEIDA JÚNIOR, 1959, p. 166-167).

O primeiro Código de Processo Penal brasileiro foi o de 1832 e denominava-se Código de Processo Criminal de Primeira Instância. O CPCrim foi liberal e oferecia muitas garantias de defesa aos acusados. Ademais, valorizava os juízes, conferindo-lhes funções importantes. Havia, na época, além dos juízes de direito, juízes de paz que exerciam atribuições policiais e eram eleitos (SOUZA NETO, 2005).

Em 1932 o CPCrim surge blindado pelas aspirações liberais e humanitárias que agitavam o mundo, vem romper com o sistema opressor das Ordenações Filipinas, herança absolutista e já se origina respaldado pela comunidade política e jurídica brasileiras. A terminologia usada foi Código de Processo Criminal, e não Código de Processo Penal, ou seja, surge adequado aos ditames da Escola Clássica e, tendo o processo um cunho democrático, que não tem a pena como a sua principal preocupação, mas, sim, o crime (SILVA JÚNIOR; HAMILTON, 2022, p. 12).

O tópico 2.2 da primeira seção deste livro leciona que o Código de Processo Criminal é uma adaptação do Código de Napoleão, editado em 1808, mas que somente começou a viger em janeiro de 1811, e para fazer essa comparação basta verificar o processo penal francês, elaborado segundo a ideologia reformista da Revolução Francesa, todavia, há uma ressalva porque no sistema francês, ao contrário do que foi adotado no Código de Processo Criminal brasileiro, toda ação penal tinha como legitimado o Ministério Público.

Importante ressaltar que na primeira seção deste livro, no tópico 4.1 quando se trata dos termos de bem viver e de segurança, percebe-se o início do protagonismo da vítima no processo criminal, pois ela, sentindo-se insegura poderia socorrer-se do Juiz de Paz para fazer a queixa quanto temia que outrem atentasse contra a sua vida ou integridade física ou mesmo em relação ao seu patrimônio. Este poderia colocar a vítima sob a guarda (proteção) de oficiais de justiça, até a assinatura de um termo (art. 127 do CPCrim). Esse termo de segurança, seria nos moldes atuais as medidas protetivas de urgência previstas na Lei Maria da Penha.

Finalmente, o tópico 2.2.2 da primeira seção deste livro explicita que o CPCrim foi considerado muito avançado para época e em descompasso com a realidade política, social e jurídica de então, e em virtude das críticas surge a aprovação da Lei nº 262, de 3 de dezembro de 1841, albergando profundas alterações no CPCrim, ou seja, uma real reforma do Código de Processo Criminal após 9 anos da sua edição, o CPCrim sofreu substanciais alterações em seu formato, notadamente quanto à organização judiciária e as competências conferidas aos juízes.

Feitas essas considerações sobre o período pretérito ao CPP originário, passa-se agora ao enfoque dado ao ofendido quando da entrada em vigor do CPP de 1941.

1.2 O ofendido no Código de Processo Penal originário de 1941

Antes de analisar o tratamento da vítima no CPP originário, vale ponderar como a antiga legislação, o CPCrim, considerava o ofendido. Era ele tratado como "testemunha informante", ou simplesmente "informante". Com a entrada em vigor do CPP atual, o ofendido deixou de ser testemunha, mas a lei determina, de forma imperativa (art. 201) que, sempre que possível, seja arrolado para prestar declarações, cuja veracidade caberá ao juiz aferir no cotejo com as demais provas dos autos. Ora, em alguns crimes, como nos contra os costumes, as declarações da vítima constituem a peça básica da acusação. (ACOSTA, 1967, p. 239).

O legislador processual penal brasileiro de 1941 considerou o ofendido de forma especial, e por isso, dedicou-lhe um capítulo dentro do conteúdo das provas, como se depreende da leitura do CPP, ressaltando-se que o ofendido antes de 1941, era referido entre as pessoas que não podiam depor como numerárias, ou seja, entravam no número de testemunhas, e, suas declarações eram tidas como as de um informante, por ter interesse no litígio. Todavia, com a entrada em vigor do CPP de 1941, o ofendido passou a ser visto diferentemente, motivo pelo qual a autoridade, policial ou judiciária, sempre que possível, deveria ouvi-lo, depois de previamente qualificá-lo, e assim obter esclarecimentos pertinentes à autoria e às circunstâncias da infração, e, contra ele, se faltoso, por motivo que não fosse justo, poderia a autoridade usar de meio coercitivo (FRANCO, 1956, p. 273).

Ao se proceder a leitura do CPP originário, podem surgir dúvidas, com relação a terminologia usada em relação ao ofendido, pois em algumas passagens o CPP usa a expressão vítima e em outras chama a vítima de ofendido, usando muito mais a expressão ofendido que vítima, percebendo-se que as duas formas são aceitas como corretas, pela leitura dos artigos do CPP originário. Conclui-se, portanto, que vítima ou ofendido no estudo do CPP originário é o que se chama de sujeito passivo, principal ou secundário, abrangendo o prejudicado que, sendo ao mesmo tempo sujeito passivo, tenha direito à reparação do dano (SCARANCE FERNANDES, 1985, p. 53)

Câmara Leal (1942, p. 26) quando da época da edição do CPP já dizia que as palavras da vítima, ou seja, do ofendido, eram sempre caracterizadas pela suspeição, e, por esse motivo, não constituem prova, sua função seria de direcionar os julgadores sobre os fatos que aconteceram, trazendo elementos importantes, pois o ofendido era pessoa que conhecia de perto o crime, suas circunstâncias e detalhes. O art. 201, do CPP, determinando a tomada de declarações da vítima, segundo ele, não lhe empresta nenhum caráter probatório, mesmo estando suas declarações subordinadas à epígrafe - da prova - do título VII a que pertence.

Esclarece Câmara Leal (1942, p. 26) com os seguintes apontamentos sobre o valor probatório das manifestações do ofendido: "todavia é muito duvidosa a força probante das declarações do ofendido, necessitando, para serem aceitas, de confirmação direta ou indireta das demais provas coligidas no processo". Ora, percebe-se a total tendência ao descrédito nas falas do ofendido, tido como objeto de prova que, tem valor probante mínimo, até porque, seria alguém interessado no processo, sendo suas declarações aceitas, apenas, se corroboradas com outras declarações e provas.

Assim, antes de iniciar a análise do art. 201, do Código de Processo Penal[3], que trata dos aspectos do tratamento do ofendido e de como as perguntas lhes são feitas, é importante entender em que contexto histórico será analisado esse "ofendido", ou seja, a vítima. Essa análise é importante para que se tenha total visão do que acontecia no país e no mundo naquele período, razão pela qual deu-se o tratamento do ofendido, naquele CPP.

O Código de Processo Penal foi promulgado em 13 de outubro de 1941, com previsão de entrar em vigor a partir de 1º de janeiro de 1942. Surgiu num ambiente conflituoso com influência da Segunda Guerra Mundial e em meio ao golpe de Estado de Getúlio Vargas, que implicou na dissolução da Câmara dos Deputados e Senado, sob a vigência da Constituição de 1937, ou seja, em plena ditadura, onde prevalecia a ingerência do Executivo nos demais poderes, estando o Congresso Nacional fechado, tendo o CPP sido promulgado, sem que houvesse ao menos discussão no Parlamento, por isso seu perfil ditatorial e policialesco.

---

[3] CAPÍTULO V DAS PERGUNTAS AO OFENDIDO
Art. 201. Sempre que possível, o ofendido será qualificado e perguntado sobre as circunstâncias da infração, quem seja ou presuma ser o seu autor, as provas que possa indicar, tomando-se por termo as suas declarações.
Parágrafo único. Se, intimado para esse fim, deixar de comparecer sem motivo justo, o ofendido poderá ser conduzido à presença da autoridade.

Internacionalmente, percebe-se que o Brasil buscou inspiração no Código de Processo Penal italiano, datado de 1930, época de Mussolini (SILVA JUNIOR, 2022, p. 16-20).

Quando se tem em mente a forma como poderiam ser feitas as perguntas ao ofendido, nota-se que Rosa (1942, p. 29-33) a elucida claramente, ao afirmar que as perguntas elaboradas ao ofendido teriam duplo objeto: investigar o fato criminoso apurado contra a pessoa física do ofendido ou contra seus direitos, e teria por objeto o próprio ofendido. Com relação a este último objeto, vislumbra-se como eram tratados os ofendidos, ou seja, como objeto de prova, para fins de estabelecer sua identidade. Entende-se, portanto, à época, o ofendido seria a pessoa afetada pela prática do fato, sendo o sujeito passivo da infração penal e suas declarações aproximam-se de prova testemunhal, mas são elementos de prova.

O CPP de 1941, diante da inexperiência dogmática da época, era um código assistemático, com atecnias, o que era de se esperar, haja vista a falta de desenvolvimento das ciências processuais, principalmente a criminal, que só vieram a se consolidar com a evolução das Constituições, notadamente a de 1988. Como afirmou Silva Júnior (2002, p. 17), mesmo atualmente, com todas as reformas tópicas, ainda se sobressaem do CPP as seguintes características marcantes:

> (a) o perfil antidemocrático e policialesco, elaborado que foi sob a batuta da Constituição ditatorial de 1937; (b) a forte influência do sistema inquisitivo; (c) os procedimentos burocráticos e morosos; e (e) a impossibilidade de sua adaptação a um modelo de processo democrático, pautado pelo respeito aos direitos fundamentais.

Sobre o ofendido, pode-se afirmar que ele não é considerado testemunha, pois testemunhas são terceiros sem interesse no processo, que apenas compareçem em juízo para falar sobre sua percepção sensorial. O ofendido é o terceiro interessado, por isso há um capítulo a ele dedicado, denominado, "DAS PERGUNTAS AO OFENDIDO", e não sendo ele testemunha, nem presta compromisso de dizer a verdade, nem é incluído na contagem do rol das testemunhas. Sua oitiva é obrigatória, tendo o magistrado a obrigação de proceder com sua inquirição, mesmo que as partes não o tenham arrolado (TOURINHO FILHO, 2010, p. 620).

Como se pode verificar, o CPP originário, ao descrever o Capítulo V, como "Das perguntas ao ofendido", ou seja, um capítulo isolado só para o tratamento da vítima e o modo de ser indagada no seio do processo em que é o sujeito passivo, já trazia, desde sua constituição, a característica de objetificação da mesma, que estaria reduzida a objeto de prova. Todavia, mesmo ocupando tal posição, pode-se perceber, ao longo do presente capítulo, ser frequente a desqualificação de suas palavras, ocupando posição de segundo pleno, como se verá na seção seguinte.

2. A vítima em segundo plano

No atual Estado Democrático de Direito, é importante que as vítimas sejam ouvidas de modo humanizado, tenham vez e voz, respeitando-se a sua individualidade. Nessa toada, a fim de alterar o pensamento outrora formulado sobre a parte ofendida, cuja praxe era relegá-la ao segundo plano, deve-se descer até a origem do direito, como fez TORNAGHI (1981, p. 393).

O autor (TORNAGHI, 1981, p. 393), ao introduzir suas palavras sobre o ofendido, trouxe lições do direito romano, exemplificando que, desde aquele período, o ofendido não deveria ser equiparado à testemunha: *"Nullus idoneus testis in re sua intelligitur"* (l0, D., 22, 5) ("Ninguém é considerado testemunha idônea em causa própria"). Acresce, ainda, não é possível ouvir testemunhas que façam parte da amizade do ofendido ou aquelas que o ofendido apresentasse: *"Testes eos quos accusator de domo sua produxerit, interrogari non placuit"* (24, D., 22, 5). *"Suspectos gratiae testes et eos vel maxime, quos accusator de domo produxerit"*, ou seja, não é de hoje a percepção sobre o ofendido como figura de segundo plano. Na prática, ser vítima, era ter considerada suas palavras um objeto sem valor, pois não eram aceitas como idôneas, já que eram testemunhos com interesse na causa. Nada obstante, também não poderiam trazer para o processo pessoas do seu ciclo de amizade, nem outras que escolhesse.

Em se tratando de vítima no processo penal, antes de tudo, deve-se ter em conta o seu conceito jurídico. Assim, nas lições de Scarance Fernandes (1985, p. 40) a vítima é a pessoa atingida pela violação de normas de direito penal, ou seja, a pessoa que foi vítima da prática de um crime, não se podendo olvidar que a vítima pode, também, em virtude da prática do crime, sofrer prejuízos de natureza civil ou administrativa.

Em simples palavras, a vítima é toda pessoa que sofre ameaça ou ofensa de um bem juridicamente tutelado. Sob o viés histórico-doutrinário, pode-se dividir o olhar que se dedicou às vítimas em três fases: a) o período de ouro, ou do protagonismo da vítima, época em que imperava a Lei de Talião, cabendo à vítima o exercício da justiça, que devia se dar na mesma proporção da ofensa recebida (olho por olho, dente por dente); b) o período da neutralização, em que passa a existir a intervenção do Estado nas relações processuais, de modo que a vítima, diante da alteração do foco para a garantia da ordem coletiva, passa a ocupar papel secundário; c) o período do redescobrimento, que emerge após a II Guerra Mundial, quando a vítima volta a ocupar lugar de importância na dinâmica jurídico-penal, dessa vez sob o enfoque humanista (KERSHAW; OLIVEIRA, 2021).

Essa separação em três fases, na realidade, é apenas uma forma didática de se entender como era tratada a vítima no tocante às práticas dos delitos, devendo-se ter muita cautela na abordagem, uma vez que o didatismo pode estar a serviço daquilo que pode ser chamado de instrumentalidade racional, pois diante de um fenômeno tão complexo quanto o fenômeno criminal, tais fases históricas, quando transpostas para a realidade, podem demonstrar problemas, como quando se tenta colocar o redescobrimento da vítima como consequência lógica da história. A evolução do tratamento da vítima, num primeiro momento, possui uma abordagem similar à historiografia tradicional, pois a vítima é colocada em sua época de ouro, após isso para à neutralização, para, enfim, ser redescoberta (CORDEIRO, 2014, p. 16).

Críticas fortes são feitas à fase de descobrimento da vítima, pois se fala que intitular essa fase de redescoberta ou redescobrimento traz consequências negativas, reafirmando existir diferença entre a vítima, que ora ocupava um lugar de destaque (fase de ouro) e a vítima que surge na atual dogmática processual penal ao explicar "que a vítima que emerge na atual dogmática não é a mesma do direito primitivo e que seus institutos e as razões de seu atual protagonismo não guardam nenhuma correspondência com os modelos da intitulada idade de ouro da vítima" (CORDEIRO, 2014, p. 19).

Percebe-se que na chamada idade de ouro, a vingança privada predominava e por esse motivo é a vítima a estrela do fenômeno criminal, pois podia tudo, até fazer justiça com as próprias mãos. Nesse período, levou-se a vingança de caráter ilimitado para vingança com limites e proporcionalidade, como no teor da Lei de Talião. Nascia o projeto da proporcionalidade entre crime e pena. Todavia, quando o Estado passa a monopolizar o poder de punir, percebe-se que a vítima passa a ser marginalizada, surgindo apenas a relação do réu com o Estado, ou seja, a vítima passa a ser secundária, para dar lugar ao Estado punitivo. Nesse momento, a vítima passa para a fase da neutralização do seu papel, ou até mesmo apagamento. Por fim, vem a fase de resgate, redescobrimento que se iniciou no meio do século XX, período em que se passa a ter interesse na vítima, repercutindo diretamente no Direito Penal e Processual Penal (KERSHAW; OLIVEIRA, 2021).

Ainda tratando das etapas que marcaram a forma de tratamento das vítimas na relação jurídico-penal ao longo do seu processo de formação histórica, convém trazer as lições de Scarance Fernandes (1985, p. 13), ao discorrer detalhadamente sobre cada um dos períodos de tratamento da vítima.

Segundo o autor, no primeiro período, o da vingança privada ou de sangue, predominava o caráter religioso forte, sendo registrada em período antigo da civilização, marcado pela luta pela sobrevivência do indivíduo, da sua família ou da sua tribo. Às vezes, uma agressão a um membro da tribo trazia lutas sangrentas e até o fim de toda a tribo. Nesse período havia a imposição ao antagonista de males físicos, ou até da morte, para evitar outro atentado, e a tomada de seus bens materiais. Com a evolução das organizações sociais, a vingança privada sem proporções deu lugar a justiça privada, limitada e regulada; nesse caso a vítima ou os familiares iam até o chefe local, uma autoridade pública que analisaria as regras formais e se a vingança não passava dos limites das normas religiosas ou jurídicas que prevaleciam à época.

A Lei de Talião é a mais conhecida das leis do período pois, por ela havia uma igualdade entre pena e ofensa. Quem não lembra do: olho por olho, dente por dente, mão por mão e pé por pé. Somente com o passar dos anos surge a composição pecuniária que servia como um pagamento que era feito a vítima, ela escolhia a reparação do dano ou a instauração do processo e no processo ainda haveria também pagamento de soma em dinheiro para o ofendido.

No antigo direito penal germânico alguns delitos, a exemplo da traição na guerra, a deserção, o perjúrio e o homicídio poderiam causar ao responsável pelo delito a perda da paz, por esta pena, que poderia ser aplicada por qualquer um da comunidade ou pela vítima e seu clã, o autor do delito teria a dissolução de todo e qualquer vínculo social e familiar, alcançando tanto a pessoa como seus respectivos bens e, em alguns casos, poderia ser remida pelo pagamento de uma multa (CÂMARA, 2006, p. 35).

Nesse período percebe-se a força da vítima, seu protagonismo, sua voz na determinação de escolhas cabíveis, processo, composição pecuniária, reparação, ela, portanto, escolhia como iria satisfazer seus interesses.

A segunda fase, surge, com a organização dos Estados, é a fase da neutralização, ou, em outros termos, a expropriação do conflito por parte do Estado, e estende-se por um período muito extenso, inserido na passagem do Antigo Regime para a Modernidade, neste período o soberano substitui a vítima e passa a executar castigos e, as consequências do crime passaram para o controle do estado. Esta fase neutra da vítima foi acontecendo de forma lenta e gradual e, a partir daí, surge a vítima em segundo plano, a vítima neutra, aquela que perde o protagonismo em detrimento do Estado, ela se torna objeto do direito penal, não somente na persecução criminal como também no plano do direito material. A participação do ofendido se resumiria, na fase neutra, à condição de elemento informador para o Estado sobre eventuais lesões a bens jurídicos sofridos (CORDEIRO, 2014, p. 16).

A segunda fase surge a partir das primeiras organizações sociais mais estruturadas, pois, naquele período, não eram interessantes vinganças desproporcionais, que podiam dizimar tribos. A fase da neutralidade teve seu ápice durante o absolutismo monárquico, quando o Estado passou a ser o titular exclusivo do *jus puniendi*. Nessa fase, o ofendido passou a ocupar papel secundário ou de mera colaboração no processo penal, reforçando-se que a vítima era deixada de lado (CAPEZ, 2012, p. 513-514).

Como fortalecimento da Monarquia e do Estado Moderno, a vítima fica relegada à neutralidade. Praticar um crime era ofender a boa ordem social e o soberano ou o Estado deveriam combatê-lo. A vítima sai do processo e se torna neutra, a relação jurídica que passa a existir é entre o juiz, o órgão acusador e o réu, importando muito mais o interesse público que o privado, devendo a resposta penal advir de um órgão imparcial e sem paixões, havendo interesse em acabar com a justiça privada da época.

Nesse período, percebe-se a redução das ações privadas, ou seja, as vítimas podem acusar em número mínimo de delitos, e, em regra, cabe ao Ministério Público denunciar os crimes, sendo a vítima responsável por noticiar o fato e testemunhar no tribunal. Interessante ressaltar as lições de Scarance Fernandes (1995, p. 15) ao enunciar que, no período neutro, o valor das vítimas era medido segundo a sua classe social ou posição religiosa, tanto assim que as penas eram diversas, a depender de quem fosse atingido pelo crime, por exemplo, o homicídio de um excomungado não era crime e a morte de um herético ou de israelita importava em pena menor. A partir daí deu-se início ao declínio de prestígio das vítimas no processo penal.

Passa-se a se interessar muito mais na humanização das penas, preocupando-se com o acusado, repudiando-se castigos corporais, eliminando-se ou reduzindo as penas de morte, retirando as penas infamantes, tudo isso com a influência do iluminismo e da Escola Clássica. Com a influência da Escola Positiva, passa-se a se preocupar com o delinquente e as maiores oportunidades de defesa do acusado. Inicia-se o interesse em aparelhar os presídios, tornando-os dignos para os presos. Nesse período a vítima é relegada ao plano inferior, esquecida (SCARANCE FERNANDES, 1995, p. 15).

A última fase é a do "redescobrimento", nela o objetivo é a revalorização do ofendido, deixando de lado o aspecto meramente punitivo da pretensão penal, para abranger também um aspecto reparatório do dano causado ao ofendido, especialmente com o advento da Declaração dos Direitos Fundamentais da Vítima, aprovada pela ONU, em 29 de novembro de 1985, e com algumas leis subsequentes, tais como a Lei n° 9.099, de 26 de setembro de 1995, com a criação da composição civil (art. 74, parágrafo único, Lei n. 9.099/95), e a nova redação dada ao art. 387, IV, do Código de Processo Penal, que permite ao juiz, na sentença condenatória fixar um valor mínimo para a reparação dos danos causados pela infração, considerando os prejuízos sofridos pelo ofendido (CAPEZ, 2012, p. 513-514).

Outras legislações bem recentes denotam que a fase da redescoberta está em pleno crescimento, pois trazem a vítima para posição de destaque, exemplificam-se algumas delas: a Lei n° 12.845, de 1° de agosto de 2013, que trata do atendimento obrigatório e integral de pessoas em situação de violência sexual; a Lei n° 9.807, de 13 de Julho de 1999, que estabelece normas para a organização e a manutenção de programas especiais de proteção a vítimas e a testemunhas ameaçadas, institui o Programa Federal de Assistência à Vítimas e a Testemunhas Ameaçadas e dispõe sobre a proteção de acusados ou condenados que tenham voluntariamente prestado efetiva colaboração à investigação policial e ao processo criminal; a Lei n° 14.321, de 31 de março de 2022, que tipifica o crime de violência institucional; a Lei n° 13.431, de 4 de abril de 2017, que estabelece o sistema de garantia de direitos da criança e do adolescente vítima ou testemunha de violência; e, por fim, Lei n° 11.340, de 7 de agosto de 2006, que cria mecanismos para coibir a violência doméstica e familiar contra a mulher (Lei Maria da Penha).

Também é possível identificar no seio das instituições, movimentos de proteção às vítimas. Nesse contexto, surge no Conselho Nacional do Ministério Público, a Resolução CNMP n° 243, de 18 de outubro de 2021, que dispõe sobre a Política Institucional de Proteção Integral e de Promoção de Direitos e Apoio às Vítimas; o Grupo de Trabalho – Direito das Vítimas, com a finalidade de colher dados, elaborar estudos e promover ações voltadas a concretização do projeto denominado "Movimento Nacional Em Defesa Dos Direitos Das Vítimas" no âmbito do Conselho Nacional do Ministério Público, criado através da Portaria CNMP-PRESI n° 126, de 28 de abril de 2022, ambos criados com o escopo de estabelecer tratamento diferenciado às vítimas no âmbito do sistema democrático de direito, com vistas a contribuir com a concretização dos ideais de justiça, liberdade e solidariedade.

Extrai-se do exposto acima que a evolução da figura da vítima é um processo natural e histórico, sendo a expressão "fase de redescobrimento da vítima" por vezes criticada, podendo ser chamada apenas de fase revisionista e não de fase de redescoberta. Ocorre, contudo, que a mera utilização destes para justificar qualquer utilização da figura da vítima contemporânea não é sempre aceitável, pois a vítima de antigamente não coaduna com a leitura que se faz da vítima de hoje. Tudo mudou, e o contexto jurídico, social e político é bem diferente nas fases pelas quais a vítima passou, devendo ser sempre levando em consideração (CORDEIRO, 2014, p. 20).

Sabe-se que a função do ofendido no processo criminal é múltipla, pois desempenha o papel de sujeito da atividade processual, quando é titular da ação penal, nos casos de ação penal privada, em que movimenta a ação através da queixa crime, a exemplo, dos crimes contra honra.

Pode o ofendido também atuar subsidiariamente no polo ativo, quando é assistente da acusação. Todavia, o que chama mais atenção é quando o ofendido é objeto de prova, nesse caso, a atividade criminosa foi exercida contra ele, e ele, por exemplo, é submetido às provas periciais, como o exame de corpo de delito, que é a prova da materialidade da infração. Além disso, também pode ser órgão de prova e fonte de prova. Como fonte de prova, percebe-se fortemente sua objetificação, ao ser qualificado e ouvido pelo magistrado e trazer as provas que dispõe para esclarecer os fatos.

Quando o ofendido é elemento de prova, porquanto, testemunha do delito, já que foi vítima do crime, tanto quando sofre lesões em seu próprio corpo ou em seu patrimônio, traz sua percepção sobre o contexto em que ocorreu o delito. É motivo de destaque a posição processual do ofendido, ao se verificar o art. 201, do CPP originário, pois quando da redação primeira do CPP, era o ofendido, expressa e formalmente, meio de prova (ESPÍNOLA FILHO, 1965, p. 53-73).

Em virtude disso, quando narra as suas experiências sobre o fato, são protagonistas do evento. Assim, embora meio de prova, é também sujeito da obrigação testemunhal e objeto do próprio exame do crime, transmudando-se em prova real, principalmente nos casos de crimes contra os costumes e contra as pessoas (BARROS, 1971, p. 742).

Magalhães Noronha (1966, p. 148-149), ao criticar a participação do ofendido no processo penal admite ser óbvio que as suas palavras devem ser recebidas com reservas, pois é ele interessado no pleito, confia que sua acusação prevaleça e é consciente da sua responsabilidade do processo. Ademais, de forma curiosa, Noronha (1966, p. 149) continua "por outro lado, impelido pela indignação ou o ódio e animado do intuito de vingança, suas declarações não merecem, em regra, a credibilidade do testemunho". E, embora admita que há delitos em que a prova não se completa nem se aperfeiçoa sem a sua participação, como é o caso dos crimes contra os costumes (hoje, crimes contra a dignidade sexual), traz em contrapartida sua opinião sobre o descrédito às palavras da vítima que devem ser observadas com cuidado e ainda acresce que "só e desacompanhada de quaisquer provas, não será bastante para levar alguém à condenação".

Uma passagem de Rosa (1942, p. 31), em seu livro, traz uma comparação entre as palavras do ofendido e do acusado, pondo-as quase no mesmo patamar ao afirmar que as palavras da vítima guardam maior similitude com a prova testemunhal que as do acusado. Perfazem, portanto, elemento de prova, em pé de igualdade com as declarações do acusado. Na da obstante, existem situações, em que as declarações prestadas pela parte ofendida possuem valor preponderante, superior àquelas prestadas pelo acusado, notadamente quando estamos diante dos crimes de violência carnal ou outros em que o arcabouço probatório relacionado à autoria do delito fica restrito a tais palavras.

A partir da redação acima, indaga-se que estímulo teria a vítima em comparecer à audiência e prestar suas declarações, ao tomar conhecimento de que suas palavras seriam quase similares às palavras do acusado, somente com algumas exceções, como é o caso dos crimes sexuais e, mesmo assim, vários são os julgados da época que desqualificam ou objetificam as palavras da vítima em crimes contra a dignidade sexual, interessante trazer à baila exemplos para que se tome conhecimento nesse resgate histórico.

Espínola Filho (1965, p. 55) exemplifica, através de um julgado do Tribunal da Relação de Minas Gerais, que, entre a palavra afirmativa da mulher que se diz desvirginada e aponta o "autor da sua desonra", e o homem que nega os fatos, a lei empresta credibilidade à palavra da mulher, se não há prova contrária à sua precedente honestidade. Ou seja, as palavras da ofendida só restariam aceitas se a mulher era honesta quando vítima do estupro, demonstrando que a credibilidade da vítima era algo bastante relativo à época e o julgamento eivado de estereótipos de gênero, no caso da vítima mulher.

Ainda acresce que é muito delicada e muito séria a questão da avaliação das declarações do ofendido, porque necessita de um trabalho meticuloso e caprichado, de pesquisa das causas, que poderão determinar, consciente ou inconscientemente, uma percepção defeituosa, inacabada ou mentirosa dos fatos ou, até mesmo, a modificação das lembranças dos acontecimentos (ESPÍNOLA FILHO, 1965, p. 55). Assim, não era tão simples assim ocupar a posição de vítima no processo penal de 1941, talvez essa posição fosse semelhante à do acusado, às avessas.

Matos e Pezzato (1983, p. 225-226) ensinam que, nos crimes clandestinos cometidos sem testemunhas, a parte ofendida não presta compromisso e, naturalmente, seu depoimento possui tendência natural ao exagero na culpabilidade do acusado, mentindo, em alguns aspectos, na narrativa do crime, devendo as declarações do ofendido serem aceitas quando são coerentes, seguras, minudentes, incontroversas e compatíveis com o ambiente social e nível cultural da parte ofendida e, havendo confronto com as palavras do réu, pode ainda o juiz aceitar as declarações da vítima, todavia, para isso, os antecedentes e o comportamento social descrito por testemunhas devem atestar a credibilidade da parte ofendida.

O ofendido, diante do contexto em que integra a relação processual penal é pessoa capacitada para o fim de dizer a verdade, principalmente porque consegue dizer detalhes do crime, até mais que algumas testemunhas, todavia, a paixão ou emoção pode exercer tanta influência a ponto de atrapalhar a percepção dos fatos. Ademais, o ofendido, segundo Tornaghi (1981, p. 394) é sempre um depoente inferior à testemunha, pois o seu sentimento de justa indignação não o faz livre para determinar-se com serenidade e frieza.

Acrescenta Espínola Filho (1965, p. 53-73) que o ofendido deve ter suas palavras estudadas, para que se possa avaliar sua força probatória, devendo ser levado em conta sempre que ele tem interesse pessoal, econômico ou social, e que pode ser impulsionado pelo ódio e vontade de vingança, devendo o julgador se preocupar, pois o resultado dessas palavras do ofendido pode afastar o castigo do infrator verdadeiro, resultando na injusta punição de um inocente. Por outro lado, algumas vezes o acusado exerce tanta influência sobre a vítima que esta, impelida pelo medo tenta acalmar os ânimos à custa de terceiros envolvidos no caso, desviando a atenção da justiça para longe do verdadeiro culpado.

Nogueira (1987, p. 102-103) também traz elementos que denotam a coisificação da vítima, ao afirmar que o acusado e o ofendido se situam em planos diferentes e, dados os interesses em confronto, suas declarações não merecem, por si só, crédito, devendo ser analisadas no conjunto probatório. Admite que o interrogatório constitui meio de prova e de defesa e que as declarações da vítima como meio probatório, mas reforça que a vítima tem interesse direto na acusação. Finalmente, assere que a vítima tem vários direitos no processo penal, podendo, por exemplo requerer diligências no inquérito (art. 14), representar nos crimes de ação pública condicionada (art. 24), requerer ação privada (art. 30), propor ação civil (art. 63), requerer o sequestro (art. 127), a hipoteca legal (art. 134), intervir como assistente (art. 268) na fase processual, além de outros direitos.

Nesse norte, pode-se concluir que em 1941, tanto era difícil ser acusado, quanto ocupar a posição de ofendido. Entretanto, pela leitura dessa seção, percebe-se quão árdua era a tarefa do ofendido. Ocupar a posição de vítima naquela época era um ato de coragem e esforço para se obter a credibilidade de suas palavras. Tratava-se de trabalho intenso e cansativo, e, a depender do tipo de crime, até desconfortável. Nesse norte, a próxima seção dedica-se às críticas advindas ao laborioso mister de ser ofendido no CPP originário.

3. Críticas ao tratamento do ofendido no CPP de 1941 e um novo olhar sobre o protagonismo das vítimas

No capítulo anterior demonstrou-se como era dificultoso ocupar a posição de sujeito passivo do delito, pois, imaginando o sistema de justiça da época, para ser vítima, havia o ônus de ter a firmeza de ir denunciar seu ofensor e, quando comunicasse o fato para as autoridades, ter suas palavras comparadas e julgadas. Dependendo do delito cometido, o ofendido teria mais preocupação em sua fala, reforçando como era penoso ser vítima. Essa posição era, talvez, tão criticada quanto a do acusado, sendo importante, a evolução do pensamento e o retorno do protagonismo do ofendido, mas não nos moldes antigos, da vingança privada, e sim de forma atualizada, voltada para oportunizar direitos e maior participação do ofendido no processo penal, credibilizando a sua palavra.

Críticas são feitas ao sistema repressivo com o interesse voltado para a punição e aplicação de pena, sem vislumbrar o importante papel da vítima. Explica-se que o descontentamento da vítima, em virtude do contato negativo com os integrantes sistema de justiça e, principalmente, com os órgãos encarregados da investigação, faz com que ela passe se desinteressar na colaboração com a justiça, com a polícia e com o Ministério Público, sendo esse um complicador para se averiguar a autoria e a materialidade do crime, pois, em alguns casos apurados, são as palavras da vítima um norte para a desvendamento do crime. Por outro lado, o descrédito da vítima, faz com que ela não traga à tona outros crimes, não noticie novos delitos, aumentando a impunidade e a criminalidade. Ademais, passa a mesma a divulgar sua má experiência ao contato com o sistema de justiça, desestimulando que se busque a polícia ou o sistema de justiça como um todo. Sob outra perspectiva, oportunizar à vítima que comunique os fatos criminosos, ouvindo-a de forma humanizada aumentará a confiança nos atores que integram o sistema de justiça. Assim, para que se possa concretizar reais mudanças faz-se necessárias transformações legislativas, mudanças estruturais, até mesmo criação de núcleos de atendimento às vítimas (FERNANDES, 1995, p. 235).

Ainda criticando a forma em que a vítima é tratada, convém trazer as lições de Fernandes (1995, p. 236). Segundo o autor, se está diante de problema de difícil resolução, quando a vítima se recusa a colaborar com a investigação, sobretudo pelos interesses que estão em jogo ao longo do processo, figurando de um lado o ente estatal, com a pretensão de punir o agente criminoso e depende da disposição da vítima, e de outro a parte ofendida, que pode ter causas legítimas para a recusa, como a própria proteção ou de outrem, imprescindível que se atinja um ponto de equilíbrio entre os interesses, não raras vezes, opostos.

Ao se pensar nas censuras feitas ao tipo de tratamento das vítimas no CPP, é importante retratar o que lecionavam os abolicionistas ao dizerem que o maior defeito do CPP de 1941 era a forma como as vítimas *(des)tratadas* pelo sistema. Ou seja, criticam os abolicionistas a falta de participação ativa da vítima que, obviamente é a maior prejudicada, seja direta ou indiretamente, e que, para a solução do processo, precisa ser ouvida, para entregar subsídios com o fim de orientar a atuação dos operadores do direito. Como entender que a vítima, ao invés de ser a mentora dos que atuam no inquérito ou no processo, é vista como uma testemunha especial? É, portanto, apenas mais uma, mais um meio de prova dentre outros (SILVA JÚNIOR, 2021, p. 94).

No pensamento abolicionista, vários aspectos de proteção ao ofendido são ressaltados: reforça-se a importância de um sistema de seguro simplificado, ou seja, uma proteção em situação de luto e pesar; defende-se a criação de abrigos aos que precisam de proteção; apoia-se mulheres que sofrem violência doméstica, dentre outros o que não é coerente com o que ocorre no sistema atual. O pensamento abolicionista corrobora com o que é aplicado pela justiça restaurativa, que com a Lei n° 11.690, de 9 de junho de 2008, inseriu no Código de Processo Penal artigos com a pretensão de corresponder aos anseios das vítimas (SILVA JÚNIOR, 2021, p. 94-95). Denota-se que há um movimento de mudanças, pois, mesmo ainda tratado oficialmente como meio de prova, a vítima vem gradativamente sendo agraciada com mais direitos.

Embora o Sistema Penal atual volte-se principalmente para o crime e o criminoso, essa ideia vem recebendo críticas frente, por exemplo, aos estudos de vitimologia que surgem no escopo de valorização da vítima, preocupando-se em retirar o foco exclusivamente da ressocialização do autor, buscando a participação da mesma no Processo Penal, sendo sua inclusão no contexto processual penal não como a manifestação de uma necessidade de técnica de aceleração deste processo e sim pelo entendimento de que sua inclusão é um mecanismo necessário face o seu direito fundamental à reparação do dano. (CORDEIRO, 2014, p. 8).

Após a exposição sobre o tratamento do ofendido no CPP originário, cabe analisar o que é preciso para que ele seja um dos protagonistas do processo penal, ao lado o acusado, pois, pelo breve passeio pelo CPP originário já se percebe seu potencial de protagonista e estrela esquecida; podendo, por exemplo, pleitear a reparação do dano, reclamar a punição do acusado, pode inclusive agir como assistente. Sendo o processo o encontro dramático entre os dois interesses, surge a identidade originária entre processo penal e civil, sendo que o caráter privatístico deste, foi, pouco a pouco desligando-o daquele. Ocorre mais que a infusão de energia publicística no processo penal, vai também empalidecendo a sua força como meio de reparação à parte lesada (BARROS, 1971, p. 742).

Apenas como forma de exemplificar como devem ser tratadas as vítimas e fazendo-se um rápido recorte de gênero, cabe expor como apurados os crimes pela Lei Maria da Penha, já que se está analisando a objetificação das vítimas no processo, ressaltando-se que o tratamento naquela lei é mais humanizado e mais próximo de um ideário de protagonismo.

As normas acerca da apuração das investigações nos crimes de violência doméstica devem contemplar e facilitar a participação ativa da mulher durante todo o processo, e livre de riscos, das vítimas e de seus familiares. A adoção do novo papel atribuído às vítimas, não apenas em sua qualidade passiva dos crimes, mas como sujeitos de direitos fundamentais e na relação processual, traz a necessidade de se modificar o sistema de justiça atual. Em casos de participação das vítimas no processo em que se apura violência doméstica, é imperativo legal que a gozem de representação legal por advogado ou defensor público, sendo-lhe assegurada a participação voluntária em todas as etapas do processo, independentemente de sua presença, podendo sempre comunicar suas opiniões através de seu representante legal, tornando-as menos vulneráveis e facilitando o exercício de seus direitos, garantindo segurança real. Seus pedidos devem estar adequadamente instruídos, respeitando seus interesses e necessidades, dando especial segurança na manifestação de vontade das vítimas de forma consciente e orientada (ONU MULHERES, 2016).

Para finalizar o presente tópico, reforça-se que, ao criticar a forma como as vítimas são observadas no contexto processual, não se pretende o retorno ao passado, em que a vítima era a vingadora, nem retirar dos acusados os direitos alcançados ao longo dos anos, ao contrário, busca-se garantir as expectativas da vítima, frente às expectativas do réu, equilibrando-os, sem prejuízos, busca-se o necessário protagonismo que não há no CPP originário, como foi posto em 1941.

Considerações finais do capítulo

Ao final da exposição, pode-se afirmar que, para conhecer o futuro, deve-se passear na força do passado e suas marcas indeléveis, pois ele nos traz o arcabouço para as mudanças e, para isso, a relevância de entender como os ofendidos eram tratados quando da entrada em vigor do CPP de 1941 e, até um pouco antes, na época das Ordenações Filipinas e no CPCrim.

O CPP originário e seu perfil policialesco, elaborado perante o rigor e o vigor da Constituição de 1937, sob a forte influência do sistema inquisitivo e seus procedimentos burocráticos e morosos, tornou-o antidemocrático.

Nesse contexto, o ofendido foi esquecido e silenciado, visto como testemunha que não prestava compromisso, esquecendo-se dos danos físicos, psíquicos, patrimoniais e sociais que lhe atingia como vítima de crimes, sem muito lhes assegurar os direitos fundamentais que lhe trouxesse dignidade o foco era todo para crime, punição pelo Estado.

A posição secundária do ofendido na fase de expropriação do conflito pelo Estado se resumiria, na fase neutra, à condição de elemento informador para o Estado sobre eventuais lesões a bens jurídicos sofridos. Dessa situação de esquecimento, abandono, desamparo e frustação, possivelmente, houve a perpetuação da revitimização característica do direito penal tradicional e penalizador e tão combatida pelos abolicionistas.

Embora o CPP continue em vigor, pela exposição feita aqui, necessário se faz a evolução e mudança de planos, trazendo a vítima ao centro, possibilitando-lhes novas chances de atuação dinâmica como já vem ocorrendo pontualmente através das inúmeras legislações em vigor no sentido de maior proteção aos vulneráveis.

Conclui-se ser intolerável que ainda se enxergue a vítima com olhar discriminatório baseada no CPP de 1941, que pelo seu perfil, a tratava como um objeto de provas, ao contrário, deve-se sim, voltar o olhar para a vítima com perspectiva futura que a mesma ocupe a posição de sujeito de direitos.

Debruçar-se sobre a vítima, protagonizando-a no processo penal, trará melhor compreensão do fenômeno criminal e do quanto ele é influenciado pelo comportamento da vítima, criando formas mais eficazes de protegê-la e garantir a busca de seus direitos. Não é uma opção a participação da vítima no processo penal, sim um direito fundamental de presença que advém de seu direito de participar de um provimento jurisdicional, o qual será afetado, devendo-se dar sempre uma maior atenção à vítima, proporcionando-lhe um olhar humanizado e de proteção em virtude de sua vulnerabilidade.

Bibliografia

ACOSTA. Walter P. *O Processo Penal*. 6 ed. Rio de Janeiro: Ed. Autor, 1967.

BARROS, Romeu Pires de Campos. *Direito Processual Penal*. v. 2. 1 ed. São Paulo: Sugestões Literárias, 1971.

CÂMARA, Costa Guilherme. *Programa de política criminal*. São Paulo: RT, 2006.

CAPEZ, Fernando. *Curso de Processo Penal*. 19. ed. São Paulo: Saraiva, 2012.

CORDEIRO, Euller Xavier. *A participação da vítima no processo penal.* Dissertação (Mestrado em Direito) – Universidade Estadual Paulista. Faculdade de Ciências Humanas e Sociais. Universidade Estadual Paulista "Júlio de Mesquita Filho". Franca, 2014.

DELLEPIANE, Antônio. *Nova teoria da prova.* 2. ed. Rio de Janeiro: José Konfino, 1958.

ESPÍNOLA FILHO, Eduardo. *Código de processo penal brasileiro anotado.* 6. ed. v. 3. Rio de Janeiro: Editora Borsoi, 1965.

FERNANDES, Antonio Scarance. *O papel da vítima no processo penal.* São Paulo: Malheiros, 1995.

FOUCAULT, Michel. *Vigiar e punir*: nascimento da prisão. Petrópolis: Vozes, 1987.

FRANCO, Ary Azevedo. *Código de Processo Penal.* 6 ed. v. 1. Rio de Janeiro: Revista Forense, 1956.

FREIRE, Leonardo Oliveira. *A fundamentação metafísica do Direito na filosofia de Kant.* 2007. 104 f. Dissertação (Mestrado em Metafísica) – Universidade Federal do Rio Grande do Norte. Natal, 2007.

JESUS, Damásio Evangelista de. *Código de processo penal anotado.* 4. ed., São Paulo: Saraiva, 1984.

KERSHAW, Gustavo Henrique Holanda Dias; OLIVEIRA, Valéria Cristina Meira de. *A relevância da participação da vítima no acordo de não persecução penal.* Disponível em: https://amppe.com.br/a-relevancia-da-participacao-da-vitima-no-acordo-de-nao-persecucao-penal/. Acesso em: 02 out. 2022.

MATOS, Eduardo Vasconcelos de. PEZZATO, Eny Ribeiro. *Processo penal para provas e concursos*. São Paulo: Saraiva, 1983.

MOREIRA, Thiago Oliveira. *Aplicação dos tratados internacionais de direitos humanos pela jurisdição brasileira*. Natal: EDUFRN, 2015.

NOGUEIRA, Paulo Lúcio. *Curso completo de processo penal*. 3 ed. São Paulo: Saraiva, 1987.

NOGUEIRA, Paulo Lúcio. *Curso completo de processo penal*. 3 ed. São Paulo: Saraiva, 1987.

NORONHA, Magalhães E. *Curso de Direito Processual Penal*. 2 ed. São Paulo: Saraiva. 1966

ONU MULHERES. *Diretrizes para investigar, processar e julgar com perspectiva de gênero as mortes violentas de mulheres*. Disponível em: https://www.onumulheres.org.br/wp-content/uploads/2016/04/diretrizes_feminicidio.pdf. Acesso em: 18 out. 2022.

RODRIGUES, Maria Estela Vilela Souto Lopes. *ABC do processo penal*. 5. ed. rev. e atual. São Paulo: Revista dos Tribunais, 1981.

RODRIGUES, Roger de Melo. *A vítima e o processo penal brasileiro*: Novas perspectivas. 2012. Dissertação (Mestrado em Direito) – Universidade de São Paulo (FADUSP). São Paulo, 2012.

ROSA, Inocêncio Borges da. *Processo Penal Brasileiro*. v. 2. Porto Alegre: Barcelos, Bertaso e Cia, 1942.

ROXIN, Claus. Tem futuro o direito penal? *Revista dos Tribunais*, São Paulo, v. 90, n. 790, ago. 2011, p. 459-474.

SHECAIRA, Sérgio Salomão. *Criminologia*. 8. ed. rev., atual. e ampl. [livro eletrônico] São Paulo: Thomson Reuters Brasil, 2020.

SILVA JÚNIOR, Walter Nunes da. *Curso de direito processual penal*: teoria constitucional do processo penal. 3. ed. Natal: OWL, 2021.

SILVA JÚNIOR, Walter Nunes da. *Reforma tópica do processo penal*: inovações aos procedimentos ordinário e sumário, com o novo regime das provas, principais modificações do júri e as medidas cautelares pessoais (prisão e medidas diversas da prisão). 3. ed. Natal: OWL, 2019.

SILVA JÚNIOR, Walter Nunes da; Melo, HAMILTON, Olavo (orgs.) [edição *Kindle*]. *Novo Código de Processo Penal*: Temas fundamentais. Natal. OWL, 2022.

SOARES, ORLANDO. *Curso de Direito Processual Penal*. Rio de Janeiro: José Konfino Editor, 1977.

SOUZA NETO, Nilton Soares. A relação do Rio de Janeiro no Brasil imperial. In: XXIII Simpósio Nacional de História. 2005. Londrina/PR. *Anais*: Londrina/PR: ANPUH, 2005.

TORNAGHI, Hélio. *Curso de Processo Penal*. v. 1. São Paulo: Saraiva. 1981.

TOURINHO FILHO, Fernando da Costa. *Código de Processo Penal Comentado*. São Paulo: Saraiva, 2010.

CAPÍTULO 5

A DISCIPLINA SOBRE O RECONHECIMENTO DE PESSOAS A PARTIR DO CÓDIGO DE PROCESSO PENAL DE 1941 E A CONTINUIDADE DA REDAÇÃO ORIGINÁRIA: A NECESSÁRIA BUSCA POR MUDANÇAS

Nathália Leite de Medeiros[1]

O estudo sobre o reconhecimento de pessoas tem se intensificado nos últimos anos sobretudo em razão de pesquisas nacionais e estrangeiras afirmarem que este meio de prova é dependente da memória e, como tal, falível, sendo capaz de provocar erros judiciais.

Para além dessa complexa problemática, que torna duvidoso o valor dado à referida prova, a doutrina passou a discutir sobre outros problemas em torno do reconhecimento pessoal, como a disciplina legal vigente no Brasil, a ausência de protocolos de redução de danos e a cultura inquisitória que continua existindo no ideário dos atores do sistema jurídico e que pode interferir na produção de um reconhecimento confiável.

Tais elementos, que mais cedo ou mais tarde podem culminar em condenações injustas lastreadas em um procedimento falho e insuficiente à luz dos conhecimentos interdisciplinares, têm sido apontados como fragilidades intrínsecas ao reconhecimento pessoal.

Paralelamente a isso, observa-se na prática o contínuo esforço dos juristas para fazer com que os Tribunais Superiores abdiquem do conforto

---

[1]Assessora do Ministério Público Federal, vinculada à Procuradoria da República no Rio Grande do Norte. Mestranda e graduada em Direito pela Universidade Federal do Rio Grande do Norte (UFRN). Pós-graduanda em Penal e Processo Penal pela Associação Brasileira de Direito Constitucional (ABDConst). Pesquisadora nos grupos "Criminalidade violenta e diretrizes para uma política de segurança pública no estado do Rio Grande do Norte" e "Direito Criminal como corpo normativo constitutivo do sistema de proteção dos direitos e garantias fundamentais, nas perspectivas subjetiva e objetiva", ambos vinculados à Universidade Federal do Rio Grande do Norte. ORCID: https://orcid.org/0009-0009-9735-4983.

de entendimentos pacificados e passem a analisar questões relevantes que, por vezes, se tornam achatadas por práticas irrefletidas.

Longe de ser exagero ou mero apego ao formalismo, é possível notar a publicização dos problemas trazidos pelo aproveitamento indevido de irregularidades no Processo Penal e a necessidade de uma evolução jurisprudencial em torno da matéria. A esse respeito, pouco a pouco tem sido possível perceber avanços, como o ocorrido a partir do *Habeas Corpus* nº 598.886/SC, no qual o Superior Tribunal de Justiça passou a adotar o entendimento de que a observância ao procedimento previsto no art. 226 do Código de Processo Penal (CPP) é obrigatória e não uma mera recomendação[2].

Entretanto, embora os problemas derivados do descumprimento ao previsto em lei e do excesso de valor atribuído ao reconhecimento de pessoas venham ganhando atenção e vencendo gradativamente a invisibilidade do tema, até serem notados pelo Judiciário, ainda há muito a ser feito.

A vista disso e considerando as pesquisas até então produzidas acerca do reconhecimento pessoal, que mostram a fragilidade deste meio de prova e sua utilização vulgar como elemento único ou principal para condenar alguém, este trabalho busca abordar uma vertente ainda pouco debatida: a histórica.

O presente capítulo pretende tratar sobre a criação do reconhecimento de pessoas no ordenamento jurídico brasileiro, com o intuito de compreender o contexto histórico e as balizas sob as quais se funda, qual a intenção legislativa por trás da sua criação e averiguar se sua redação é compatível com a realidade atual.

Não se busca tão somente abordar os riscos de um reconhecimento pessoal equivocado, mas sim versar sobre o seu advento com o Código de Processo Penal de 1941, no afã de demonstrar a importância da sua criação, mas também os desafios impostos ao aplicador do Direito atualmente, em

---

[2] BRASIL. Superior Tribunal de Justiça (6ª Turma). *EDcl no Habeas Corpus nº 598.886/SC*. Embargante: Ministério Público Federal. Embargado: Vanio da Silva Gazola. Relator: Ministro Rogerio Schietti Cruz, 13 de abril de 2021. Disponível em: https://processo.stj.jus.br/processo/revista/documento/mediado/?componente=ITA&sequencial=2042604&num_registro=202001796823&data=20210420&peticao_numero=2021000336 72&formato=PDF. Acesso em: 13 mar. 2023.

razão da continuidade da vigência do art. 226 do Código de Processo Penal, ainda na sua redação originária, mesmo passados mais de 80 (oitenta) anos.

Para tanto, foi realizada pesquisa bibliográfica em fontes antigas e atuais, visando compreender não só o caminho até a criação de uma disciplina para o reconhecimento de pessoas no ordenamento jurídico brasileiro, mas também o tratamento dado ao assunto na atualidade.

Busca-se, de início, tratar sobre a origem do reconhecimento de pessoas no Brasil, demonstrando a influência do Código Rocco, de origem italiana, para a estruturação do procedimento legal vigente.

Após isso, o capítulo passará a refletir sobre a disciplina existente em torno do assunto, sendo possível perceber que se por um lado ela não deixa dúvidas quanto ao propósito normativo de reduzir os riscos de que um inocente seja apontado erroneamente como culpado, por outro, é insuficiente para a realidade atual, complexa e que sobrepõe diversas variáveis capazes de macular a formação da prova.

Diante disso, nota-se que a previsão contida no art. 226 do Código de Processo Penal, embora represente um avanço, é incipiente diante dos desafios contemporâneos e das rotineiras arbitrariedades percebidas no dia a dia forense, restando nítida a necessidade de alterações legislativas, conforme se abordará.

1. Origem e inspirações para a regulamentação do reconhecimento de pessoas no Brasil

Preliminarmente, é importante consignar que o reconhecimento de pessoas é um meio de prova que possui duas singularidades importantes se comparado com os outros temas abordados ao longo deste livro. Além de a disciplina em torno do tema ser relativamente nova no Brasil, tendo ocorrido somente com o Código de Processo Penal de 1941, a redação originária permanece em vigor, sem qualquer alteração, mesmo passados mais de 80 (oitenta) anos desde a sua edição.

Isto é, apesar das inúmeras mudanças sociais, políticas e sobretudo ideológicas ocorridas, o dispositivo permanece incólume, de modo que é necessário entender a sua estruturação e as balizas existentes à época para, no momento oportuno, analisar se ele continua sendo suficiente e adequado aos dias atuais.

Visando alcançar este objetivo, versar-se-á, em um primeiro momento, sobre o contexto histórico existente em torno da edição do dispositivo legal sobre o reconhecimento de pessoas, bem como sobre as crenças existentes neste período, o que inclui a reflexão sobre o dogma da verdade real, uma vez que, como aponta Di Gesu (2019, p. 88), prova e verdade são temas profundamente ligados, principalmente porque para muitos autores o propósito do processo ainda é a busca pela verdade.

Feitas essas considerações, urge tratar sobre o perfil inquisitorial do modelo processual penal brasileiro inspirado nas ideologias europeias da década de 1930, o que deu azo à criação da figura do reconhecimento de pessoas tal qual se conhece hoje.

1.1 A influência do Código Rocco

Para adentrar ao contexto histórico em torno do reconhecimento de pessoas no Brasil é preciso pontuar a grande influência do *Codice di Procedura Penale Italiano* de 1930 (Código Rocco), de inspiração fascista, na elaboração do Código de Processo Penal de 1941.

É preciso voltar no tempo e entender a realidade internacional que inspirou a criação do Código Rocco, pois tal diploma legislativo é o produto dos esforços despendidos por Arturo Rocco e Vicente Mazini, precursores da Escola do Tecnicismo Jurídico-Penal, como resposta a uma suposta confusão metodológica trazida pela Escola Positiva.

Essa corrente, que tinha como missão a revalorização dos estudos científicos do Direito positivo, surgiu, segundo Walter Nunes (2021, p. 85), nas turbulências da Primeira Guerra Mundial, iniciada em 1914, e atingiu o seu apogeu na Segunda Guerra Mundial, iniciada em 1939 e finalizada em 1945.

Esse contexto histórico trouxe a busca pela substituição do liberalismo penal e processual penal então vigente por um autoritarismo com aspirações fascistas, de modo que houve a edição do Código Rocco, cujo teor demonstra uma legislação reacionária, própria de um modelo de Estado antidemocrático.

De acordo com Giacomolli (2015, p. 164), o referido diploma legislativo italiano possuía o que se convencionou chamar de "espírito reacionário", no qual o Ministério Público ocupava local de destaque, sendo equiparado ao juiz, e a defesa era compreendida como supérflua. Segundo o autor, os acusados deste modelo eram considerados presumidamente culpados e a prisão era a regra, sendo a detenção preventiva indefinida. Ademais, nesse contexto de viés ditatorial desapareceram as nulidades absolutas e houve o consequente desprezo à forma, associado à obstacularização dos recursos, deixando claro seu teor punitivista.

Tais características evidenciam a preocupante mentalidade inquisitória e positivista da época que, de forma explícita ou velada, ainda permanece no ideário de parte da população do Brasil e do mundo.

No que diz respeito especificamente ao reconhecimento de pessoas, tem-se que, quando da vigência do referido Código italiano, a Itália vivia um período de muitas discussões sobre a natureza jurídica do reconhecimento, pois alguns autores entendiam que este era um elemento da prova testemunhal e, portanto, seria um mero ato instrutório informativo, enquanto outros, a exemplo de Triggiani (1996, p. 11), sustentavam que se tratava de um meio de prova autônomo, sob o argumento de que o reconhecimento introduzia no processo dados sobre a identidade física de uma pessoa ou coisa.

A esse respeito, Mariângela Tomé Lopes (2011, p. 46) dispõe que o reconhecimento era visto como um mero indício, de modo que o magistrado podia e deveria se servir livremente de outros atos direcionados à identificação de um sujeito ou coisa. Nesse viés, Triggiani (1996, p. 13) chegou a afirmar que o reconhecimento pessoal não consistia em um meio de prova propriamente dito, mas sim em um mero instrumento processual por meio do qual o juiz recorreria para adquirir elementos de prova, isto é, mero indício, o qual serviria à formação do seu convencimento.

Frise-se que, nesta época, o acusado era visto como objeto de prova, assim como na busca e apreensão, conforme tratado na primeira parte desta obra, não podendo sequer impedir a ocorrência do ato. Além disso, o investigado era obrigado a participar do reconhecimento, podendo até mesmo ser conduzido coercitivamente e, consequentemente, produzir provas contra si, o que atesta o ideário punitivista predominante no período.

Quanto à disciplina legal presente no Código Rocco com relação ao meio de prova objeto deste capítulo, tem-se que embora o seu art. 361 se assemelhe à redação vigente no Brasil, existem algumas diferenças, as quais serão tratadas no tópico 2, mas impende destacar, desde logo, que no período em que o Código italiano de 1930 foi editado já existiam estudos sobre a falibilidade do reconhecimento de pessoas.

Em 1924, em seu clássico *La critique du témoignage*, François Gorphe (2003, p. 215, tradução livre), apontou que "os erros de reconhecimento não podem contar-se; um volume não bastaria para relatar todos os que foram descobertos, que, por outro lado, não foram senão uma pequena parte".

Já nesta época, há quase 100 (cem) anos, o mencionado autor advertia, com base em estudos empíricos, que diversos fatores poderiam impactar na acurácia do reconhecimento, entre os quais a relatividade da semelhança, as condições de luminosidade, o influxo da emoção, o tempo de exposição e, principalmente, a sugestionabilidade do procedimento utilizado no ato de reconhecimento (GORPHE, 2003, p. 220-223). Tais aspectos, em que pese sejam conhecidos e falados atualmente, só vieram a ser tratados no Brasil com a atenção necessária a partir de 2015, por intermédio de estudo elaborado pelo Ministério da Justiça em conjunto com o Instituto de Pesquisa Econômica Aplicada, cujos resultados já foram abordados por esta autora em outra oportunidade[3].

Nesse momento, o que se deseja mostrar é que o Código Rocco foi criado em um contexto autoritário, de modo que a disciplina em torno do reconhecimento de pessoas foi concebida sob esta inspiração, o que acabou por influenciar diretamente a criação do Código de Processo Penal de 1941, como será melhor tratado adiante.

---

[3] Para saber mais: MEDEIROS, Nathália Leite de. A busca pela aprimoração do procedimento do reconhecimento de pessoas no processo penal brasileiro. In: SILVA JÚNIOR, Walter Nunes da; HAMILTON, Olavo (orgs.). *Projeto do Novo Código de Processo Penal: temas fundamentais*. Natal: OWL, 2022, p. 251-298. Disponível em: https://www.owl.etc.br/_files/ugd/42e3b5_cdd608822f9940cbbbb49ed112ad01f3.pdf.

1.2 O advento do Código de Processo Penal de 1941 e a busca da verdade

Para compreender o perfil do processo penal, bem como as razões das permanências inquisitoriais, se faz necessário entender a ambientação política, social e cultural de década de 1940, conforme aponta Giacomolli (2015, p. 145).

De acordo com o que foi abordado na primeira parte deste livro por Walter Nunes, o Código de Processo Penal de 1941 (CPP), de caráter ditatorial e policialesco e vigente até os dias atuais, surgiu com o âmago de desconstruir o viés liberal do Código de Processo Criminal de 1832.

Com nítido perfil inquisitório, facilmente perceptível pela inegável relativização do princípio da presunção de inocência ou de não culpabilidade, o CPP dispensou ao acusado o tratamento como coisa e não mais como sujeito, tanto é que este passou a servir de prova a respeito dos crimes por ele próprio praticados.

Na exposição de motivos do CPP, o Ministro Francisco Campos (1941) revela a ideologia que orientou a sua confecção. Nela, existe a expressa menção de que as leis processuais então em vigor conferiam um extenso catálogo de garantias e favores aos réus, de forma que se sustenta a premente necessidade de ajustá-las no desiderato de servirem de instrumento a maior eficiência e energia da ação repressiva do Estado contra o que chamou pejorativamente de delinquentes.

Segundo Walter Nunes (2021, p. 121), o Ministro Francisco Campos entendia ser necessário que fosse abolida a injustificável primazia do interesse do indivíduo sobre o da tutela social, por não ser possível contemporizar com pseudodireitos individuais em prejuízo do bem comum.

Na exposição de motivos do CPP existe, inclusive, a expressa menção à restrição do *in dubio pro reu* e a redução das nulidades processuais ao mínimo, de modo que este deixe de ser "um meandro técnico por onde se escoa a substância do processo e se perdem o tempo e a gravidade da justiça" (CAMPOS, 1941). Fica nítida a inspiração no Código Rocco.

O texto apregoa que assim como ocorreu na reforma do processo penal italiano a partir do Código Rocco, as medidas adotadas certamente iriam desagradar aqueles que estavam acostumados a aproveitar e abusar das deficiências e fraquezas da processualística penal então vigente, mas que se tratava de uma acertada e urgente reforma legislativa.

Tais atributos denotam que o Código de Processo Penal de 1941 possui como pano de fundo a presunção de culpa, até mesmo porque a sua criação foi inspirada no Código Rocco de 1930. Segundo Ferrajoli (2006, p. 440), o CPP repeliu a presunção de inocência de tal modo que o preceito só foi restabelecido pela Constituição atual, sob a forma de presunção de não culpabilidade.

Em meio a esse contexto, há, ainda, as discussões em torno da verdade no processo penal, com a paulatina transição entre a concepção de verdade real, impossível de ser alcançada, e a verdade formal, apresentada no processo e que parte da noção de que a reprodução jurídica do fato se exaure nas provas e manifestações trazidas aos autos pelas partes.

A busca pela verdade real é apontada como um elemento cultural inerente ao sistema processual penal que se amolda no Brasil com a atual configuração sobre o reconhecimento de pessoas, baseada no Código Rocco (de matriz fascista), de modo que a sua consequência é a produção de falsas memórias e o risco de condenação de inocentes, como apontam Dieter *et al.* (2022, p. 20).

Para esses autores, o "princípio da verdade real" traz três principais reflexos as instâncias institucionais: 1) A finalidade de apuração da verdade como objetivo central do processo penal; 2) O repúdio ao sistema de controle sobre os meios probatórios; e 3) A flexibilização da aplicação do *in dubio pro reu* no direito brasileiro.

Essas considerações evidenciam o contexto histórico da edição do Código de Processo Penal e demonstram as aspirações arcaicas, ditatoriais, policialescas e inquisitórias existentes na época da sua edição. No que se refere especificamente ao reconhecimento de pessoas, tem-se que este passou a ser considerado meio de prova autônoma somente com o CPP de 1941, de modo que a sua criação estava imbuída dos valores vigentes no período da sua criação, como o teor inquisitivo.

Mas, por mais contraditório que isso possa parecer, a regulamentação do reconhecimento de pessoas representou, de algum modo, a preocupação legítima de estabelecer um protocolo mínimo no afã de identificar o verdadeiro culpado, embora isso tenha derivado do fundamento equivocado e irreal da busca da verdade no processo penal.

Em resumo, a disciplina em torno do reconhecimento, apesar de ter vindo à tona em um momento antidemocrático, representou um avanço, na medida em que buscou estabelecer um regramento (ainda que mínimo) sobre o tema.

2. A disciplina do reconhecimento de pessoas no art. 226 do Código de Processo Penal: garantia do mínimo necessário

Tecidas considerações sobre o contexto que embalou a regulamentação do reconhecimento de pessoas no Brasil, urge tratar sobre o seu conceito, a disciplina legal e a sua importância enquanto prova em espécie.

Para Borges da Rosa (1982, p. 333), o reconhecimento consiste na verificação de identidade da pessoa ou da coisa no sentido de distingui-la de qualquer outra ou de evitar que ela seja confundida com uma semelhante.

Atualmente, autores como Aury Lopes Júnior (2022, p. 1222) afirmam que o reconhecimento consiste em um ato por meio do qual alguém é levado a analisar alguma pessoa ou coisa e, recordando o que havia percebido em um certo momento, compara as duas experiências, de modo que o reconhecer ocorre quando há uma coincidência entre a recordação empírica e uma nova experiência levada a cabo em audiência ou durante um inquérito policial. Isto é, pode ser alvo do reconhecimento tudo aquilo que pode ser sentido.

Considerando que o Código de Processo Penal de 1941 foi o primeiro Código brasileiro a regulamentar o assunto e que este sofreu forte influência do Código Rocco, cabe tratar sobre a disciplina italiana, visando demonstrar de que modo ela influenciou o ordenamento jurídico brasileiro.

Segundo o *Códice di Procedura Penale italiano,* quando fosse necessário realizar o reconhecimento de pessoas o juiz deveria convidar o reconhecedor a fazer uma descrição da pessoa que se pretendia reconhecer. Após, o magistrado deveria questionar se já houve reconhecimento anterior ou se, após o fato, o reconhecedor já havia visto imagens do suspeito retratadas por fotografia ou outro meio.

A esse respeito:

Art. 360

(Ricognizione di persone)

Quando occorre procedere alla ricognizione di uma persona, il giudice invita chi deve eseguirla a fare la descrizione della persona da riconoscere. Gli chiede, poi, se e' mai stato chiamato a tale esperimento da un'altra Autorita', o se, successivamente al fatto per cui si procede, gli e' mai stata indicata la persona da riconoscere, se ne há veduto immagini ritratte in fotografia o in un altro modo, e se non si trova in altre condizioni atte a prevenire il riconoscimento. Delle dichiarazioni dell'interrogato e' fatta menzione, a pena di nullita', nel processo verbale.

Il giudice procura quindi la presenza di altre due o piu' persone che abbiano qualche somiglianza con quella che e' oggetto dell'esperimento. Questa deve essere possibilmente presentata nelle stesse condizioni in cui puo' essere stata veduta dalla persona chiamata alla ricognizione. Dopo che la persona da riconoscere há scelto il suo posto, chi deve eseguire la ricognizione e' introdotto e il giudice lo invita a dichiarare se fra i presenti riconosca com sicurezza la persona. In caso affermativo lo invita a indicarla. Della risposta e' fatta menzione, a pena di nullita', nel processo verbale.

Se vi e' ragione di ritenere che la persona chiamata per la ricognizione possa subire intimidazione o altra influenza contraria alla verita' per l'immediata presenza della persona da riconoscere, il giudice puo' disporre, facendone menzione nel processo verbale, che l'atto sia compiuto senza che la persona da riconoscere possa vedere chi e' chiamato per la ricognizione. Questa disposizione non si applica nel dibattimento.

Possuindo a descrição física do investigado, o juiz deveria reunir duas ou mais pessoas que possuíssem semelhança com o suspeito e o reconhecedor deveria declarar se conhecia algum dos presentes com segurança como sendo o autor do delito. Ademais, existia a possibilidade de que, havendo motivos para acreditar que a pessoa que iria realizar o reconhecimento poderia ser intimidada ou influenciada a mentir pela presença da pessoa a ser reconhecida, o juiz determinasse que o ato ocorresse sem que o suspeito visse a vítima, exceto caso o reconhecimento se desse em audiência. As respostas extraídas seriam documentadas, sob pena de nulidade.

Frise-se que, na hipótese de o reconhecimento ser feito por quem possuía a qualidade de testemunha, o juiz a obrigava a prestar juramento, também sob pena de nulidade. Vejamos:

Art. 363

(Ricognizioni eseguite da testimoni)

Quando la persona o la cosa deve essere riconosciuta da chi ha la qualita' di testimonio, il giudice, prima delle dichiarazioni indicate negli articoli precedenti e dell'esperimento di ricognizione, gli fa prestare giuramento, a pena di nullita', a' termini dell'articolo 449.

Del prestato giuramento e di quant'altro e' prescritto negli articoli precedenti deve essere fatta menzione, a pena di nullita', nel processo verbale.

A imposição do juramento evidencia a incessante busca pela verdade real, conceitualmente inalcançável, conforme já tratado.

Dito isso, é chegada a hora de tratar sobre o preceito trazido no Código de Processo Penal de 1941, mais especificamente no art. 226[4], que, além de somente regular o reconhecimento pessoal presencial, possui uma redação simplista e praticamente idêntica à do referido diploma italiano.

Na redação originária de 1941, vigente até a atualidade, consta que o reconhecimento de pessoas segue a seguinte ordem cronológica: i) descrição do possível autor do crime pela vítima/testemunha; ii) a pessoa, cujo reconhecimento se pretender, deve, se possível, ser colocada ao lado de outras que com ela guardem semelhanças, instando o reconhecedor a apontá-la, iii) se houver temor, será garantido isolamento, salvo se isso ocorrer na fase da instrução criminal ou em plenário de julgamento; e por fim, iv) o ato de reconhecimento será registrado por auto pormenorizado.

A influência do *Codice di Procedura Penale italiano* de 1930 é evidente, pois as redações são praticamente iguais, com exceção de dois pontos. O primeiro diz respeito ao fato de que o art. 226 do CPP brasileiro deixa de repetir um ponto importante existente no Código italiano: a

---

[4] Art. 226. Quando houver necessidade de fazer-se o reconhecimento de pessoa, proceder-se-á pela seguinte forma:
I - a pessoa que tiver de fazer o reconhecimento será convidada a descrever a pessoa que deva ser reconhecida;
II - a pessoa, cujo reconhecimento se pretender, será colocada, se possível, ao lado de outras que com ela tiverem qualquer semelhança, convidando-se quem tiver de fazer o reconhecimento a apontá-la;
III - se houver razão para recear que a pessoa chamada para o reconhecimento, por efeito de intimidação ou outra influência, não diga a verdade em face da pessoa que deve ser reconhecida, a autoridade providenciará para que esta não veja aquela;
IV - do ato de reconhecimento lavrar-se-á auto pormenorizado, subscrito pela autoridade, pela pessoa chamada para proceder ao reconhecimento e por duas testemunhas presenciais.
Parágrafo único. O disposto no nº III deste artigo não terá aplicação na fase da instrução criminal ou em plenário de julgamento.

indagação sobre a possível sugestionabilidade do procedimento, questionando se o reconhecedor havia ou não sido submetido a outro reconhecimento. O segundo ponto, por sua vez, versa sobre a flexibilização contida no diploma brasileiro quanto ao número de pessoas semelhantes com que as quais o suspeito deveria ser comparado (com a inclusão do "se possível" no inciso II do art. 226).

Essas diferenças já eram mostradas por Campos Barros (1987, p. 499) nos anos 1980, tendo ele sido um dos primeiros autores a concluir que o art. 226 deixava a desejar em alguns aspectos se comparado ao Código italiano, principalmente no que dizia respeito às perguntas a serem feitas ao reconhecedor.

Seja como for, é certo que o procedimento previsto em lei representa o mínimo necessário em um processo penal, na medida em que forma representa garantia, sendo um meio para efetivar direitos fundamentais e garantir a regularidade da persecução penal. Por isso, buscar o cumprimento do dispositivo legal, por mais imperfeito e criticável que ele seja, representa a busca pela aplicação e consolidação do sistema acusatório na seara criminal e a incessante tentativa de adequar um regramento de 1941 aos dias de hoje.

O desafio é grande, pois se de um lado há um Código de Processo Penal que já foi editado com ideias arcaicas inspiradas no Código de Processo Penal italiano de índole fascista de 1930, existe, de outro, a Constituição da República Federativa do Brasil de 1988, que surgiu como um marco da retomada da democracia como ideologia do poder político nacional.

Esse cenário, no qual há a coexistência de um diploma legal com viés policialesco e ditatorial e de uma Constituição que possui como diretriz a pauta de valores e direitos fundamentais, trouxe ao ordenamento brasileiro diversos desafios e sinalizou a necessidade de mudanças, o que culminou em uma *Reforma Tópica*.

Apesar dessa reforma e das inúmeras modificações, sobretudo políticas, sociais e ideológicas ocorridas desde a entrada em vigor do Código de Processo Penal atual, a redação sobre o procedimento do reconhecimento de pessoas permanece inalterada, o que gera a necessidade de mudanças legislativas e, a curto prazo, exige grande esforço jurisprudencial, objetivando equalizar a redação simplista, os avanços científicos que demonstram a falibilidade da memória humana e a forçosa necessidade de estruturar um reconhecimento epistemologicamente mais confiável e seguro.

Destaque-se, no ponto, que o CPP prevê apenas o reconhecimento visual, não havendo menção ao reconhecimento dependente de outros sentidos, como o acústico, e não há um tratamento específico sobre quem pode ser sujeito ativo do reconhecimento, de maneira que, dada a ausência de limitação expressa, qualquer um está autorizado a realizá-lo.

Quanto à possibilidade fartamente admitida na Itália de condução coercitiva da pessoa a ser reconhecida, foi preciso que o tema chegasse ao Supremo Tribunal Federal para que se decidisse sobre a sua admissão ou não no Brasil. Foi por meio do julgamento das Ações de Descumprimento de Preceito Fundamental (ADPF) 395 e 444, que a Suprema Corte entendeu que a condução coercitiva de investigados e réus para serem interrogados e para fins de reconhecimento era inconstitucional, uma vez que ninguém pode ser obrigado a produzir provas contra si.

No que se refere ao reconhecimento feito pela testemunha, parte da doutrina brasileira apregoa que ela não poderia ser penalizada por um reconhecimento equivocado, a ponto de responder, criminalmente, por falso testemunho. Esse entendimento, referendado por autores como Janaina Matida, parte da compreensão de que há uma grande possibilidade de que a pessoa que reconheceu erroneamente alguém não o tenha feito por uma mentira deliberada, mas sim por incorrer em um reconhecimento em razão das falsas memórias. Esse assunto, que será abordado adiante, no tópico 3, é relevante para que se compreenda os desafios trazidos pela permanência de uma redação arcaica e ultrapassada em torno do tema.

Como afirma Munizi (2022, p. 132), o art. 226 do Código de Processo Penal estabelece formalidades para que o reconhecimento de pessoas seja conduzido de forma objetiva e uniforme pelas autoridades sujeitas ao princípio da legalidade, mas foi preciso uma decisão do Supremo Tribunal Federal para que se passasse a entender pela força cogente do referido dispositivo, e para que chegassem a conclusão que "as formalidades constituem garantia mínima para quem se vê na condição de suspeito da prática de um crime", como bem apontou o Ministro Rogério Schietti por ocasião da virada jurisprudencial trazida pelo julgamento do HC 598.886/SC, já citado.

Isto significa, como descreve Korocoski *et al.* (2020, p. 70-73), que apesar de a regulamentação do reconhecimento de pessoas se encontrar ultrapassada, se o art. 226 do CPP fosse pelo menos respeitado até a chegada de uma reforma processual, e se fossem seguidos os métodos preventivos apontados pelos longos estudos da psicologia, haveria ao menos a contenção dos erros judiciários.

Com relação a isso, Munizi (2022, p. 142) arremata e sintetiza a problemática ao afirmar que o esvaziamento da eficácia das regras do art. 226 do CPP e a crença de que estas consistem em um mero aconselhamento do legislador, além de não encontrarem respaldo legal, não refletem a teleologia do processo penal garantista contemporâneo, de modo que fica clara a necessidade de mudanças.

3. Os desafios contemporâneos trazidos pelo anacronismo da redação originária do Código de Processo Penal

Como já vem sendo discutido na Itália há mais de 100 (cem) anos, o reconhecimento é uma prova precária. No Brasil, Tourinho Filho (2011, p. 380), destaca que a ação do tempo, o disfarce, as más condições de observação, os erros por semelhança, a vontade de se reconhecer, dentre outros fatores, tornam o reconhecimento um meio de prova de valor duvidoso.

Desse modo e considerando os achados interdisciplinares, que demonstraram a falibilidade da memória humana, e, consequentemente, das provas dela decorrentes, como é o caso do reconhecimento pessoal, William Cecconello e Lilian Stein (2020, p. 183) concluem que há a necessidade de instituir um procedimento que assegure um reconhecimento justo a partir do diálogo entre pesquisas científicas e a prática do sistema de justiça.

A busca por entender a realidade e problematizá-la à luz de psicologia do testemunho, do *neurolaw* e da epistemologia jurídica surge como uma medida necessária, em que pese exista uma certa resistência a essa interdisciplinaridade, sobretudo no direito processual penal, em razão do receio dessa medida retomar a psicologia clínica lombrosiana ou de trazer um pensamento revestido "por esse ideal de racionalidade que situa a razão - e somente ela - no centro do processo de tomada de decisão no âmbito jurídico" (DA ROSA; WOJCIECHOWSKI, 2018).

É preciso compreender que o fato de o reconhecimento de pessoas ser admissível no processo penal brasileiro não significa, necessariamente, que a sua produção será válida, de modo que cabe formular alternativas procedimentais e processuais para a sua realização. É imperioso tratar sobre os inúmeros desafios contemporâneos que giram em torno do tema.

No Código de Processo Penal brasileiro, especificamente, o reconhecimento previsto é o visual, conforme já destacado. Ademais, a disciplina legal se resume a sua modalidade presencial, de modo que o álbum de suspeitos, que consiste em um catálogo de pessoas categorizadas pelo Estado como passíveis de desconfiança, não está regulado pela lei, pairando sobre ele um limbo normativo que abre as portas para arbitrariedades.

Frise-se, no ponto, que muitos acusados vão parar no dito catálogo sem que haja sequer investigações ativas e sem que o fotografado possa requerer a retirada da sua imagem, o que é, por natureza, extremamente problemático, sendo este um desafio contemporâneo, sobretudo considerando a popularização dos *smartphones,* das câmeras fotográficas e das redes sociais.

Na prática, se verifica uma heterogeneidade em relação aos procedimentos realizados para o reconhecimento de suspeitos, sendo eles cotidianamente aceitos em nome do livre convencimento motivado.

Se desconsidera, portanto, o fato de que no Processo Penal forma significa garantia, não havendo espaço para informalidades judiciais. Desse modo, obedecer ao regramento legal é o mínimo esperado, uma vez que o que está em jogo na seara processual penal é a liberdade, um dos direitos mais importantes que o ser humano ostenta, não se podendo admitir que aventuras jurídicas sejam capazes de fazer com a justiça criminal falhe nesse aspecto (KIBRIT; MANHOSO; MARCANDELI, 2022, p. 113).

A desobediência às formalidades impostas no art. 226 do CPP era aceita pelos Tribunais Superiores até 2020, sob a justificativa eterna de que o Judiciário e a Polícia não possuíam estrutura humana e material para tornar efetiva a letra de lei.

Não se ignora, de modo algum, a ausência de estrutura física adequada, de qualificação profissional dos atores do sistema de justiça e de investimentos em equipamentos audiovisuais, os quais seriam imprescindíveis para a obtenção de uma prova com menor risco de vícios e que possibilitasse, sobretudo à defesa do reconhecido, questionar a sua produção. Embora tais fatores sejam conhecidos, não cabe ao acusado arcar com as falhas do sistema penal, sendo dever do Estado oferecer as condições necessárias para o regular desenvolvimento de um devido processo penal, compromissado com o sistema acusatório fundado na Constituição de 1988.

Prado e Casara (2021, p. 71) ensinam que "o Estado que pretende legitimar a punição daqueles que violam a lei, não pode, para punir, violar seus próprios comandos legais", mas a praxe forense mostra que parte dos juristas continua descumprindo as regras previstas no art. 226 do CPP no curso da persecução penal. Não raro os profissionais internalizam práticas historicamente aceitas no seu local de trabalho, sem se preocupar em obter conhecimentos específicos capazes de minorar os problemas advindos de uma legislação defasada.

Estudos sobre a memória humana seriam importantes para que as autoridades policiais e os profissionais que atuam na fase judicial entendessem as limitações da lembrança, que não é uma máquina filmadora capaz de registrar os fatos até que um dia, ainda que anos depois, a justiça busque resgatá-los (LOFTUS; SCHACTER, 2013, p. 119-123).

É perceptível que a redação do art. 226 do CPP, vigente há mais de 80 (oitenta) anos, se tornou anacrônica diante dos avanços científicos e dos conhecimentos derivados pelas áreas afins.

Embora o Brasil não possua estatísticas sobre a taxa de erros do Judiciário e as pesquisas quantitativas em torno do tema ainda estejam em estágio inicial, a experiência estrangeira prova que o reconhecimento de pessoas é a principal causa de equívocos[5], o que deixa clara a necessidade de se debruçar acerca do tema.

Nota-se, por exemplo, a crescente utilização do reconhecimento fotográfico, embora esta modalidade sequer esteja prevista no CPP, o que faz com que haja uma lacuna legal. Atualmente, um dos maiores desafios consiste em estabelecer parâmetros adequados para a sua realização, pois além das imagens não possuírem um padrão, não há nenhum regramento que estabeleça a sua forma de extração e se e por quanto tempo estas ficarão disponibilizadas, por exemplo, em um álbum de suspeitos.

As mudanças sociais, com destaque ao uso corriqueiro da foto enquanto meio de prova, e os estudos da psicologia do testemunho, transparecem a importância de um regramento novo, adequado ao novo contexto histórico e cultural, que leve em conta o sistema acusatório, os direitos e garantias constitucionais e que seja verdadeiramente comprometido com o Estado Democrático de Direito.

Acerca disso, para além do Projeto do Novo Código de Processo Penal (PL nº 8045, de 2010), está em tramitação o Projeto de Lei nº 676, de 2021, cujo objetivo é o de modificar as regras sobre o reconhecimento de pessoas, bem como disciplinar o reconhecimento fotográfico.

Apesar da urgência de alteração legislativa e do risco de erros judiciais, tais propostas estão paradas no Congresso Nacional desde o final de 2021. Em outro momento já foram tecidas críticas e mencionados os avanços que poderiam ser trazidos com a aprovação do referido Projeto de Lei[6], mas, considerando a demora legislativa, resta, por ora, seguir o art. 226 do CPP, tanto no reconhecimento presencial quanto no fotográfico (neste, por analogia, nos moldes do art. 4º da LINDB e do art. 3º do CPP), como tem feito o Supremo Tribunal Federal.

Até a eventual (e necessária) mudança legislativa, resta reunir esforços para que haja a observância da forma legal presente no art. 226, que estabelece parâmetros que, embora obsoletos, são o mínimo necessário

---

[5] Para saber mais: https://innocenceproject.org/dna-exonerations-in-the-united-states/.
[6] MEDEIROS, Nathália Leite de. A busca pela aprimoração do procedimento do reconhecimento de pessoas no processo penal brasileiro. In: SILVA JÚNIOR, Walter Nunes da; HAMILTON, Olavo (orgs.). *Projeto do Novo Código de Processo Penal: temas fundamentais*. Natal: OWL, 2022, p. 251-298.

em um processo criminal. Ressalte-se, no ponto, que a obediência ao que está previsto em lei "encontra seu sentido profundo e sua justificação na experiência de séculos acerca do arbítrio da autoridade e dos perigos de julgamentos desprovidos de formalidades" (SCHMIDT, 1957, p. 20-21, tradução livre), ou seja, forma significa garantia no Processo Penal, não sendo preciosismo ou mero apego legal.

Considerações finais do capítulo

O reconhecimento de pessoas é uma prova dependente da memória muito utilizada na praxe forense. A regulamentação em torno do tema somente ocorreu a partir do Código de Processo Penal, datado de 1941, cuja redação se mantém até os dias atuais, desconsiderando os avanços e conhecimentos interdisciplinares produzidos ao longo dos anos.

Analisando historicamente, vê-se que o Código de Processo Penal vigente foi inspirado no Código Rocco, de origem italiana, de viés fascista e ditatorial. Nele, havia uma forte mentalidade inquisitória, de modo que, de forma explícita ou velada, a permanência do CPP de 1941 faz com que este espírito reacionário permaneça no ideário de parte da população brasileira.

Existe uma clara dificuldade de conciliar a existência do CPP, diploma legal com viés policialesco e ditatorial, com a Constituição de 1988, que possui como diretriz a pauta de valores e direitos fundamentais. Por este motivo houve a Reforma Tópica, mas alguns temas, como é o caso do reconhecimento de pessoas, permanecem com a sua redação inalterada, mesmo passados mais de 80 (oitenta) anos.

É possível constatar que a redação do art. 226 do CPP, que trata sobre o reconhecimento pessoal, é praticamente igual à do *Codice di Procedura Penale Italiano* de 1930, com exceção de dois pontos: no Brasil não está prevista a indagação sobre a possível sugestionabilidade do procedimento, questionando se o reconhecedor havia ou não sido submetido a outro reconhecimento, e há a flexibilização quanto ao número de pessoas semelhantes com que as quais o suspeito deveria ser comparado (com a inclusão do "se possível" no inciso II do art. 226). Ou seja, o CPP consegue ter uma disciplina em torno do tema mais problemática do que a do Código italiano, sobretudo no que se refere às perguntas a serem feitas ao reconhecedor.

Apesar disso, o referido dispositivo legal representou, à época, um grande avanço, pois ao menos estabeleceu um procedimento para a produção desse meio de prova. Seja como for, ele significou, para o reconhecimento de pessoas, a garantia mínima necessária no processo penal, buscando conter arbitrariedades e garantir a regularidade da persecução penal. Na prática, entretanto, tal regramento era entendido como mera recomendação e isso só mudou a partir do *Habeas Corpus* nº 598.886/SC, no qual o Superior Tribunal de Justiça apontou que a sua observância era obrigatória.

Analisando o contexto atual e os desafios contemporâneos, como o uso corriqueiro do reconhecimento fotográfico, resta clara a necessidade de edição de um aparato normativo novo, que tome por base os achados interdisciplinares e que seja comprometido com os valores trazidos pela Constituição de 1988. Até lá, resta apenas unir esforços para garantir a observância da forma legal presente no art. 226, que estabelece parâmetros que, apesar de criticáveis, consistem em um núcleo imprescindível quando se está diante de um processo criminal.

Bibliografia

BARROS, R. P. C. *Sistema do Processo Penal Brasileiro*. Vol. 1. Rio de Janeiro: Forense, 1987.

BRASIL. *Código de Processo Penal*. Disponível em: http://www.planalto.gov.br/ccivil_03/decreto-lei/del3689.htm. Acesso em: 14 mar. 2023.

BRASIL. Senado Federal. *Projeto de Lei nº 676, de 3 de março de 2021*. Altera o Decreto Lei nº 3.689, de 3 de outubro de 1941 (Código de Processo Penal), para disciplinar o reconhecimento fotográfico de pessoa. Brasília: Senado Federal, 2021. Disponível em: https://legis.senado.leg.br/sdleggetter/documento?dm=8935888&ts=16322 55588901&disposition=inline. Acesso em: 13 mar. 2023.

BRASIL. Superior Tribunal de Justiça (6ª Turma). *EDcl no Habeas Corpus nº 598.886/SC*. Embargante: Ministério Público Federal. Embargado: Vanio da Silva Gazola. Relator: Ministro Rogerio Schietti Cruz, 13 de abril de 2021. Disponível em: https://processo.stj.jus.br/processo/revista/documento/mediado/?componen te=ITA&sequencial=2042604&num_registro=202001796823&data=2021 0420&peticao_numero=20210003367 2&formato=PDF. Acesso em: 13 mar. 2023.

CAMPOS, Francisco. Exposição de motivos do Código de processo penal. *Revista forense*: doutrina, legislação e jurisprudência, Rio de Janeiro, v. 38, n. 88, p. 627-636, out./dez., 1941.

CECCONELLO, William W.; STEIN, Lilian M. Prevenindo injustiças: como a psicologia do testemunho pode ajudar a compreender e prevenir o falso reconhecimento de suspeitos. *Avances en Psicologia Latinoamericana*, v. 38, n. 1, 2020. p. 183. Disponível em: https://revistas.urosario.edu.co/xml/799/79963266012/html/index.html. Acesso em: 10 mar. 2023.

DI GESU, Cristina. *Prova penal e falsas memórias*. 3 ed. Porto Alegre: Livraria do Advogado, 2019.

DIETER, Maurício Stegermann; LUCA, Rafael Dezidério de; REGENSTEINER, Gabriel. Reconhecimento pessoal no tribunal bandeirante: análise do posicionamento do TJSP em relação às decisões paradigmáticas do STJ nos HCS 598.886/SC e 652.284/SC. In: CONSELHO NACIONAL DE JUSTIÇA. *Coletânea reflexões sobre o reconhecimento de pessoas:* caminhos para o aprimoramento do sistema de justiça criminal. Brasília: CNJ, 2022, p. 13-32.

FERRAJOLI, Luigi. *Direito e razão*. 2. ed. rev. e ampl. Tradução de Ana Paula Zomer, Fauzi Hassan Choukr, Juarez Tavares e Luiz Flávio Gomes. São Paulo: Ed. Revista dos Tribunais, 2006, p. 440.

GIACOMOLLI, Nereu José. Algumas marcas inquisitorial do Còdigo de Processo Penal brasileiro e a resistências às reformas. *Revista Brasileira de Direito Processual Penal*, Porto Alegre, vol. 1, n. 1, p. 143-165, 2015.

GORPHE, F. *La crítica del testimonio*. 6 ed. Tradução de Mariano Ruiz-Funes da 2 ed. francesa. Madrid: Editora Reus, 2003.

ITÁLIA. *Codice di Procedura Penale de 1930*. Disponível em: https://www.gazzettaufficiale.it/eli/id/1930/10/26/030U1399/sg. Acesso em: 15 mar. 2023.

KIBRIT, Orly; MANHOSO, Eduardo; MARCANDELI, Raissa Amarins. Olhos que condenam: parâmetros para um reconhecimento pessoal cidadão. In: CONSELHO NACIONAL DE JUSTIÇA. *Coletânea reflexões sobre o reconhecimento de pessoas*: caminhos para o aprimoramento do sistema de justiça criminal. Brasília: CNJ, 2022, p. 111-128.

KOROCOSKI, Luana Esteche Nunes. et. al. Validade do reconhecimento por fotografia como meio de prova no processo penal. *Revista Sodebras – Soluções para o desenvolvimento do país*, [s.l.], v. 15, n. 174, p. 70-73, jun. 2020.

LOPES, Mariângela Tomé. *O Reconhecimento como Meio de Prova: Necessidade de reformulação do direito brasileiro*. São Paulo: 2011. 224f. Tese de Doutorado da Faculdade de Direito da Universidade de São Paulo.

LOPES JÚNIOR, Aury. *Direito Processual Penal*. 19 ed. São Paulo: Saraiva Educação, 2022.

MEDEIROS, Nathália Leite de. A busca pela aprimoração do procedimento do reconhecimento de pessoas no processo penal brasileiro. In: SILVA JÚNIOR, Walter Nunes da; HAMILTON, Olavo (orgs.). *Projeto do Novo Código de Processo Penal*: temas fundamentais. Natal: OWL, 2022, p. 251-298.

MUNIZI, Gina Ribeiro Gonçalves. A guinada na densificação normativo do art. 226 do CPP. In: CONSELHO NACIONAL DE JUSTIÇA. *Coletânea reflexões sobre o reconhecimento de pessoas*: caminhos para o aprimoramento do sistema de justiça criminal. Brasília: CNJ, 2022, p. 129-147.

ROSA, Alexandre Morais da; WOJCIECHOWSKI, Paola Bianchi. Entenda o que é a atuação contraintuitiva no processo dual. *Consultor Jurídico*, 9 mar. 2018. Disponível em: https://www.conjur.com.br/2018-mar-09/limite-penal-entenda-atuacao-contraintuitiva-processo-dual. Acesso em: 15 mar. 2023.

ROSA, Borges da. *Comentários ao Código de Processo Penal*. 3 ed. São Paulo: Editora Revista dos Tribunais,1982.

SCHACTER, Daniel L.; LOFTUS, Elizabeth F. Memory and law: What can cognitive neuroscience contribute? *Nature Neuroscience*, [S.I.], v. 16, p. 119-123, jan. 2013. Disponível em: http://www.nature.com/neuro/journal/v16/n2/pdf/nn.3294.pdf. Acesso em: 12 mar. 2023.

SCHMIDT, Eberhard. *Los fundamentos teóricos y constitucionales del derecho procesal penal:* comentario doctrinario de la ordenanza procesal penal y da la ley orgánica de los tribunales. Tradução de J. M. Nuñez. Buenos Aires: Editorial Bibliografía Argentina, 1957.

SILVA JÚNIOR, Walter Nunes da. *Curso de direito processual penal:* Teoria (Constitucional) do Processo Penal. 3 ed. rev., ampl. e atual. Natal: Editora Jurídica OWL, 2021.

TOURINHO FILHO, Fernando da Costa. *Processo Penal*. Vol. 3.33 ed. São Paulo: Saraiva, 2011.

TRIGGIANI, Nicola. *La ricognizione personale*: strutura ed efficacia. Rivista Italiana di Diritto e Procedura Penale, ano XXXIX, Mião: Editora Giuffrè, 1996.

CAPÍTULO 6

A BUSCA E APREENSÃO SOB A ÓTICA DA REDAÇÃO ORIGINÁRIA DO CÓDIGO DE PROCESSO PENAL DE 1941

Raphaela Jéssica Reinaldo Cortez[1]

O propósito deste capítulo é analisar a redação originária do Código de Processo Penal de 1941 sobre a medida de busca e apreensão, como meio de obtenção de prova, sob uma perspectiva da proteção ao domicílio conferida pela Constituição de 1937.

É inquestionável a influência ditatorial e policialesca que o CPP de 1941 sofreu em sua redação, uma vez que restou caracterizada a supressão de direitos fundamentais na Constituição de 1937, especialmente no que se refere à proteção ao direito de inviolabilidade do domicílio. A situação é ainda mais problemática porque a busca e consequente apreensão era efetuada com base em um poder de decisão alargada da autoridade policial, sem a necessidade de prévia expedição do mandado judicial.

Nesses casos, a autoridade policial, responsável pela prevenção e repressão de delitos, se tornou a figura principal para preencher os requisitos necessários à flexibilização de um direito constitucionalmente protegido e a atuação do magistrado, como sujeito imparcial, fica aquém do esperado, atuando somente nos casos em que a violação a esse direito fundamental já ocorreu e, muitas vezes, já produziu efeitos irreversíveis ao investigado.

Destaca-se a relevância da presente obra ao analisar a redação originária do CPP em um estudo crítico, pois, além de reforçar as restrições (ou violações) de direitos fundamentais assegurados aos investigados, réus

---

[1] Advogada; Mestranda em Direito Universidade Federal do Rio Grande do Norte (UFRN); Especialista em Direito Penal e Processo Penal pelo Centro Universitário do Rio Grande do Norte (UNI) e em Direito Tributário pelo Instituto Brasileiro de Estudos Tributários (IBET). Colaboradora dos Projetos de Pesquisa *Criminalidade violenta e diretrizes para uma política de segurança pública no estado do Rio Grande do Norte* e *Direito Criminal como corpo normativo constitutivo do sistema de proteção dos direitos e garantias fundamentais, nas perspectivas subjetiva e objetiva*, ambos vinculados à UFRN; ORCID: https://orcid.org/0000-0001-6644-5748.

ou acusados, trata da necessidade de um maior conhecimento acerca da origem da determinada norma e o contexto político e jurídico vivenciado à época, objetivando um maior preparo aos órgãos de persecução criminal.

Para a devida análise, o presente estudo foi divido em dois capítulos. O primeiro irá abordar a *inviolabilidade de domicílio na Constituição de 1937*. Coube situar o leitor nesse primeiro momento sobre o contexto político vivenciado entre os anos de 1930 e 1945, conhecida como "Era Vargas" e a intenção do constituinte na formatação e inserção desse direito fundamental na Constituição de 1937.

No capítulo seguinte, denominado *instrumentalização da medida de busca e apreensão no Código de Processo Penal de 1941*, foi apresentado o conceito desse instrumento de obtenção de prova, o qual comumente vem associado à flexibilização da garantia de proteção ao domicílio. Segue a análise sobre a *busca domiciliar e pessoal*, apresentando as noções elementares sobre cada forma e os requisitos em que tal medida poderá ser utilizada.

O presente capítulo se encerra com o estudo dos aspectos mais problemáticos, o *poder de decisão da autoridade policial e a ausência de reserva de jurisdição*, ponto central do presente capítulo. Nesse tópico, vimos que a utilização da medida de busca e apreensão, como meio de obtenção de prova, não prescinde de prévio mandado judicial, fazendo com que a busca, domiciliar ou pessoal, possa ocorrer por mero poder decisório da autoridade policial, sem qualquer intervenção da imparcialidade de um magistrado.

A supressão do direito de proteção ao domicílio conferida pelo constituinte de 1937 ao tratar de forma genérica a inviolabilidade ocasionou ao legislador a possibilidade de conferir maiores poderes ao estado de polícia, isto é, a autoridade policial agora poderia definir, muito em decorrência da norma genérica constitucional, mas também da leitura do dispositivo processual penal, a necessidade de realizar buscar no domicílio de qualquer investigado, sem a necessidade de um mandado judicial e com ampla discricionariedade.

1. A inviolabilidade de domicílio na Constituição de 1937

"O domicílio é inviolável, salvas as exceções expressas em lei", dispunha a Constituição dos Estados Unidos do Brasil de 1937. Note-se que a inviolabilidade do domicílio é um direito fundamental consagrado e enraizado mundialmente desde a Idade Média, quando o Conde Chatham, William Pitt, em seu discurso perante o Parlamento britânico, em 1763, ressaltou que "*the poorest man may in his cottage bid defiance to all the forces of the Crown. It may be frail, its roof may shake, the wind may blow throught it, the storm may enter, the rain may enter, but the King of England cannot enter*"[2] (MORAES, 2003, p. 63), isto é, até mesmo o homem com maiores poderes em seu território não poderia invadir a privacidade, a intimidade e o domicílio do homem, considerado o mais pobre de sua Coroa, sem uma justificativa plausível.

No âmbito nacional, é possível depreender através da leitura da obra de Walter Nunes da Silva Júnior (2021, p. 483-484), que a inviolabilidade do domicílio é um direito que foi protegido desde a sua primeira normatização na Constituição Imperial de 1824, assegurando uma maior proteção ao cidadão durante o período noturno, mesmo que não tenha previsto em sua redação a imprescindibilidade de uma autorização judicial. Nesse ponto, a Carta Imperial dizia em seu art. 179, inciso VII, que "todo o cidadão tem em sua casa um asylo inviolável. De noite não se poderá entrar nella, senão por seu consentimento, ou para defender de incêndio, ou inundação; e de dia só sera franqueada a sua entrada nos casos, e pela maneira, que a Lei determinar".

Passados 67 (sessenta e sete) anos, a Constituição de 1891, em sua redação originária apenas acrescentou a palavra "morador", consignando que "a casa é o asilo inviolável do indivíduo; ninguém pode aí penetrar de noite, sem o consentimento do morador, senão para acudir vítimas de crimes ou desastres, nem de dia, senão nos casos e pela forma prescritos em lei".

A Constituição de 1934, já no período compreendido da Era Vargas, manteve a descrição de conteúdo da Constituição anterior acerca da

---

[2] "O homem mais pobre pode em sua cabana desafiar todas as forças da Coroa. Pode ser frágil, seu telhado pode tremer, o vento pode soprar por ele, a tempestade pode entrar, a chuva pode entrar, mas o Rei da Inglaterra não pode entrar" (tradução livre).

inviolabilidade de domicílio, isso porque foi uma Carta responsável meramente por romper o caráter oligárquico daquela época, fato esse que iremos compreender ao longo desse capítulo.

No entanto, foi com a Constituição de 1937 que o legislador (leia-se, o próprio Presidente da República já que os órgãos representativos do poder legislativo estavam dissolvidos à época), restringiu o direito à inviolabilidade de domicílio ao prever, em seu art. 122, 6º, apenas uma única alínea sobre o direito "à inviolabilidade do domicílio e de correspondência, salvas as exceções expressas em lei".

Nesse ponto, para compreender o contexto da Constituição de 1937 e principalmente o instituto sobre a inviolabilidade de domicílio, faz-se necessário descrever, ainda que de forma breve, a conjuntura política em que o Brasil e o mundo estavam vivendo antes do início da conhecida "Era Vargas[3]".

O período compreendido entre 1º de janeiro de 1920 e 31 de dezembro de 1929, em âmbito internacional, foi marcado principalmente pelo quadro pós Primeira Guerra Mundial, com a Europa começando a se reerguer com o auxílio de capital americano e, posteriormente, com a quebra da bolsa de Nova York, em 1929, que atingiu bruscamente o Brasil, marcando o início da "Grande Depressão". Assim, com o enredo de uma Primeira Guerra Mundial e a crise econômica que abalava o País, as ideologias extremistas tomaram conta de um cenário político-jurídico brasileiro, fazendo com que as ideias do socialismo, comunismo e anarquismo começassem a ganhar força no Brasil (FAUSTO, 2006, pp. 293-294).

Em 1930, no ambiente nacional, temos o rompimento da política do "Café com Leite"[4], momento em que surge pela primeira vez o nome de Getúlio Dornelles Vargas, indicado como candidato pela Aliança Liberal, formada pela Oligarquia mineira junto com políticos do Rio Grande do Sul

---

[3] Período de 15 (quinze) anos em que Getúlio Dornelles Vargas governou o Brasil (1930-1945).
[4] Durante a República Oligárquica, o Brasil era governado por representantes de São Paulo e de Minas Gerais que se alternavam no poder. Durante o período de 1926 a 1930, Washington Luís era o Presidente, indicado pelas oligarquias paulistas, de modo que, ao fim do seu mandato, ele deveria indicar um representante de Minas Gerais. Acontece que Júlio Prestes, também paulista, foi o indicado a ser seu sucessor na presidência da república, fazendo com que houvesse o rompimento da oligarquia mineira com a Paulista (FAUSTO, 2006, pp. 270-273).

e da Paraíba. Ocorre que nessa disputa presidencial, quem saiu vitorioso foi o candidato da situação política pela oligarquia paulista, Júlio Prestes, que não conseguiu tomar posse em virtude da Revolução de 1930, também conhecido como golpe de 1930 (DEL PRIORE, VENANCIO, 2010, p. 180).

O golpe de Estado foi um movimento liderado pela Aliança Liberal após o assassinato do vice candidato de Getúlio Vargas, João Pessoa. E, apesar desse crime ter sido cometido por questões de ordem pessoal, ele foi utilizado na política para deflagrar a mobilização armada em busca do poder, com o apoio da junta militar, que levou o início da Era Vargas (FAUSTO, 2006, p. 323).

No entanto, ao longo deste capítulo vamos observar que a mudança de governo para o Presidente Vargas não significou uma maior participação popular e muito menos uma mudança efetiva na estrutura social do País, muito pelo contrário, o privilégio político, econômico e social continuavam nas mãos da elite brasileira.

A Era Vargas foi dividida em três momentos principais: o Governo Provisório, de 1930 a 1934, o Governo Constitucional, de 1934 a 1937 e o, tão conhecido, Estado Novo, marcado pela Constituição de 1937 até o ano de 1945. O início dessa nova política foi marcado pela instituição de medidas que visassem o enfraquecimento das Oligarquias, forma de governo que ainda vigorava naquela época. E uma dessas medidas foi a diminuição do poder dos estados com a substituição de seus representantes por pessoas de confiança do próprio Getúlio Vargas, os chamados interventores. Assim, como forma de agradecimento ao auxílio militar que recebeu, grande maioria desses representantes nomeados pelo Governo atual foram militares (FAUSTO, 2006, p. 331).

Nesse ínterim, o estado de São Paulo, enfraquecido após o Golpe e sentindo uma menor participação política, cobrava a instituição de uma nova Constituição brasileira, isso porque Getúlio Vargas estava governando, literalmente, sem lei. Com isso, sobreveio a Revolução de 1932, liderada por paulistas e outros estados que estavam insatisfeitos com a situação atual, sendo um marco importante para o surgimento da Constituição de 1934 e o início do Governo Constitucional (FAUSTO, 2006, pp. 340-342).

Embora a Constituição de 1934 tenha tido um caráter mais democrático, uma vez que foi criada com a intenção de romper definitivamente com uma estrutura oligárquica, a verdade é que aquela Constituição não passava de uma letra morta que deixou o País entre um impasse de extremos. A oposição entre o integralismo, com orientações fascistas, e o aliancismo, o qual defendia um governo mais popular, deu margem a chamada Intentona Comunista, em 1935.

Esse movimento, incentivado por Luis Carlos Prestes, líder principal da Aliança Nacional Libertadora (ANL) ou aliancismo, teve como objetivo derrubar o governo Vargas, mas sofreram duras repressões, resultando em várias mortes e prisões arbitrárias. O "medo" de um comunismo que vinha ganhando força no Brasil foi o pretexto ideal para que Getúlio Vargas declarasse "Estado de Sítio"[5], garantindo poderes absolutos ao Presidente e contribuindo para que o golpe de 1937 tomasse forma.

Boris Fausto (2006, p. 366), autor da obra "História do Brasil", relata que foi na época do Estado Novo que o Brasil concentrou a maior soma de poderes. Nesse ponto, é interessante observar o poder que o governo de Getúlio Vargas exerceu durante quinze anos ininterruptos refletiu em um país em prol de oportunidades que beneficiassem a sua própria política.

Com o golpe de 1937, pudemos observar a vigência de uma nova Carta Constitucional sob um viés extremamente autoritário em que realizaram até mesmo a dissolução da Câmara dos Deputados, o Senado Federal, as Assembleias Legislativas dos Estados e as Câmaras Municipais[6]. Foi exatamente no dia 10 de novembro de 1937 que Vargas anunciou uma nova fase política e a vigência desse novo comando constitucional, inspirada por Constituições fascistas e elaborada por Francisco Campos, então Ministro da Justiça (FAUSTO, 2006, p. 367).

A forte concentração nas mãos do poder Executivo, especialmente determinada pelas disposições transitórios e finais da Constituição de 1937,

---

[5] O estado de sítio era uma medida extrema em que o Governo Federal possui o poder de controlar os Poderes Legislativos e Judiciário, além de liberdades individuais dos cidadãos.
[6] Art. 178 da Constituição de 1937 – "São dissolvidos nesta data a Câmara dos Deputados, o Senado Federal, as Assembléias Legislativas dos Estados e as Câmaras Municipais. As eleições ao Parlamento nacional serão marcadas pelo Presidente da República, depois de realizado o plebiscito a que se refere o art. 187."

retratava um período em que o Judiciário e o Legislativo estavam praticamente subordinados ao chefe do poder Executivo, já que cabia ao Presidente da República nomear o Presidente do Supremo Tribunal Federal, além de deter amplos poderes legislativos através da utilização de decreto-lei. Prova maior dessa ingerência executiva no âmbito legislativo foi a própria edição dos Códigos Penal e Processual Penal que foram inseridos através dos Decretos-Leis 2.848, de 7 de dezembro de 1940 e 3.689, de 3 de outubro de 1941, sem qualquer análise legislativa pelo Congresso Nacional (SILVA JÚNIOR, 2021, p. 111).

Entretanto, antes de abordar o que o CPP de 1941 expõe, é importante deixar claro os aspectos constitucionais da Carta de 1937 e os seus reflexos na construção da inviolabilidade de domicílio, já que representam toda a base constitucional responsável por moldar esse instrumento do processo penal.

Portanto, apesar de assegurar a inviolabilidade de domicílio, a Constituição de 1937 não proibiu o ingresso durante o período noturno, deixando a cargo de leis ordinárias o tratamento sobre as hipóteses autorizadoras de ingresso mesmo sem o consentimento do titular (SILVA JÚNIOR, 2021, 154). Vimos nessa breve síntese histórica o retrocesso à proteção dos direitos fundamentais no ano de 1937, isso porque a premissa basilar em que foi construído o conteúdo dessa carta era pautada na supressão desses direitos através de uma concentração de poder nas mãos de um único representante, o Presidente da República.

Como aduz Walter Nunes (2021, p. 154), os limites instituídos aos direitos e garantias fundamentais enumeradas nesta Carta Constitucional foram elencados com base naquilo que o governo viesse a entender, ou seja, utilizando expressões de difícil compreensão, capaz de garantir uma discricionariedade ao alvitre do chefe-maior e o fortalecimento de o Estado totalitário.

A limitação exposta através do art. 123, o qual dispõe que "o uso desses direitos e garantias terá por limite o bem público, as necessidades da defesa, do bem-estar, da paz e da ordem coletiva, bem como as exigências da segurança da Nação e do Estado em nome dela constituído e organizado nesta Constituição", é apenas um dos exemplos que traduz o controle exercido pelos direitos mais básicos, como é o caso da inviolabilidade do domicílio.

Assim, no que toca ao conteúdo e limites ao direito à inviolabilidade de domicílio na Constituição de 1937, será demonstrado que, entre os meios de investigação capazes de flexibilizar essa garantia constitucional, encontra-se a busca e apreensão, meio de obtenção de prova mais grave facultada ao poder público na averiguação do crime e de seus autores (BARBOSA, 1942, p. 88).

2. Instrumentalização da medida de busca e apreensão no Código de Processo Penal de 1941

O Código de Processo Penal incluiu o capítulo XI, denominado "Da busca e da apreensão", ao título VIII – "Da prova", qualificando-a, em um primeiro momento, apenas como meio probatório. Porém, a aplicação da medida de busca e apreensão não pode ser restringida ao âmbito investigatório, já que poderá ser também utilizada como medida preparatório da queixa e até mesmo da fase de execução da sentença de pronúncia ou da sentença condenatória (BARBOSA, 1942, p. 87-88).

O instrumento da busca foi previsto no capítulo VII, intitulado "Das buscas", subordinado ao Título II, "do processo summario", ainda no Código de Processo Criminal do Império de 1832, amplamente abordado no item 4.4 da primeira parte deste livro. Já no CPP de 1941, essa medida foi editada sob a vigência de um governo com nítidos aspectos autoritários, com forte concentração do poder nas mãos do representante do poder Executivo e usurpação dos poderes destinados ao Judiciário e, especialmente, ao poder Legislativo. Antes disso, a Constituição Republicana previa a competência para legislar sobre processo, civil e penal, a cada Estado da Federação, fazendo com que cada um deles possuísse um Código de Processo Penal específico.

Porém, foi com o domínio da atividade legislativa que o Governo da época se utilizou da ampla liberdade para editar decretos-lei em âmbito nacional. Exemplo disso foi a edição dos Decretos-Leis nº 2.848, de 7 de setembro de 1940 e 3.689, de 3 de outubro de 1941, Códigos Penal e Processual Penal, respectivamente, que foram instituídos durante a dissolução do Congresso Nacional, imagem maior da representatividade e democracia de um país.

Além desse contexto antidemocrático vivenciado no âmbito interno, o Código de Processo Penal também foi instituído durante um contexto internacional de Segunda Guerra Mundial, deixando de lado aspectos humanitários conquistados anteriormente, que não foram objeto de debate sequer no Parlamento (SILVA JÚNIOR, 2021, p. 111). Na exposição de motivos do CPP de 1941, Francisco Campos, com clara influência de ideias fascistas oriundas do processo penal da Itália, deixa claro a intenção repressiva e autoritária inserida na redação originária, quando aduz que:

> As nossas vigentes leis de processo penal asseguram aos réus, ainda que colhidos em flagrantes ou confundidos pela evidencia das provas, um tão extenso catálogo de garantias e favores, que a repressão se torna, necessariamente, defeituosa e retardatária, decorrendo daí um indireto estímulo à expansão da criminalidade.

Nesse ponto e em muitos outros incluídos na exposição de motivos da redação originária do CPP de 1941, o então Ministro Franciso Campos provou que a inspiração para elaboração desse documento não vinha de ideais de proteção de direitos e garantias fundamentais individuais pautadas na Escola Clássica, mas das convicções traçadas pela Escola Positiva e do Tecnicismo Jurídico em que asseguram um modelo de repressão do Estado como solução ao processo penal brasileiro (SILVA JÚNIOR, 2021, p. 112).

Com origem em ideias contrárias à Escola Clássica, a Escola Positiva, também chamada de italiana, nova, moderna e antropológica, apresentou uma nova visão sobre o direito de punir, diante da pouca eficiência que a tese de Beccaria representou na ciência criminal ao longo dos anos, isso porque a criminalidade, ao invés de diminuir com a Escola Clássica, aumentou e diversificou significativamente, revelando altas taxas de reincidência.

Nesse contexto, a Escola Positiva veio para ressaltar que a legislação criminal deveria ser mais rigoroso e não mais tratar o acusado como vítima da tirania do Estado (SILVA JÚNIOR, 2021, p. 68). Portanto, percebe-se que na Escola Positiva a punição é direcionada ao "delinquente[7]" não em razão da vingança pública, mas porque é preciso defender a

---

[7] Nomenclatura adotada nos estudos do positivismo criminológico.

sociedade da periculosidade, afastando-se da ideia retributiva da pena, defendida pela Escola Clássica.

O distanciamento entre as duas escolas vai muito além. Enquanto a Escola Clássica se ocupava em estabelecer os limites do direito de punir do Estado, tratando o autor do crime como vítima do Estado, a nova percepção da Escola Positiva considerou a ciência penal como instrumento a serviço do Estado e eficaz à repressão penal, isto é, foi dado ênfase à função repressiva da ciência criminal (SILVA JÚNIOR, 2021, p. 71). A Escola do Tecnicismo Jurídico, por sua vez, extraiu o que se tinha de mais autoritário das Escolas Clássica e Positiva, já que foi elaborada em um contexto da doutrina fascista em que era defendida a autoridade do Estado.

Considerando a sua origem ainda no Código de Processo Penal de 1832, o primeiro capítulo desta obra chama atenção às nomenclaturas utilizadas anteriormente e que foram mantidas pelo legislador do CPP de 1941, como é o caso da expressão *"criminosos"*, a qual nos recorda aos estudos de Cesare Lombroso, no livro *"L'uomo delinquente"*, de 1876, em que se inaugura um novo período da criminologia.

Distante das ideias defendidas na obra de Beccaria na obra "Dos delitos e das penas", Lombroso (2010) vincula a ideia de "criminoso" a um ser atávico, representando uma regressão biológica ao primitivismo. Denota-se que o ideal positivista por trás dos estudos de Lombroso é marcado por estudos científicos em que o ser humano não dispõe de liberdade ou livre-arbítrio para cometer crimes, a sua própria biologia já o determina como "criminoso".

Nesse sentido, temos um dos pontos críticos à adjetivação trazida e mantida pelo legislador na redação originária do Código de 1941, isso porque restou clara a violação ao princípio da presunção de inocência ou da não culpabilidade, fazendo com que o sujeito, ainda em fase investigatória, seja considerado um ser não desejável para o convívio em sociedade.

Interessante destaque ainda realizado no item 4.5 da primeira parte desta obra, é a de que o Código Penal, publicado através do Decreto-Lei nº 2.848, de 7 de setembro de 1940, já teria definido o autor do crime como réu, não havendo justificativa plausível para que o legislador do CPP de

1941 mantivesse a expressão de "criminoso" ao longo do seu texto normativo.

Percebe-se, portanto, que além do direito à inviolabilidade de domicílio sofrer nítida regressão na proteção conferida pela Constituição Federal de 1937, a medida de busca e apreensão, capaz de flexibilizar essa garantia constitucional, também foi delimitada com base em um contexto antidemocrático, autoritário e utilizando expressões que nos remonta à um tratamento mais rígido dispensado ao acusado. Assim, sendo o domicílio inviolável, como prescrevia o art. 122, 6, da Constituição de 1937, cuidou o CPP de 1941 em regulamentar a medida de busca e apreensão domiciliar e pessoal nos arts. 240 a 250.

Hélio Tornaghi (1980, p. 460) já no início do capítulo referente à busca e apreensão, deixa evidente a sua crítica quanto à colocação de matéria ao final do Título VIII do Livro I, que trata "Da prova", isso porque que a busca não é meio de prova e muito menos se destina à colheita de provas já que tem a finalidade de prender acusados, apreender vítimas de crimes ou objetos que devam ser confiscadas.

Assiste razão a discussão levantada pelo professor Hélio Tornaghi, na medida em que o instrumento da busca e apreensão nem sempre pode ser classificada como mero meio de prova, mas se caracteriza de forma muito mais ampla, podendo, nas palavras do autor (1980, p. 460), ser realocada entre "as providências acautelatórias", ou ainda, considerando-as coercitivas, o legislador poderia elencar um novo título chamado "os atos processuais coativos", como faz o Projeto n. 633/75 (Liv. III, Tít. IV).

Delimitado o contexto jurídico da elaboração do CPP de 1941, percebe-se do início de sua leitura que o artigo 6º, inciso II, dispõe que a autoridade policial, logo que tiver conhecimento da prática da infração penal, deve "apreender os instrumentos e todos os objetos que tiverem relação com o fato".

Julio Fabbrine Mirabete (1997, p. 315) define o conceito de busca e posteriormente o de apreensão, ao relatar que "é a diligência destinada a encontrar-se a pessoa ou coisa que se procura e a apreensão é a medida que a ela se segue". Hélio Tornaghi (1980, p.460-461), por sua vez, classifica busca como "a procura, a cata de alguma coisa. Não é mero exame, investigação, pesquisa", diferindo da vistoria judicial, da perícia e do reconhecimento de pessoas ou coisas. E a apreensão seria "o ato pelo qual a autoridade ou seu agente retira a pessoa ou coisa da esfera de quem a detém" (TORNAGHI, 1980, p. 470). Denota-se, portanto, que são atos independentes.

Romeu Pires de Campos Barros (1982, p. 396), explica que a busca e a apreensão, apesar de serem considerados com frequência como um instituto único, são atividades distintas, na medida em que na busca, quando não for encontrada a pessoa ou coisa específica, fica sendo um ato processual isolado, ao qual não se segue a apreensão. Do mesmo modo, tem a situação em que a pessoa que detém a coisa, indispensável às investigações, a entrega, espontaneamente, às autoridades competentes, sendo desnecessária a expedição do mandado de busca.

Tourinho Filho (1972, p. 203-204), deixa claro que a importância da apreensão dos instrumentos do crime e de quaisquer outros objetos que interessem à produção da prova, é facilmente identificada ao longo no ordenamento jurídico da época e dispensa qualquer comentário acerca da sua necessidade:

> Nos termos do art. 11 do Cód. De Proc. Penal, "os instrumentos do crime bem como os objetos que interessam à prova acompanharão os autos do inquérito". De acordo com a letra "a" do ítem II do art. 74 do Código Penal, são efeitos da sentença condenatória... a perda a favor da União, ressalvado o direito do lesado ou de terceiro de boa-fé, dos instrumentos do crime desde que consistam em coisas, cujo fabrico, alienação, uso, porte, ou detenção constitua fato ilícito. De acordo com o art. 124 do Cód. de Proc. Penal, os instrumentos do crime, cuja perda a favor da União fôr decretada, e as coisas confiscadas, de acordo com o art. 100 do Código Penal, serão analisados e recolhidos a museu criminal, se houver interesse na sua conservação.

Diante desse conceito, denota-se que a instrumentalização da medida de busca e apreensão foi responsável por restringir o direito individual à inviolabilidade de domicílio, sofrendo especial influência de aspectos ditatoriais no que se refere ao CPP de 1941. No entanto, para uma melhor compreensão da aplicação dessa medida, faz-se necessário esclarecer a diferença que o legislador ressaltou para a busca domiciliar e a busca pessoal.

2.1 Da busca domiciliar e pessoal

A busca na casa do acusado sempre foi uma matéria abordada ao longo da história. A Lei das XII Tábuas, no direito Romano, já permitia a busca nos casos de furto, quando expõe na Tábua Segunda, *dos julgamentos e dos furtos*, que "7. Se, pela procura *cum lance licioque*[8], a coisa furtada é encontrada na casa de alguém, que seja punido como se fora um furto manifestado" (MEIRA, 1972, p. 168). Hélio Tornaghi (1980, p. 461) acrescenta que, ainda em Roma, o ofendido que se apresentada como acusador, no âmbito do processo judicial, recebia do magistrado o poder para realizar a busca de documentos públicos na casa do acusado ou de terceiros, ou ainda em repartições municipais.

Durante a Idade Média, a busca não foi regulamentada em nenhuma lei, mas não há dúvidas de que a prática continuava. Nos Estados Unidos, através da Quarta Emenda[9], foi assegurado o direito à inviolabilidade da pessoa, sua casa, papéis e pertences, sem motivo razoável, resguardando a utilização da medida de busca e apreensão quando houver indícios de culpabilidade, devendo nele descrever o lugar da busca e as pessoas ou coisas a serem apreendidas.

No âmbito brasileiro, a medida de busca e apreensão foi abordada desde a Lei Portuguesa, de 14 de outubro de 1822, que disciplina sobre o assunto da inviolabilidade do domicílio. Desde então, todos os outros diplomas constitucionais e infraconstitucionais trataram sobre a matéria. Nas palavras de Hélio Tornaghi (1980, p. 462), o legislador ao preceituar os casos em que a busca e apreensão são admitidas, a forma que devem ser feitas e o lugar e o tempo em que podem ocorrer, buscou colocar os particulares a salvo do abuso e da prepotência.

---

[8] De acordo com Eliane Maria Agati Madeira (2007, p. 133), "trata-se de um antigo ritual de caráter mágico pelo qual a vítima adentra a casa do suposto ladrão praticamente nua, envolta apenas na região da cintura de uma pequena faixa de tecido (*licio cintus*) e segurando em mãos um prato (*lancem habens*). Além do significado religiosa desta prática que se mostra ainda hoje bastante obscuro, é provável que com ela também se objetivasse um aspecto prático: a impossibilidade de se esconder qualquer objeto sob as vestes da vítima."

[9] O direito das pessoas de estarem seguras em suas pessoas, casas, papéis e pertences, contra buscas e apreensões não razoáveis, não deve ser violado e nenhum mandado deve ser emitido, mas por causa provável, apoiado por juramento e afirmação e, particularmente descrevendo o local a ser revistado e as pessoas ou coisas a serem apreendidas.

Na leitura da redação originária do CPP de 1941, o legislador definiu que a busca poderá ser domiciliar ou pessoal. A busca domiciliar é a que se faz na casa de alguém, esta protegida por todas as garantias constitucionais existentes. O legislador deixou claro, ainda, que as garantias ali asseguradas também seriam extensíveis à compartimentos habitados ou em aposento ocupado de habitação coletiva ou em compartimento não aberto ao público, onde alguém exerça profissão ou atividade (art. 246, CPP). Considerada uma matéria imprescindível à existência da sociedade, Hélio Tornaghi (1980, p. 464) complementa:

> A existência dessas regras, quer da Constituição, quer do Código de Processo Penal, é uma das maiores e das mais belas conquistas da humanidade. Pensar que o indivíduo encontra em algum lugar, e que esse lugar é a sua casa, um refúgio seguro dentro do qual pode tranquilamente viver, repousar, trabalhar, amar, cercado daqueles a quem preza; considerar que diante das fracas paredes, acaso de argila ou palha, se esboroa, por força de um preceito legal inerme e sem outro poder que não seja sua autoridade espiritual, todo o aparato de um Estado organizado e poderoso é algo que deve servir de conforto e de honra aos povos consagrados ao respeito dessa garantia constitucional, os quais observam e acatam esses dispositivos legais.

Visto isso, conclui-se que casa é o lugar em que se habita, onde se reserva o direito à vida íntima ou a sua atividade privada, desde que não seja aberto a qualquer um do povo. No entanto, não pode ser considerado casa, locais que atentam contra a própria ordem jurídica. O legislador fez questão de destacar no Código Penal, em seu art. 150, §5º, inciso II, que "não se compreendem na expressão "casa": I – hospedaria, estalagem ou qualquer outra habitação coletiva, enquanto aberta, salvo a estrição do n. II do parágrafo anterior; II – taverna, casa de jogo e outras do mesmo gênero."

Definido o conceito da expressão "casa", temos o parágrafo primeiro do art. 240 do CPP, o qual define que a busca domiciliar poderá ter como objeto: (a) prender criminosos, (b) apreender coisas achadas ou obtidas por meios criminosos, (c) apreender instrumentos de falsificação ou de contrafação e objetos falsificados ou contrafeitos, (d) apreender armas e munições, instrumentos utilizados na prática de crime ou destinados a fim delituoso, (e) descobrir objetos necessários à prova de infração ou à defesa do réu, (f) apreender cartas, abertas ou não, destinadas ao acusado ou em seu poder, quando haja suspeita de que o conhecimento do seu conteúdo possa ser útil à elucidação do fato, (g) apreender pessoas vítimas de crime ou (h) colher qualquer elemento de convicção.

A busca poderá ser ainda de cunho pessoal quando houver "fundada suspeita" de que alguém esteja ocultando consigo arma proibida ou os objetos relacionados nas alíneas (b), (f) e (h). A nomenclatura utilizada neste parágrafo segundo também nos remete à uma subjetividade de quem tinha poderes suficientes para determinar a busca e/ou a apreensão, isso porque o legislador não deixou claro sobre o que se tratava essa "fundada suspeita", ficando à cargo da discricionariedade do sujeito competente.

A prisão de "criminosos", disposta na alínea (a) nos remete à possibilidade de flagrante delito (art. 302, CPP) ou em virtude de ordem escrita da autoridade competente nos casos de prisão preventiva, administrativa, decisão de pronúncia ou sentença condenatória. O art. 283 do CPP de 1941 deixa claro, ainda, que a prisão poderá ser efetuada em qualquer dia e horário, desde que seja observada as restrições relativas à inviolabilidade de domicílio.

Raul Barbosa (1942, p. 102) esclarece que no caso do acusado entrar ou permanecer em domicílio alheio após receber "voz de prisão" em virtude de prisão em flagrante delito ou mandado judicial, o morador será intimado a entregá-lo. Caso não seja cumprida a ordem, a pessoa ou autoridade competente poderá chamar duas testemunhas e, sendo durante o dia, poderá entrar à força na residência ou, sendo durante à noite, guardará todas as saídas, tornando a casa incomunicável e, assim que amanhecer, poderá forçar a entrada e efetuar a prisão, nos termos dos arts. 293 e 294 do CPP de 1941.

No caso de apreensão de coisas achadas ou obtidas por meios criminosos, descrita na alínea (b), é interessante ressaltar que a apreensão não deve exceder dos objetos relacionados direta ou indiretamente com a infração penal, o que demonstra que os objetos adquiridos a partir dos proventos auferidos com o cometimento de determinado delito, também devem ser apreendidos, mesmo que já tenham sido transferidos a terceiros, com o intuito de iludir a persecução penal. Além disso, se o objeto disser respeito à imóvel, o CPP de 1941 prevê outras medidas assecuratórias (arts.

125 a 144), como é o caso da medida de sequestro, com o intuito de impedir eventuais vendas ou transferências a terceiros.

A alínea (c), ressalta a possibilidade de utilizar a medida para apreender instrumentos de falsificação ou de contrafação e objetos falsificados ou contrafeitos. Nesse ponto, o legislador buscou abordar os objetos que geralmente possuem aparência lícita e acabavam não incluídos como objetos oriundas de atos tipicamente previstos. Acontece que para isso acontecer, a autoridade deverá nomear dois peritos para que verifiquem se os objetos ou instrumentos possuem marcas falsas ou de imitação (BARBOSA, 1942, p. 105).

A apreensão de armas e munições (d) também foi prevista pelo Código Penal, em sua redação originária, através do art. 100 que aborda sobre a possibilidade de confisco dos "instrumentos e produtos dos crimes, desde que consistam em coisas cujo fabrico, alienação, uso, porte ou detenção constituem fato ilícito", mesmo quando não tenha sido apurada a autoria. Ou seja, tanto na lei penal como na lei processual, restou evidente que armas e munições que forem utilizadas na prática de crimes devem ser apreendidas, mesmo se houver apenas suspeita da destinação para fins ilícitos.

Considerando que justiça criminal possui como principal conceito norteador a busca pela verdade, pelo melhor esclarecimentos dos fatos, a lei previu a possibilidade de apreensão de objetos necessários à prova de infração ou à defesa do réu (e), possibilitando o exame desses objetos diretamente pelo magistrado.

No entanto, nem todos os objetos são passíveis de busca e apreensão, Barbosa (1942, p. 108-109) explica que os objetos existentes em repartições públicas, embaixadas, consulados estrangeiros ou outros locais que, em virtude de tratados ou convenções internacionais sejam protegidos pelo critério da extraterritorialidade, só podem ser efetivas através de autorização de autoridade competente ou por via diplomática.

Um ponto interessante a ser ressaltado aqui é a possibilidade de apreensão de documentos em poder de advogados. O §2º do art. 243 veda a possibilidade de apreensão desses documentos, salvo quando constituir elemento do corpo de delito. Aqui a lei buscou proteger a plenitude de defesa, na medida em que os documentos imprescindíveis à defesa são reflexo de um direito garantido constitucionalmente.

A apreensão de cartas, abertas ou não, destinadas ao acusado ou em seu poder, quando haja suspeita de que o conhecimento do seu conteúdo possa ser útil à elucidação do fato (f), diz respeito ao direito constitucional de inviolabilidade de correspondência. Essa garantia detinha previsão desde a Constituição do Império, mas assim como a inviolabilidade de domicílio, sofreu restrições na Constituições de 1937. O constituinte deixou à lei ordinária a faculdade de estabelecer as condições que possibilitassem a apreensão da correspondência (BARBOSA, 1942, p. 112).

A alínea (g), por sua vez, trouxe a previsão de apreender pessoas vítimas de crime. Como se sabe, a Constituição de 1937 facultou ao legislador ordinário tratar sobre as especificidades das exceções ao princípio da inviolabilidade do domicílio. No entanto, em relação à essa alínea, o Código Penal, em seu art. 150, §3º, inciso II, permitiu a entrada ou permanência em casa alheia ou em suas dependências, a qualquer hora do dia ou da noite, quando há indícios de que o crime está sendo ali praticado ou na iminência de o ser, sem dependência de qualquer formalidade.

Apesar de ser considerado um rol taxativo, o legislador ainda deixou em sua alínea (h) a expressão "qualquer elemento de convicção", o que permite que a medida de busca e apreensão seja realizada com referência a qualquer objeto que preencham os critérios elencados pela própria autoridade policial ou judiciária responsável pelo ato (MIRABETE, 1997, p. 317).

Isto é, em que pese prevalecer o entendimento de que a medida de busca e apreensão não pode ser aplicada em casos análogos, pois é medida a ser aplicada excepcionalmente com bases nas hipóteses previstas em lei, a verdade é que o legislador optou por ampliar as possibilidades ao prever a alínea (h). Nas palavras de Paulo Heber de Morais e João Batista Lopes (1978, p. 172), "se torna dispiciendo, indagar-se se a enumeração é taxativa ou não, uma vez que qualquer uma poderá ser admitida, em tese, com fundamento na última letra do rol do artigo 240".

A busca domiciliar, no cenário vivenciado pelo CPP de 1941, poderá ser realizada "quando fundadas razões a autorizarem" (art. 240, §1º).

Considerando que a busca é medida a ser utilizada de forma excepcional, uma vez que é responsável por flexibilizar o direito à inviolabilidade de domicílio, previsto na redação da Constituição de 1937, deve ser utilizada nos casos em que não se tenha dúvidas acerca da sua imprescindibilidade para o desenvolvimento do caso concreto, o que será melhor analisado no tópico final deste capítulo.

Nos termos do art. 245 do CPP, as buscas domiciliares "serão executadas de dia, salvo se o morador consentir que se realizem à noite". Temos nesse dispositivo importante discussão acerca do conceito de "dia" e "noite" que, perdura até os dias atuais. Tourinho Filho (1972, p. 204) esclarece que as buscas poderão ser realizadas em qualquer dia, inclusive domingo ou feriado, com base no art. 797 do CPP, o qual assegura que "excetuadas as sessões de julgamento, que não serão marcadas para domingo ou dia feriado, os demais atos do processo poderão ser praticados em período de férias, em domingos e dias feriados".

No entanto, em relação ao horário da realização da busca domiciliar, o autor afirma que embora houvesse discordância para determinar o espaço de tempo considerado noite, era admissível a ideia de que aquele período era compreendido entre às 18 horas e 06 horas da manhã. Acrescentando que "tal proibição nada mais é senão a efetivação da garantia constitucional pertinente à inviolabilidade de domicílio" (TOURINHO FILHO, 1972, p. 205).

Acontece que, à época da elaboração do CPP de 1941, o constituinte de 1937 ao prever o direito à inviolabilidade domiciliar, restringiu a sua proteção à única alínea, conforme pudemos observar no início desse capítulo, deixando de lado a preocupação em proibir, constitucionalmente, a violação a esse preceito fundamental no horário noturno e, deixando, a critério do legislador infraconstitucional a imposição de seus limites.

Nesse ponto, temos que a redação originária do Código Penal, classificou como fato típico, o ato de "entrar ou permanecer, clandestina ou astuciosamente, ou contra a vontade expressa ou tácita de quem de direito, em casa alheia ou em suas dependências" (art. 150), detalhando ainda em seu §3º que a entrada ou permanência em residência alheia "I – durante o dia, com observância das formalidades legais, para efetuar prisão ou outra diligência; II – a qualquer hora do dia ou da noite, quando algum crime está sendo ali praticado ou na iminência de o ser.", não constitui crime.

Walter P. Acosta (1995, p. 259), entende que essas regras consubstanciam tanto a permissão legal aos agentes competentes para executarem tais diligências, como também uma excludente de criminalidade em favor de qualquer pessoa que entre em casa alheia para prestar socorro ou para efetuar prisão em flagrante, nos termos do art. 301[10], do CPP.

A leitura desses dispositivos evidencia, portanto, que a busca poderá ser realizada durante o período noturno, condicionando a sua entrada ao consentimento do morador (art. 245, CPP). No entanto, caso o morador não permita a entrada dos executores da ordem de busca durante o dia, a porta poderá ser arrombada e forçada a entrada (art. 245, 23°, CPP), permitindo também o emprego de força contra coisas existentes no interior da casa, a fim de descobrir o que se procura (art. 245, §3°, CPP).

Por fim, na hipótese do morador não se encontrar em sua casa, durante o dia, a autoridade deverá intimar a assistir à diligência qualquer vizinho, *se houver e estiver presente* (art. 245, §4°, CPP), não trazendo como requisito obrigatório a presença de testemunha quando da execução da diligência.

No que diz respeito à busca pessoal, é possível realizá-la "no caso de prisão ou quando houver fundada suspeita de que a pessoa esteja na posse de arma proibida ou de objetos ou papéis que constituam corpo de delito, ou quando a medida for determinada no curso da busca domiciliar" (art. 244, CPP). Nas palavras de Mirabete (1997, p. 319), a busca pessoal "consiste na inspeção do corpo e das vestes de alguém para apreensão dessas coisas", incluindo toda a esfera de custódia da pessoa, ou seja, bolsas, veículos, etc. Ou seja, a busca pessoal, não se confunde com a inspeção corporal, exame do corpo, com fins de identificação, mas objetiva encontrar, com inspeções oculares, manuais e até mesmo mecânicos, os objetos que estão sob a posse da pessoa ou escondidos em suas vestes (BARROS, 1982, p. 399).

Ainda, o legislador ao prever que a "busca em mulher será feita por outra mulher", reservou essa proteção somente quando não importar em

---

[10] Art. 301. Qualquer do povo poderá e as autoridades policiais e seus agentes deverão prender quem quer que seja encontrado em flagrante delito.

retardamento ou prejuízo da diligência. Nesse ponto, Romeu Barros (1982, p. 399) aponta que o Código de Processo Penal brasileiro se inspirou em diversos outros, como o italiano (art. 335, 2ª, al.), o dinamarquês (art. 716) e o norueguês (art. 226), em defesa dos "escrúpulos naturais e muito respeitáveis das mulheres que, nelas, a busca se fará por outra mulher, desde que, assim se não retarde ou prejudique a diligência".

No entanto, o legislador deixou de assegurar integralmente a segurança da mulher, uma vez que permitiu a não observância a esse preceito normativo quando causar prejuízo ou demora na diligência, deixando, mais uma vez, critérios genéricos que acabam sendo delimitados pelo poder judiciário ao analisar eventuais excessos realizados em cada caso concreto.

Por fim, nos casos em que a autoridade policial ou judiciária não realizar a busca domiciliar pessoalmente ou, ainda, no caso de busca pessoal dependente de mandado, este conterá o nome da pessoa que sofrerá a busca (ou características essenciais que possam identificá-la), a indicação da casa em que se realizada a diligência e o nome do respectivo proprietário ou morador, o motivo e os fins da diligência, a descrição sobre eventual ordem de prisão e a subscrição pelo escrivão e assinatura da autoridade competente (art. 243, CPP).

Todavia, é vedada a apreensão de documento em poder do defensor do acusado, a não ser que este constitua elemento do corpo de delito, nos termos do §2º do art. 243, CPP. A falta de mandado judicial poderá se enquadrar como fato típico a ensejar a responsabilidade criminal do executor da diligência, nos termos do §2º, do art. 150 do Código Penal[11], podendo a pena ser aumentada para os casos em que o executor seja funcionário público.

2.2. Poder de decisão da autoridade policial e ausência de reserva de jurisdição

A busca e apreensão podia ser determinada pelas autoridades competentes delimitadas pelo legislador do CPP de 1941 que, por sua vez,

---

[11] § 2º Aumenta-se a pena de um terço, se o fato é cometido por funcionário público, fóra dos casos legais, ou com inobservância das formalidades estabelecidas em lei, ou com abuso do poder.

concedeu certo poder discricionário a utilização dessa medida. Nas palavras de Raul Barbosa (1942, p. 92), "é verdade que não se trata de um poder discricionário absoluto, mas condicionado a formalidades indispensáveis, sem as quais o ato se tornaria um abuso de autoridade capitulado como crime no Código Penal", ou seja, ultrapassado as condicionantes ao uso dessa faculdade discricionária, é configurado o abuso de poder acarretando a responsabilidade penal e civil da autoridade.

O CPP de 1941 atribuiu à autoridade policial e ao juiz a liberdade de apreciação sobre a aplicação da medida de busca e apreensão, encontrando o seu limite no princípio constitucional que assegura a inviolabilidade de domicílio. Barbosa (1942, p. 93) esclarece que "a esse limite não escapa a medida adotada pela polícia judiciária porque o chamado poder de polícia é uma modalidade do poder discricionário de que também usa, em casos determinados, o juiz criminal".

No que se refere ao disposto pelo CPP de 1941, temos que à autoridade policial era permitido realizar a busca e apreensão. O Código descreve, em seus artigos 241[12] e 242[13], que a autoridade policial, quando comparecesse ao local pessoalmente, não seria preciso portar o mandado judicial de busca e apreensão, fazendo com que eles pudessem ingressar em qualquer casa, independentemente de ordem judicial ou do consentimento do morador.

Na prática, o que ocorria, em geral, é que a busca e apreensão era realizada durante a fase de investigação policial, quando todos os objetos necessários à prova da materialidade, da autoria e das circunstâncias do crime são recolhidas, e levadas ao conhecimento do julgador durante a fase de instrução. E, por mais que o magistrado possuísse a faculdade de livre convencimento na formulação de sua decisão, com base no art. 157[14], do CPP, a verdade é que os agentes policiais procuravam, muitas vezes, sem conhecimento específico da imprescindibilidade da medida, assegurar a produção da certeza, no convencimento do julgador, independentemente da observância às garantias constitucionais (BARBOSA, 1942, p. 90).

---

[12] Art. 241. Quando a própria autoridade policial ou judiciária não a realizar pessoalmente, a busca domiciliar deverá ser precedida da expedição de mandado.
[13] Art. 242. A busca poderá ser determinada de ofício ou a requerimento de qualquer das partes.
[14] Art. 157. O juiz formará sua convicção pela livre apreciação da prova.

Nesse ponto, em que pese o legislador, ao prescrever tal competência às autoridades policiais, ter observado eventual facilidade em exercer as investigações preliminares em virtude da própria natureza das suas funções, a verdade é que a autoridade policial poderia decidir, em nível de cognição sumário, sem um aprofundamento adequado e imparcial sobre as razões de decidir daquela medida, o que, por muitas vezes, possibilitaria o conflito com direitos fundamentais de indivíduos, como a inviolabilidade de domicílio e até mesmo da sua intimidade.

Com base no poder que possuía a autoridade policial, concedida pelo CPP de 1941 e assegurado pela Constituição de 1937, é imprescindível realizar um recorte na história da estrutura policial brasileira. No período conhecido como "Estado Novo", é possível extrair como característica essencial do poder policial a sua vinculação ao Poder Executivo e a instrumentalização de sua força por parte daqueles que seriam os responsáveis por representar a vontade do povo (CHOUKR, 2002, p. 112).

O que o legislador estabeleceu, em consonância com a restrição de proteção ao direito a inviolabilidade do domicílio dada pelo constituinte da época, foi a ausência de reserva de jurisdição, isso porque o legislador ao prever a possibilidade de utilização da medida da busca e da apreensão pela autoridade policial, deixou claro a dispensabilidade de intervenção do Poder Judiciário.

Nesse sentido, é o entendimento de Fernanda Regina Vilares (2010, p. 127), quando destaca a importância de reserva de jurisdição quando meios de obtenção de prova ensejem grandes restrições a direitos fundamentais, como é o caso da busca e apreensão, concluindo que na medida em que há conflito de interesses de alta relevância, como é o caso dos direitos fundamentais e bens constitucionalmente protegidos, e a necessidade de restrição de um deles para solucionar tal conflito, mostra-se imprescindível a manifestação judicial.

Sobre o assunto, Hélio Tornaghi (1980, p. 464) dispõe que "devemos até amar uma Constituição e um Código que nos protegem contra os vendavais da prepotência" (TORNAGHI, 1980, p. 464). Acontece que o CPP de 1941 não foi profícuo quando estabeleceu a possibilidade de a autoridade policial, pessoalmente, cumprir a busca e apreensão domiciliar e independentemente de expedição de mandado. Nesse ponto, não houve proteção aos "vendavais da prepotência", mas desamparo àqueles que mais necessitavam de tutela.

A questão da não obrigatoriedade de expedição de mandado judicial para efetivação da busca domiciliar é reflexo da prática ditatorial e policialesca exercidos pelos agentes e autoridades policiais, os quais possuíam como objetivo principal o fortalecimento de um Estado autoritário. É justamente esse o quadro trazido pelo constituinte de 1937 quando se restringiu ao mencionar a inviolabilidade de domicílio, sem qualquer outro critério que o acompanhasse, isto é, deixando a cargo do legislador infraconstitucional que, por sua vez, possibilitou a entrada da autoridade policial em residências, independentemente da análise de uma autoridade judicial que expedisse o mandado.

O país estava vivenciando o Estado Novo, uma ditadura já consolidada com um viés ideológico construído desde o ano de 1930, quando se iniciou o período conhecido como a "Era Vargas". Nesse ponto, é inquestionável que a polícia possuiu um papel fundamental no combate a oposições e propagandas ideológicas que conflitassem com o regime de Vargas, mas foi durante o segundo período governado por Vargas, conhecido como Governo Constitucional, que os poderes do Estado no tocante a crime contra a segurança nacional foram ampliados, permitindo o fortalecimento dos agentes policiais na efetuação de prisões, buscas, apreensões e interrogatórios (PACHECO, 2016, p. 59).

Interessante detalhe trazido por Thiago da Silva Pacheco (2016, p. 76) é que os delegados de polícia, desimpedidos quanto à necessidade de expedição de ordem judicial quando da efetivação pessoal de buscas domiciliares, eram militares, ou seja, "considerava-se naquele contexto que gerência da polícia era um assunto de natureza militar, mesmo sendo ela judiciária e de estrutura civil."

Até a promulgação da Constituição de 1946, a qual retomou aspectos democráticos, era comum que agentes policiais e até mesmo cidadãos forjassem acusações e plantassem provas falsas em troca de dinheiro, "eram o baluarte do Estado Nôvo. Descobriam futuras revoluções, hipotéticos golpes contra o Govêrno. O Govêrno se armava, a reação crescia, e a ditadura se eternizava" (NASSER, 1946, p. 94).

Assim, percebe-se que apesar do legislador brasileiro ter adotado um sistema de busca e apreensão que deveria observar determinadas formalidades previstas no texto normativo, a verdade é que a sua execução foi deixada ao arbítrio daqueles que possuíam o maior interesse em firmar um governo totalitário, com forte restrição aos direitos e garantis individuais.

Considerações finais do capítulo

A medida de busca e apreensão, como meio de obtenção de provas, importando em restrição às garantias individuais, sempre foi regulada ao longo da história. No Brasil, desde a Constituição do Império de 1824, já era previsto o direito à inviolabilidade de domicílio. A Constituição de 1891 consagrou o mesmo princípio, assim como o fez a Constituição de 1934.

No entanto, foi com a Constituição de 1937, durante o "Estado Novo", governado pelo presidente Getúlio Vargas, que o direito a inviolabilidade do domicílio sofreu a sua maior limitação. Foi suprimida a distinção constitucional entre a entrada durante o período da noite e do dia prevista por Constituições anteriores, deixando essa responsabilidade ao legislador infraconstitucional.

Acontece que o Decreto-Lei nº 3.689, de 3 de outubro de 1941, responsável por instituir o Código de Processo Penal em âmbito nacional, foi elaborada em um contexto político extremamente opressor, não sendo objeto sequer de discussão no parlamento, figura máxima de um estado democrático de direito. Denota-se que o CPP de 1941 refletiu aspectos autoritários e policialesco, especialmente no que se refere às medidas de obtenção de provas, como é o caso da busca e apreensão.

Com a normatização da medida de busca e apreensão ao longo dos artigos 240 a 250 do CPP de 1941, foi estabelecido diversos critérios que delimitavam a utilização da medida estudada. Foi visto que a busca poderia ser domiciliar, se existentes fundadas razões que a autorizassem, ou também poderia ocorrer na forma pessoal, desde que houvesse fundada suspeita de que alguém ocultasse consigo arma proibida ou objetos utilizados na prática de crime ou destinado a fins ilícitos.

Contudo, o CPP de 1941 foi responsável por deixar obstáculos interpretativos de suma importância, uma vez que não determinou com exatidão o que poderia ser caracterizada como "fundadas razões" ou até mesmo "fundada suspeita". Nesse contexto é que o presente capítulo direcionou o seu estudo final à autoridade competente em operar a medida de busca e apreensão.

Após a análise da redação originária do CPP de 1941, percebe-se que foi assegurada tanto à autoridade policial, como à judiciária, a competência para execução da medida, independentemente da expedição de mandado judicial. Em outros termos, foi dado à autoridade competente um poder discricionário para resolver sobre a conveniência e oportunidade de utilização da medida de busca e apreensão.

É verdade que esse poder não é absoluto, pois a medida deveria observar os critérios instituídos no CPP de 1941, mas a liberdade de apreciação, conferida à autoridade policial em entrar em qualquer residência para fins de instrução criminal, combinada com um contexto político despótico, concedeu espaço a arbitrariedades e violações a direitos constitucionalmente garantidos, como é o caso da inviolabilidade de domicílio.

Percebe-se, portanto, que o CPP de 1941 foi notadamente elaborado sob forte influência de um Poder Executivo autoritário, preocupado em preservar tão somente seu poder. Os instrumentos previstos na legislação ordinária, como é o caso da medida de busca e apreensão, foram instituídas em um âmbito de faculdade discricionária da autoridade policial e do magistrado, encontrando o seu limite em uma única alínea da Constituição de 1937 que assegurava a inviolabilidade de domicílio.

Bibliografia

ACOSTA, Walter P., *O processo penal* teoria, prática, jurisprudência, organogramas. 22 Ed. Rio de Janeiro: Editora do Autor, 1995.

BARROS, Romeu Pires de Campos. *Processo penal cautelar*. Rio de Janeiro: Forense, 1982.

BARBOSA, Raul. *Aspectos das novas leis penais*. Fortaleza: Imprensa Oficial, 1942.

CHOUKR, Fauzi Hassan. Polícia e Estado de Direito na América Latina. In: BONATO, Gilson (Org.). *Garantias Constitucionais e Processo Penal*. Rio de Janeiro: Lumens Juris, 2002.

FAUSTO, Boris. *História do Brasil*. 12 Ed. São Paulo: Editora da Universidade de São Paulo, 2006.

FIGUEIRA, Carlos Augusto Ferreira. CARVALHO, João Cerineu Leite de. PARENTE, Paulo André Leira. SANCOVSKY, Renata Razental. *História medieval*. 2 Ed. Rio de Janeiro: Fundação CECIERJ, 2010.

LOMBROSO, César. *O homem delinquente*. Tradução de Sebastião José Roque. São Paulo: Ícone, 2010.

MADEIRA, Eliane Maria Agati. A Lei das XII tábuas. *Revista da Faculdade de São Bernardo do Campo*, v. 13, 2015.

MARQUES, Pedro Campanholo. *Busca e apreensão*: juízo de admissibilidade. 1. Ed. Florianópolis: Tirant Lo Blanck, 2019.

MORAES, Alexandre de. *Direito Constitucional*. 13.ªed. São Paulo: Atlas, 2003.

MORAIS, Paulo Heber de. LOPES, João Batista. *Da prova penal*: teoria e prática. 1 ed. São Paulo: Julex Livros ltda., 1978.

MEIRA, Sílvio A. B. *A Lei das XII Tábuas:* fonte do direito público e privado. Rio de Janeiro: Forense, 1972.

MIRABETE, Julio Fabbrini. *Processo Penal*. 7ª ed. São Paulo: Atlas, 1997.

NASSER, David. *Falta alguém em Nuremberg*: torturas da polícia de Filinto Strubling Muller. 4 Ed. Rio de Janeiro: J. Ozon, 1946.

PACHECO, Thiago da Silva. *Da ditadura à democracia:* atividades de inteligência da polícia política no Estado Novo e na República de 1946. Tese (Doutorado em História) – Universidade Federal do Rio de Janeiro, 2016.

SARLET, Ingo Wolfgang. NETO, Jayme Weingartnet Neto. A inviolabilidade do domicílio e seus limites: o caso do flagrante delito. *Revista de Direitos Fundamentais e Democracia*. Curitiba, v. 14, n. 14, p. 544-562, julho/dezembro de 2013.

SHECAIRA, Sérgio Salomão. *Criminologia*. 8. Ed. São Paulo, Thomson Reuters Revista dos Tribunais, 2020.

SILVA JÚNIOR, Walter Nunes da. *Curso de direito processual penal:* teoria constitucional do processo penal. 3. ed. Natal: OWL, 2021.

SILVA JÚNIOR, Walter Nunes da. *Reforma tópica do processo penal*: inovações aos procedimentos ordinário e sumário, com o novo regime das provas, principais modificações do júri e as medidas cautelares pessoais (prisão e medidas diversas da prisão). 4. ed. Natal: OWL, 2022.

TORNAGHI, Hélio. *Curso de processo penal*. São Paulo: Saraiva, 1980.

TOURINHO FILHO, Fernando da Costa. *Processo Penal I*. São Paulo: Javoli, 1972.

VILARES, Fernanda Regina. *A reserva de jurisdição no processo penal:* dos reflexos no inquérito parlamentar. Dissertação (Mestrado em Direito) – Universidade de São Paulo, 2010.

CAPÍTULO 7

PRISÃO EM FLAGRANTE NO CÓDIGO DE PROCESSO PENAL DE 1941

Arthur Gabriel de Freitas Pereira[1]

Larissa Vitória Costa Lopes da Silva[2]

O surgimento da prisão rompe com a forma de aplicação das penas na Idade Média. Anteriormente, a prisão era apenas um local onde os condenados por infringir a ordem social ficavam recolhidos e, posteriormente, seriam levados aos suplícios para serem, de fato, punidos. Além disso, os corpos supliciados em praças públicas evidenciavam o caráter punitivo que o Estado tratava os indivíduos que cometiam crimes na Idade Média.

Nesse sentido, com o enfraquecimento do suplício e o desaparecimento das penas cruéis e degradantes, a instituição prisional passou a ser a própria pena do indivíduo. Com o surgimento da prisão, surgiu a necessidade de regulamentar os meios de punição, já que o cárcere precisava de uma regulamentação para existir. Desse modo, a prisão em flagrante foi regulamentada no Código de Processo Penal de 1941, prevista do art. 301 ao 310, tratando das possibilidades da prisão em flagrante.

Tal regulamentação tornou-se uma pauta urgente no contexto social devido ao anseio da sociedade por punições e à sede punitiva do Estado. A prisão em flagrante foi vista como o principal meio de prisão por esse

---

[1] Graduando do curso de Direito da Universidade Federal do Rio Grande do Norte (UFRN). Membro dos grupos de pesquisa "Processo criminal em movimento" e "Criminalidade violenta", ambos vinculados à UFRN. Componente da Rede de Apoio a egressos do sistema prisional (RAESP/RN), Membro da Pasta Acadêmica do Projeto Tribunal do Júri, Membro do Projeto de Extensão Motyrum - Núcleo Penitenciário e Monitor da disciplina Direito Processual Penal. ORCID: 0000-0003-1573-9708.
[2] Graduanda do curso de Direito da Universidade Federal do Rio Grande do Norte (UFRN). Membro do grupo de pesquisa "Processo criminal em movimento" vinculado à UFRN. Componente da monitoria da disciplina "Processo Penal I" vinculada à UFRN. ORCID: 0000-0003-2745-4881.

motivo. Por isso, o CPP/41 tratou a prisão em flagrante como a forma inicial de aprisionamento e culpabilização do agente que cometesse um crime.

Não se preocupava com os direitos básicos do ser humano e, de maneira mais concreta, os princípios da presunção de inocência e do devido processo legal não eram efetivados. Desse modo, era conferido um tratamento rígido a quem era preso em flagrante. Segundo a redação originária do CPP de 1941, o flagrante por si só era fundamento para manter o indivíduo no cárcere, sendo tratado como se culpado fosse a partir do momento da flagrância.

Sendo assim, a lacuna deixada pelo Código originário de Processo Penal no que tange à prisão em flagrante desconstruiu a *ratio essendi* do processo criminal, que é servir também como instrumento de garantia para o acusado. Isso tornou um direito meramente imaginário, pois no momento da prisão em flagrante, o agente já era considerado culpado e, em seguida, privado de sua liberdade. Outro ponto a ser tratado é como ocorria o devido processo penal, já que a própria culpabilização ocorria antes mesmo de iniciar a persecução criminal.

Na verdade, é relevante evidenciar que o caráter punitivo do Estado em relação aos autores de condutas delituosas não visava garantir direitos fundamentais. Nesse sentido, assemelhava-se em sua origem aos suplícios da Idade Média, cuja pena era vista como um espetáculo para que a população tomasse ciência da punição estatal em relação à prisão. Assim, os anseios sociais eram fortalecidos pela espetacularização da punição.

O caráter da prisão em flagrante no Código originário será mais bem compreendido ao longo da leitura deste capítulo, que está dividido em cinco pontos fundamentais sobre o ato da prisão em flagrante. Considerando, assim, uma análise histórica sobre o surgimento da instituição prisional, a forma como o flagrante delito surgiu e se regulamentou, a importância da presunção de inocência e não culpabilidade no ato da prisão e o papel do juiz na prisão em flagrante.

Com o objetivo de traçar esse histórico, no presente capítulo trataremos do surgimento da prisão como forma de punir as pessoas que infringiam as leis. Anteriormente, a prisão era apenas um local onde os condenados por contrariar a ordem social ficavam recolhidos e, posteriormente, seriam punidos por meio dos suplícios.

Nesse sentido, a primeira parte irá tratar de como surgiu a instituição prisional na Idade Média e de como o Código de Processo Penal de 1941 tratava a situação do flagrante delito como meio de encarcerar indivíduos e, por conseguinte, presumir a culpa do agente flagranteado, evidenciando ainda mais o caráter inquisitivo do CPP/1941 e a visão autoritária aplicada pelo legislador.

Depois, será mais bem compreendido o caráter da prisão em flagrante no código originário como prisão processual e não como antecipação da pena. Ao longo do capítulo, serão abordados quatro pontos fundamentais sobre o ato da prisão em flagrante que servirão como suporte para uma melhor compreensão do flagrante delito: análise histórica sobre o surgimento da instituição prisional, regulamentação do ato do flagrante delito, importância da presunção de inocência e do princípio da não-culpabilidade no ato da prisão e o papel do juiz na prisão em flagrante.

1. O surgimento da prisão como meio de reprimir condutas delitivas

Na Idade Média, a idealização das punições como forma de castigar o indivíduo foi efetivada por meio da violência e, ao longo do tempo, foram se transformando de acordo com as mudanças sociais e jurídicas. Na medida em que se tornava insustentável as penas cruéis e os suplícios, o Estado teve a necessidade de pensar em outros meios de punição, até alcançar o nascimento das prisões como meio direto de punir os agentes que praticassem crimes.

Desse modo, a forma-prisão "se constituiu fora do aparelho judiciário, quando se elaboraram, por todo o corpo social, os processos para repartir os indivíduos, fixá-los e distribuí-los" (FOUCAULT, 2014, p. 223). Nessa perspectiva, a prisão nasce como meio para romper as penas corpóreas da antiguidade e pôr fim aos suplícios, sendo ela o próprio estabelecimento de cumprimento de pena do indivíduo.

Afinal, antes da existência do estabelecimento prisional, as penas eram aplicadas por meio de suplícios, utilizando-se da mais pura crueldade para punir as condutas delituosas, fazia-se da pena um espetáculo para evidenciar o poder do Estado como detentor dos meios punitivos.

Conforme afirma Foucault (2014, p. 13), as modificações nos meios punitivos cruéis tendiam a se esgotar e, desse modo, o corpo supliciado, esquartejado, amputado, marcado simbolicamente no rosto ou no ombro, dado como espetáculo desapareceu como alvo principal da repressão penal ao longo do tempo. De todo modo, concluirá ainda Foucault (2014) que a prisão é a detestável solução, de que não se pode abrir mão em nosso tempo, de forma que a pena-prisão é a imposição de um mal justo contra um mal injusto (o crime).

É o prosseguimento lógico da noção básica do Direito Penal de que o ato punir é necessário para a realização da justiça, bem como para o restabelecimento da ordem e do Direito. Essa é ainda a lógica de sustentação do Direito Penal que o mantém com suporte, ainda que com severos e cada vez mais agravados problemas de ordem humana.

O confronto entre os números de alta da população carcerária e os elevados índices de criminalidade tendem a levar, naturalmente, à conclusão de que àquelas promessas da prisão (de inibir o crime e ressocializar o delinquente) não se cumpriram no tempo.

Sob esse prisma, Beccaria (2015) salienta na obra intitulada *Dos delitos e das penas* que se consultemos o coração humano acharemos nele os princípios fundamentais do direito de punir, tal direito de punir que preexiste a regulamentação jurídica e se concretiza com o nascimento da prisão, se no passado, os suplícios eram vistos como o único meio de penalização, no decorrer do tempo, a prisão se tornou o próprio meio punitivo regulamentado pela força estatal.

Por conseguinte, a força estatal de punição é espalhada por todo o mundo e, situa o Estado como agente executor do poder de punir as condutas delituosas. Desse modo, surge a expressão prisão em flagrante que é elucidada por Tourinho Filho (2011) ao mencionar que "flagrante, significa ardente, que está em chamas, que está ardendo". Daí a expressão *flagrante delito* para evidenciar o instante do cometimento do delito, que está sendo praticado em determinado momento, que ainda está ardendo de certa forma.

Sob essa ótica, a prisão nasceu para evidenciar o poder do Estado e ser o método de punição para aqueles agentes que cometem crimes. Outrossim, é criada a expressão flagrante delito como uma forma de prisão processual que retirava a liberdade do agente preso em flagrante. Nessa perspectiva, antes da instituição prisional existir, as punições eram corpóreas por meio dos suplícios, agora, modifica-se o método de lidar com a prisão, principalmente na ocorrência de situações de flagrante.

Além disso, é fundamental enfatizar o sentido que a prisão em flagrante trouxe na perspectiva originária do Código de Processo Penal, de acordo com Tourinho Filho:

> Hoje, entre nós, a prisão em flagrante justifica-se como salutar providência acautelatória da prova da materialidade do fato e da respectiva autoria, pois, como diz G. Brichetti, "uma das formas mais claras de evidência probatória no processo penal encontra-se na denominada flagrância do delito (La evidencia em el derecho procesal penal, Buenos Aires, 1973, p.162), se na flagrância há manifesta evidência probatória quanto ao fato típico e sua autoria, justiça-se a detenção daquele que é surpreendido cometendo a infração penal, a fim de que a autoridade competente, com presteza, possa constatar a realidade fática, colhendo sem tardança a prova da infração, seja a parte oobjecti, seja a parte subjecti (TOURINHO FILHO, 2011, p. 70)

Nesse sentido, compreende-se a prisão em flagrante como meio inicial para justificar o cárcere, sem chance de provar o princípio da presunção de inocência. Em razão disso, de acordo com o código originário de processo penal a flagrância por si só fundamentava a prisão, invertendo a presunção de inocência e transformando-a em presunção de culpa.

Assim, o sentido do flagrante foi utilizado para fundamentar a prisão como um meio instantâneo de punir e agir conforme os anseios sociais da época. Nesse viés, conforme Beccaria (2015) o clamor público, a fuga, as confissões particulares, o depoimento de um cúmplice do crime, as ameaças que o acusado pode fazer, seu ódio inveterado ao ofendido, e outras presunções semelhantes, bastam para permitir a prisão do cidadão. No entanto, tais indícios, devem ser especificados de maneira estável na lei e não pelo juiz.

Contudo, o nascimento da prisão como instituto punitivo rompe com os suplícios da Idade Média, porém, deixa a força do Estado para comandar as instituições prisionais, e, consequentemente, aplicar as sanções que punam os agentes causadores da desordem social.

Segundo Foucault (2014, p. 35), na passagem dos dois séculos, uma nova legislação define o poder de punir como uma função geral da sociedade que é exercida da mesma maneira sobre todos os seus membros, e na qual cada um deles é representado; mas, ao fazer a detenção a pena por excelência, ela introduz processos de dominação característicos de um tipo particular de poder.

2. Prisão em flagrante no Código de Processo Penal de 1941: o ato do flagrante

O ato da prisão em flagrante está contido no Código de Processo Penal de 1941 caracterizado pelo flagrante delito, segundo o art. 301 do CPP originário[3]. Ou seja, o indivíduo que estiver em situação de flagrância deverá ser preso por qualquer cidadão independente de fazer parte da segurança pública ou não.

Nesse prisma, o primeiro capítulo desse livro retrata que a forma de prisão sem culpa formada e que pode ser executada sem ordem escrita, nos moldes do CPCrim, faz referência ao flagrante delito. Desse modo, segundo o dispositivo em foco, qualquer do povo poderia, enquanto os oficiais de justiça eram obrigados, a prender e conduzir à presença do juiz de paz a pessoa que fosse encontrada cometendo um delito. Assim, evidencia o caráter punitivo de encarcerar cada vez mais pessoas sem os requisitos legais para a decretação da prisão preventiva.

Esse ponto evidencia como o caráter da prisão em flagrante era um meio do cárcere propriamente dito, sem respeitar à presunção de inocência, o devido processo legal e a presunção de não culpabilidade, pois, o ato de flagarância já configurava a prisão. Além disso, é premente frisar que a presunção de culpa se sobressaía em meio ao campo processualista penal da época.

---

[3] Art. 301. Qualquer do povo poderá e as autoridades policiais e seus agentes deverão prender quem quer que seja encontrado em flagrante delito.

Desse modo, nas palavras de Beccaria (2015, p. 30), um dos deveres da pena seria promover que nenhum tipo de desonra recaísse sobre um sujeito cuja inocência foi juridicamente reconhecida. Além do mais, é destacado ainda o contraste de épocas, dado que enquanto na antiguidade cidadãos acusados injustamente, após provada a inocência, recebiam da veneração do povo os primeiros cargos do Estado, ao mesmo passo que contemporaneamente tem-se a aceitação da prisão de um inocente.

Entender a prisão em flagrante como um meio de detenção e não como o cárcere propriamente dito foi um grande obstáculo durante o CPP de 1941, pois, em sua redação originária evidenciou como se dava a prisão em flagrante e que a presunção de culpabilidade era o principal ponto para manter o indivíduo atrás das grades.

Em suma, com o fortalecimento do ordenamento jurídico e a forma de abordagem do Código de Processo Penal originário a prisão em flagrante era, por assim dizer, o meio mais fiel de prisão processual, pois, o indivíduo, em tese, acabara de cometer o delito.

Além disso, o ato da flagrância com o CPP de 1941 era visto como uma forma pura de aprisionar indivíduo e, consequentemente, poder assistir o conflitante com a lei pagar pelo seu delito. Dessa forma, poder assistir ao espetáculo da prisão sendo materializado na vida do infrator, porque, a justiça estava sendo feita conforme os ideais de encarceramento da época.

Por conseguinte, o ideal punitivo que foi aplicado diante do ato da prisão em flagrante na vigência do código originário foi um dos pontos que validava a culpabilidade do agente no momento da flagrância. Conforme o art. 302 do CPP originário a expressão *flagrante delito* se configura nos incisos I, II, III e IV, tais situações são:

> I - está cometendo a infração penal; II – acaba de cometê-la; III – é perseguido, logo após, pela autoridade, pelo ofendido ou por qualquer pessoa, em situação que faça presumir ser ele o autor da infração; IV – é encontrado, logo depois, com instrumentos, armas, objetos ou papéis que façam presumir ser ele autor da infração.

Assim, a subjetividade da presunção do flagrante delito era um meio de levar indivíduos a prisão com o caráter processual, alegado conforme o art. 301 do CPP 1941 a prisão em flagrante, e, consequentemente, punir o suposto agente da conduta delituosa.

Ademais, tal forma de prisão aplicava a culpa antes mesmo de ser iniciada a persecução criminal. Sob esse prisma, o escritor Carnelutti (2002) na obra intitulada *As misérias do processo penal*, descreveu em seu livro como era visto o processo penal na época:

> A atitude do público para com os protagonistas do drama penal é a mesma da multidão de outros tempos, frente aos gladiadores, ou da multidão dos nossos próprios dias, numa tourada. Por esse motivo, o processo penal não é mais que uma escola de incivilidade (CARNELUTTI, 2002, p. 03)

Diante disso, a forma que o processo penal era visto quando se tratava da prisão em flagrante era o mais punitivo possível, não se levava em consideração os princípios básicos como a presunção de inocência. Por esse motivo, o processo penal era posto como um meio de punir e não como um meio de defesa, seguindo a formulação originária a prisão em flagrante era vista como a única forma de prisão processual apta a punir o indívíduo flagranteado.

Veja-se que na redação original do código, o artigo 282[4] dava-se a prisão do flagrante delito como mera excepcionalidade da prisão-comum, em capítulo que trazia essa mesma noção mesmo em seu título: *da prisão e da liberdade provisória*, tomando de empréstimo a crítica do professor Walter Nunes (2022, p. 430) ao dispor que a edição do código, ao colocar a expressão *liberdade provisória* como subsidiária da expressão *da prisão* demonstra que no contexto da redação do processo penal, no âmbito do Estado Novo, a liberdade seria a exceção.

É certo que, contemporaneamente, há duas modalidades de prisão, (1) a proveniente de sentença condenatória transitada em julgado; e (2) a que decorre da noção de perigo provocado pelo agente para a ordem social ou para o curso natural do processo.

Em relação à redação originária do código, a mais disto, a prisão podia-se dar de uma terceira forma: mediante a formação e convicação de culpa do agente mesmo antes de ser proferida sentença condenatória, de feita que é possível concluir que a preferência do código pela *prisão* como

---

[4] Art. 282. À exceção do flagrante delito, a prisão não poderá efetuar-se senão em virtude de pronúncia ou nos casos determinados em lei, e mediante ordem escrita da autoridade competente

uma possível *regra* em detrimento da *liberdade provisória* corrompe gravemente o ideário libertário que deve guiar a persecução penal moderna.

Decorre dessa compreensão o fato de que a predileção pela prisão antecipada conflita diretamente com a presunção de inocência, convertendo-a em presunção de culpa. Importante salientar, conforme a seguir será esclarecido, que não é necessariamente verdade que todo flagrante delito deve, necessariamente, ensejar uma prisão antecipada, diferentemente do que era posto pelo Código de Processo Penal. A prisão antecipada, como regra no flagrante delito, é uma violação direta a um dos pontos fundamentais do processo penal, aquele que preleciona que não pode haver culpa (prisão) sem processo (fundamentação).

2.1 Sentido da expressão flagrante delito no ato da prisão

A situação enquadrada no flagrante delito, traz como fundamento o acontecimento do delito durante a prática, após a prática, em perseguição após a prática e com os objetos que indiquem que aquele indivíduo é o autor do crime. Além disso, conforme o art. 303 do CPP 1941 também se considera o flagrante delito "nas infrações permanentes, entende-se o agente em flagrante delito enquanto não cessar a permanência".

Outrossim, é relevante trazer as modalidades de flagrantes: a primeira é o flagrante próprio, a segunda é o flagrante impróprio e a terceira o denominado flagrante presumido, cada uma dessas modalidades é uma forma de flagrante diferente que o CPP 1941 descreve em sua redação originária.

Na prisão em flagrante, é evidenciado no capítulo primeiro deste livro que o procedimento sumário tinha início conforme o previsto no então art. 304 do CPP, ou seja, com a apresentação do preso ao delegado de polícia, a quem competia ouvir o condutor e as testemunhas, além de fazer o interrogatório do preso (SILVA JUNIOR, 2022). Por outro lado, tal procedimento foi constantemente desrespeitado no período de vigência do CPP/1941, pois, o agente detido no ato do flagrante para fins prisionais já era o culpado do crime, consequentemente, iria para a prisão.

Segundo Tourinho Filho (2011, p. 74), os tipos de flagrante se configuram pela forma como o agente é apreendido, logo quando o agente está cometendo a ação ou acaba de cometê-la é denominado de flagrante próprio, por outro lado, quando o agente é perseguido logo após o ato considera-se o flagrante impróprio e, por último o flagrante presumido é configurado quando o agente é encontrado logo depois portando instrumentos do delito que façam presumir a autoria.

Em primeiro lugar, é premente frisar o fundamento anterior do ato da prisão em flagrante, porque antes da promulgação do Código de Processo Penal, o fundamento da prisão em flagrante era a regra, de forma que "não fosse a hipótese de livrar-se solto, em face da insignificância da pena (art. 321) o cidadão continuava preso até o final da sentença" (TOURINHO FILHO, 2011, p. 73).

Dessa forma, a prisão em flagrante delito, era considerada uma prisão justificável até o final da sentença, mesmo sem a certeza de que aquele agente era realmente culpado pela prática delituosa ou se estavam presentes os requisitos para o manter preso, pois, não ocorreu a persecução criminal. Destarte, a prisão em flagrante era utilizada também como forma de satisfazer os anseios pessoais da sociedade que clamavam com sede pela punição, e, por esse motivo, o flagrante delito era, além de tudo, uma forma de aprisionar.

Desse modo, afirma Tourinho Filho no livro *Prática de Processo Penal* que ao prender um cidadão em estado de flagrância era satisfatório para opinião pública, de modo que apaziguava a opinião do povo reprovador do crime, bem como alcançava a restauração da confiança não só na lei, como também na ordem jurídica e na autoridade (TOURINHO FILHO, 2011, p. 73).

Ademais, ainda nas palavras de Tourinho Filho (2011) ao permitir a lei que se detenha o criminoso no momento do ato, ou logo após o direito demonstra, sanciona e legitima um impulso social de defesa em prol da coletividade, ou seja, o sentimento comum ao violador das normas de coexistência social. Assim, está posto que a prisão em flagrante representava muito mais um ideal de reparação aos anseios sociais do que o próprio ordenamento jurídico.

Assim sendo, compreende-se que o ordenamento jurídico brasileiro avançou nos anos subsequentes e a prisão em flagrante passou a ser tratada como detenção. Consequentemente, conforme os princípios constitucionais e processuais avançaram, a liberdade individual, o devido processo legal e a presunção de inocência se tornaram pontos importantes a serem levados em consideração, pois o CPP 1941 tratou o ato de flagrante como meio configurador para a prisão e segundo Tourinho Filho (2011, p. 74):

> Ponderava Zavaleta, contudo, que, se a liberdade individual é um direito fundamental, como que inerente ao ser humano, reconhecido e amparado por todas as legislações democráticas do mundo, e se não pode afirmar legalmente que um indivíduo é culpado de um delito senão quando uma sentença, passada com autoridade de coisa julgada, assim o tenha determinado, o lógico seria que se aguardasse esse momento para proceder ao encarceramento do imputado, sendo, portanto, eloquente violação dessa liberdade todo constrangimento corporal imposto antecipadamente àquele ato.

Contudo, em sua forma originária o Código de Processo Penal tem uma linguagem e formulação antiga que se fundamenta no viés inquisitivo da Constituição de 1937, que vigorava na época da formulação do CPP/1941, sobretudo se comparado com a realidade contemporânea processual. A teoria constitucional de 1937 já foi detida e aprofundamente debatida nos capítulos iniciais dessa obra, de forma a demonstrar como se produziu, naquele momento, uma Constituição que limitava suas garantias em si mesma, em razão de motivações políticas do Estado Novo[5].

Tendo em vista que, segundo Tourinho Filho (2011), havia e há um risco muito grande, mesmo nas hipóteses de flagrante, em manter preso aquele que não foi devidamente julgado. Sob essa ótica, a prisão em flagrante não é pena e sim uma forma de prisão processual, por isso, e só pode ser prosseguida nos casos estritamente necessários, como dispõe atualmente o art. 310, incisos I e III do CPP[6].

---

[5] Nesse sentido, conferir o capítulo 02 desta obra, sobretudo o item 2: "A Teoria Constitucional do Estado Novo: a doutrina-guia que produziu a Constituição de 1937 e o Código de Processo Penal de 1941".

[6] Art. 310. Após receber o auto de prisão em flagrante, no prazo máximo de até 24 (vinte e quatro) horas após a realização da prisão, o juiz deverá promover audiência de custódia com a presença do acusado, seu advogado constituído ou membro da Defensoria Pública e o membro do Ministério Público, e, nessa audiência, o juiz deverá, fundamentadamente: I - relaxar a prisão ilegal; ou II - converter a prisão em flagrante em preventiva, quando presentes os requisitos constantes do art. 312 deste código, e se revelarem inadequadas ou insuficientes as medidas cautelares diversas da prisão; ou III - conceder liberdade provisória, com ou sem fiança.

2.2 Princípio da presunção de inocência e da não-culpabilidade em conflito com a presunção de culpa na prisão em flagrante

A respeito dos princípios tratados no quesito prisão em flagrante é premente destacar, que a prisão era vista como o único meio de punir, ou seja, a instituição prisional era o lugar em que todo e qualquer agente mesmo que não fosse sentenciado iria compor o âmbito atrás das grades. Dessa forma, os princípios da presunção de inocência e de não culpabilidade eram desrespeitados e, consequentemente, dava-se espaço para a presunção de culpa.

Nessa perspectiva, surge a necessidade de efetivação das garantias constitucionais para o indivíduo detido em flagrante, o capítulo primeiro discorre que embora não tenha sido estipulado prazo certo, estava dito que o criminoso, quando preso em flagrante, deveria ser levado à presença do juiz de paz, oportunidade em que deveria ser interrogado sobre as arguições feitas pelo condutor e pelas testemunhas (SILVA JÚNIOR, 2021). Ocorre que esse juiz da paz não era o juiz das garantias e, consequentemente, não seria efetivado os princípios de defesa do acusado.

Sob esse viés, embora para Tourinho Filho (2008, p. 530) "aí já se identifique a semente do princípio da presunção de não-culpabilidade", essa perspectiva foi integralizada por Beccaria (2015), ao indagar que não só o ato de denominar um cidadão de réu anteriormente à decisão jurisdicional incorreto, mas também a retirada de sua proteção pública sem que ela tenha sido outorgada, devido a violação do pacto social.

Neste prisma, Beccaria (2015) estabelece ainda que o acusado tem o direito de não ser considerado culpado enquanto existir dúvida sobre a inocência do indivíduo, ou seja, é urgente identificar que tal afirmação influenciou o sistema processual penal mundialmente.

No Brasil, consta na Constituição Federal de 1988 em seu art. 5°, inciso LVII que "ninguém será considerado culpado até o trânsito em julgado da sentença condenatória." Sendo assim, a ideia defendida por Beccaria foi uma influenciadora direta da composição da CF/1988 e nos direitos dos cidadãos.

Por esse motivo, é evidente que o CPP de 1941 inverteu a presunção de inocência no ato da prisão em flagrante e transformou em presunção de culpabilidade, pois, no momento do flagrante, não existe processo, nem ao menos sentença condenatória, em outras palavras, o detido em flagrante não necessariamente é culpado.

Segundo Walter Junior (2021), foi acolhida a cláusula na *Declaração Universal dos Direitos do Homem e do Cidadão* de 1789, em seu art. 6° no qual "dado que todo homem deve ser presumido inocente até que tenha sido declarado culpado", tal declaração já deixava explícito a necessidade de se efetivar o princípio da presunção de inocência.

Nesse ínterim, o conflito ocasionado no ato da prisão em flagrante fez com que a presunção de culpabilidade vigorasse em decorrência da presunção de não-culpabilidade. Logo, levando em consideração a coisificação com que eram vistos os agentes cometedores de crimes, seguindo o CPP/1941, a culpa já era pré-estabelecida a partir do momento que ocorria uma das modalidades do flagrante delito.

Do mesmo modo, o constituinte, nesse passo foi extremamente feliz ao cuidar de utilizar a palavra não-culpabilidade. Uma vez que com isso ele quis dizer que o acusado não pode sofrer punições antecipadas, só sendo admissível a declaração de sua culpabilidade havendo a certeza (TOURINHO FILHO, 2008, p. 533).

Certamente, o conflito que ocorre está diretamente ligado a forma de tratamento dos agentes que cometem delitos desde a Idade Média. A vista disso, se no passado a prisão em flagrante era uma forma pura e concreta de encarcerar, hoje, o caráter mudou e se tornou detenção, mas não se pode dizer que na redação do CPP originário existia de forma concreta a efetivação do princípio da inocência, muito menos o da não-culpabilidade.

Assim, no que diz a respeito a elucidação de Tourinho Filho havia um certo paradoxo na expressão presunção de inocência como garantia presente nos inquéritos e nos processos criminais. Visto que, isso significaria a impossibilidade de proceder-se à custódia preventiva e outras providências que têm como pressuposto a existência de elementos tidos como válidos para justificá-las, na medida que elas não têm como lastro a prova da culpabilidade, mas sim apenas índicos de autoria (TOURINHO FILHO, 2008, p. 534).

Em síntese, conclui-se que não existia de fato uma presunção de inocência, nem ao menos a de não-culpabilidade no Código de Processo Penal originário, pois, diante da coisificação dos indivíduos acusados e da necessidade da sociedade de vislumbrar a prisão em flagrante sendo efetivada, tais princípios eram apagados de imediato na situação do flagrante delito.

Assim, "não há, propriamente, a consagração de uma presunção de inocência, mas de um estado jurídico segundo o qual ele é inocente até que sua culpabilidade seja declara em uma sentença." (TOURINHO FILHO, 2008, p. 535).

3. Prisão em Flagrante em caráter cautelar: prevenção durante a instrução criminal

A sistemática procedimental quanto à condução do agente delituoso ao encontro da autoridade competente para proceder, diante da flagrância, encontra-se prescrita pelo art. 304 do Código de Processo Penal originário. Logo, é previsto que independente do condutor corresponder a figura de uma autoridade ou um civil terá seu relato ouvido, juntamente, às duas testemunhas para o lavramento do auto de flagrante.

Diante disso, com base na menção do primeiro capítulo deste livro, é válido ressaltar que em razão da sociedade a prisão em flagrante é somente facultativa, enquanto, no que diz a respeito a autoridade ostensiva, ela é um dever, isto é, é obrigatória.

Nesse sentido, posto que a lavratura advém de uma esfera administrativa, ela representa um registro crucial para todo andamento da elucidação do flagrante delito. Afinal de contas, o processo penal constitui uma sequência ordenada de fatos jurídicos previstos legislativamente e indispensáveis para averiguação do crime e da autoria (TORNAGHI, 1980, p. 3).

Desse modo, é possível notar que a lavratura do auto da flagrância para prisão em flagrante equivale ao que o relatório representa para o magistrado no âmbito do processo civil. Tendo em vista que é a partir da lavratura que o Juiz decidirá a respeito da cessação do recolhimento processual do acusado ou da sua mudança para pena, isto é, por meio dela ocorre o primeiro contato do Juiz com o flagrante delito, cuja prescrição consta desde 1988 no inciso LXII do artigo 5º da Constituição.

Além disso, no desenrolar da prisão em flagrante, a autoridade capacitada para lavratura do auto não representa somente uma ouvinte do condutor e das testemunhas, mas também, a figura responsável pelo interrogatório do cidadão detido, quanto a arguição prestada contra ele. Desse jeito, é revelado o prejuízo ao cumprimento do princípio do devido processo legal.

O dano em questão detém respaldo quanto ao aspecto do interrogatório ser matéria prescrita pelo capítulo III do CPP originário, no qual há especificação no que diz a respeito da autoridade competente para sua realização. Nessa perspectiva, para Walter Junior (2021) qualquer decisão de cunho maleável à garantia de um direito fundamental requer a subumissão examinadora do Poder Judiciário, de modo que qualquer pena aplicada fora desse regime fere a natureza do devido processo legal.

A seriedade carregada pelo auto do flagrante é não só notória como necessária, em razão do sucessivo consentimento positivo ou negativo da permanência do recolhimento quanto ao convívio social. Nesse aspecto, desprovida de defesa e orientação, seja qual for a resposta da pessoa detida, ela terá a capacidade de comprometer a decisão do Juiz, uma vez que a figura flagrada somente é apresentada ao dever de responder as perguntas arguidas.

Em outras palavras, como supracitado no quarto capítulo desta obra, na prisão em flagrante o interrogatório, apesar de ocorrer ainda no ambiente de cunho administrativo, ele servia na verdade como um meio de provas contra o acusado.

Dessa maneira, a essência inquisitória do Código de Processo Penal originário é exposta com nitidez, no qual segundo Tornaghi (1980, p. 9) "o réu é tratado como objeto do processo e não como sujeito, isto é, como pessoa titular do direito de defesa; nada pode exigir".

Sendo assim, o rastro inconstitucional que o interrogatório realizado na esfera administrativa representa, detém uma infringência de caráter dúplice. Em primeiro lugar, a autoridade policial corresponde à uma figura tendenciosa tanto pelo poder de testemunhar como pela realização do interrogatório desprovida de competência. Enquanto, posteriormente, interrogar de modo imediato o possível infrator flagrado equivale ao estímulo de produção de provas contra si mesmo, diante da ausência da concretização do direito à ampla defesa.

É sábido que os Princípios do Processo Penal carregam a essência protetora do infrator contra quaisquer excessos que possam ser praticados pelo Estado. Da mesma maneira, percebe-se que o flagrante constitui a indispensável evidência probatória tanto em razão do fato típico como de sua autoria, de modo que por meio da automaticidade imediata oferecida por ele é possível apurar a realidade fática (TOURINHO FILHO, 2011, p. 70).

À vista disso, certamente no que diz a respeito ao agente detido em flagrante, ao invés do interrogatório, seria suficiente a designação impugnatória voltada somente a apuração dos fatos e dados de maneira igualitária, feita com os demais componentes do lavramento do auto.

No entanto, a objetivação do réu em flagrante notada no processo penal de 1941 não é restrita ao quesito do lavramento do auto de flagrante, mas também, a ausência de quaisquer meios de garantir uma defesa do cidadão detido. Afinal, o contato do "preso" em flagrante era resumido à autoridade competente e ao magistrado, além do condutor e testemunhas, logo, a inexistência comunicativa tanto à um representante como ao familiar do detido no momento do lavramento prejudica a dignidade humana, dado que segundo Branco:

> A incomunicabilidade do preso retrata resquícios medievalescos. Os praxistas reinícolas colocavam-na como uma das espécies da prova de tormentos e, assim, com esse requinte de aflição, continua, ainda hoje, sendo definida como a proibição de o preso comunicar-se com quem quer que seja, exceto com a autoridade incumbida das investigações (CASTELO BRANCO, 1980, P. 157)

A falta de comunicação à terceiros na prisão em flagrante, apesar de possuir o prazo de aplicação máximo de três dias, configura um fator diretamente contributivo para perduração do encarceramento de caráter processual em razão do flagrante delito. Por conseguinte, enquanto, no ordenamento a incomunicabilidade detém uma prescrição utilitária de caráter excepcional, na prática, ela fora aplicada como regra, ou seja, a maioria dos cidadãos detidos em flagrante já se encontravam a mercê de três dias recolhido no que concerne ao convívio social (FILHO *apud* CASTELO BRANCO, 1980, p. 158).

Sucessivamente, o parágrafo primeiro do art. 304 do CPP, prevê o recolhimento prisional do cometedor do flagrante, salvo em casos de livrar-se solto ou da prestação de fiança. Isto posto, demonstra que antes mesmo do ajuizamento magistral quanto a modificação de prisão processual para pena de fato do flagranteado, esse já é enxergado como uma figura recolhida ao cárcere, já que respondia todo o processo nessa condição apenas pela existência do ensejo.

Por isso, a prisão em flagrante do Código de Processo Penal originário não deve ser vista apenas como um ato meramente administrativo, já que nos termos da lei processual penal originária, ela representa o bastante para vetar a liberdade do cidadão flagrado ao cometer um delito, sendo assim, um importante ato processual.

Sendo assim, é possível reparar tal âmbito processual como um campo possuidor de um caráter voltado para a punição e não para as garantias. De tal maneira, isto exprime o fator cerne do sistema inquisitório, no qual praticar quaisquer crimes seria sinônimo de se tornar *inimigo da sociedade.*

Tendo em vista que ao agir em divergência as regras do contrato social, a pessoa delituosa passa a simbolizar um alvo de combate necessário, tanto para preservar o equilíbrio do grupo social como por fazer jus a punição pelo que causou (SILVA JUNIOR, 2021, p. 98).

É certo que, o ato de prender e encaminhar às autoridades o agente ativo do delito flagrado caracteriza um quesito benéfico não só para aplicação do direito penal ao agir perante um delito, mas também do direito processual penal quanto às atitudes defronte o sujeito *responsável* pelo fato. Levando em consideração assim, a grande probabilidade de proporcionar à união de uma considerável parte dos elementos necessários para alcançar a condenação ou absolvição do acusado.

Nesse viés, embora a denominação *prisão em flagrante* corrobore para uma interpretação sintática do caráter de aprisionamento, a semântica dela não pertence restritivamente ao procedimento de captura processual do cidadão, causador da infração penal evidente.

Em seguimento, para o alcance de uma acusação e investigação criminal lícita, é preciso ir além do acusado. Isto é, não se restringir ao direito penal que enfoca à pena, mas somá-lo e trabalhá-lo paralelamente ao direito processual penal, cujo objeto de investigação é a juntada do máximo de elementos possíveis da infração.

Desse modo, na esfera criminal o objeto dos encargos deve predominar sobre os informes e características dos fatos típicos, afastando-se assim, da coisificação sobre a pessoa detida, que antes de infrator é um cidadão detentor de direitos. Tendo em conta que nas palavras de Morais (2020, p. 74) "[...] considera-se atingida a dignidade sempre que o indivíduo é rebaixado a objeto, a mero instrumento, tratado como coisa, em outras palavras, sempre que a pessoa é desconsiderada como sujeito de direitos".

Consequentemente, o flagrante delito é na verdade um modo de prevenção durante a instrução criminal, devido ao aspecto diligente em que ele é prescrito no ordenamento, cuja representação compete à presente captura da materialidade do crime por qualquer do povo. Desse modo, ele configura uma prevenção de quaisquer alterações de resquícios e perdas de indícios capazes de trazer prejuízos a captura do autor e dos instrumentos do crime (BUENO, 1959, p. 21).

Portanto, em detrimento da interpretação da propositura legislativa que constituí a prisão em flagrante como um caráter cautelar, utilizá-la como um mecanismo direcionado ao cárcere em trâmite jurídico do cativo em flagrante equivale à danificação de princípios cruciais para o processo penal. Além do mais, tal prejuízo é seguido ainda pelo descumprimento da Constituição Federal, no que se refere a ilicitude da aderência de culpa antes do trânsito em julgado.

Por esse motivo, a prisão em flagrante deve ser caracterizada como uma medida de prisão provisória condicionada, atualmente, à excepcionalidade e à essência preventiva do processo, em outras palavras, vinculada à uma necessidade de precaução e afastada da antecipação da pena (TOURINHO FILHO, 2011, p.71).

Logo, o segundo capítulo do art. 304 do Código de Processo Penal de 1941, exibe dentre seus artigos, normativas meramente procedimentais para a captura e penitência do infrator. Esse aspecto é conquanto plausível ao direcionamento do proceder das autoridades, perante a evidência presencial de infrações penais escassas de garantias ao cidadão detido, enquanto frisam a coação, a base de um sistema inquisitório que sonega direitos fundamentais (SILVA JUNIOR, 2021, p.99).

Em razão disso, o CPP originário compete analogicamente à um Código Penal intrínseco de atos de inibição do delito. Concomitantemente, ele se afasta do verdadeiro caráter processual, cujo mecanismo funcional não está voltado apenas ao quesito *condenar*, mas configura uma ponte de resolução de atitudes em discrepância com a condução harmônica da sociedade. De tal maneira, o cometimento de delitos não exclui nem anula os direitos individuais do infrator.

4. A culpabilização do indiciado no ato do flagrante no CPP/41 como aspecto disseminador do sentimento punitivo para sociedade pelo Estado

Ao passo que para Tornaghi (1980, p. 3), "proceder significa ir para a frente; mesmo etimologicamente, portanto, o processo é uma atividade, um encaminhamento, em determinada direção", é possível pautar o quão o ato de *ir para frente*, isto é, não estacionar está diretamente relacionado à celeridade da lei processual, com que é tratada a temática da prisão em flagrante e seu aparato administrativo.

No artigo 306 do CPP/41 é retratada a necessidade de diligência quanto aos atos essenciais para a prisão em flagrante, na medida em que, o prazo máximo para a prestação da nota de culpa pela autoridade é de vinte e quatro horas após a prisão. Nessa perspectiva, o caráter essencial carregado pela presteza na flagrância é identificado.

No entanto, na proporção em que a assiduidade procedimental contribui para a trajetória processual, ela também colabora para a inobservância do cumprimento de direitos e garantias fundamentais fundados na norma cerne de toda regulamentação da sociedade, a Constituição.

Haja vista que, para Castelo Branco (1980, p. 42), tão somente a voz de prisão já é suficiente para a efetivação da prisão em flagrante, "que poderá ocorrer em qualquer dia e a qualquer hora, independentemente de ordem escrita de qualquer autoridade", é indubitável ressalvar o imediatismo como um fator cerne da captura do indiciado no flagrante e a clareza com que ele é trazido pela própria lei processual.

Dessa forma, o respeito à celeridade processual incube não só a velocidade procedimental com que a esfera administrativa cataloga a prisão em flagrante, mas também estimula a aplicabilidade dela. Visto que apesar da precisão da efetividade da voz de prisão está baseada em vários aspectos legislativos, tal instituto principiológico corrobora para seu fortalecimento e consequentemente, sua prática contínua.

Todavia, não há busca embasada na alegação de qualquer ilicitude quanto à voz de prisão em flagrante, mas sim, pautada em desabrochar a intenção com que ela foi tratada pelo Código de Processo Penal originário.

Sob esse viés, alega Beccaria (2001, p.42), esse direito de punir não pertence ao cidadão, mas às leis: "um cidadão ofendido pode renunciar à sua porção desse direito, mas não tem nenhum poder sobre a dos outros". Menção que expõe como o caráter diligente da prisão em flagrante, seja na esfera prática ou na procedimental, refere-se na verdade a um fator de busca do Estado pelo controle sobre a limitação que um cidadão detém sobre o direito do outro, afinal, a liberdade termina quando a do outro começa.

Nesse sentido, prender qualquer indivíduo em flagrante é reflexo para o Estado de demonstração de sua eficácia, perante a lesão de direitos sociais em relação à coletividade, cujas reações, frente ao prejuízo de direitos, são pautadas pela emoção e instinto de defesa absoluto e imoderado. De modo consequente, esse intuito de proteção social é abordado de maneira minuciosa no capítulo seguinte desta obra, cujo roteiro paira sobre toda estrutura e objetivo da prisão preventiva quanto ao indivíduo e a sociedade.

Em virtude do caminho percorrido pela história da pena, a sociedade que vivia em condição natural, cujo controle social era feito de modo demasiadamente rude e desmesurável ao ser comparado a atualidade com o decorrer das épocas e a evolução da humanidade, foi modificado. Logo, o Estado se transformou na representação do controle harmônico da convivência social, ou seja, é para ele voltada toda confiabilidade populacional para com a criação e o cumprimento das regras de convivência (ISHERHARD, 1987).

Desse modo, o imediatismo do feito consequente ao flagrante delito, prescrito pelo Código de Processo Penal originário, corresponde justamente à atuação regularizada pelo Estado do desejo popular de *vingança* à perturbação da harmonia coletiva, antes feito livremente pelas próprias mãos de qualquer civil.

Por conseguinte, nesse ínterim a eficácia da vingança individual pela vítima estava prevista no *Código de Hamurabi*, e é ainda aludida por Tourinho Filho (2011, p. 73) de que "há no consenso popular, o mau vezo de entender que a prisão daquele que é surpreendido em estado de flagrância é providência que se impõe como represália pelo mal que fez".

É no intuito da proteção coletiva que é percebida a fundamentação de caráter inquisitório da prescrição da nota de culpa pelo artigo 306 do CPP/41, dado que da mesma forma frenética pela qual o indivíduo do flagrante é capturado, a autoridade direciona-lhe o dever de assinar a nota de culpa.

Nesse sentido, a questão é que nessa nota consta além dos dados dos protagonistas do flagrante e dos componentes fáticos, também o motivo pelo qual fora submetida à captura, o que denuncia ainda mais, o fato da flagrância no Código originário ser vista tanto como suficiente quanto como equivalente à quase que uma íntegra culpabilização do infrator.

Porquanto, é indispensável salientar o modo com que o termo *culpa*, utilizado para denominar o instrumento comprobatório de relevante importância para o procedimento administrativo que cerne a prisão em flagrante, detém um caráter iníquo. Afinal de contas, a nota de culpa, de antemão, já representa uma violação quanto a proibição de coadjuvar para com a produção de provas contra si pelo indiciado, uma vez que para Borloti *et al*:

> *Culpa* é uma palavra originária do latim *culpa*, que significa *falta, erro, defeito*. Também denota um comportamento negligente ou imprudente, geralmente voluntário, em relação a uma obrigação ou a um princípio ético ou moral, que pode ser tateado como *delito* ou *crime*. É evidente que *culpa* tateia tanto o comportamento operante específico público (o errar) quanto o seu produto (o erro). Pode-se inferir que *culpa*, como um operante de primeira ordem, foi

controlado, originalmente, por uma contingência que, ao mesmo tempo, controlou um operante que produziu falha ou erro como conseqüência. (BORLOTI *et al*, 2009, p.80)

Isto significa, que ao assinar a nota de culpa, o sujeito não comprova sua presença no contexto litigioso, apenas como forma de contribuir para autoridade judiciária com a sua identificação, perante os trâmites subsequentes. Mas, diante da própria denominação dada ao registro, é possível inferir que ela configura uma verdadeira modalidade de confissão assinada pelo acusado, já que de acordo com o Capítulo IV do CPP/41 o acontecimento da confissão compõe o rol dos elementos probatórios de análise magistral.

Na medida que Castelo Branco (1980, p. 198) doutrina a percepção de que "toda a teoria do flagrante está subordinada à prova da evidência absoluta, do fato visto, testemunhado e provado, que seria impossível e absurdo negar", a responsabilidade da sujeição da prisão em flagrante e da produção da nota de culpa conferida a autoridade policial, expõe a automatização em que a pessoa detida é imputada, bastando assim, somente a congruência feita pela autoridade entre o ato praticado e a legislação.

Logo, a culpabilização do indiciado não configura somente a denominação do documento da nota de culpa, mas, principalmente, de um ato procedimental, prescrito no CPP/41, que corrobora para a formulação por ele de provas contra si mesmo. Visto que, produzida, após a lavratura do auto de flagrante, no qual já se tem o contato completo com os fatos, dados e componentes, é inevitável enxergar a nota de culpa como um fator que no âmbito procedimental concerne para a intensificação da presunção da culpa.

À vista disso, ser enxergado e relacionado com um caráter de culpa, já configura uma punição prévia para o indivíduo, uma punição moral, pois, juntamente à sua personalidade é atribuído o termo culpa, que apesar de ser um substantivo quanto à expressão *nota de culpa*, em relação ao indivíduo tal vocábulo caracteriza um adjetivo, erroneamente aplicado.

De tal maneira, como prevê Nicollit (2006, p. 60) mesmo o preso em flagrante, convertida sua *nota de culpa*, deve "ser tratado como inocente, não podendo ver-se diminuído social, moral nem fisicamente" no curso do processo.

O dever de assinatura de um documento intitulado nota de culpa, perante a autoridade policial, é análogo à declaração do que nele está escrito, ou seja, é ferir bruscamente o princípio da não culpabilidade. Dado que, a designação de culpado direcionada à figura do indivíduo do flagrante passa de interpretação subjetiva do episódio, em questão, para um objeto material.

Assim sendo, a nota de culpa tem natureza lesiva às garantias constitucionais, tendo em mente que diante da indeterminação ainda predominante sobre o indiciamento, o indivíduo deverá ser visto apenas como parte do fato em apuração, de modo que nesse momento a imputação ainda é caracterizada apenas como provável e não verídica (MORAIS, 2020, p. 175).

Dessa maneira, a figura estatal apresenta importante responsabilidade de manutenção e constância do equilíbrio social necessário para existência do armistício coletivo. Tendo em vista que a sociedade representa uma perigosa máquina de ascendência, perante adversidades, exemplificada pelo episódio nato da *Revolução Francesa*. Por esse motivo, o empenho das autoridades, ao focar na satisfação coletiva, atropela garantias individuais consentidas a todos os cidadãos independentemente das suas realidades processuais.

Por conseguinte, com intuito de suprir de modo instantâneo às necessidades sociais, em decorrência de delitos flagrados, o Código de Processo Penal originário contribuiu para a usurpação de garantias individuais. Levando em conta, o favorecimento da intitulação automática procedimental do cidadão capturado como *culpado*, em divergência ao princípio da não culpabilidade e até mesmo à essência da prisão em flagrante, uma vez que essa, é um método de recolhimento processual, no qual o flagranteado é apenas um suspeito.

Nesse aspecto, apesar da titulação *garantias* é indispensável destacar a temática desabrochada pelo capítulo sete deste livro, cujo ensejo exibe casos em que determinadas garantias individuais são relativizadas, tópico pertinente para evitar quaisquer apontamentos generalísticos e equivocados sobre o assunto.

Em função disso, conforme a esfera principiológica, no que se refere à prisão em flagrante não há relativização de garantias, o tratamento dos suspeitos deve ser obrigatoriamente neutro, desprovido de culpabilização ou absolvição, antes do trânsito em julgado, ou seja, sem influência emocional do desejo de reação coletivo.

5. O papel do juiz na prisão em flagrante

O artigo 310 do Código de Processo Penal de 1941 especifica a função do juiz diante da prisão em flagrante, por meio da concentração em suas mãos de todo norteamento da trajetória sucessiva ao flagrante delito, ao prescrever que:

> Quando o juiz verificar pelo auto de prisão em flagrante que o agente praticou o fato, nas condições do art. 19, ns. I, II e III, do Código Penal, poderá, depois de ouvir o Ministério Público, conceder ao réu liberdade provisória, mediante termo de comparecimento a todos os atos do processo, sob pena de revogação.

Conforme Tourinho Filho (2011), a prisão em flagrante caracteriza um mero ato administrativo de manuseio do controle da ordem pública, em razão da sua ocorrência não necessitar do judiciário para concretização, mas estar condicionada tanto à atividade ostensiva da segurança pública quanto a todos civis como forma de precaução às características do delito determinantes para a instrução processual.

À vista disso, capturar determinado indivíduo em flagrante corresponde ao passo inicial para a imputação de um dano causado à estipulado direito prescrito legislativamente, apesar de não acontecer no âmbito processual, e sim, no administrativo.

Dessa forma, embora detenha um caráter administrativo, o flagrante é um instituto de grande relevância para a esfera processual e jurídica. Dado isso, de acordo com o Código de Processo Penal originário, o lavramento do seu auto é um aspecto basilar para o conhecimento do episódio delituoso pelo juízo e a imposição do veredito quanto à condição subsequente do agente.

Nesse aspecto, enquanto o direito de captura é fornecido tanto a todos os civis como aos componentes do serviço público ostensivo, estando este à mercê de punição quando praticar inércia, mediante, um episódio delituoso. Por conseguinte, à ambos competiam o dever de condução do indivíduo flagrado à autoridade policial, especificamente, ao delegado para o lavramento do auto de flagrante, aspecto destacado de maneira atualizada no primeiro capítulo deste livro.

Por esse ângulo, é notada a busca estatal pela garantia a dignidade do sujeito, uma vez que, pertence ao delegado o dever de dar prosseguimento ao registro do flagrante, competência essa abordada em destaque por Walter Junior (2021, p. 124):

> O direito de punir é poder político conferido ao Estado e monopólio dele, que deve ser exercido não só com obediência aos direitos fundamentais do homem, como também de forma legítima.

Logo, a captura imediata não deve ser confundida com punição, já que ela caracteriza uma contribuição no que diz respeito ao funcionamento equilibrado da sociedade e a efetividade da ordem pública, no combate às condutas contrárias à harmonia coletiva. Por esse motivo, não há competência fornecida legislativamente para civis e até mesmo autoridades policiais quanto à aplicação de pena contra terceiros, sejam quais forem as circunstâncias.

Ademais, a atuação do flagrante delito está submetida ainda à necessidade do depoimento de pelo menos dois espectadores da condução do indivíduo flagrado. No entanto, um aspecto unilateral pode ser observado, no fato, do segundo parágrafo do artigo 304, prescrever a possibilidade de substituição das figuras das testemunhas, quando ausentes, por qualquer que seja a pessoa substituta.

Como resultado, a entidade policial de lisura ostensiva representa uma alternativa de substituição para prestação de depoimento do lavramento do auto do flagrante como forma de garantia da sua legalidade.

Assim sendo, apesar do mecanismo substitutivo testemunhal ser um modo de ininterrupção do flagrante e celeridade, constitui um paradoxo ao intuito da presença testemunhal. Pensando bem, diante de um lavramento de flagrante realizado pelo delegado, o testemunho da autoridade policial representa uma concordância irradiada para si.

Haja vista, o fato de a figura policialesca ser responsável pelo resguardo social no combate de práticas delituosas, revela o aspecto de parcialidade que ela carrega. Em razão do fato do seu depoimento como testemunha do flagrante delito ser uma alternativa para confecção legal do ato administrativo que corresponde ao lavramento do flagrante, ele contrapõe diretamente o princípio da imparcialidade que rege as imputações no âmbito da política criminal.

Por conseguinte, não há qualquer pretensão acusatória contra a polícia a luz de todo mecanismo de catalogação do flagrante delito. Enquanto, a aferição transparente dos critérios basilares para aplicabilidade do flagrante é existente, não havendo nexo a exclusão das partes essenciais para sua concretização, independentemente de representarem personagens acusadas ou de acusação.

Sem embargo, diante das fundamentais garantias que pairam sobre todos os cidadãos independente de fatores circunstanciais, a *chegada* da prisão em flagrante à esfera processual não é desviada desse cunho protetor. Levando em consideração que o meio processual caracteriza o âmbito no qual o pilar decisório, apesar do seu mérito, é marcado pelo princípio da imparcialidade.

Dessa forma, após um cenário de retenção marcado pelo negacionismo à prática delituosa exercido tanto pela massa coletiva, como pela personalidade policialesca, por representarem, respectivamente de forma direta e indireta às figuras lesadas, o *sujeito flagrante* se vê num campo garantidor e não apenas indicador.

O primeiro sentimento de *cidadão* fornecido ao sujeito flagrado se dá pelo motivo de a jurisdição ser a representatividade da limitação do poder do Estado, conforme doutrina Tourinho Filho:

> Tornava-se necessário, pois, que a solução da lide ou litígio se fizesse de maneira pacífica e justa. Para tanto, era indispensável que semelhante tarefa ficasse a cargo de um terceiro. Não bastava ser um simples terceiro, um simples árbitro. Era preciso, antes de mais nada, se tratasse de um terceiro forte demais, de modo a tornar a sua decisão respeitada e obedecida por todos, notadamente os litigantes. A solução do conflito não haveria de significar, apenas, um juízo lógico ou ponderado sobre o pretendido pelas partes em litígio, mas, acima de tudo, um ato de vontade com caráter imperativo. Sua decisão, sobre ser coerente, haveria de possuir a eficácia de uma ordem. (TOURINHO FILHO, 1998, p. 50)

Logo, perante uma realidade legislativa processual penal originária em que a partir do lavramento do auto de flagrância, isto é, do que o delegado, figura parical, constasse materialmente seria proclamada a decisão magistral de soltura ou mudança de recolhimento processual para prisão definitiva do indivíduo flagrado, é necessário enfatizar a importância representada pela personalidade do magistrado.

A relevância carregada pelo Juiz, é dada em virtude de ele caracterizar o equilíbrio à frente do desequilíbrio existente, no flagrante delito em relação aos seus componentes. Afinal, de um lado se encontra o serviço de segurança pública somado à sociedade, enquanto do outro há apenas o sujeito flagrado, desprovido, na maioria dos casos de defesa devido à permissão de incomunicabilidade de até três dias.

Nesse aspecto, defronte à análise do auto de flagrante, a liberdade do indivíduo estava condicionada à decisão do Juiz, dado que, ausentes as possibilidades de justiça multiportas pelo Código de Processo Penal de 1941, ao indiciado competiam duas alternativas extremas: a objeção do processo em liberdade ou em recolhimento processual. À vista disso, tais condições são transmissoras da singularidade da figura legalmente responsável pela imputação ao indiciado no episódio de flagrância.

Nesse sentido, a unicidade magistral configura uma seriedade e confiança jurídica tão indispensável que até mesmo a escolha do indivíduo direcionada à imputação pelo cumprimento da pena, não o faz ser direcionado diretamente a ela, isto é, ainda sim, o fato deverá ser examinado judicialmente (TOURINHO FILHO, 1998, P.73).

Além do mais, a característica unitária do Poder Judiciário encontra respaldo no princípio *nulla poena sine* judicio, de forma que, como sublinhado por Tourinho Filho (1998, p. 73), ao Estado é necessário que para infringir uma sanção que possa constituir infração penal, inexoravelmente, se faça por meio da via jurisdicional, sem exceções.

Embora, resquícios inquisitórios sejam marcantes no CPP originário, a conferência unitária ao magistrado quanto a detenção do poder de penalizar quaisquer atos delituosos flagrados, retrata um olhar garantidor do código em razão de direitos individuais e o combate às reações dotadas de parcialidade. Característica aludida por Tourinho Filho (2009, p. 51) "para compor a lide, o órgão investido do poder jurisdicional é distinto das pessoas ou órgãos titulares do direito subjetivo em jogo. Não fosse assim, não haveria imparcialidade na decisão".

Porquanto, o Juiz é o reflexo da garantia com que um delito flagrado, por mais evidente e translúcido que pareça aos olhos de quem o enxerga, é analisado e encaixado na norma correta. Sendo assim, liberto de possíveis vícios emocionais capazes de infringir direitos fundamentais frente ao dano causado a harmonia coletiva. Ou seja, o magistrado na prisão em flagrante é a figura que assegura e preserva a humanidade e direitos do suspeito flagrado, que antes de delinquente, é um cidadão.

Outrossim, ainda que o magistrado no Código Processual Penal originário tenha "aberto" importantes portas garantisticas quanto à prisão em flagrante, é importante frisar um paralelo crítico no que concerne a criação da Lei nº 6.414/97. Haja vista que ela invocou a funcionalidade eficaz, prática e normativa da prisão preventiva como uma alternativa, perante contextos de flagrante, cuja aplicabilidade, até então, era "invisível" aos olhos de uma realidade processual e penal de caráter inquisitório.

Dessa forma, é possível notar o quanto a necessidade ligada a punição do responsável por desequilibrar o convívio social está enraizada, na sociedade de maneira constante. Afinal, até mesmo a figura magistral, responsável por garantir o controle comunitário, mesmo com a prescrição fundamentos quanto ao decreto da prisão preventiva, de regra, optava pelo recolhimento processual, que mesmo se diferenciando da pena, se trata de uma repreensão ao flagranteado.

Considerações finais do capítulo

Decerto, a modalidade do flagrante delito só apresenta traços de contemporaneidade quanto a sua nomenclatura. Tendo em vista que toda sua representatividade punitiva decorre de antigas raízes sociais advindas de épocas que, apesar de longínquas, foram marcadas pela forma exorbitante como era pregado o equilíbrio social. Posto que, outrora a qualquer tipificação de ideal penalista, o instinto do ser humano frente à coletividade, já continha maneiras de deter e castigar quaisquer indivíduos desobedientes as regras de convivência, à exemplo disso, tem-se a Idade Média, apelidada, Idade das Trevas.

Por esse ângulo, a manutenção da ordem coletiva em tempos arcaicos não estava condensada apenas ao castigo individual, mas principalmente, a transparência com que a repressão ao descumprimento das regras de convivência ocorria em meio à sociedade. Em outras palavras, buscava-se castigar brevemente as desobediências como forma de prevenir futuras circunstâncias semelhantes, mas principalmente, como modo do Estado de demonstrar controle e poder sobre a sociedade.

Nesse sentido, previamente diante do seu caráter imediatista, a modalidade punitiva da prisão em flagrante à luz do Código de Processo Penal originário configura a incessante e mais célere possível busca estatal por suprir os anseios sociais de vingança contra danos causados por delitos. Em razão disso, a voz de prisão em flagrante delito é suficiente para culpabilizar o indivíduo flagrado, ou seja, o ato de flagrar simboliza automaticamente o merecimento de repressão carcerária por autoria.

Sendo assim, o Estado frente ao CPP/41 não apresentava como foco a persuasão coletiva de caráter preventivo à desregulação da harmonia populacional, mas sim, como em épocas remotas, o seu poder. Além disso, a atenção era voltada principalmente para a eficácia do serviço a ser prestado sob sua responsabilidade, bem como, a precaução quanto a prática de desforço pela população.

Todavia, embora as raízes arcaicas do imediatismo carregado pela prisão em flagrante perdurem no CPP originário de atributo inquisitório quanto à ganância punitiva, é possível compreender ainda, o flagrante delito como um colaborador para instrução criminal. Uma vez que, ele caracteriza a completude de prenúncios necessários e suficientes à imputação. Logo, tal aspecto vislumbra seu cunho cautelar frente à esfera processual, pelo fato de a prisão em flagrante alcançar a satisfação de toda estrutura condenatória embasada na presunção da culpa.

Diante disso, o caráter satisfatório do flagrante delito é ainda denunciado pelo motivo de bastar a apresentação do auto do flagrante lavrado para o magistrado proclamar o veredito quanto à liberdade ou encarceramento do suspeito em demanda punitiva. Dessa forma, apesar da imparcialidade representada pelo Juiz na sua função em detrimento da prisão em flagrante, o mapeamento de sua decisão concernia limitadamente ao auto de flagrância, no qual constavam os principais aspectos autorais em relação ao indivíduo reclamado.

Portanto, nota-se que a prisão em flagrante abordada pelo Código de Processo Penal de 1941, ainda esculpe uma modalidade prisional de cunho medieval. Embora haja oscilações correspondentes aos trâmites processuais contemporâneos a forma como o tratamento do indivíduo flagrado é realizado ainda equivale ao ditado *pagar na mesma moeda*.

Sendo assim, não há força no enfoque quanto às garantias de direitos individuais, mas sim, quanto aos direitos coletivos. Ou seja, a prática delituosa é o bastante para anular a garantia de direitos individuais do flagranteado, como forma de arrancar dele, seu cargo de cidadão, já que a ele é majoritariemente aplicado o recolhimento processual antes mesmo da sentença judicial, único ato que tem poderes para declarar-lhe a culpa.

Bibliografia

BECCARIA, Cesare. *Dos Delitos e das Penas*. São Paulo: Martin Claret, 2001.

BORLOTI, Elizeu et al. Uma análise etimológico-funcional de nomes de sentimentos. *Rev. bras. ter. comport. cogn.*. São Paulo, v. 11, n. 1, p. 77-95, jun. 2009.

BUENO, José Antônio Pimenta. *Apontamentos sobre o processo criminal brasileiro*. São Paulo. Revista dos tribunais,1959.

CARNELUTTI, Francesco. *As Misérias do Processo Penal*. Campinas: Edicamp, 2002.

CASTELO BRANCO, Tales Oscar. *Da prisão em flagrante*: doutrina, jurisprudência, legislação, postulação em casos concretos. São Paulo: Saraiva, 1980.

FOUCAULT, Michel. *Vigiar e Punir*: Nascimento da Prisão. 20ª Ed. Petrópolis. Editora Vozes, 1999.

ISERHARD, Antônio Maria Rodrigues de Freitas. ***Do caráter vingativo da pena***. Dissertação (Mestrado) - Curso de Direito, Universidade Federal de Santa Catarina, Florianópolis, 1987. Disponível em: https://core.ac.uk/download/pdf/30386449.pdf. Acesso em: 20 out. 2022.

MORAIS, Rafael Francisco Marcondes de. *Prisão em Flagrante Delito Constitucional*. 2. ed. rev. ampl. e atual. Salvador: Editora JusPodivm, 2020.

NICOLITT, André. *As subversões da presunção de inocência: violência, cidade e processo penal*. Rio de Janeiro: Lumen Juris, 2006.

SILVA JUNIOR, Walter Nunes. *Curso de direito processual penal*: teoria (constitucional) do processo penal - 3ª Edição. Revista, ampliada e atualizada. Natal, OWL, 2021.

SILVA JUNIOR, Walter Nunes. *Reforma tópica do processo penal*: inovações aos procedimentos ordinário e sumário, com o novo regime das provas, principais modificações do júri e as medidas cautelares pessoais (prisão e medidas diversas da prisão. 4ª ed. Natal: OWL, 2022.

TOURINHO FILHO, Fernando da Costa. *Processo Penal*. 20. Ed. rev. modificada e ampl. São Paulo: Saraiva, 1998.

TOURINHO FILHO, Fernando da Costa. *Prática de processo penal*. 14. ed. - São Paulo: Saraiva, 2011.

TORNAGHI, Hélio Bastos. *Curso de processo penal*. São Paulo: Saraiva, 1980.

CAPÍTULO 8

A PRISÃO PREVENTIVA NA REDAÇÃO ORIGINAL DO CÓDIGO DE PROCESSO PENAL DE 1941: O RETRATO DE UM SISTEMA FUNDADO NA PRESUNÇÃO DE CULPA

João Lucas de Araújo[1]

Mariana Liberato Pinheiro[2]

A prisão preventiva certamente se destaca como um relevante instrumento na sistematização do processo penal, seja pela sua importância prática na manutenção do funcionamento desse sistema, seja pelos equívocos gerados por ela. Sob essa perspectiva, as justificativas e as finalidades atribuídas a esta medida cautelar atraem, de maneira constante, discussões entre os processualistas, sobretudo em face de constituir privação de liberdade em momento anterior à condenação.

A origem dessa espécie de medida cautelar no Brasil pode ser apontada, ainda que em sua forma embrionária, no período colonial e, atualmente, é regulada pelo Código de Processo Penal de 1941, embora não mais em sua redação originária. Isso porque a infusão de ideais humanísticos e garantistas no ordenamento jurídico brasileiro trouxe reformas ao diploma processual brasileiro, responsáveis por recorrentes mudanças no instituto da prisão preventiva.

Assim, o presente estudo, ao analisar as disposições originais da prisão preventiva no CPP de 1941, busca investigar, por meio das

[1] Graduando em Direito pela Universidade Federal do Rio Grande do Norte (UFRN). Bolsista de iniciação científica no projeto de pesquisa "Criminalidade violenta e diretrizes para uma política de segurança pública no estado do Rio Grande do Norte" e pesquisador no projeto "Direito processual em movimento: ótica constitucional do processo criminal", ambos vinculados à UFRN. Membro do "Núcleo de Direito Criminal da Universidade Federal do Rio Grande do Norte" (NUCRIM). Monitor da disciplina de Direito Processual Penal I (UFRN). ORCID: 0000-0003-1298-9445.

[2] Graduanda em Direito pela Universidade Federal do Rio Grande do Norte (UFRN). Participante do projeto de extensão "Efetivando o direito à educação". Monitora da disciplina de Direito Processual Penal I (UFRN). ORCID: 0000-0002-4497-6430.

metodologias exploratória e bibliográfica, as influências doutrinárias e político-ideológicas que permearam a instauração da prisão preventiva neste diploma processual, bem como as possíveis consequências herdadas desse instituto.

Dessa forma, considerando que o direito é uma área influenciada pelos mais diversos campos socioculturais, entender a prisão preventiva exige a adoção de uma perspectiva histórica, que aborde tanto as evoluções trazidas ao instituto quanto os aspectos da própria sociedade e do governo da época, analisando como esses fatores eram refletidos nas particularidades da prisão preventiva.

Para esses fins, portanto, o capítulo propõe um estudo dividido em três momentos. O primeiro deles traz um apanhado histórico da prisão preventiva, estudando inicialmente as funções dessa medida na Idade Média até o advento do Iluminismo, e, em momento posterior, detalhando a regulamentação jurídica desse instituto no Brasil Colônia até o surgimento do Estado Novo varguista, ressaltando o posicionamento inquisitivo da cultura jurídica brasileira à época. O segundo tópico, por sua vez, trará uma análise da prisão cautelar com base nas disposições legislativas e na dicotomia custódia preventiva *obrigatória* e *facultativa*. Por fim, a última parte investigará a existência da *presunção de culpabilidade* intrincada à prisão preventiva – e ao CPP de 1941 como um todo –, mediante a análise do pensamento científico e da ideologia fascista reinante até então que influenciou a elaboração do Código de Processo Penal de 1941.

1. A prisão preventiva no Brasil antes do advento do Código de Processo Penal de 1941

Neste primeiro momento, é válido rememorar a história partilhada entre Brasil e Portugal, de modo que há uma grande influência ibérica na construção da cultura jurídica brasileira. Sob essa perspectiva, as Ordenações Manuelinas e Filipinas encontraram espaço para se desenvolver à época, com a influência, trazida pela última, de uma mentalidade cruel, sanguinária e retrógrada[3].

Nesse contexto, sob a forte presença das mentalidades inquisitorial e punitivista, comuns à época, nos quais prevalecia a arbitrariedade dos detentores de poder, a busca pela *verdade real* era um dos parâmetros estabelecidos no processo penal medieval, de modo que a prisão possuía uma função subsidiária, qual seja, a de custodiar os réus enquanto estes eram submetidos a múltiplas formas de tortura (BITENCOURT, 2017, p. 45-46).

Todavia, o fim da Idade Média trouxe o advento do Iluminismo, período em que diversas correntes políticas e filosóficas prosperaram com o ideal de centralizar o homem como indivíduo, com atenção aos seus direitos e interesses.

Diante disso, sob a ótica criminal, foi possível observar uma quebra de paradigma em relação ao sistema de penas de desmedida crueldade imposto na Idade Média[4]. Assim, em que pese a pena mais notável e visada pelo processo ainda não ser aquela privativa da liberdade, a prisão permanecia tendo um importante papel de custodiar o réu, até, eventualmente, tornar-se a principal pena imposta para a prática de um crime (BITENCOURT, 2017, p. 46; CRUZ, 2011, p. 9).

Sob essa perspectiva, destaca-se que uma das ramificações do movimento Iluminista, denominado Iluminismo Penal[5], era encabeçado por Cesare Beccaria, cujos ideais defendiam o cárcere como uma medida cautelar, tendo como única função a custódia do acusado durante o *iter* processual, motivo pelo qual deveria ser o mais brando e curto possível (BECCARIA, 1999, p. 71).

De teor humanístico e, assim, em concordância com o pensamento de Beccaria, foi assinada, em 1789, a Declaração dos Direitos do Homem e do Cidadão, responsável por, dentre diversos outros tópicos, estabelecer

---

[3] Para maiores aprofundamentos sobre a matéria, recomenda-se o estudo do primeiro item da parte inicial desta obra.
[4] Vide capítulo 8 desta obra.
[5] Também conhecido como Escola Clássica, embora Zaffaroni (2011, p. 576) rechace a utilização desse termo por entender ser mera criação de Ferri, que assim rotulou todos os penalistas com pensamentos divergentes do seu.

normativamente[6] o princípio da presunção de inocência[7]. Em face do *jus cogens*, o aludido princípio passou a ser adotado no âmbito internacional, inclusive no Brasil, ainda colônia portuguesa, tornando essencial o estabelecimento de parâmetros para decretar a prisão, de modo que essas exigências, não obstante seus estágios embrionários, vieram a se mostrar essenciais na cadeia evolutiva que moldou a prisão preventiva em sua forma moderna.

Outrossim, no Brasil, essa cadeia evolutiva já pôde ser percebida nas Ordenações Manuelinas, com a necessidade de prova sumária no caso das infrações de menor potencial, e durante o regimento das Ordenações Filipinas, que, apesar de caracteristicamente cruel e sanguinária, expandiu a exigência de provas, condicionando a prisão "preventiva" à apresentação de três ou quatro testemunhas, para que pudesse ser decretada e realizada (ALMEIDA, 1973, p. 56).

Ainda durante a vigência da Ordenações Filipinas, a Lei da Reformação da Justiça, de 6 de dezembro de 1612, acrescentou aos supramencionados requisitos a exigência de que, para os crimes punidos com pena de morte natural, a culpa devia ser formada dentro de oito dias, senão o acusado seria solto[8] (BARROS, 1982, p. 207). Em momento posterior, o Alvará de 19 de outubro de 1754 expandiu essa cessão dos oito dias de prova da culpa formada para todos os casos em que, segundo o ato normativo, "[...] *se proceder por devaça, sendo taes, que tenhão pela Lei pena de açoites, ou maior pena que a de seis anos de degredo para o Brazil*".

Além dessas, o Alvará de 5 de março de 1790, em complementação às demais, trouxe inovações quanto ao procedimento da prisão preventiva,

---

[6] O princípio da presunção de inocência já havia sido anteriormente idealizado por Beccaria, não com o intuito direto de reformar o entendimento sobre a prisão preventiva, mas usada como argumento para criticar a tortura do réu. Nesse contexto, pois, em seu *magnum opus*, *Dos delitos e das penas*, Beccaria (1999, p. 61) aponta que "Um homem não pode ser chamado *culpado* antes da sentença do juiz, e a sociedade só lhe pode retirar a proteção pública após ter decidido que ele violou os pactos por meio dos quais ela lhe foi outorgada".

[7] Artigo 9º - Todo acusado é considerado inocente até ser declarado culpado e, se julgar indispensável prendê-lo, todo o rigor desnecessário à guarda da sua pessoa deverá ser severamente reprimido pela lei.

[8] O texto original desta Lei dispõe que "Os Corregedores, Ouvidores dos Mestrados, e Juízes de Fora ficão autorizados para poderem, nos crimes que induzem pena de morte natural, fazer prender antes de culpa formada as pessoas suspeitas de os haverem commettido, com obrigação de tirarem a devassa ou receberem a querela e sua prova (*havendo-a*) dentro de oito dias; passados os quaes senão existir prova bastante para pronuncia, as mandarão soltar, sem embargo de appellação ou aggravo".

determinando que "[...] *depois da prisão feita, se devem inquirir logo as testemunhas, e fazer as acareações, e perguntas necessárias, além das mais diligencias, que forem precisas para se lhes formar a sua culpa dentro do prefixo tempo de oito dias".*

Dessas normas, portanto, nota-se uma preocupação com a liberdade do acusado, uma vez que, até mesmo os dispositivos legais que precedem a Declaração de Direitos do Homem e do Cidadão de 1789, requerem a presença de certos elementos, como a culpa formada, para a decretação da prisão preventiva. Apesar disso, observa-se que a necessidade, fundamental para a decretação dessa medida atualmente, ainda não havia sido estipulada como exigência.

Deve-se apontar, contudo, o caráter embrionário dessas pequenas evoluções, sobretudo diante da crueldade presente nos dispositivos legais. Ora, a decretação da medida permanecia vinculada a uma decisão autoritária do Estado, pois a própria culpa formada resumia-se à investigação do ocorrido, sem a concessão de nenhum direito de defesa ao acusado, com esses dispositivos mais humanísticos sendo aplicados a apenas uma parcela da população.

Diversas outras pequenas reformas[9] se sucederam ao longo do Império, de tal forma que uma mudança mais relevante só foi possível com a independência do Brasil. Assim, o advento da Constituição do Império, de 1824, estabeleceu em seu artigo 179, IX, que "*Ainda com culpa formada, ninguém será conduzido á prisão, ou nella conservado estando já preso, se prestar fiança idônea, nos casos, que a Lei a admite: e em geral nos crimes, que não tiverem maior pena, do que a de seis mezes de prisão, ou desterro para fóra da Comarca, poderá o Réo livrar-se solto".* Também, o artigo 175 do Código de Processo Criminal de 1832 complementou a questão da prisão preventiva, apontando a necessidade de ordem escrita da autoridade legítima para que pudesse ser executada (BARROS, 1982, p. 207).

A necessidade, por sua vez, somente passou a ser exigida após a promulgação de dois atos normativos datados de 1871. A primeira, a Lei nº

---

[9] Destaca-se, dentre estas, aquela trazida por Decreto expedido por Dom Pedro I na data de 23 de maio de 1821, cujo conteúdo, visando a redução de injustiças e da arbitrariedade judicial, estipulou que ninguém seria preso sem ordem escrita do juiz competente, com exceção dos casos de flagrante delito (ALMEIDA, 1973, p. 58).

2.033, de 20 de setembro de 1871, foi responsável por estabelecer em seu artigo 13, § 2º, que "[...] *a prisão antes da culpa formada só pôde ter lugar nos crimes inafiançáveis, por mandado escripto do Juiz competente para a formação da culpa ou á sua requisição*", desde que presentes os indícios contra o acusado. O segundo deles foi o Decreto nº 4.824, de 22 de novembro de 1871, cujo artigo 29, *caput*, em adição à supradita lei, determinou a necessidade ou conveniência da prisão preventiva como requisitos.

Enfim, durante o período da República Velha, com a Constituição de 1891, destaca-se que foi incumbida aos Estados-Membros a competência para legislarem sobre matéria processual, de modo que cada Estado veio a elaborar seu próprio código processual penal (TOURINHO FILHO, 1999, p. 464). Apesar disso, no âmbito da prisão preventiva, houve, de modo geral, uma uniformidade sobre seu conteúdo, com o Código de Processo Penal do Rio Grande do Sul sendo o que mais destoa nesse tópico, por ter trazido, em seu artigo 194, a obrigatoriedade da prisão preventiva nas seguintes situações: (i) em casos de homicídio ou lesão corporal gravíssima, desde que justificáveis ou cometidos casualmente; (ii) em crimes contra a propriedade, quando a pena máximo for superior à quatro anos de prisão; e (iii) se o acusado, durante o curso do processo, praticar novo delito, ameaçar a parte ofendida ou tentar corromper ou intimidar as testemunhas.

A medida gaúcha, contudo, foi repelida pelo Supremo Tribunal Federal, que declarou a inconstitucionalidade de quaisquer dispositivos estaduais que, ao regular sobre as restrições à liberdade individual, digladiassem com normas federais (BARROS, 1982, p. 176). Com efeito, observa-se, com tal decisão, a consolidação de uma cultura jurídica na qual a prisão preventiva seria facultativa, regida por normas que atestam, cada vez mais, a evolução do caráter humanístico que conduz essa medida.

Assim, esse apreço ao *status* de liberdade da pessoa, permaneceria ao longo da chamada Primeira República, com a manutenção dessa tradição no Projeto do Código do Processo Penal da República dos Estados Unidos do Brasil[10], encabeçado por Vicente Ráo, cuja visão era de unificar

---

[10] Nesse projeto, Ráo, Faria e Casado (1938, p. 182-183) apontam que a prisão preventiva seria regulamentada pelos artigos 46 a 49, cujos dispositivos legais iriam dispor nos seguintes termos:

novamente o processo penal brasileiro (GLOECKNER, 2018, p. 339). Contudo, apesar de sua apresentação de motivos em 15 de agosto de 1935, o projeto foi interrompido de maneira brusca pela Constituição Brasileira de 1937, que instaurou o Estado Novo varguista e, posteriormente, guiou a elaboração do Código de Processo Penal de 1941, vigente até a contemporaneidade e responsável por uma quebra de paradigma na tradição da prisão preventiva brasileira.

2. A prisão preventiva na redação original do Código de Processo Penal de 1941

A princípio, ao se compulsar o Código de Processo Penal de 1941 em sua redação originária, é necessário pontuar que este conjunto de normas foi desenvolvido em um período contemplado pelo autoritarismo, inspirado no Código de Processo Penal Italiano de 1930, altamente fascista (SILVA JÚNIOR, 2022, p. 25). Assim, evidencia-se um aspecto de repressão pautada puramente em fins punitivistas.

Dessa forma, a prisão preventiva descrita originalmente no CPP de 1941 não se distanciava deste ideal. Em seu Livro I, Título IX, intitulado "Da Prisão e da Liberdade Provisória", são abordadas as medidas cautelares, e, em contraste com a prisão em flagrante, que possui um imediatismo intrínseco à sua própria natureza[11], extrai-se que a prisão preventiva poderia ser decretada (i) de ofício pelo juiz, (ii) em qualquer fase do inquérito ou da instrução, (iii) a requerimento do Ministério Público, ou do querelante, ou, ainda, (iv) mediante representação da autoridade policial (GIACOMOLLI; RIBEIRO, 2021, p. 75).

"Art. 46 – A prisão preventiva justifica-se em garantia da ordem pública, por conveniência da instrução criminal, nos casos de alcance para com a Fazenda Pública ou para assegurar a aplicação da pena.
Parágrafo único – Poderá ser decretada *ex-officio* ou a requerimento do Ministério Público ou do ofendido, quando:
a) o crime estiver provado;
b) se houver fundada suspeita da autoria ou cumplicidade.
Art. 47 – É autorizada também a prisão preventiva nos crimes incaucionáveis, quando o indiciado:
a) não exerça profissão ou tenha ocupação reprovada;
b) ou já tenha cumprido pena de prisão.
Art. 48 – A ordem de prisão preventiva ou sua revogação será sempre fundamentada.
Art. 49 – Para que seja legal, deve o mandado de prisão preventiva conter as formalidades substanciais do art. 37"
[11] Cf. subtópico 4, do capítulo 8 da presente obra.

2.1 A prisão preventiva facultativa

Uma das mais relevantes e polêmicas inovações trazidas pelo Código de Processo Penal de 1941 foi a categorização da prisão preventiva. Desse modo, o artigo 312 deste diploma legal se limitou a regular os casos do instituto que ficou conhecido como *prisão preventiva obrigatória*, enquanto o artigo 313 e seus incisos[12] estabeleceram as condições para a *prisão preventiva facultativa*, em harmonia com a cultura jurídica previamente definida para essa medida cautelar.

Sob esse contexto, cabe ressaltar que, para essa modalidade de prisão preventiva, além da prova da existência do crime e dos indícios suficientes da autoria então requisitados pelo artigo 311[13], exigia-se, ainda, o critério da afiançabilidade. Com isso, é possível notar uma relação de troca, espelhando a forma de mercadoria, tão comum no sistema capitalista, em que fiança e liberdade provisória coexistem em uma espécie de transação[14] (PACHUKANIS, 2017).

Ademais, conforme já abordado no primeiro tópico do presente capítulo, o Código de Processo Criminal de 1832 já previa a possibilidade da prisão sem culpa formada, ou seja, em caráter cautelar, para aqueles acusados de praticar crimes inafiançáveis, demonstrando, pois, a incompatibilidade entre a fiança e a prisão preventiva (BARROS, 1982, p. 207), entendimento reforçado por atos normativos posteriores, como a Lei

---

[12] Art. 313. A prisão preventiva poderá ser decretada como garantia da ordem pública, por conveniência da instrução criminal ou para assegurar a aplicação da lei penal:
I – nos crimes inafiançáveis, não compreendidos no artigo anterior;
II – nos crimes afiançáveis, quando se apurar no processo que o indiciado é vadio ou quando, havendo dúvida sobre sua identidade, não fornecer ou indicar elementos suficientes para esclarecê-la;
III – nos crimes dolosos, embora afiançáveis, quando o réu tiver sido condenado por crime da mesma natureza, em sentença transitada em julgado.
[13] Art. 311. Em qualquer fase do inquérito policial ou da instrução criminal, caberá a prisão preventiva, decretada pelo juiz, de ofício, a requerimento do Ministério Público, ou do querelante, ou mediante representação da autoridade policial, quando houver prova da existência do crime e indícios suficientes da autoria.
[14] Evguiéni Pachukanis, principal autor no campo da análise do direito sob uma ótica marxista, em sua obra *Teoria geral do direito e marxismo*, critica o sistema jurídico vigente afirmando ser este oriundo de sucessivas relações de troca. Nesse contexto, o direito, em sua forma atual, foi construído dentro do capitalismo, de modo que só pode existir dentro deste sistema econômico, motivo pelo qual deve atuar dentro de suas "regras" à medida que, também, deve protegê-lo (PACHUKANIS, 2017). Pachukanis (2017), então, defende a impossibilidade de uma função reformadora da prisão, uma vez que isso representaria uma incongruência com o sistema capitalista e uma ruptura com a já estabelecida relação de troca entre crime e pena, que move o direito penal sob a ótica capitalista. É, portanto, sob essa perspectiva de pena como mercadoria, que utilizamos, analogicamente, a teoria de Pachukanis para delinear a relação entre fiança e liberdade provisória.

n° 2.033, de 20 de setembro de 1871[15], e o Decreto n° 2.110, de 30 de setembro de 1909[16].

Para os indiciados por crimes afiançáveis, por outro lado, a possibilidade do cabimento da prisão preventiva recaía sobre algumas hipóteses, a depender da condição do réu, podendo ser ele *vadio, não identificado* ou *reincidente específico*.

O vadio, conforme apontam Tornaghi (1967, p. 1314) e Barros (1982, p. 203), era conceituado pelo artigo 59 do Decreto-Lei n° 3.688, de 3 de outubro de 1941[17], sendo aquele que, por vontade própria, vive inocupado. Esse conceito, todavia, em uma diferenciação classista e discriminatória do sistema jurídico brasileiro, seria aplicado somente aos pobres que não trabalhavam. Os ricos que ocupassem essa mesma condição, por outro lado, seriam ociosos, ou aqueles que sabem viver a vida, o *bon vivant*, na concepção burguesa, jamais vadios (NORONHA, 1964, p. 237-238).

Esta hipótese, portanto, sustenta-se na tese de que a periculosidade do vadio[18] deveria ser presumida, como uma punição antecipada, pois era necessário sempre se suspeitar de que este tentaria encontrar meios de obter vantagem às custas de terceiros, motivo pelo qual tal critério deveria ser utilizado para prevenir, por intermédio de medidas cautelares, a vindoura ação do vadio (NORONHA, 1964, p. 237-238; GAROFALO, 1893, p. 164 e 326; VALENÇA, 2014, p. 104).

A segunda hipótese (réu *não identificado*), de outra forma, buscava, de maneira mais arrazoada, assegurar a aplicação e a execução da lei penal naqueles casos em que havia dúvidas sobre à qualificação do indiciado, o

---

[15] Cf. disposto em seu já mencionado artigo 13, § 2°.

[16] Vide seu artigo 27, a prisão preventiva seria autorizada, conforme a legislação vigente à época, "*Nos crimes inafiançáveis, emquanto não prescreverem, qualquer que seja a época em que se verifiquem indicios vehementes de autoria ou cumplicidade*".

[17] Art. 59. Entregar-se alguem habitualmente à ociosidade, sendo válido para o trabalho, sem ter renda que lhe assegure meios bastantes de subsistência, ou prover à própria subsistência mediante ocupação ilícita

[18] Observa-se que o critério para a definição de *vadio* é puramente subjetivo, caráter este também presente no ato da prisão em flagrante, conforme explanado no tópico 2 do capítulo 8 da presente obra. Dessa gritante subjetividade, portanto, destaca-se que, sob a perspectiva da redação originária do CPP de 1941, a natureza acautelatória das medidas cautelares servia unicamente ao fim de privar a liberdade de certos indivíduos. Discorrendo sobre o tema, a professora Manuela Abath Valença (2014, p. 107) aponta a clara correlação entre os vadios e as pessoas pobres e negras, de modo que a criminalização da vadiagem seria o resultado de uma política de controle social, baseada na estratificação social e racial

qual, furtivamente ou não, se utilizava de múltiplos nomes, apelidos ou apresentava dificuldade na coleta de impressões digitais (TORNAGHI, 1967, p. 1315).

Por fim, a terceira hipótese (*reincidente específico*) lida com os casos em que, mesmo em crime doloso, o réu é reincidente por delito da mesma natureza. De forma equivalente à hipótese do réu não identificado, tratava-se de um critério mais seguro, por ser relacionado a uma resistência aos efeitos da condenação, demonstrando um grau de periculosidade relevante o suficiente para a aplicação da medida cautelar (BARROS, 1982, p. 205).

2.2 A prisão preventiva obrigatória

Enquanto a prisão preventiva facultativa, regulada pelo artigo 313 do Código de Processo Penal, trazia uma continuidade ao teor deste instituto sustentado pela cultura jurídica brasileira, o artigo 312 deste mesmo Código, em sua redação original, disciplinava o que ficou conhecido como a prisão preventiva obrigatória. Isso porque, com o advento da Carta Constitucional do Estado Novo, de 1937, estabeleceu-se o retorno do Brasil a um governo plenamente autoritário, razão pela qual foram implementadas mudanças, tanto políticas quanto legislativas, a fim de sustentar a ideologia autocrática instituída por Vargas.

Assim, em sentido antagônico à evolução anteriormente presenciada, o artigo 312, do Código de Processo Penal afirmava que "A prisão preventiva *será decretada* nos crimes a que for cominada pena de reclusão por tempo, no máximo, igual ou superior a dez anos" (grifos acrescidos). Com efeito, essa medida em caráter compulsório encontrava, à época, mínima adesão no direito comparado, sendo observada apenas na Itália, Áustria e Iugoslávia (TORNAGHI, 1967, p. 1311).

Além do pouco suporte internacional, sobretudo em vista da evolução do pensamento jurídico quanto à irredutibilidade dos direitos fundamentais, a prisão preventiva obrigatória foi criticada e combatida por parcela majoritária da doutrina brasileira.

Espínola Filho (2000, p. 440), em análise ao referido artigo 312, entendia que este dispositivo seria fundado na gravidade do delito, além de ser disposto em termos "[...] categóricos, retirando todo o poder de apreciação do juiz, salvo quanto à verificação dessas duas condições", quais sejam, a materialidade e os indícios suficientes de autoria. Dessa forma, observar-se-ia uma norma generalista que tentava, de maneira abstrata, enquadrar todos esses possíveis infratores[19] na mesma situação, sem dar a oportunidade para o juiz apreciar o caso concreto.

O magistrado, pois, ao avaliar a situação com sua devida individualidade, buscava afastar o erro e o excesso, utilizando das condições pessoais do acusado para formar um juízo sobre seu grau de periculosidade e, então, decidir sobre a decretação da medida (BARROS, 1982, p. 186-187). Desse modo, ao não o fazer, ter-se-ia uma atividade jurisdicional que remontava ao sistema *fordista* de produção, fabricando encarcerados e injustiças em massa.

Ademais, Magalhães Noronha (1964, p. 221), salvo as ressalvas apontadas, salientava o quão primordial a prisão preventiva era para o sistema processual penal, destacando que:

> [...] se justifica por sua finalidade, que é tríplice: é providência de segurança, é garantia da execução da pena e asseguradora da boa prova processual. No primeiro caso, evita que o delinquente pratique novos crimes e que seja vítima da vindita popular, do ofendido ou de sua família. No segundo, garante a execução da pena, impedindo sua fuga e, dessarte, subtraindo-se aos efeitos penais e mesmo civis da condenação. No terceiro, diz respeito à instrução criminal, obstando a ação do criminoso, seja fazendo desaparecer provas do crime, seja apagando vestígios, subornando testemunhas, enfim, impedindo com sua atividade que a prova seja o que devia ser.

A questão, todavia, é que a prisão preventiva compulsória, em face da importância dada à gravidade do crime cometido, superava a presunção de inocência e suprimia o caráter acautelatório da custódia para servir, superficialmente, como meio de repressão prévia aos delitos mais repelidos pela sociedade (SILVA JÚNIOR, 2021, p. 607). Isto é, ao romper com uma tradição jurídica em processo de consolidação, a prisão preventiva compulsória eliminava a exigência da necessidade para a decretação desta medida, causando, além disso, um notável retrocesso e uma confusão quanto à sua natureza jurídica.

---

[19] Aqui, refere-se exclusivamente àqueles que teriam cometido crimes cuja pena máxima é igual ou superior a dez anos de reclusão.

Nesse sentido, também justificado pela descaracterização dessa natureza cautelar da prisão preventiva, Hélio Tornaghi (1967, p. 1311) destrinchava sobre a permuta entre a necessidade e a gravidade do delito:

> Funda-se ela [a prisão preventiva] na presunção absoluta de sua necessidade. O Código brasileiro não diz expressamente se ela é necessária como providência cautelar, como ato coercitivo ou como medida de segurança processual. A Exposição de motivos, por seu turno, é de pobreza franciscana. Mas, enfim, não se pode negar que realmente é desnecessária a explicação, pois evidentemente os autores do projeto entenderam que a gravidade do crime e a conseqüente dureza da pena acarretam a presunção de que o agente, pelo menos, procurará furtar-se à execução de uma eventual sentença condenatória.

De forma complementar, Tourinho Filho (1999, p. 466) tecia críticas aos moldes dados para essa modalidade cautelar, apontando como absurda a presunção *juris et de jure* do *periculum in mora*. E esta é a realidade. A prisão preventiva fundada na gravidade do crime, por ser, em essência, uma medida de cunho antidemocrático, desvirtua todas aquelas finalidades apontadas por Magalhães Noronha.

Isso porque é inconcebível enxergar a obrigatoriedade da prisão, sobretudo de maneira cautelar, como algo justificável ou, no mínimo, necessário. Ainda que para sua decretação exija-se a comprovação da materialidade e de indícios suficientes de autoria, estes, sozinhos, não se mostram bastantes nem firmes para fundamentar a interferência na liberdade individual de uma pessoa. Na realidade, configura-se um rigor excessivo ligado a essa medida que, devido a sua natureza de assecuratória, preza pela prevenção, em detrimento da repressão, com fundamento na nocividade e na periculosidade do agente (BRUNO, 1977, p. 150).

Ora, se o fim da medida cautelar, nesse aspecto assecuratório, não é de impor um sofrimento penal, a atitude de demandar que o juiz decrete obrigatoriamente a prisão preventiva a determinados acusados, em nada condiz com as próprias noções basilares do instituto (BRUNO, 1977, p. 150).

Além disso, a obrigatoriedade trazida pelo artigo 312 cumpriu importante papel no crescimento da população carcerária brasileira, em face, justamente, da flexibilização dos flutuantes requisitos de materialidade e dos indícios suficientes de autoria. Dessa forma, como traz Espínola Filho

(2000, p. 441), concebeu-se o entendimento de que, com a apresentação da denúncia por delito que se encaixava na exigência do artigo 312, restava cabível a prisão preventiva – ainda que o recebimento da denúncia não signifique, de modo algum, a comprovação da materialidade e autoria delitiva.

A questão, portanto, envolve a diferença na solidez dos indícios exigidos para o recebimento da denúncia e para a decretação da prisão preventiva. Ora, enquanto o primeiro representa mera etapa do processo, o segundo lida, de forma direta, com a possibilidade de flexibilização do princípio da presunção de inocência, bem como com uma eventual privação de liberdade anterior à condenação transitada em julgado. Em vista disso, há uma distinção entre os indícios, sendo que o da prisão preventiva, dito suficiente ou qualificado, demanda um grau de solidez e de convencimento superior ao daquele exigido na denúncia (SILVA JÚNIOR, 2022, p. 445-446).

Observa-se que a prisão preventiva obrigatória se apresentava como um contraponto à tradição jurídica até então convencionada, além de injustificada diante das condições estabelecidas no âmbito de suas finalidades, embora encontre alguma motivação inábil no campo da defesa social.

Por fim, destaque-se que o período de vigência da prisão preventiva compulsória no Brasil durou pouco mais de 25 anos, até ser revogada pela Lei nº 5.349, de 3 de novembro de 1967, dedicada a reformar parcialmente o diploma processual penal nacional[20]. Com efeito, a prisão preventiva passou a ser decretada, na totalidade dos casos, por meio de uma decisão fundamentada, a qual deve se basear no *periculum in mora* demonstrado de modo efetivo, afastando a presunção artificial da exigência propiciada pela redação original do artigo 312 do CPP (JARDIM, 1989, p. 39).

---

[20] Embora não seja necessariamente o objeto deste capítulo, deve-se ressaltar que, ao longo dos anos, o Código de Processo Penal de 1941, ainda vigente, recebeu inúmeras reformas, as quais tiveram como objetivo atualizar os termos inquisitoriais e autoritários deste diploma legal. Apesar disso, observa-se um Código formado por uma "colcha de retalhos", repleta de vícios estruturais e de institutos que não condizem com o robusto amparo garantista trazido pela Constituição da República (SILVA JUNIOR, 2022, p. 44-45)

3. A redação original como um reflexo do sistema inquisitorial então vigente

Conforme previamente delineado, o Código de Processo Penal de 1941 possuía raízes pautadas no sistema inquisitivo, com dispositivos legais que serviam aos fins autocráticos do governo então vigente, além de demasiadamente burocrático e moroso, dentre outras acertadas críticas que impediam o bom funcionamento do processo penal brasileiro e a garantia de direitos fundamentais no âmbito processual (SILVA JÚNIOR, 2022, p. 44).

Desse modo, pequenas reformas pontuais seguiram ocorrendo ao longo das décadas de 1960 a 1980. Todavia com o advento da Constituição Cidadã e com a ratificação dos Tratados Internacionais de Direitos Humanos foi necessária sua adaptação contundente para com os novos preceitos jurídicos e sociais.

Em teoria, com essas reformas, haveria uma continuidade da tradição jurídica estabelecida antes de sua promulgação, sendo necessário um risco aparente e um fato punível para que se declare a prisão preventiva, como, por exemplo, o risco de fuga, ou que o acusado dificulte a investigação ou, ainda, comprometa provas (LOPES JÚNIOR, 2005, p. 195-196).

Dessa forma, o Código anterior ia de encontro com os direitos fundamentais dos indivíduos, retratando a cultura punitivista da sociedade da época. Para parte dos juristas e da população, a prisão era a única forma correta de repreensão, por criar uma sensação de segurança e controle, visto que os acusados são retirados do convívio social e estão sob constante vigilância do Estado (DUARTE, 2019, p. 46). Assim, a liberdade era considerada a exceção e a regra era a detenção do acusado durante todo o processo, com limitação ao direito de pagamento de fiança.

Um exemplo do reflexo cultural no Código, é que não seria concedida fiança caso houvesse no processo provas de que o réu era vadio. Ou seja, uma prova completamente subjetiva e de tratamento desigual, o qual considerava o rico ocioso como *bon vivant*, à medida em que o pobre era *vadio*. Dessa forma, a produção dessas evidências dependia apenas de conceitos pré-determinados através do meio social em que o jurista está inserido, bem como de suas vivências prévias.

Com isso, tendo em vista o sistema inquisitivo então vigente, é notória a frequente implementação de uma medida a qual deveria ser utilizada em circunstâncias excepcionais, a fim de garantir e preservar o processo penal. Assim, em que pese os argumentos de defesa da sociedade, havia, na realidade, a proteção primordial dos "homens de bem", brancos, ricos e com influência, às custas da população marginalizada.

3.1 Das fundamentações científicas às político-ideológicas: a *presunção de culpabilidade* como regra no Código de Processo Penal

Conforme apontado anteriormente, houve, na segunda metade da década de 1930, uma brusca mudança de paradigma no direito criminal brasileiro, a qual teve como marco a Constituição Brasileira de 1937, responsável por implantar e legitimar o Estado Novo e o Código de Processo Penal de 1941. Nesse contexto, é apropriado apontar que tais alterações encontraram inspiração no *Codice Rocco* de 1930 e justificativa no pensamento de criminólogos como Enrico Ferri e Raffaele Garofalo.

Dessa forma, esta seção se propõe a seguir a corrente já definida no segundo capítulo desta obra, que pontualmente destaca a importância do estudo sobre o componente ideológico para além do trinômio jurisdição-ação-processo. Assim, buscando entender o instituto jurídico da prisão preventiva no sentido originalmente disposto no inquisitorial e autoritário Código de Processo Penal brasileiro, tal qual suas nuances e sua substância, faz-se necessário estudar, para além de suas tendências político-ideológicas, os fundamentos utilizados para justificá-lo, por intermédio do embasamento em um discurso científico-tecnicista, o qual foi erguido com sustento no antiliberalismo (GLOECKNER, 2018, p. 346-347).

3.1.1 A defesa da ordem social na visão de Ferri e Garofalo

Inicialmente, é válido ressaltar que ambos os pensadores supracitados faziam parte da linha de pensamento da Escola Positiva, que surgiu como um contraste em relação à Escola Clássica. Com efeito, dentre seus elementos basilares, a primeira defendia um retorno aos moldes de uma perspectiva criminal superada, punindo os infratores com o intuito de proteger a sociedade, criticando, ainda, a maneira benévola com a qual os clássicos tratavam o criminoso, sobretudo no que diz respeito a suas teses dotadas de princípios processuais (SILVA JÚNIOR, 2021, p. 68-71).

Em que pese o Código de Processo Penal ter sido criado sob o viés filosófico – e explicitamente autoritário – da Escola do Tecnicismo-Jurídico Penal, muitos dos ideais positivistas eram contemporâneos a essa Escola, que foi um desmembramento da Escola Positiva, e foram transplantados ao direito brasileiro. Decerto, o tecnicismo visava isolar o aspecto jurídico, eliminando qualquer análise à individualidade do sujeito, por meio de um "aparato preventivo e incessantemente repressivo de qualquer forma de desavença [...], uma arma na mão do Estado, porque podia servir contra os inimigos da sociedade" (HORN, 2012, p. 66).

Nessa perspectiva, então, percebe-se uma abordagem criminal mais agressiva, que propõe a resolução do problema da criminalidade por meio de medidas jurídicas construídas no âmbito de um direito criminal – seja ele em seu aspecto material ou processual – que servia aos fins da repressão penal, aqui visualizada justamente como mecanismo de defesa social contra a delinquência (SILVA JÚNIOR, 2021, p. 72).

Naturalmente, Ferri consentia com esses princípios. Inclusive, não há de se estranhar esse caráter repressivo de suas teses, sobretudo quando se observa a proximidade deste jurista italiano com as ideologias fascistas. Dessa maneira, com as teorias de Ferri sendo essenciais no apoio e na justificativa da atuação repressiva do Estado – e com a repressão sendo elemento característico dos governos ditatoriais –, é possível compreender a importação de algumas de suas ideias para o Brasil, em especial na época do Estado Novo, sabidamente a fase mais autoritária da Era Vargas.

Destarte, as principais teses desse pensador buscavam centralizar o homem dentro da criminologia, tê-lo como principal objeto de estudo, ao passo em que se distanciava dos aspectos sociais, de modo a contribuir para uma desumanização da pena.

Com isso, os estudos de Ferri, ao indicarem categorias como a de "criminoso nato", firmaram a concepção de que alguns *delinquentes* seriam imutáveis e, portanto, não poderiam ser reformados. Diante disso, o papel do direito consistiria em proteger a ordem social desses *delinquentes* a qualquer custo, pois, para Ferri, "[...] o delito não é a conduta de um homem, mas o sintoma ou sinal de um mecanismo avariado: *o delito é sintoma de periculosidade; logo, a medida da pena estava dada pela medida da periculosidade*" (ZAFFARONI et al., 2011, p. 577).

Nesse ideal de defender a sociedade, foram difundidos alguns dos pensamentos mais repressivos da ciência jurídica criminal. Com efeito, Ferri veio a sustentar que o *delinquente* não seria sujeito de direito, motivo pelo qual não deveria subsistir o ideal de paridade de armas entre Estado – aqui no sentido de defensor da ordem social e, portanto, detentor do dever punitivo – e réu, o que, subsidiariamente, traduzia-se no menosprezo pela presunção de inocência (SILVA JÚNIOR, 2021, p. 72).

De igual modo, Raffaele Garofalo, inspirado por Ferri e pelo determinismo positivista, pugnava por uma severidade mais pontual contra os *delinquentes* mediante sugestões para a reforma do processo penal italiano, dentre as quais se destaca a defesa por uma maior rigidez na sistemática da prisão preventiva (GAROFALO, 1893, p. 394-395; SILVA JÚNIOR, 2021, p. 73-74). Para ele, então, a melhor defesa para a ordem social era tornar inócuo, matar ou alijar aqueles que desconhecessem os valores de uma determinada sociedade (ZAFFARONI et al., 2011, p. 579).

Similarmente à forma disposta na redação original do artigo 312, do Código de Processo Penal brasileiro, Garofalo defendia uma prisão preventiva obrigatória[21]. Contudo, o jurista italiano possuía uma visão ainda mais radical: para ele, a legislação deve presumir que o acusado tentará fugir para escapar de sua eventual condenação, motivo pelo qual esta medida deveria ser aplicável a todas as ofensas com caráter obrigatório (SILVA JÚNIOR, 2021, p. 73-74).

Além disso, Garofalo (1893, p. 401) enxerga o sistema acusatório como aquele do antagonismo entre duas partes, repleto de procedimentos

---

[21] Garofalo demonstrava de maneira clara suas concepções mais punitivistas. Em seu livro *Criminologia: estudo sobre o delicto e a repressão penal*, o italiano dedica um capítulo inteiro – O crime tolerado e protegido – para criticar a morosidade da justiça e as medidas ditas benéficas ao delinquente, como a prescrição, ao passo em que defende ações mais tirânicas. Para ele, inclusive, a prisão preventiva facultativa – e, consequentemente, a presunção de inocência – representa uma tolerância, por parte do Estado, aos crimes atualmente classificados como hediondos no Brasil (GAROFALO, 1893, p. 445-446).

desnecessários e que, afinal, funcionam como se fossem uma questão privada, alheia aos interesses do Estado, de maneira bastante semelhando ao processo civil. Este pensador italiano, então, via o sistema inquisitorial como um avanço, uma vez que este "reconhecia 'a verdadeira essencia do processo', isto é, uma indagação crítica e imparcial da verdade, que é precisamente 'o objecto do processo nacional e legítimo'" (GAROFALO, 1893, p. 407).

Isso demonstra, portanto, que tanto Ferri quanto Garofalo propõem a relativização da liberdade individual em face das necessidades do Estado enquanto suposto protetor da sociedade. O que escapa aos ideais desses criminólogos, entretanto, é a impossibilidade de se proteger a sociedade por meio da retirada de direitos pessoais, sobretudo porque a prisão preventiva compulsória seria uma medida suscetível de atingir qualquer pessoa, não havendo restrições nesse sentido.

3.1.2 A ascensão autoritária na Europa: os casos da Itália e da Alemanha

Replicadas no Brasil, as teses de Ferri e de Garofalo foram inicialmente elaboradas tendo a Europa como base, em especial a Itália. Assim, com o propósito de não apenas compreender como essas teorias chegaram ao Brasil, mas também de comparar o próprio cenário nacional com aquele delineado na Europa, faz-se necessário rastrear o contexto sociopolítico em que essas teses prosperaram, bem como sua aplicação no Velho Continente.

As recomendações autoritárias de positivistas como Ferri e Garofalo, incorporadas no tecnicismo, encontraram grande apoio na Itália – e em outros países da Europa, como na Alemanha – à medida que governos tirânicos se instalavam, pugnando por ideais ultranacionalistas em meio à crise econômica e ao aumento da criminalidade, estas últimas interrelacionadas de maneia diretamente proporcional.

A questão, portanto, remete-se à forma com a qual essa crescente criminalidade foi combatida em parte da Europa na primeira metade do século XX. Nesse sentido, Rusche e Kirchheimer (2004, p. 194), em análise aos índices quantitativos de condenações em diversos países europeus[22] no período que compreende do fim do século XIX ao início do século XX, demonstram a diminuição no número de condenações atrelada ao desenvolvimento econômico.

Todavia, com o advento da Primeira Guerra Mundial, tomando o caso da Alemanha, observa-se que este país enfrentou uma grande destruição de suas estruturas – físicas, políticas e sociais – de modo que, ao fim da guerra, mergulhou em uma profunda crise econômica, a qual refletiu no aumento da criminalidade, gerando, também, a deterioração do cárcere (RUSCHE; KIRCHHEIMER, 2004, p. 241-243). Dessa forma, pois, a ideologia fascista dos países e dos criminólogos analisados utiliza da relação de troca entre delito e pena para excluir os *delinquentes* da sociedade.

Sob esse contexto, então, uma das medidas adotadas na Itália fascista, sob a vigência do *Codice Rocco*, foi a ampliação das hipóteses de prisão preventiva, incluindo a previsão da obrigatoriedade dessa medida, a qual tinha a finalidade precípua de restaurar a autoridade do governo autoritário, sob a perspectiva da população (GLOECKNER, 2018, p. 402).

Importa destacar que a justificativa de defesa da ordem social, empregada tanto pelo Código de Processo Penal de 1941 quanto por Ferri e Garofalo, assemelha-se a certos elementos da ideologia de extrema direita, em especial no que se refere ao aspecto "salvador da sociedade". Nesse sentido, Zaffaroni (2001, p. 49) aponta que essa característica é intrínseca à ideia de organismo social, que é:

> [...] por sua essência, antidemocrática, pois o que interessa é o organismo, e não suas células [...]. O paradigma organicista é idealista, não suscetível de verificação, e sua adoção pelo positivismo não foi mais do que um recurso do poder para mostrar como 'científico' aquilo que sempre constituiu uma metáfora antidemocrática.

Com isso, tal saber científico foi utilizado como represália contra os *delinquentes*, o que demonstra, também, a idealização de uma expurgação de impurezas, isto é, dos elementos disruptores dessa ordem social.

---

[22] Dentre os países dos quais os autores analisaram os dados, destacam-se: Alemanha, Inglaterra, Itália, França, Bélgica, Suécia, Polônia e Bulgária.

Posteriormente, em uma infeliz oportunidade, esse pensamento científico foi acolhido pelo sistema jurídico brasileiro.

3.1.3 A imersão brasileira na presunção da culpa

Assim, feitas as análises em relação à ideologia, aos pensamentos e ao momento político internacional que permeavam a elaboração do Código de Processo Penal de 1941, faz-se necessário, enfim, trazer a situação de volta à realidade brasileira.

Em atenção ao momento político nacional, é fundamental apontar que o CPP de 1941, bem como o restante das medidas tomadas por Getúlio Vargas surgiram como resposta à incipiente efervescência social existente no Brasil à época[23]. Assim, Vargas, ao longo do seu primeiro governo, buscou estreitar as relações com a polícia, de modo que a instituição teve eminente papel servindo aos interesses do regime totalitário do Estado Novo, por meio de uma atuação violenta, edificada por princípios antidemocráticos[24] (CANCELLI, 1999, p. 309-310).

Além disso, atenta-se a um esforço empreendido para que o Brasil se aproximasse de países com políticas notadamente repressivas, como Alemanha, com a qual o Brasil pactuou um acordo de troca de informações (CANCELLI, 1999, p. 322-323). Em suma, tem-se no Estado Novo um sistema que, em nome da segurança nacional, pregou pela personificação do poder central, com a instalação de um Estado forte, marcado pelo emprego de mecanismos de controle social (CARNEIRO, 1999, p. 329).

A adoção dos ideais positivos de Ferri e Garofalo, embutidos nos pensamentos tecnicistas e transmitidos ao Código de Processo Penal por intermédio do Código Penal, refletiam as incontestáveis marcas desse período autoritário, dentre elas, a implementação dos referidos mecanismos de controle (GLOECKNER, 2018, p. 349; MARQUES, 1960, p. 227).

Com efeito, em sua marcha rumo ao fascismo, o CPP sacrificou importantes garantias processuais, a principal delas, como se nota pela compulsoriedade da prisão preventiva, foi a presunção de inocência.

---

[23] Cf. esmiuçado na seção introdutória do segundo capítulo deste livro.
[24] Inclusive, o segundo tópico do segundo capítulo desta obra destaca a afinidade existente entre os defensores da Constituição Polaca, de 1937, com o pensamento de Carl Schmitt, jurista conhecido por suas contribuições teóricas ao direito nazista.

Nesse sentido, a privação de liberdades individuais, associada à reverência pelo sistema inquisitorial, remete à forma processual utilizada na Idade Média, que instaura uma espécie de *direito penal do terror*, a fim de reafirmar a autoridade do autocrata, à medida em que preza pela inalcançável busca pela verdade real, negando o valor científico do direito penal[25] (BETTIOL, 1967, p. 46; SILVA JÚNIOR, 2021, p. 437; FOUCAULT, 2014, p. 49-50).

Sob essa ótica, cabe apontar que alguns processualistas defendem a inexistência tanto da presunção de inocência quanto da presunção de culpabilidade, pregando, assim, um processo sem presunções, dominado pela incerteza (BARROS, 1982, p. 182). No entanto, tal linha de pensamento se mostra totalmente desarrazoada, uma vez que, na ausência da presunção da inocência, resta a presunção de culpabilidade, pois o poderio acusatório, sustentado pela máquina estatal, é tamanho e tão brutal que naturalmente desequilibra a igualdade no âmbito processual.

Apesar disso, a presunção de inocência foi rechaçada pelo tecnicismo-jurídico brasileiro, em requinto aos ideais positivistas, sendo sequer mencionado diretamente na Exposição de Motivos do diploma processual penal (GLOECKNER, 2018, p. 424-425).

Assim sendo, com a prisão preventiva obrigatória, houve a negação da presunção da inocência, uma vez que a adoção do princípio se mostraria incompatível com a política antiliberalista e da purificação social – observada, inclusive, na presunção de periculosidade daqueles ditos *vadios* – do Estado Novo, sobretudo por presumir a culpa do acusado servia ao fim de auxiliar no controle dos *corpos indesejados*.

Logo, ao utilizar essa medida cautelar para manter a ordem social, sob a perspectiva de que a liberdade individual seria uma licença dada pelo Estado ao sujeito, constrói-se um processo penal formulado como uma

---

[25] Negativa dada diante dos estudos sobre a evolução da pena e suas funções, pois, em que pese o autoritarismo presente no *Codice Rocco* e no Código de Processo Penal brasileiro, comuns aos governos tirânicos da Itália e do Brasil, serem justificados pela corrente filosófica tecnicista, esta linha de pensamento, baseada nos pilares da Escola Positiva, tem a função precípua de validar esses governos. Ou seja, por serem desenvolvidas com esse objetivo em mente, esquiva-se aos criminólogos dessa corrente a percepção crítica que relaciona a função reformadora da pena com a diminuição da criminalidade.

expressão antagônica ao padrão liberal, à medida em que expressa a força do Estado varguista (GLOECKNER, 2018, p. 352; BARROS, 1982, p. 178).

E isso se faz presente nas falas e nos escritos dos elaboradores do diploma processual penal. Além das inúmeras citações e referências feitas a juristas italianos, incluindo a Rocco, a própria Exposição de Motivos do CPP aponta que o interesse da justiça deveria superar qualquer *formalidade*, o que compreenderia o princípio da presunção de inocência, em prol de medidas cautelares como a prisão preventiva, instituto o qual, pela redação dada, seria liberto das limitações impostas à sua decretação (CRUZ, 2011, p. 36; GLOECKNER, 2018, p. 400).

A edificação desses ideais, por intermédio do tecnicismo, promoveu, ainda, uma manipulação dos princípios processuais, porquanto o uso prisão preventiva compulsória chegou a ser defendida como um instrumento garantista "que oportunizaria o contraditório do acusado" (GLOECKNER, 2018, p. 399).

Em vista dessas imposições e da análise feita à prisão preventiva regulada na forma original do Código de Processo Penal, é possível compreender as implicações trazidas por essa medida à presunção da inocência. Decerto, com esse princípio afastado, a acusação não era mais incumbida de provar a culpa do réu. Isto é, se há a obrigatoriedade da prisão preventiva, a qual somente será revogada com a absolvição ou com o acusado provando sua inocência, observa-se, na prática, uma inversão do ônus da prova e um sistema regido pela *presunção de culpabilidade*.

3.2 A inadequação desse modelo em face da evolução humanística do direito

Como dissertado anteriormente, no período pós-2ª Guerra Mundial, diversos tratados internacionais de direitos humanos foram consolidados. Dessa forma, era inevitável que os preceitos humanísticos fossem incorporados à Constituição da República e, por conseguinte, divergisse do modelo inquisitivo do processo penal vigente (VASCONCELLOS, 2008, p. 112).

Faz-se necessário frisar a parcialidade do julgador dentro do sistema inquisitivo, implementando um sistema conhecido como dois contra um, visto que o magistrado atuava como parte, investigador, acusador e julgador, ou seja, como juiz e Ministério Público, contra a defesa do acusado. Dessa forma, o princípio do contraditório, basilar para o justo seguimento do processo, era infringido em decorrência da falta de dialética (SILVA, 2019, p. 4).

Dessa maneira, o modelo inquisitivo infringiu todas as premissas de dignidade da pessoa humana dentro do processo, além de violar o princípio do devido processo legal, ou seja, desrespeitou os princípios processuais, visto que o devido processo legal funciona como um guarda-chuva, abarcando os demais.

Considerações finais do capítulo

É notável o rompimento com a tradição jurídica previamente estabelecida para a prisão preventiva, o qual ocorreu como uma forma de adaptar a sistemática do processo penal brasileiro aos autocráticos ideais do regime varguista.

Dessa forma, bastante inspirado no *Codice Rocco*, foram promulgados, no Brasil, o Código Penal de 1940 e o Código de Processo Penal de 1941, este último instituindo a prisão preventiva obrigatória, medida comum ao processo penal italiano.

Assim sendo, embora o artigo 313 do CPP de 1941 tenha mantido a regulamentação da prisão preventiva em concordância com a evolução contínua da medida cautelar, o artigo 312 do referido diploma processual, por sua vez, trouxe a indesejada inovação do aspecto obrigatório da custódia cautelar, que servia aos fins repressivos do sistema autoritário então vigente.

Na prática, consoante exposto, o CPP de 1941 e, consequentemente, a nova normatização da prisão preventiva refletiam as noções antidemocráticas da Constituição de 1937, que instituiu o Estado Novo com demasiada inspiração nos governos autoritários da Itália e da Alemanha, onde predominavam ideologias de cunho fascista.

Com efeito, diante da ausente menção ao princípio da presunção de inocência no CPP de 1941, a prisão preventiva compulsória pôde integrar o sistema processual brasileiro, privando a liberdade daqueles indiciados por crimes cuja pena máxima era igual ou superior a dez anos de reclusão, sem que houvesse culpa formada. Isto é, a medida aqui debatida promove uma verdadeira inversão do ônus probatório, retirando-o da acusação e incumbindo-o ao acusado, de modo a demonstrar um sistema que, efetivamente, preza pela presunção de culpa.

Logo, em que pese ter sido revogada pela Lei nº 5.349, de 3 de novembro de 1967, a prisão preventiva obrigatória trouxe consequências ainda sentidas, sendo a mais relevante delas a ampliação das hipóteses de prisão, que impactou negativamente na liberdade provisória – instituto à época vigente – e, assim, aumentou a população carcerária brasileira.

Percebe-se, portanto, a prisão preventiva da redação originária do CPP de 1941 como um instrumento não apenas jurídico, mas, sobretudo, político, que servia e protegia os interesses antidemocráticos do Estado Novo, instaurando uma espécie de direito penal do inimigo com rigorosas e subjetivas medidas que perseguiam e encarceravam pobres, pessoas de cor e demais populações que "ameaçassem" o padrão fascista e elitista então promovido. Decerto, os efeitos da prisão preventiva, em especial quanto aos aspectos compulsivos e subjetivos dessa medida, fazem-se presentes até a atualidade e demonstram a marca duradoura do autoritarismo no processo penal brasileiro.

Bibliografia

ALMEIDA, Joaquim Canuto Mendes de. *Princípios fundamentais do processo penal*. São Paulo: Editora Revista dos Tribunais, 1973.

BARROS, Romeu Pires de Campos. *Processo penal cautelar*. 1. ed. Rio de Janeiro: Editora Forense, 1982.

BECCARIA, Cesare. *Dos delitos e das penas*. 2. ed. rev. 2. tir. São Paulo: Editora Revista dos Tribunais, 1999.

BETTIOL, Giuseppe. *O problema penal*. 1. ed. Trad. Fernando de Miranda. Coimbra: Coimbra Editora, 1967.

BITENCOURT, Cezar Roberto. *Falência da pena de prisão*: causas e alternativas. 5. ed. São Paulo: Saraiva, 2017.

BRUNO, Aníbal. *Perigosidade criminal e medidas de segurança*. Rio de

Janeiro: Editora Rio, 1977.

CANCELLI, Elizabeth. Ação e repressão policial num circuito integrado internacionalmente. *In*: PANDOLFI, Dulce. *Repensando o Estado Novo*. Rio de Janeiro: Ed. Fundação Getulio Vargas, 1999, p. 309-326.

CARNEIRO, Maria Luiza Tucci. O Estado Novo, o Dops e a ideologia da segurança nacional. *In*: PANDOLFI, Dulce. *Repensando o Estado Novo*. Rio de Janeiro: Ed. Fundação Getulio Vargas, 1999, p. 327-340.

CRUZ, Rogério Schietti Machado. *Prisão cautelar*: dramas, princípios e alternativas. 2. ed. rev. ampl. atual. Rio de Janeiro: Editora Lumen Juris, 2011.

DUARTE, Samuel Correa. A prisão preventiva no sistema jurídico brasileiro: entre a proteção do acusado e a antecipação da pena presumida. *Revista Brasileira de Sociologia do Direito*, [*s. l.*], v. 6, n. 2, 2019. Disponível em: https://www.academia.edu/59195508. Acesso em: 12/10/2022.

ESPÍNOLA FILHO, Eduardo. *Código de processo penal brasileiro anotado*. 1. ed. v. 3. Campinas: Bookseller, 2000.

FOUCAULT, Michel. *Vigiar e punir*: nascimento da prisão. 42. ed. Petrópolis: Editora Vozes, 2014.

GAROFALO, Raffaele. *Criminologia*: estudo sobre o delicto e a repressão penal. 1. ed. São Paulo: Teixeira & Irmão, 1893.

GLOECKNER, Ricardo Jacobsen. *Autoristarismo e processo penal*: uma genealogia das ideias autoritárias no processo penal brasileiro. 1. ed. v. 1. Florianópolis: Tirant Lo Blanch, 2018.

HORN, Manuela Bittar. *O duplo nível de legalidade e os crimes contra a economia popular no direito penal autoritário*: Itália Fascista versus Estado Novo Brasileiro (1927-1945). Dissertação (mestrado) - Universidade Federal de Santa Catarina, Centro de Ciências Jurídicas, Programa de Pós-Graduação em Direito, Florianópolis, 2013. Disponível em: https://repositorio.ufsc.br/bitstream/handle/123456789/107095/318488.pdf ?sequence=1&isAllowed=y, acesso em 28/10/2022.

JARDIM, Afranio Silva. Visão sistemática da prisão provisória no Código de Processo Penal. *Rev. Dir. Proc.-Geral de Justiça*, Rio de Janeiro, n. 30, p. 32-59, 1989. Disponível em: https://www.mprj.mp.br/documents/20184/2392639/Afranio_Silva_Jardim .pdf/. Acesso em 03/11/2022.

LOPES JUNIOR, Aury. *Introdução crítica ao processo penal*: fundamentos da instrumentalidade garantista. 3. ed., rev. atual. e ampl. Rio de Janeiro: Lumen Juris, 2005.

MARQUES, José Frederico. *Estudos de direito processual penal*. 1. ed. Rio de Janeiro: Editora Forense, 1960.

NORONHA, E. Magalhães. *Curso de direito processual penal*. São Paulo: Saraiva., 1964.

PACHUKANIS, Evguiéni B. *Teoria geral do direito e marxismo*. 1. ed. São Paulo: Boitempo, 2017.

RÁO, Vicente; FARIAS, Antonio Bento de; CASADO, Plinio de Castro. Projeto do Código do Processo penal da República dos Estados Unidos do Brasil.

RUSCHE, Georg; KIRCHHEIMER, Otto. *Punição e estrutura social*. 2. ed. Rio de Janeiro: Editora Revan, 2004.

SILVA, Cleonaldo José de Oliveira e. Sistemas processuais penais: inquisitivo, acusatório e misto. Qual sistema predomina no nosso ordenamento jurídico?. *Revista Acadêmica Online*, [*s. l.*], 2019. Disponível em: https://www.academia.edu/77301443, acesso em: 12/10/2022.

SILVA JÚNIOR, Walter Nunes da. *Curso de direito processual penal:* teoria constitucional do processo penal. 3. ed. Natal: OWL, 2021.

SILVA JÚNIOR, Walter Nunes da. *Reforma tópica do processo penal*: inovações aos procedimentos ordinário e sumário, com o novo regime das provas, principais modificações do júri e as medidas cautelares pessoais (prisão e medidas diversas da prisão). 4. ed., rev. ampl. e atual. Natal: OWL, 2022.

TORNAGHI, Hélio. *Compêndio de processo penal*. 1. ed. t. 4. Rio de Janeiro: J. Konfino, 1967.

TOURINHO FILHO, Fernando da Costa. *Processo penal*. 21. ed. v. 3. São Paulo: Saraiva, 1999.

VALENÇA, Manuela Abath. A construção social da vadiagem nos discursos jurídicos do início da era republicana. *Revista Brasileira de Sociologia do Direito*, Porto Alegre, v. 1, n. 2, p. 98-108, jul./dez., 2014.

VASCONCELLOS, Fernanda Bestetti de. *A prisão preventiva como mecanismo de controle e legitimação do campo jurídico*. Dissertação (mestrado) – Universidade Católica do Rio Grande do Sul, Faculdade de Filosofia e Ciências Humanas, Programa de Pós-Graduação em Ciências Sociais, Porto Alegre, 2008. Disponível em: https://www.academia.edu/36682339. Acesso em 12/10/2022.

ZAFFARONI, Eugenio Raúl. *Em busca das penas perdidas*: a perda da legitimidade do sistema penal. 5. ed. Rio de Janeiro: Editora Revan, 2001.

ZAFFARONI, Eugenio Raúl; BATISTA, Nilo; ALAGIA, Alejandro; SLOKAR, Alejandro. *Direito penal brasileiro*: primeiro volume. 4. ed. Rio de Janeiro: Editora Revan, 2011.

CAPÍTULO 9

O PROCEDIMENTO DO TRIBUNAL DO JÚRI NO CÓDIGO DE PROCESSO PENAL DE 1941: CONSOLIDAÇÃO DO SISTEMA BIFÁSICO E DA PARTICIPAÇÃO POPULAR NOS CRIMES CONTRA A VIDA

Filipe Dantas de Gois[1]

A origem do Tribunal do Júri, sem dúvidas, remonta à própria origem do Direito e da concepção de um órgão responsável pelo julgamento de um indivíduo transgressor. Antes mesmo da idealização do poder judiciário – em sua estrutura formal e bem delineada que conhecemos hoje –, há de se convir que foi o julgamento *por pares* o precursor de um sistema que, aos poucos, evoluiu ao estágio complexo da separação dos poderes atualmente observado nas democracias liberais ao redor do mundo.

Nesse sentido, seria ilusório imaginar que o ponto de partida do Tribunal do Júri no ordenamento jurídico brasileiro teria se dado com o Código de Processo Penal (CPP) de 1941, o qual, justamente em oposição ao caráter democrático do Júri, tem inspiração controversa e bebeu diretamente da fonte do *Codice Rocco* – norma processual penal do regime fascista italiano.

Em verdade, os historiográficos do Direito brasileiro apontam que a origem do instituto no país se deu há exatamente 200 anos da escrita deste capítulo, com o advento do Decreto imperial de 18 de junho de 1822, o qual

---

[1] Advogado. Pós-graduando em Direito e Processo Penal pela Academia Brasileira de Direito Constitucional (ABDConst). Graduado em Direito pela Universidade Federal do Rio Grande do Norte (UFRN). Membro e cofundador do "Núcleo de Direito Criminal da Universidade Federal do Rio Grande do Norte" (NUCRIM). Pesquisador nos grupos "Criminalidade violenta e diretrizes para uma política de segurança pública no estado do Rio Grande do Norte" e "Direito Criminal como corpo normativo constitutivo do sistema de proteção dos direitos e garantias fundamentais, nas perspectivas subjetiva e objetiva", ambos vinculados à UFRN. ORCID: 0000-0002-1262-8917.

estabeleceu o julgamento por *juizes de facto* para os crimes de abuso de liberdade de imprensa.

Assim, observa-se, desde já, que o julgamento popular está intrínseco à existência da sociedade e, inclusive, do Brasil, haja visto ter sido regulado antes mesmo de virar um país independente. Contudo, muito se evoluiu até que se chegasse ao sistema procedimental especial pacificado pelo CPP de 1941, caracterizado como *bifásico*.

Portanto, o presente estudo surge com o fito de analisar o caminho tomado pelo ordenamento jurídico pátrio até a definição de tal sistemática processual trazida pelo Decreto-Lei nº 3.689, de 3 de outubro de 1941, investigando, pela metodologia exploratória, as fontes importadas pelo movimento reformista da história jurídica brasileira que conduziram à definição do Tribunal do Júri na redação originária do atual CPP.

Apesar de longínquo e já bastante alterado pelo movimento reformista tópico nos mais de 80 anos de vigência do Código de Processo Penal de 1941, o rito originário do Tribunal do Júri serviu de base para o que ora é observado na praxe forense e para o que se pretende alterar com o Projeto de Lei nº 8.045, de 2010, que busca instituir uma nova legislação processual penal[2].

Sendo assim, a análise da redação originária do legislador de 1941 se apresenta para além de uma mera visita histórica, devendo ser enxergada, em realidade, como um verdadeiro estudo do sustentáculo legal da evolução que permitiu o desenvolvimento de um julgamento popular, o qual, apesar de imperfeito, traz o povo ao papel de protagonista no poder judiciário.

Para melhor compreender toda a estrutura do procedimento originário do Tribunal do Júri na legislação processual penal brasileira, o capítulo se divide em três principais seções: a primeira se destina a traçar um panorama histórico do instituto no Brasil e no mundo, abordando as origens de seu rito diferenciado. A segunda, por sua vez, trabalhará as

---

[2] Para maiores aprofundamentos sobre as implicações trazidas pela referida proposição legislativa ao procedimento do Tribunal do Júri, recomenda-se a leitura do capítulo de nossa autoria especificamente voltado para essa temática, o qual foi publicado na obra "Projeto do novo Código de Processo Penal: temas fundamentais" (GOIS, Filipe Dantas de. O novo procedimento do Tribunal do Júri e o embate entre a duração razoável do processo e a manutenção do sistema bifásico. *In*: SILVA JÚNIOR, Walter Nunes da; HAMILTON, Olavo (org.). *Projeto do novo Código de Processo Penal*: temas fundamentais. Natal: OWL, 2022, p. 343-380).

influências das legislações anteriores ao CPP de 1941 na formação do sistema bifásico e todas as particularidades do procedimento especial do Júri incorporadas na redação originária do Código de Processo Penal.

Já a última abordará a *presunção de culpa* imposta pelo legislador da época – fortemente influenciado pela mentalidade inquisitiva italiana até então reinante –, a qual era facilmente perceptível pelos efeitos ocasionados ao acusado com o fim da primeira fase, atestando a completa ignorância do princípio da presunção de inocência e da liberdade como regra processual.

1. Origens do Tribunal do Júri brasileiro: 200 anos de evolução procedimental

De antemão, é inconclusivo fixar um marco histórico global específico para se apontar o surgimento do julgamento com base popular. A própria doutrina, em toda a história do Direito criminal, ainda não conseguiu chegar a um consenso sobre a matéria, cabendo, portanto, fazer um relato de todos os registros cronológicos que permitam uma breve exposição do fato.

Parte dos historiadores do Direito atribuem à Roma Antiga o surgimento do Júri, com a edição das Leis Valerianas, responsáveis por fortalecer a plebe romana no período pós-monárquico. O entendimento de apontar o Direito Romano como um precursor do Tribunal do Júri pode ser reforçado pela existência das Assembleias das Centúrias (*comitia centuriata*), originadas pela Lei das XII Tábuas, que incumbiu às diferentes classes romanas o papel de decidir sobre as demandas relativas à vida, liberdade, cidadania e família dos cidadãos (TUCCI, 2009).

Por outro lado, há quem acredite que a ideia originária do Júri tenha surgido na Palestina antiga – entendimento esse com pouca adesão doutrinária. Nesse sentido, os próprios versículos bíblicos serviriam de base para auferir uma espécie de ponto de partida do instituto. Assim, João Mendes de Almeida Júnior (1959, p. 20) argumenta que a Bíblia, no versículo 16 do livro de Reis, indica que o profeta Samuel, no século XI a.C., ao percorrer as localidades hebraicas em busca de promover a justiça, sorteava sete homens, dentre os mais velhos do povoado, para lhe auxiliar a tomar as decisões que envolvessem os litígios locais.

Contudo, mormente o grande conflito de posicionamentos doutrinários, as principais evidências indicam a Inglaterra como o berço da concepção moderna do Tribunal do Júri. Dessa forma, com vistas a superar a prática dos *Juízos de Deus* (ordálias)[3], o IV Concílio de Latrão teria restabelecido a própria sociedade como a protagonista dos julgamentos submetidos ao Reinado[4]. Para alguns pensadores, o Júri inglês teria tido papel fundamental na queda progressiva do regime absolutista, uma vez que conferiu poder – até então restrito ao monarca – às camadas populares da plebe (GAZOTO, 1999, p. 53).

Foi, inclusive, dentro desse cenário de fortalecer o papel da sociedade que o Júri ganhou espaço na França revolucionária do fim do século XVIII. Dessa forma, o sentimento de aversão à monarquia no pós-Revolução foi tamanho a ponto de servir de base para incluir o Júri na Constituição que viria a ser elaborada em 1791[5].

Indubitavelmente, a França e a Inglaterra se apresentam, portanto, como as maiores expoentes do desenvolvimento do Júri no Direito global. Não por acaso, certos autores costumam classificar o Tribunal do Júri ao redor do mundo de acordo com o sistema britânico ou francês.

No sistema britânico, os jurados expõem uma decisão *de fato* e *de direito*, respondendo a um único quesito (*guilty or not guilty?*[6]), declarando, eventualmente, o réu culpado. Já no modelo francês, os jurados só emitem uma decisão *de fato*, cabendo ao juiz togado presidente da sessão dar a decisão *de direito*, sendo essa a sistemática adotada pelo Direito brasileiro desde a edição do Decreto nº 261, de 1841 (ACOSTA, 1995, p. 458).

Daí em diante, em face da nova ideologia global trazida pelo liberalismo, o Tribunal do Júri passou a ganhar, cada vez mais, importância

---

[3] Prática consistente em um ritual cujo o réu deveria se submeter para provar a sua inocência, marcado, muitas vezes, por atos absurdos e altamente influenciados pela inquisição reinante no Período Medieval. Dentre os desafios impostos aos acusados, tinha-se: andar sobre o fogo, segurar uma barra de ferro incandescente, dentre outros. Assim, era considerado inocente quem não demonstrasse nenhuma marca física após a submissão a tais práticas, já que se acreditava na intervenção divina para a proteção dos inocentes. As ordálias foram muito observadas, inclusive, na famosa "caça às bruxas" ocorrida na Europa medieval e nos Estados Unidos colonial (LEVACK, Brian P. *A caça às bruxas na Europa Moderna*. 1. ed. Rio de Janeiro: Campus Editora, 1988).

[4] Daí se originado o termo *trial by jury*.

[5] A qual incluiu, em seu art. 4º, Título III, que "o poder judiciário é delegado a *juízes eleitos pelo povo*".

[6] Em tradução ao português: "culpado ou não culpado?".

nos ordenamentos jurídicos globais, tendo em vista que a sua existência se confundia com a própria razão do fim do absolutismo.

É, justamente, com base nessa ideia que parte da doutrina aborda que, atualmente, o Júri já perdeu o seu espaço, em razão da consolidação do movimento republicano e democrático ao redor do mundo. Assim sendo, José Frederico Marques (1997, p. 19) expõe que:

> O Júri foi apontado, outrora, como instituição democrática destinada a substituir os magistrados profissionais das justiças régias do *ancien régime*, que se curvavam às ordens dos dinastas de que dependiam. No entanto, a independência dos juízes togados no estado de direito, e as transigências dos jurados com os "senhores do dia" em democracias de pouca vitalidade ou em regimes autoritários mostraram que no plano político não há mais razão para a manutenção do Júri.

O mesmo autor destaca, ainda, em outra oportunidade, que, apesar de ter sido levado ao continente europeu como resposta à monarquia absolutista, o Júri perdeu o seu aspecto político depois que o judiciário adquiriu independência em face do executivo, concluindo que entre "o julgamento inspirado na lei e na razão, no direito e no conhecimento técnico, e aquele ditado pelo arbítrio e pela intuição cega, não há hesitação possível" (MARQUES, 2009, p. 187-188).

Em razão disso, parcela dos estudiosos do Direito criminal descreditam a importância do Tribunal do Júri na sociedade hodierna, levando em consideração que a sua função de *fortalecer o papel popular no regime democrático* já teria se exaurido, sendo a sua existência, inclusive, atentatória ao papel jurisdicional – na concepção atual independente dos demais poderes.

Nessa perspectiva, Nelson Hungria (*in* FRANCO, 1956, p. 30) discorre que os juízes togados passaram a vir do seio do próprio povo, de que emana conceitualmente a sua autoridade, sendo em nome dele que distribuem justiça. Dessa forma, desnecessário seria imaginar a necessidade de *juízes do povo* para restabelecer o caráter democrático do judiciário, tendo em vista que já seria da sua própria essência.

Tanto é que se aponta a sua abolição em determinados países como decorrência desse movimento de abandono gradual da instituição. Nesse sentido, destaca-se que a Alemanha o aboliu, em 1924[7]; a Itália o substituiu pelo sistema do assessorado, em 1935; e diversas outras nações – incluindo o Brasil – vêm, paulatinamente, restringindo a sua competência (MARQUES, 2009, p. 186).

Todavia, com as devidas vênias ao movimento doutrinário que busca extirpar a existência do Júri no Brasil, tem-se como imprescindível a sua contribuição ao sistema processual brasileiro, sobretudo por ser a representação máxima do povo no poder judiciário, restrita somente aos crimes contra o bem jurídico mais importante de nosso ordenamento – a vida. Entretanto, nem sempre o Tribunal do Júri, no país, teve a mesma formação, finalidade e estrutura que restou designado com o advento da codificação processual de 1941.

Nesse sentido, o seu marco inicial é datado da edição do Decreto de 18 de junho de 1822, a qual atribuiu ao Júri a competência para o julgamento exclusivo dos crimes de imprensa. Sobre o primeiro Júri popular do país, cabe uma pequena menção, trazida pela doutrina, sobre a sua estrutura organizacional:

> Em nosso primeiro Júri popular, os jurados eram escolhidos "entre os homens bons, honrados, inteligentes e patriotas, os quaes serão os Juízes de Facto, para conhecerem da criminalidade dos escriptos abusivos", nomeados pelo Corregedor do crime na Corte; pelo Ouvidor do crime nas províncias que fossem sede de Tribunal de Relação e pelo Ouvidor da Comarca, nos demais lugares (GAZOTO, 1999, p. 59).

Dois anos depois, com a Constituição de 1824, o Tribunal do Júri foi inserido como órgão do poder judiciário, que seria composto por jurados, os quais seriam competentes para se pronunciar sobre os fatos, enquanto os juízes seriam responsáveis pela aplicação da lei[8].

A partir de então, o que se observou foi uma forte influência do sistema de Júri francês, com a atuação do povo no julgamento da matéria

---

[7] O Júri alemão era chamado de *Geschworene*, mas foi formalmente abolido em 1924, passando a subsistir somente o *Schöffengericht*, o qual, não obstante também preveja uma espécie de participação popular no judiciário, é dotado de um processo mais complexo e meritocrático de eleição dos jurados, que acaba por retirar o caráter democrático e plural típico do Tribunal do Júri (DUTTGE, 2006, p. 358 apud MOELLER, 2016, p. 71).

[8] Art. 151. O Poder Judicial independente, e será composto de Juizes, e Jurados, os quaes terão logar assim no Civel, como no Crime nos casos, e pelo modo, que os Codigos determinarem.
Art. 152. Os Jurados pronunciam sobre o facto, e os Juizes applicam a Lei

fática e a supervisão do juiz togado na aplicação do Direito. Assim, Walter Nunes da Silva Júnior (2021, p. 106) expõe que o Código de Processo Criminal de 1832

> [...] previa uma fase preliminar investigatória, desenvolvida perante o juiz de paz, ao qual competia conhecer da queixa ou denúncia, proceder à formação de culpa (diligências, inquirições, interrogatórios) e, por fim, pronunciar, ou não, o acusado. Pronunciado o réu, aí, sim, o processo era remetido para o Júri de acusação – o grande Júri do sistema inglês –, composto de 23 jurados, sorteados em sessão presidida pelo juiz de Direito. Esse grande Júri, sem se recolher à sala secreta, decidia se achou matéria para a acusação. Nesse caso, o processo ia à decisão do Júri de sentença – o pequeno Júri —, formado por doze membros, sorteados no dia da sessão de julgamento, sendo a decisão tomada com a resposta dada a um questionário, em sala secreta.

Desse modo, o Código de Processo Criminal de 1832 atribuiu ao Júri a incumbência de ser o procedimento ordinário do processo penal brasileiro. Para tanto, o rito era dividido em três fases, a saber: a primeira, voltada à formação de culpa, tramitava perante o juiz de paz, que detinha atribuições hoje inerentes ao delegado de polícia; pronunciado, o caso era remetido ao *Júri de acusação*, semelhante ao *Grande Júri* do sistema inglês, que julgava se havia ou não lastro para a acusação; por fim, o acusado era submetido ao *Júri de julgamento*, inspirado no *Pequeno Júri* britânico, que, enfim, julgaria o fato[9].

Havia, dessa forma, uma intensa divisão de tarefas entre as diversas fases do Júri vigentes até então, sendo possível apontar, já àquele tempo, um sistema processual plurifásico, com o fracionamento do andamento do processo, a depender do estágio em que se encontrasse.

Nessa perspectiva, João Mendes de Almeida Júnior (1959, p. 240) alega que o processo criminal brasileiro adotou inicialmente, do sistema inglês, a presença do *Grande Júri*, ao passo em que importou, do sistema francês, o Ministério Público e a instrução secreta e escrita, sendo, portanto, uma espécie de sistema misto, que perdurou até a segunda metade do século XIX.

Nos anos seguintes, ocorreu um intenso movimento reformista na matéria, justificado pelo grau de incerteza que pairava sobre a necessidade

---

[9] Para maiores aprofundamentos sobre o procedimento *trifásico* previsto no Código de Processo Criminal de 1832, recomenda-se a leitura dos itens 5, 5.1 e 5.2 da primeira parte deste livro.

de se manter o Tribunal do Júri no país. Entre idas e vindas – tanto dos textos constitucionais, quanto dos infraconstitucionais –, destacam-se: a) a Lei nº 261, de 3 de dezembro de 1841, que afunilou a sua competência e atribuiu às autoridades policiais a condução do processo de formação de culpa e a sentença de pronúncia[10]; b) a Lei nº 4.247, de 6 de janeiro de 1921, que restringiu a sua competência somente ao crime de reingresso ilegal de estrangeiro no país; e c) o Decreto-Lei nº 167, de 5 de janeiro de 1938, que regulou, por completo, a instituição do Júri no país.

Esta última lei merece especial destaque por ter sido a primeira, após a Constituição de 1934, a unificar o procedimento do Tribunal do Júri em âmbito nacional. Ocorre que, até o advento do referido texto constitucional, a legislação processual brasileira era muito esparsa, tendo alguns estados da federação – como Bahia, São Paulo e Minas Gerais – chegado a editar legislações processuais penais próprias[11] (CÂMARA LEAL, 1942, p. 34 apud SILVA JÚNIOR, 2021, p. 109).

Apesar de parcela da doutrina creditar ao Decreto-Lei nº 167, de 1938, a tentativa de ser um *golpe* ao Tribunal do Júri, tem-se, em verdade, que as suas contribuições serviram de base para a estrutura que viria a ser adotada em 1941.

Em síntese, esse foi um breve resumo da história do julgamento popular, no Brasil e no mundo, percorrida até a edição do Código de Processo Penal de 1941. O sistema bifásico, portanto, já era adotado pela legislação processual vigente à época, a qual, de maneira esparsa e instável, regia o Tribunal do Júri entre altos e baixos.

Desse modo, a codificação unificou o sistema e o tornou sólido, tendo mantido a sua síntese estrutural, desde então, a despeito das várias alterações reformistas e hermenêuticas de índole constitucional, as quais passaram a impor o sistema acusatório ao rito do Tribunal do Júri, originariamente marcado por um procedimento extremamente inquisitivo e de inspiração fascista.

---

[10] Art. 54. As sentenças de pronuncia nos crimes individuaes proferidas pelos Chefes de Policia, Juizes Municipaes, e as dos Delegados e Subdelegados, que forem confirmadas pelos Juizes Municipaes, sujeitão os réos á accusação, e a serem julgados pelo Jury, procedendo-se na fórma indicada no art. 254 e seguintes do Codigo do Processo Criminal.

[11] Isso se dava em razão da permissão concedida, pela Constituição de 1891, aos estados para legislar sobre matéria processual, o que acarretou na ausência de unidade legislativa nacional sobre a matéria.

2. A uniformização do procedimento especial bifásico no rito do Tribunal do Júri brasileiro

Conforme visto da exposição cronológica da evolução do procedimento do Júri brasileiro, a divisão de tarefas entre mais de um órgão julgador sempre se fez presente nos julgamentos populares. Seja pelo *Grande Júri*, decorrente do sistema inglês, seja pelo juízo prévio conduzido pela autoridade policial ou judiciária, importada do sistema francês, o país nunca delegou o rito procedimental do instituto a uma só fase.

Portanto, seria ilusório imaginar que o sistema bifásico teria surgido somente com o CPP de 1941, uma vez que já se fazia presente, ainda que de forma instável, na praxe forense do século XIX, não obstante seja imperioso destacar a importância do Código de Processo Penal em unificar e pacificar o entendimento legal do tema, dando ao rito procedimental do Tribunal do Júri a estabilidade que faltava.

Contudo, é importante mencionar, em primeiro plano, o papel desempenhado por outra norma legal no tocante à construção da base que viria a adotar o sistema bifásico do CPP atual: o Decreto-Lei nº 167, de 1938, também conhecido como *Lei do Júri*.

2.1 "Lei do Júri" de 1938: precursora da divisão de tarefas entre os juízes togado e leigo

Apesar de ter tido eficácia por somente quatro anos – dado o advento posterior do Código de Processo Penal –, o Decreto-Lei nº 167, de 1938, foi de inestimável relevância por atribuir ao juiz togado a condução de uma primeira fase, semelhante ao procedimento ordinario da época, e por incumbir ao Júri popular – formado por sete cidadãos, sorteados dentre outros vinte e um – o julgamento do fato, respondendo aos quesitos formulados pelo juiz-presidente ao final da sessão plenária.

Nesse sentido, a primeira fase se encerraria com a *sentença de pronúncia*[12], a qual, diante da comprovação da *existência do crime* e da

---

[12] Art. 14. se o juiz, apreciando livremente as provas existentes nos autos, se convencer da existência do crime e de indicios de que o réo seja o seu autor, pronunciá-lo-á, dando os motivos do seu convencimento.

presença de *indícios de autoria*, seria responsável por encaminhar o réu a julgamento em Plenário. De outro modo, o juiz poderia impronunciar o acusado[13], caso não se vislumbra a comprovação da existência do delito ou a presença de indícios de autoria; desclassificar a imputação[14], diante do convencimento da existência de crime diverso; ou absolver o réu[15], em face de comprovação de *justificativa ou dirimente* defensiva.

Apesar de escassa a doutrina da época – em virtude dos mais de 80 anos que separam a sua promulgação e a realização deste estudo, além do pouco tempo de vigência do mencionado Decreto-Lei –, é válido salientar os entendimentos majoritários vigentes, até então, sobre as decisões possíveis de serem tomadas pelo juiz ao encerramento da primeira fase.

Desse modo, já se percebe, de antemão, o descontentamento da doutrina da época com a terminologia utilizada pelo legislador. Assim, Margarinos Torres (1939, p. 194-195) – um dos membros da comissão responsável por redigir o texto da *Lei do Júri* – asseverava que, para a pronúncia, fazia-se necessária a existência de um juízo de certeza do fato e a presença de "indícios veementes" de que o réu fosse o autor do crime.

Pimenta Bueno (1910, p. 183), por sua vez, destacava que, apesar da omissão do Decreto-Lei sobre o que seriam considerados indícios de autoria, o entendimento corresponderia à necessidade de estarem presentes "indícios suficientes, únicos que podem gerar uma persuasão sincera; indícios graves, concludentes, como já exigiam nossas antigas leis".

Parece ter sido esse último autor o que melhor adivinhou a escolha que seria adotada pelo legislador no futuro, haja vista que, apesar da inércia da redação originária do Código de Processo Penal em corrigir a atecnia da ausência de adjetivação dos indícios de autoria no Decreto-Lei nº 167, de

---

[13] Art. 15. se o juiz não se convencer da existência de crime ou não houver indício de que seja o réo o seu autor, julgará improcedente a queixa ou denúncia.

[14] Art. 16. se o juiz se convencer, em discordância com a denuncia ou queixa, da existência de crime diverso dos referidos no artigo 3º, remeterá o processo, no Distrito Federal, ao juiz competente para julgá-lo, procedendo-se nos Estados e Território do Acre, de acôrdo com a legislação vigente no tocante ao julgamento pelos juizes singulares. se estiver preso, o réu deverá ser pôsto à disposição do juiz competente.

[15] Art. 17. O juiz absolverá dêsde logo o réu quando se convencer da existência de alguma justificativa ou dirimente, recorrendo, de oficio, da sua decisão. Este recurso terá efeito suspensivo e será sempre para o Tribunal de Apelação.

1938, o entendimento atual é que, de fato, são exigidos indícios *suficientes*[16] de autoria delitiva para a decisão de pronúncia.

Entretanto, apesar de, ao menos no rigor técnico da lei, parecer ser exigida prova cabal e sólida para o encaminhamento do feito ao Plenário, sobretudo para a demonstração da materialidade – pois a legislação exigia a comprovação da *existência* do crime –, a própria doutrina mencionava a possibilidade de pronunciar o acusado diante de conjunto probatório incompleto.

Nesse sentido, Pimenta Bueno (1910, p. 192) destacava que o juiz da pronúncia "nem sempre poderá esperar por uma prova inteira, e sim só pela que for suficiente para que decida conscientemente se há ou não razoável suspeita de ser o indiciado o autor do crime"[17].

Por outro lado, o juiz-presidente poderia, ainda, impronunciar o acusado, caso não tivessem sidos admitidos os pressupostos da sentença de pronúncia. Dessa forma, as hipóteses que ensejavam a impronúncia, de acordo com o Decreto-Lei nº 167, de 1938, seriam: a) se o fato não constitui uma infração penal; b) se não há pleno conhecimento do delito; c) se não há indícios veementes de autoria; d) se a ação penal está extinta pela morte do réu, anistia, perdão do ofendido, prescrição da ação ou sentença passada em julgado (TORRES, 1939, p. 203).

À absolvição só restariam as hipóteses de ocorrência de causas dirimentes ou justificativas, aí entendidas as situações previstas nos artigos

---

[16] Hoje presente na redação atual do art. 413, caput e § 1º, do CPP. Entretanto, Walter Nunes da Silva Júnior (2022, p. 404) aborda que a reforma legislativa de 2008, promovida pela Lei nº 11.689, se limitou a apenas alterar a estrutura redacional do texto do CPP, uma vez que a doutrina já tinha o entendimento pacificado de que seriam exigidos indícios *suficientes* da autoria ou participação.

[17] Tal entendimento era compartilhado pela jurisprudência majoritária da época, dentre as quais cabe importar aquela oriunda do julgamento do "caso Pedro Serrado", relatado por Vicente Piragibe, na 1ª Câmara da Côrte de Apelação do Districto, julgado em 10 de maio de 1929, que assim dispôs: "Têm assentado os tribunaes que, qualquer duvida, por mais leve, que tire á prova o caracter de evidencia, é bastante para fazer submeter a causa á decisão do Jury que, como tribunal de consciência, póde julgar o facto dando a cada uma das circumstancias occurrentes a interpretação que se venha ajustar os dispositivos legaes" (*in:* TORRES, 1939, p. 2010).

27^{18} ou 32^{19} do Código Penal de 1890. A principal diferença entre a impronúncia e a absolvição seria o fato de que a primeira não faria coisa julgada, podendo ser proposta nova denúncia contra o réu, caso surgissem novas provas[20] – o que nos parece inimaginável diante de algumas situações pontuadas como hipóteses de impronúncia pela doutrina e jurisprudência da época, como a morte do acusado ou a prescrição da ação penal (ROSA, 1928, p. 56-57).

Outra diferença que merece ser pontuada é que a absolvição impunha um ônus probatório à defesa não só de comprovar, inequivocamente, as causas dirimentes ou justificativas, mas também a ausência de dolo, pois

> A justiça adopta [...] o pressuposto de que todo homem é são e responsável. O dolo é inherente aos actos definidos na lei penal, salvo prova em contrario. E assim, isto compete, como excepção, á Defesa. Tambem, por outro principio, de ordem processual, deve esta assumir tal ônus, visto que só lhe aproveita e só ella invoca o reconhecimento de circumstancias excludentes de criminalidade (TORRES, 1939, p. 208).

Os efeitos da sentença de pronúncia merecem, igualmente, uma análise particular, em virtude da forte influência punitivista da época, caracterizando uma verdadeira *presunção de culpabilidade*. Contudo, por questões organizacionais do presente estudo, a referida discussão será reservada a tópico próprio.

Todavia, apesar de ter sido inovadora ao regular a maneira como se daria o fim da primeira fase do rito do Júri, a referida legislação foi omissa ao estabelecer o regramento da instrução criminal primária, apontando a doutrina da época que competiria, portanto, aos estados legislar sobre "tudo

---

[18] Art. 27. Não são criminosos: § 1º Os menores de 9 annos completos; § 2º Os maiores de 9 e menores de 14, que obrarem sem discernimento; § 3º Os que por imbecilidade nativa, ou enfraquecimento senil, forem absolutamente incapazes de imputação; § 4º Os que se acharem em estado de completa privação de sentidos e de intelligencia no acto de commetter o crime; § 5º Os que forem impellidos a commetter o crime por violencia physica irresistivel, ou ameaças acompanhadas de perigo actual; § 6º Os que commetterem o crime casualmente, no exercicio ou pratica de qualquer acto licito, feito com attenção ordinaria; § 7º Os surdos-mudos de nascimento, que não tiverem recebido educação nem instrucção, salvo provando-se que obraram com discernimento.

[19] Art. 32. Não serão também criminosos: § 1º Os que praticarem o crime para evitar mal maior; § 2º Os que o praticarem em defesa legitima, propria ou de outrem. A legitima defesa não é limitada unicamente á protecção da vida; ella comprehende todos os direitos que podem ser lesados.

[20] Nesse sentido, o § 2ª do art. 15 do Decreto-Lei nº 167, de 1938, pontuava que: "§ 2º A impronúncia não obsta que em qualquer tempo seja repetido processo contra o réo, no caso de novas provas, enquanto o crime não prescrever".

o que concerne ao preparo do processo até a pronúncia" (TORRES, 1939, p. 170).

Eram poucos os estados que, de fato, tinham regulamentações normativas próprias ao tema, de modo que muito se debatia sobre o que era estabelecido pelo Código de Processo Penal do Distrito Federal (Decreto nº 16.751, de 31 de dezembro de 1924). Tal norma previa, em seu artigo 314[21], que a instrução teria por base a inquirição das testemunhas arroladas pela *acusação*, sendo vedada a juntada de quaisquer documentos pela defesa antes da pronúncia.

Isto levou a crer, conforme assevera Candido Mendes de Almeida Júnior (1925, p. 117-119), que não seria admitida, portanto, a inquirição de testemunhas de defesa na primeira fase do rito dos processos do Júri, não podendo o réu sequer juntar documentos e alegações.

Entretanto, já era firme, à época, o entendimento de que a Constituição outorgada de 1937, apesar de ter instituído um Estado autoritário, "ampara, como nenhuma outra das anteriores, a defesa dos acusados", instituindo a *instrução contraditória*, nos termos do art. 122, § 11[22], do então texto constitucional (TORRES, 1939, p. 175).

Assim, diante da omissão legal em referendar o assunto de maneira nacional, permaneceu a praxe forense em um estado de incerteza, sendo comum observar, até a edição do Código de Processo Penal de 1941, diferentes procedimentos relativos à instrução da primeira fase do rito do Tribunal do Júri.

Todavia, a principal crítica doutrinária feita à *Lei do Júri* foi a possibilidade dada aos tribunais de segunda instância de alterar a pena imposta pelo julgamento popular, podendo, inclusive, absolver o réu, caso tivesse sido condenado pelo povo, ou vice-versa[23].

---

[21] Art. 314. Terminada a inquirição das testemunhas arroladas pela acusação, mandará o juiz abrir vista dos autos, em cartorio, ao réu, pelo prazo de 5 dias e em seguida, por igual prazo, ao representante do Ministerio Publico, para apreciação da prova produzida. § 1º. Se houver queixoso, terá este vista dos autos antes do réu, e se auxiliar da acusação, conjuntamente com o Ministerio Publico. § 2º. Nenhum documento poderá ser junto com as allegações de que trata o final deste artigo.

[22] Art 122 – A Constituição assegura aos brasileiros e estrangeiros residentes no País o direito à liberdade, à segurança individual e à propriedade, nos termos seguintes: [...] 11) [...] *a instrução criminal será contraditória*, asseguradas antes e depois da formação da culpa as necessárias garantias de defesa.

[23] Art. 96. Si, apreciando livremente as provas produzidas, quer no sumário de culpa, quer no plenário de julgamento, o tribunal de apelação se convencer de que a decisão do juri nenhum apôio encontra nos autos, dará provimento à apelação, para aplicar a pena justa, ou absolver o réu, conforme o caso.

Tal inovação foi amplamente criticada pela doutrina da época, levando alguns juristas a apontarem como o verdadeiro marco que iria servir de base para a abolição gradual do Tribunal do Júri (MARQUES, 1997, p. 24).

Nessa perspectiva, Margarinos Torres (1939, p. 527) aponta o referido dispositivo legal como "melindroso", abordando que o julgamento de consciência era privilégio restrito ao juiz leigo, submetendo, dessa forma, a análise do mérito da causa ao livre arbítrio do tribunal de apelação[24]. Fato é que essa e outras disposições da *Lei do Júri* viriam a ser adotadas pelo legislador de 1941, reforçando, assim, a sua importância à codificação processual penal que veio a ser adotada posteriormente.

Inclusive, é salutar trazer à discussão que um dos maiores erros judiciários da história jurídica brasileira foi originada justamente de tal prerrogativa conferida aos tribunais de apelação: o caso dos irmãos Naves. Apesar de terem sido absolvidos duas vezes pelo Júri popular, Sebastião e Joaquim Naves foram posteriormente condenados a vinte e cinco anos e seis meses de reclusão pelo Tribunal de Justiça de Minas Gerais, que se valeu do poder interventor trazido pelo art. 96 da *Lei do Júri*[25].

Fato é que, apesar de sofrer forte crítica doutrinária, não se pode afirmar, com convicção, que o referido texto legal seria inconstitucional à época. A razão disso é pelo simples fato de a Constituição outorgada de 1937 ter sido completamente omissa em dispor sobre o Tribunal do Júri, não cabendo, portanto, o questionamento do art. 96 do Decreto-Lei nº 167, de 1938, em face do texto constitucional então vigente.

---

[24] Sobre isso, inclusive, o autor pontua um episódio marcante da época, que reforça o seu pensamento: "Será de pavor, de pasmo, ou de indignação a impressão primeira do leitor, mormente se attentar na espantosa noticia, que o telgrapho vem de divulgar, sobre a condemnação a trinta annos de prisão, pelo Tribunal de Goyaz, de um réo que o Jury havia absolvido (no vespertino "A Noite", de 9 de novembro de 1938)" (TORRES, 1939, p. 527).

[25] No caso, os irmãos Naves foram acusados de serem os responsáveis pela morte de Benedito Caetano, desaparecido em 1937, tendo sido condenados pelo Tribunal de Justiça mineiro, não obstante a sua dupla absolvição pelo Júri. Somente após a sua liberação da prisão, Sebastião Naves deu início a uma verdadeira luta pela sua inocência, conseguindo encontrar a suposta vítima viva no ano de 1952. Após isso, iniciou-se uma longa batalha jurídica para comprovar a inocência dos então condenados, tendo sido somente em 1960 que o Supremo Tribunal Federal concedeu a merecida indenização às verdadeiras vítimas do caso (AZEVEDO, 2007, p. 46-47).

Em síntese, tem-se como essas as inovações e contribuições do Decreto-Lei nº 167, de 1938, à temática do Júri, sendo uma verdadeira base do que viria a ser adotado pelo CPP em 1941.

2.2 O Código de Processo Penal de 1941 e a ratificação do sistema processual vigente

O advento do Código de Processo Penal de 1941, em verdade, pouco alterou a dinâmica procedimental do sistema bifásico, já talhado pelo Decreto-Lei nº 167, de 1938. Dessa forma, foram mantidas as decisões de pronúncia[26], de impronúncia[27], de desclassificação[28] e de absolvição sumária[29], todas aptas a serem tomadas ao final da instrução, como medida terminativa da primeira fase.

Entretanto, inovou o legislador ao finalmente unificar a instrução anterior à pronúncia, corrigindo a omissão promovida pela *Lei do Júri*. Assim, foi estabelecido que a instrução seguiria o mesmo rito do procedimento ordinário, garantindo a inquirição de até oito testemunhas arroladas por cada parte[30]. Outrossim, também foi garantido o direito, a ambas as partes, de apresentar documentos em qualquer fase do processo[31], contrariamente ao que dispunha o Decreto-Lei nº 167, de 1938.

Percebe-se, portanto, que, a despeito de garantir a uniformidade da instrução prévia, a nova legislação manteve praticamente intacta a redação trazida três anos antes pela *Lei do Júri*, fazendo apenas alterações pontuais a cada uma das quatro hipóteses de término da primeira fase.

---

[26] Art. 408. Se o juiz se convencer da existência do crime e de indícios de que o réu seja o seu autor, pronunciá-lo-á, dando os motivos do seu convencimento.

[27] Art. 409. Se não se convencer da existência do crime ou de indício suficiente de que seja o réu o seu autor, o juiz julgará improcedente a denúncia ou a queixa.

[28] Art. 410. Quando o juiz se convencer, em discordância com a denúncia ou queixa, da existência de crime diverso dos referidos no art. 74, § 1º, e não for o competente para julgá-lo, remeterá o processo ao juiz que o seja. Em qualquer caso, será reaberto ao acusado prazo para defesa e indicação de testemunhas, prosseguindo-se, depois de encerrada a inquirição, de acordo com os arts. 499 e seguintes. Não se admitirá, entretanto, que sejam arroladas testemunhas já anteriormente ouvidas.

[29] Art. 411. O juiz absolverá desde logo o réu, quando se convencer da existência de circunstância que exclua o crime ou isente de pena o réu (arts. 17, 18, 19, 22 e 24, § 1º, do Código Penal), recorrendo, de ofício, da sua decisão. Este recurso terá efeito suspensivo e será sempre para o tribunal de apelação.

[30] Art. 398. Na instrução do processo serão inquiridas no máximo oito testemunhas de acusação e até oito de defesa.

[31] Art. 400. As partes poderão oferecer documentos em qualquer fase do processo.

Quanto à pronúncia, a única alteração foi relativa à supressão do trecho "apreciando livremente as provas existentes nos autos", previsto anteriormente no art. 14 do Decreto-Lei nº 167, de 1938, apresentando uma redação mais sucinta em comparação à legislação anterior.

Contudo, o entendimento doutrinário permanecia no sentido de que tal alteração redacional em nada interferiu no princípio do livre convencimento, mencionada com destaque, inclusive, pela própria exposição de motivos do CPP. Ainda, apesar de induzir o leitor a acreditar ter sido outorgado um poder mais irrestrito ao julgador da primeira fase, Magalhães Noronha (1966, p. 334) argumentava que "o que se diz é que êle fica livre das limitações, impostas pelo sistema da prova legal e tanto assim é que o próprio art. 408 diz textualmente que o Julgador terá que dar os motivos de seu convencimento".

Portanto, seguiu o pensamento de que, para a decretação da pronúncia, "o crime precisa estar provado e a autoria necessita ser pelo menos 'provável'" (BARROS, 1990, p. 242). Dessa forma, a prova indiciária é permitida somente para a avaliação da autoria delitiva, de modo que a materialidade do crime necessitaria estar comprovada.

Enxerga-se, assim, uma ligeira contradição: a sentença de pronúncia deveria se manifestar, com juízo de certeza, sobre a existência de um *crime*, ao passo em que o Conselho de Sentença se manifestaria, justamente no primeiro quesito a ser votado, de acordo com o art. 484, inciso I, da redação originária do CPP[32], sobre a ocorrência de um *fato*.

É no mínimo curioso imaginar, então, a situação em que um acusado resta pronunciado pelo juiz togado, através de um juízo de certeza que atesta a existência de um crime, mas que tem a materialidade afastada pelos jurados, que, ao votarem o primeiro quesito submetido a julgamento, entendem não estar provado o *fato*. Como então poderia, em uma mesma situação, não ter sido provado o *fato*, mas comprovado o *crime*?

Tal atecnia viria a ser corrigida posteriormente, pelo movimento reformista[33], mas atesta que, de fato, a pronúncia tinha verdadeiros ares de

---

[32] Art. 484. Os quesitos serão formulados com observância das seguintes regras: I - o primeiro versará sobre o fato principal, de conformidade com o libelo;

[33] Sendo a atual redação do art. 413 do CPP "o juiz, fundamentadamente, pronunciará o acusado, se convencido da *materialidade do fato* e da existência de indícios suficientes de autoria ou de participação"

sentença, por carregar conteúdo decisório de natureza terminativa em algumas temáticas.

Já no que atine à absolvição, percebe-se que a redação originária do CPP deixou de fazer menção às causas *justificativas e dirimentes* e passou a mencionar expressamente, como causas possíveis de sua decretação, somente as hipóteses previstas nos artigos 17 (erro de fato)[34], 18 (coação irresistível)[35], 19 (causas *excludentes de criminalidade*, isto é, necessidade, legítima defesa e estrito cumprimento de dever legal ou exercício regular de direito)[36], 22 (doença mental, desenvolvimento mental incompleto ou retardado)[37] e 24, § 1º (embriaguez completa e acidental), da redação originária do Código Penal[38].

Nota-se, portanto, que, apesar de ter havido uma alteração nas hipóteses que eram previstas com o Decreto-Lei nº 167, de 1938, a absolvição sumária ao fim da primeira fase do rito do Júri ficou restrita às situações excludentes de culpabilidade ou antijuridicidade (BARROS, 1990, p. 248).

Permaneceu, ainda, o entendimento de que, para a absolvição sumária, fazia-se necessária a apresentação de provas estremes de dúvida pela defesa, uma vez que encerraria prematuramente o *jus accusationis* e teria força de coisa julgada, não podendo o acusado ser condenado posteriormente pelo mesmo fato (TOURINHO FILHO, 1977, p. 25).

A redação do dispositivo legal relativo à sentença de impronúncia, por sua vez, somente teve uma pequena alteração de modo a prever a sua aplicação na hipótese de não estar provada a "existência do crime ou de indício *suficiente* de que seja o réu o seu autor", ao passo em que a *Lei do*

(grifos acrescidos). Por sua vez, o art. 483 passou a ter a seguinte estrutura: "os quesitos serão formulados na seguinte ordem, indagando sobre: I – a *materialidade do fato*" (grifos acrescidos).

[34] Art. 17. É isento de pena quem comete o crime por erro quando ao fato que o constitue, ou quem, por erro plenamente justificado pelas circunstâncias, supõe situação de fato que, se existisse, tornaria a ação legítima.

[35] Art. 18. Se o crime é cometido sob coação irresistível ou em estrita obediência a ordem, não manifestamente ilegal, de superior hierárquico, só é punível o autor da coação ou da ordem.

[36] Art. 19. Não há crime quando o agente pratica o fato: I – em caso de necessidade; II – em legítima defesa; III – em estrito cumprimento de dever legal ou no exercício regular de direito.

[37] Art. 22. É isento de pena o agente que, por doença mental ou desenvolvimento mental incompleto ou retardado, era, ao tempo da ação ou da omissão, inteiramente incapaz de entender o caráter criminoso do fato ou de determinar-se de acordo com esse entendimento.

[38] Art. 24. [...] § 1º É isento de pena o agente que, por embriaguez completa, proveniente de caso fortuito ou força maior, era, ao tempo da ação ou da omissão, inteiramente incapaz de entender o caráter criminoso do fato ou de determinar-se de acordo com esse entendimento.

Júri impunha a impronúncia às situações em que o juiz não se convencesse "da existência de crime ou não houver indício de que seja o réo o seu autor".

Assim, a única alteração substancial foi para incluir a palavra *suficiente* como qualificação dos indícios de autoria exigidos para o encaminhamento do feito ao Júri, encerrando quaisquer dúvidas que pudessem remanescer, da interpretação do Decreto-Lei nº 167, de 1938, de que poderia ser pronunciado o réu diante da presença de qualquer indício de autoria, seja ele suficiente ou não. Em outras palavras, a redação trazida pelo Código de Processo Penal deixou claro que ainda que diante de indícios de autoria poderia o acusado ser impronunciado.

Ademais, Romeu Pires de Campos Barros (1990, p. 247) estabelecia que a impronúncia deveria ser decretada nos casos em que: a) não houvesse prova da existência do fato; b) estivesse provada a inexistência do fato; e c) não houvesse prova de haver o réu concorrido para a infração penal.

Permaneceu o entendimento de que a impronúncia, ao contrário da absolvição sumária, não formaria coisa julgada, de modo que, diante do surgimento de novas provas, poderia ser proposta nova ação penal para a investigação do fato. Contudo, a doutrina apontava, em comunhão com o entendimento jurisprudencial majoritário da época, que, somente nas hipóteses em que a impronúncia decorresse da inexistência do fato imputado, ou da falta de tipicidade, isto é, não estar ele definido como crime, ela teria força de coisa julgada (NORONHA, 1966, p. 339).

Percebe-se, portanto, que tais exceções, uma vez decretada a impronúncia, constituem verdadeiras causas de absolvição sumária, haja vista encerrar, em definitivo, a persecução criminal relativa ao fato. Não por acaso, foram posteriormente transportadas para o rol de situações ensejadoras da absolvição sumária, com a redação dada pela Lei nº 11.689, de 2008[39].

Em verdade, a manutenção de tais hipóteses como caracterizadoras de impronúncia, e não de absolvição sumária, era prova de uma atecnia do legislador, que acabava sendo, inclusive, contrária ao pensamento inquisitivo da época. Isso porque, ao manter a impronúncia nos casos em

---

[39] Assim dispondo o atual art. 415 do CPP: "O juiz, fundamentadamente, absolverá desde logo o acusado, quando: I – provada a inexistência do fato; [...] III – o fato não constituir infração penal [...]".

que fosse provada a inexistência do fato, a decisão formaria igualmente coisa julgada, mas, diferentemente do que ocorria com a absolvição sumária, não ocorreria recurso *ex officio*, beneficiando, de certa forma, o acusado.

No mais, a redação trazida pelo Código de Processo Penal confirmou a grave ameaça à soberania dos vereditos apresentada pelo Decreto-Lei nº 167, de 1938, permitindo aos tribunais de segunda instância interferir na decisão de mérito proferida pelos juízes leigos[40], nos casos em que o julgamento tivesse sido feito em desconformidade com as provas dos autos, mormente a forte insistência em sentido contrário pela doutrina.

Tal inconsistência encontrou respaldo para ser renovada pela nova legislação, em razão da continuidade da omissão constitucional – promovida pela Constituição de 1937 – em regular o Tribunal do Júri. Entretanto, com o advento da Carta Magna de 1946, notadamente mais democrática e atinente aos direitos e garantias fundamentais, a instituição do Júri ganhou uma nova roupagem constitucional, passando a ser previsto, expressamente, como características inerentes ao seu funcionamento, o *sigilo das votações*, a *plenitude de defesa* e a *soberania dos veredictos*[41] (BARROS, 1990, p. 229).

Em virtude da nova ordem constitucional, foi promulgada a Lei nº 263, de 23 de fevereiro de 1948, com o fim de readequar o texto do recém-editado CPP à *Lei Maior*. Nesse sentido, foi revogado o art. 606 do texto originário do Código de Processo Penal e adicionado, ao art. 593, a disposição de que, convencendo-se o tribunal de que o julgamento se deu em desconformidade com a prova contida nos autos, a decisão recursal seria no sentido de sujeitar o acusado a novo julgamento popular[42].

---

[40] Art. 606. Se a apelação se fundar no n. III, letra b, do art. 593 e o tribunal de apelação se convencer de que a decisão dos jurados não encontra apoio algum nas provas existentes nos autos, dará provimento à apelação para aplicar a pena legal, ou absolver o réu, conforme o caso.

[41] Art 141. A Constituição assegura aos brasileiros e aos estrangeiros residentes no País a inviolabilidade dos direitos concernentes à vida, à liberdade, a segurança individual e à propriedade, nos termos seguintes: [...] § 28 – É mantida a instituição do júri, com a organização que lhe der a lei, contanto que seja sempre ímpar o número dos seus membros e garantido o sigilo das votações, a plenitude da defesa do réu e a soberania dos veredictos. Será obrigatoriamente da sua competência o julgamento dos crimes dolosos contra a vida.

[42] Art. 593. [...] § 3º Se a apelação se fundar no nº III, letra d, dêste artigo, e o Tribunal ad quem se convencer de que a decisão dos jurados é manifestamente contrária à prova dos autos, dar-lhe-á provimento para sujeitar o réu a novo julgamento; não se admite, porém, pelo mesmo motivo, segunda apelação.

Encerrou-se, assim, o poder conferido aos tribunais, trazido 10 anos antes, pelo Decreto-Lei nº 167, de 1938, de interferir na decisão dos jurados, por estar tal disposição, enfim, contrária ao texto constitucional importado pela Constituição de 1946.

Nota-se, ademais, que o CPP de 1941 somente se dignou a corrigir pequenas atecnias e omissões, apontadas pela doutrina da época, presentes na *Lei do Júri* de 1938, merecendo um especial destaque a natureza e os efeitos da decisão de pronúncia, expoentes do pensamento inquisitivo da época, os quais serão tratados adiante.

3. A atecnia procedimental e a "presunção de culpabilidade" do rito original do Tribunal do Júri: influências do sistema inquisitivo

O Código de Processo Penal de 1941 ficou marcado, como visto acima, por ratificar os termos trazidos anteriormente pela *Lei do Júri*, estabelecendo definitivamente a divisão de fases procedimentais no rito do Tribunal do Júri, as quais eram separadas pela então denominada *sentença de pronúncia*. Chama a atenção, desde já, a nomeação da decisão, tratada como espécie do gênero *sentença*, muito embora fosse de difícil explicação doutrinária à época.

Nesse sentido, por muito tempo a doutrina pátria sustentou, com veemência, a caracterização da pronúncia como claro exemplo de sentença. Margarinos Torres (1939, p. 188), por exemplo, precursor no estudo do procedimento bifásico do Júri, dispunha que:

> [...] a pronuncia tem todos os caracteristicos de verdadeira sentença, de que deve, portanto, guardar a fórma, na exposição, considerações e conclusão, para orientar e positivar as questões em debate, de facto e de direito, mórmente quando ponha termo o processo, pela impronuncia ou pela abolvição [...].

Já Walter Pereira Acosta (1995, p. 311-312) arguía que sentença é a decisão que põe termo à jurisdição e esgota a instância, sendo, assim, a pronúncia, a qual muito embora não pusesse fim ao processo, fazia cessar a competência do juízo togado. Seria, em suas palavras, uma sentença *sui generis*.

Edgard Magalhães Noronha (1966, p. 383), por sua vez, corroborava com a ideia, argumentando que "tanto é sentença e tanto há nela julgamento, que o Juiz pode absolver o acusado, subtraindo-o até ao julgamento do Júri".

Outra parte da doutrina ainda fazia esforços argumentativos de que a pronúncia se tratava de uma sentença "em sentido formal, e não substancial", em que o juiz apenas proclama admissível a acusação (MARREY; FRANCO; STOCO, 1997, p. 218-219).

Por outro lado, já havia, àquela época, entendimentos conflitantes, que reconheciam o mero caráter interlocutório da pronúncia. Romeu Pires de Campos Barros (1990, p. 244), por exemplo, apresentava que:

> A sentença de pronúncia não é decisão de mérito, seus efeitos são restritos ao campo processual. Daí porque depois de proferida, preclusos ou exauridos os meios de impugnação, abre-se uma nova fase na mesma relação processual, com o oferecimento do libelo, dando início ao juízo da causa. Não obstante, a circunstância do art. 116, usar da expressão "passada em julgado a sentença de pronúncia" tem gerado dúvidas. Todavia, a própria redação do artigo está a demonstrar que seus efeitos estão limitados ao processo, quando acrescenta que: "poderá ser alterada pela verificação superveniente de circunstâncias que modifique a classificação do delito". E tanto é certo que se trata de mera imprecisão terminológica do legislador processual que, no juízo da causa, o júri poderá entender que não está provada a existência do crime, em contraposição ao que ficara decidido na sentença de pronúncia, ou reconhecer excludentes da antijuridicidade ou da culpabilidade, repelidas pela referida sentença. Esta apenas decidiu da admissibilidade da acusação, não se manifestou sobre a procedência dela. Trata-se, portanto, de uma sentença interlocutória simples, conforme já se demonstrou.

Tourinho Filho (1977, p. 26-27) também atestava que a pronúncia não constituía sentença de mérito, podendo, no máximo, ser denominada de sentença processual, pois somente encerraria a primeira etapa do procedimento especial do Júri.

Por fim, José Frederico Marques (1997, p. 360), de maneira que hoje parece mais coerente, asseverava que, das quatro decisões passíveis de serem tomadas ao fim da primeira fase, somente a absolvição poderia ser chamada de sentença, por ser a única tomada a partir de um juízo de certeza, diante de um conjunto probatório farto, e capaz de pôr fim ao processo, formando, posteriormente, coisa julgada. Já a pronúncia e a impronúncia classificavam-se como decisões interlocutórias mistas, pois punham, de fato, fim àquela instância penal, mas não incidiam sobre o *meritum causae*.

Tal divergência se explicava, principalmente, pelos efeitos ocasionados pela pronúncia, que mais se aproximavam de consequências típicas de uma decisão terminativa do que de uma interlocutória. Nessa perspectiva, o Código de Processo Penal previa originalmente que da pronúncia decorreriam: a) o recolhimento do acusado à prisão (podendo ser arbitrado valor da fiança, sendo o crime afiançável); e b) o lançamento de seu nome no rol dos culpados[43].

Tais possibilidades eram expoentes do pensamento inquisitivo dominante no período, presente, inclusive, na própria exposição de motivos do CPP[44]. Desse modo, com fulcro a servir de base ao punitivismo reinante à época, importado do Código de Processo Penal da Itália fascista, transformou-se a sentença de pronúncia, que, conforme a própria doutrina, deveria servir de mero juízo de admissibilidade do feito, em verdadeira antecipação do juízo de culpa a ser exercido pelo Tribunal do Júri.

O entendimento doutrinário, contudo, era no sentido de que a prisão, nesse caso, mais se amoldava a uma espécie de custódia cautelar, assim como a prisão preventiva. Além disso, para alguns pensadores, como a pronúncia reunia condições que atestavam a existência do crime e indícios suficientes de autoria, já se estaria apto a afastar a presunção de inocência do acusado, o que lhe afastaria o direito de não ser recolhido à prisão (MARREY; FRANCO; STOCO, 1997, p. 232).

Ricardo Jacobsen Gloeckner (2018, p. 298), nesse ponto, aduz corretamente que "talvez a grande marca de um regime autoritário de processo penal possa ser mais facilmente identificada a partir dos usos atribuídos às prisões cautelares". Portanto, ao caracterizar a detenção decorrente da pronúncia como uma espécie de *custódia administrativa*, a doutrina brasileira do período da redação do Código basicamente importava,

---

[43] Art. 408. [...] § 1º Na sentença de pronúncia o juiz declarará o dispositivo legal em cuja sanção julgar incurso o réu, mandará lançar-lhe o nome no rol dos culpados, recomendá-lo-á na prisão em que se achar, ou expedirá as ordens necessárias para a sua captura. 2º Se o crime for afiançável, será, desde logo, arbitrado o valor da fiança, que constará do mandado de prisão.

[44] Francisco Campos, então Ministro da Justiça à época da promulgação do CPP de 1941, pontuava ser necessário a abolição da "injustificável primazia do interesse do indivíduo sobre o da tutela social. Não se pode continuar a contemporizar com pseudodireitos individuais em prejuízo do bem comum" (CAMPOS, 2001, p. 06 apud SILVA JÚNIOR, 2021, p. 112).

ipsis litteris, a tratativa dada pela legislação italiana fascista, que censurava, por completo, a presunção de inocência.

Em verdade, à época da redação do CPP, sequer haveria de se questionar a legitimidade de tal medida em face da presunção de inocência, haja vista que a incorporação do referido brocardo no ordenamento jurídico brasileiro somente teve como marco inicial a Declaração Americana dos Direitos e Deveres do Homem, de Bogotá, e a Declaração Universal dos Direitos do Homem, ambas de 1948 – posteriores, portanto, ao Código de Processo Penal (CAMARGO, 2001, p. 129).

Sobre isso, importa ressaltar que o *Codice Rocco* de 1930 – berço do CPP de 1941 – repudiou, veementemente, a presunção de inocência, pois a encarava como uma afronta ao próprio fim do processo criminal, que, até então, era visto como instrumento de busca incessante da verdade real. Dessa forma, atribuir ao acusado o caráter de inocente impediria, para o entendimento então vigente, a mera existência do processo, que se encontraria altamente limitado e impossibilitado de cumprir a sua missão inquisitória institucional (SERMONTI, 1943, p. 322-323).

Tal ideologia foi irrestritamente incorporada ao ordenamento jurídico estadonovista. Magalhães Noronha, por exemplo, ao abordar sobre a prisão cautelar, importava as lições de Vicenzo Manzini (um dos redatores do Código de Processo Penal da Itália fascista) para apontá-la como uma "limitação [à liberdade] destinada a satisfazer uma finalidade processual penal" (NORONHA, 1966, p. 194 apud GLOECKNER, 2018, p. 401), expondo que, de fato, *se a liberdade era provisória, a prisão era a regra*[45].

Hélio Tornaghi (1967, p. 1084) ratifica tal entendimento, argumentando que a mera existência do Código de Processo Penal afastava a presunção de inocência, pontuando que "admitida a presunção de inocência, ficariam sem explicação e seriam até incoerentes as providências coercitivas, quer contra a pessoa do réu (busca pessoal, prisão), quer contra as coisas a êle pertencentes (sequestro, arresto, apreensão, etc)", razão pela

---

[45] Trecho cunhado por Ricardo Jacobsen Gloeckner (2018, p. 398) em alusão ao caráter autoritário do CPP de 1941, ironizando o termo do instituto da "liberdade provisória". O autor, citando o pensamento de Vincenzo Manzini (1996, p. 554), ainda atesta que a liberdade, pela redação do *Codice Rocco* e do Código de Processo Penal de 1941, era vista mais como um "benefício" dado pelo Estado em detrimento da custódia cautelar do que um direito inerente ao indivíduo.

qual também as medidas cautelares probatórias eram dispostas sem maior controle judicial ou justificativa da autoridade policial, como tratado em capítulo anterior desta obra.

Isto posto, o recolhimento à prisão a partir da pronúncia evidencia que a liberdade no Brasil não era a regra. Caso contrário, como, portanto, poderia se permitir como automática a custódia de um indivíduo com o mero juízo de admissibilidade da acusação? Vigorava no país uma verdadeira *presunção de culpabilidade* (SILVA JÚNIOR, 2022, p. 91).

Em verdade, prisão alguma deve ser tomada com base na superação da presunção de inocência, mas sim com base na superação da presunção de não culpabilidade. Sobre isso, é sempre imperioso ressaltar as importantes contribuições de Walter Nunes da Silva Júnior (2022, p. 230), o qual explica que a presunção de inocência se torna em uma espécie de garantia ao cidadão a protegê-lo contra perturbações de sua paz ou ataques à sua dignidade "com imputações levianas, invocadas sem a menor plausibilidade, com o propósito apenas de deixá-lo em situação constrangedora". Assim, a inocência é presumida como garantia contra a instauração de inquérito policial sem justa causa.

Já a presunção de não culpabilidade, para o mesmo autor (2022, p. 229), é a expressão mais assertiva para a garantia da liberdade do acusado já denunciado perante o juízo, mesmo já não sendo mais presumida a sua inocência. A superação desse último princípio só pode se configurar quando apresentado material probatório robusto pela acusação, capaz de convencer o juízo da responsabilidade criminal – isto é, a culpabilidade – do réu.

Nessa linha de raciocínio, antes mesmo de decretada a pronúncia, a inocência do réu já não seria mais presumida, o que não permite concluir que, em razão disso, há de se considerar a sua custódia. Seria somente com a superação da presunção de não culpabilidade, verificada após a análise de mérito – tomada mediante juízo de certeza, apoiado nas provas carreadas aos autos – que a prisão encontraria espaço para ser determinada[46].

---

[46] Cabe, contudo, destacar também as posições que dispõem em sentido contrário. Nesse sentido, Mônica Ovinski de Camargo (2001, p. 215-218) argumenta que não há distinção entre a presunção de inocência e a de não culpabilidade com a hermenêutica constitucional atual. A autora pontua, inclusive, que a redação originária do texto constitucional discutida pela Assembleia Constituinte previa que "considera-se inocente todo o cidadão, até o trânsito em julgado da sentença penal condenatória", sendo tal trecho modificado posteriormente, por iniciativa do Deputado José Ignácio Ferreira, sob o argumento de que

Percebe-se, assim, que o juízo da pronúncia, conforme explicitado pela própria doutrina da época, abordado no início do presente tópico, não seria apto a romper a presunção de não culpabilidade, haja vista não carregar provas indenes de dúvidas quanto à autoria delitiva do acusado. Desse modo, é certo concluir que a prisão como decorrência de sua decretação teria por base uma verdadeira *presunção de culpa.*

De tal ideologia inquisitiva da redação primária do Código de Processo Penal decorreria uma outra anomalia processual, ainda mais preocupante ao acusado: a contaminação psíquica dos jurados. Nessa senda, não é preciso fazer demasiados esforços argumentativos para se concluir que diante de um réu preso o julgador leigo tenderia fortemente a crer, antes mesmo do início da sessão plenária, em sua culpa, afinal reina no senso comum o ideal de que ninguém é recolhido à prisão sem motivo plausível para tanto.

O acusado já era submetido a julgamento, portanto, sob o manto da condenação, sendo a sua absolvição uma verdadeira *via crucis*, extremamente difícil de ser comprovada. Sobre isso, Mônica Ovinski Camargo (2001, p. 235) bem entende que "a prisão imprime o estigma de culpado para o indivíduo que ainda está sendo processado", sendo deveras mais provável a condenação de um acusado que já se encontra preso pelo simples impacto negativo que a custódia causa a um cidadão leigo.

É certo que, com o passar do tempo, tal disposição foi ganhando novas regulamentações. A Lei nº 5.941, de 22 de novembro de 1973, passou a incluir a possibilidade de a prisão pós-pronúncia ser afastada, caso o réu fosse primário ou de bons antecedentes[47]. Contudo, ainda caso o acusado cumprisse com os citados requisitos, a concessão do benefício processual

---

se privilegiaria por demasiado as garantias individuais. De acordo com a autora, a ideia de considerar inocente um indivíduo até o trânsito em julgado de uma ação penal instigou vários Deputados a crerem que não se poderia mais efetuar prisões cautelares, de modo que se importou o que prega a Constituição italiana (*"l'imputato non è considerato colpevole sino alia condenna definitiva"*) – inspirada na Escola Técnico-Jurídica –, adotando a presunção de não culpabilidade em detrimento da de inocência. Por fim, assevera que "só há dois status que podem ser aplicados ao indivíduo: inocente ou culpado. A tentativa de criar uma terceira condição para o indivíduo, intermédia entre estes dois extremos, dentro da simples denominação de 'acusado', não vingou na Itália e, igualmente, não pode ser levada a sério no Brasil, sob pena de moldar um conceito totalmente destituído de base normativa, alheio à realidade jurídica constitucional e processual penal".

[47] A referida lei alterou a redação do art. 408 do CPP, adicionando o seguinte dispositivo: "se o réu for primário e de bons antecedentes, poderá o juiz deixar de decretar-lhe a prisão ou revogá-la, caso já se encontre preso".

ficaria ao livre-arbítrio do juiz[48] (MARREY; FRANCO; STOCO, 1997, p. 231).

Situação ainda mais esdrúxula era a inserção do nome do réu no rol dos culpados com a decretação da pronúncia. Ora, o entendimento doutrinário era uníssono que, não obstante exigisse juízo de certeza quanto à materialidade, a pronúncia não se incumbia de reunir condições de atestar a autoria delitiva. Como, portanto, seria concebível lançar o nome de um acusado no rol dos culpados sem a configuração inconteste de sua participação no delito?

Contudo, em razão da forte inquisitoriedade do período, a doutrina pouco se debruçava sobre as implicações jurídicas de tal brocardo, de modo que foi somente após a promulgação da Constituição de 1988 – a primeira a adotar expressa e inequivocamente a presunção de não culpabilidade como garantia fundamental – que surgiram entendimentos no sentido de considerar tal preceito não recepcionado pela Carta Magna posterior.

Nesse contexto, pouco após o advento do texto constitucional de 1988, os tribunais estaduais brasileiros já começaram a divergir sobre a pertinência do lançamento do nome do acusado no rol dos culpados com a pronúncia. Assim, entre 1993 e 1994, o Superior Tribunal de Justiça[49] e o Supremo Tribunal Federal[50], respectivamente, pacificaram a temática, passando a regular a sua incongruência com a presunção de não culpabilidade prevista na Carta Magna (MARREY; FRANCO; STOCO, 1997, p. 238-239).

---

[48] Inclusive, cabe importar o posicionamento jurisprudencial majoritário da época, que ratificava tal entendimento. Nesse sentido, pontuou o Supremo Tribunal Federal que "o réu pronunciado – ainda que primário e de bons antecedentes – nenhum direito tem à obtenção da liberdade provisória. A preservação do *status libertatis* do acusado traduz, nesse contexto, mera faculdade reconhecida ao juiz" (STF, 1ª Turma, HC 69.026/DF, Min. Celso de Mello, J. 10.12.1991).

[49] Em julgamento datado de 15 de dezembro de 1993, a 5ª Turma do STJ definiu que "[...] a pronúncia não pode mandar registrar o acusado no rol dos culpados, uma vez que consiste na remessa para o julgamento do Tribunal do Júri, o qual, em última análise, é quem decidirá. Afinal, ninguém é considerado culpado senão depois do trânsito em julgado da sentença condenatória. A norma do § 1º do art. 406 do CPP está derrogada pelo art. 5º, LVII, da CF" (STJ, 5ª Turma, Ac. Rec. 3.259/SP, Min. Jesus Costa Lima, J. 15.12.1993).

[50] O qual pontuou que "[...] Sem adentrar o exame da inutilidade prática do vetusto procedimento, considerado o interesse do Estado, exsurge a incompatibilidade com a Carta da República de 1988, no que preceitua que 'ninguém será considerado culpado até o trânsito em julgado de sentença penal condenatória' – inciso LVII do art. 5º. O princípio da não culpabilidade revela ausência de recepção do preceito – parte do § 1º do art. 408 do CPP – no que impunha, como consequência da sentença de pronúncia, o lançamento do nome do réu no rol dos culpados" (STF, 2ª Turma, Ac. HC 70.817/SP, Min. Marco Aurélio, J. 15.03.1994).

Logo após a pacificação jurisprudencial, o legislador reformista pôs fim, de vez, à tal providência, através da Lei nº 9.033, de 2 de maio de 1995, excluindo-se o lançamento do nome do acusado no rol dos culpados como efeito da pronúncia. Fato é, contudo, que tal entendimento havia permanecido vivo no ordenamento jurídico brasileiro desde o Decreto-Lei nº 167, de 1938, atestando a preferência do legislador pela *presunção de culpa* num interregno de quase 60 anos.

Destaca-se, assim, que a mentalidade inquisitória do legislador de 1941 – fortemente influenciada pelo tecnicismo jurídico italiano da época – marcou presença nas regras atinentes ao procedimento do Tribunal do Júri, o qual, mesmo separado em duas fases, tinham seus procedimentos confundidos, em virtude da completa ignorância da presunção de não culpabilidade antes do julgamento em Plenário. Privilegiava-se, assim, o ideal manifestado na exposição de motivos do CPP, de que o processo deveria servir muito mais de instrumento da ordem pública do que da manutenção de direitos – ou *pseudodireitos*, como exposto por Francisco Campos à época[51] – individuais.

Considerações finais do capítulo

Sem dúvidas, a história do Tribunal do Júri se confunde com a própria história nacional. Desde a sua primeira aparição, com o Decreto imperial de 18 de junho de 1822, o instituto vem sofrendo diversas alterações procedimentais, sendo certo, contudo, que o seu rito sempre foi de natureza diferenciada dos demais.

Assim sendo, a codificação do procedimento bifásico – em um primeiro momento com o Decreto-Lei nº 167, de 1938, e posteriormente com o Código de Processo Penal de 1941 – estabeleceu que a atuação do povo em sua função judicante deveria ser precedida de um filtro jurisdicional amplo e efetivo, apto a servir de juízo de admissibilidade da causa ao Plenário.

Após a análise da redação originária do CPP sobre o procedimento bifásico exposto pelo legislador, conclui-se, portanto, que o rito

---

[51] Vide nota de rodapé 39.

inicialmente previsto atendeu às expectativas autoritárias do regime de exceção vivenciado com o Estado Novo varguista.

Em primeiro lugar, malgrado o Código tenha corrigido algumas atecnias relativas à inviabilidade de se exercer o contraditório, destaca-se que a soberania do Júri era um princípio à época inexistente, sobretudo pela carência de regulamentação do instituto no texto constitucional de 1937 – o que só veio a ser efetivado com a Constituição de 1946. Nesse sentido, a redação originária do procedimento permitia uma interferência ativa dos tribunais de apelação na decisão de fato estabelecida pelos juízes leigos, sendo comum observar, conforme apontava a doutrina daquele tempo, casos em que o jurado era absolvido pelo povo, mas condenado pelo Tribunal recursal e vice-versa.

Ademais, outro entendimento – ainda mais problemático – promovido pela redação originária do CPP era relativo à natureza e aos efeitos da pronúncia. Conquanto hoje seja certo que a sua natureza processual é de decisão interlocutória mista – o que já era defendido por parcela da doutrina da época –, permaneceu, por muito tempo, frise-se, a ideia de que seria espécie do gênero sentença.

De fato, com o alcance e os efeitos que a ela eram dados à época, a pronúncia adquiria verdadeiros ares de sentença terminativa, por ser uma mera antecipação da decisão do Júri. Desse modo, a redação originária do CPP de 1941 estabelecia que, uma vez pronunciado o réu, ele deveria ser, desde logo, recolhido à prisão (salvo fiança, caso fosse afiançável o delito) e ter o seu nome lançado no rol dos culpados.

De tal previsão legal, conclui-se que a gênese do Código de Processo Penal brasileiro obedecia, em sua essência, a uma verdadeira *presunção de culpa* do acusado, pois, sendo a pronúncia uma decisão tomada sem juízo de certeza quanto à autoria do delito, é inconcebível que ao réu fosse dado tratamento de condenado com o mero fim da primeira fase do rito do Júri.

Fato é que, conforme exposto, a sistemática do Tribunal do Júri originário era tão somente um reflexo da Constituição outorgada de 1937, a qual, dotada de caráter indiscutivelmente autoritário, não previu a presunção de inocência – ou de não culpabilidade – e tampouco quaisquer outras garantias processuais favoráveis ao acusado como direito fundamental.

Em razão disso, apesar de todas as reformas legais que o rito do Júri sofreu ao longo dos 81 anos de vigência do Código de Processo Penal, aquelas que mais marcaram e revolucionaram a sua estrutura foram, sem dúvidas, as promovidas pelas novas interpretações trazidas pelas Constituições de 1946 – em resposta à de 1937, outorgada em meio ao Estado Novo – e a de 1988, que pôs um ponto final ao regime ditatorial militar.

Percebe-se, portanto, que, consoante o que se constatou no primeiro tópico deste capítulo, o Tribunal do Júri, de fato, surge como um mecanismo de contenção do autoritarismo estatal nos tempos contemporâneos, sendo o expoente máximo da participação popular no funcionamento do judiciário. Assim, a sua proteção, para além de meros simbolismos jurídicos, se configura não só como um instrumento de legitimidade do processo criminal, mas também como representação permanente da democracia como preceito norteador da atividade judicante.

Bibliografia

ACOSTA, Walter Pereira. *O processo penal*: teoria, prática, jurisprudência, organogramas. 22. ed. Rio de Janeiro: Editora do Autor, 1995.

ALMEIDA, Joaquim Canuto Mendes de. *A contrariedade na instrução criminal*. São Paulo: Saraiva, 1937.

ALMEIDA JÚNIOR, Candido Mendes de. *Codigo de processo penal do Districto Federal anotado*. Rio de Janeiro: Imprensa Nacional, 1925.

ALMEIDA JÚNIOR, João Mendes de. *O processo criminal brasileiro*. 4. ed. v. 1. Rio de Janeiro: Livraria Freitas Bastos, 1959.

AZEVEDO, André Mauro Lacerda. *Tribunal do Júri e soberania popular*. Dissertação (Mestrado em Direito) – Universidade Federal do Rio Grande do Norte. Natal, p. 242. 2007.

BARROS, Romeu Pires de Campos. *Sistema do processo penal brasileiro*. v. 2. Rio de Janeiro: Forense, 1990.

BUENO, José Antonio Pimenta. *Apontamentos sobre o processo criminal brasileiro*. Lisboa: A. M. Teixeira, 1910.

CÂMARA LEAL, Antônio Luiz da. *Comentários ao código de processo penal brasileiro*. Rio de Janeiro-São Paulo: Livraria Freitas Bastos, 1942.

CAMARGO, Mônica Ovisnki de. *O estado e o indivíduo*: o conflito entre punir e libertar – história da presunção de inocência no Brasil (1948-2000). Dissertação (Mestrado em Direito) – Universidade Federal de Santa Catarina. Florianópolis, p. 292. 2001.

CAMPOS, Francisco. *Código de processo penal*. 41. ed. São Paulo: Saraiva, 2001.

DUTTGE, Gunnar. *Laienrichter in der Strafgerichtsbarkeit:* Anspruch und Wirklichkeit. Juristische Rundschau, Heft 9/2006, p. 358.

FRANCO, Ary de Azevedo. *O Júri e a Constituição Federal de 1946*: comentários à lei n. 263, de 23 de fevereiro de 1948. Rio de Janeiro: Forense, 1956.

GAZOTO, Luís Wanderley. Evolução político-legislativa do júri popular no Brasil. *Revista de doutrina e jurisprudência/Tribunal de Justiça do Distrito Federal e dos Territórios*, n. 59, p. 52-84, jan./abr. 1999.

GLOECKNER, Ricardo Jacobsen. *Autoritarismo e processo penal*: uma genealogia das ideias autoritárias no processo penal brasileiro. 1. ed. São Paulo: Tirant lo Blanch.

GOIS, Filipe Dantas de. O novo procedimento do Tribunal do Júri e o embate entre a duração razoável do processo e a manutenção do sistema bifásico. *In:* SILVA JÚNIOR, Walter Nunes da; HAMILTON, Olavo (org.). *Projeto do novo código de processo penal:* temas fundamentais. Natal:

OWL, 2022, p. 343-380.

LEVACK, Brian P. *A caça às bruxas na Europa Moderna*. 1. ed. Rio de Janeiro: Campus Editora, 1988.

MANZINI, Vincenzo. *Tratado de Derecho Procesal Penal*. t. III. Buenos Aires: El Foro, 1996.

MARQUES, José Frederico. *A instituição do Júri*. Campinas: Bookseller, 1997.

MARQUES, José Frederico. *Elementos de direito processual penal*. V. 1. Campinas: Millenium Editora, 2009.

MARREY, Adriano; FRANCO, Alberto Silva; STOCO, Rui. *Teoria e prática do Júri*: doutrina, roteiros práticos, questionários, jurisprudência. 6. ed. rev. atual. e ampl. São Paulo: Editora Revista dos Tribunais, 1997.

MOELLER, U. O "Júri" Alemão: o leigo no processo penal na Alemanha. *Revista Brasileira de Direito Processual Penal*, [S. l.], v. 2, n. 1, p. 59–98, 2016. Disponível em: https://revista.ibraspp.com.br/RBDPP/article/view/17. Acesso em: 13 out. 2022.

NORONHA, Edgard Magalhães. *Curso de direito processual penal*. 2. ed. São Paulo: Saraiva, 1966.

ROSA, Inocêncio Borges. *Mannual de theoria e pratica do processo penal*. v. 1. Porto Alegre: Livraria do Globo, 1928.

SERMONTI, Alfonso. *Principii Generali Dell'Ordinamento Giuridico Fascista*. Milano: Giuffre, 1943.

SILVA JÚNIOR, Walter Nunes da. *Curso de direito processual penal*: teoria constitucional do processo penal. 3. ed. Natal: OWL, 2021.

SILVA JÚNIOR, Walter Nunes da. *Reforma tópica do processo penal*:

inovações aos procedimentos ordinário e sumário, com o novo regime das provas, principais modificações do júri e as medidas cautelares pessoais (prisão e medidas diversas da prisão). 4. ed. Natal: OWL, 2022.

TORNAGHI, Hélio. *Compêndio de Processo Penal*. t. III. Rio de Janeiro: José Konfino, 1967.

TORRES, Antonio Eugenio Margarinos. *Processo penal do jury no Brasil*: contendo estudo sobre as características da instituição e exame crítico da doutrina e da jurisprudência, concernentes aos tramites processuaes, com analyse dos textos e suggestões para reforma da nova Lei n. 167, de 5 de janeiro de 1938. Rio de Janeiro: Livraria Jacintho, 1939.

TOURINHO FILHO, Fernando da Costa. *Processo penal*. v. 4. 3. ed. Bauru: Jalovi, 1977.

TUCCI, Rogério Lauria. *Direitos e garantias individuais no processo penal brasileiro*. 3.ed. São Paulo: Revista dos Tribunais, 2009.

CAPÍTULO 10

O PAPEL DO CÓDIGO DE PROCESSO PENAL DE 1941 NA CONSOLIDAÇÃO DA NECROPOLÍTICA NO BRASIL

Guilherme de Negreiros Diógenes Reinaldo [1]

Este capítulo busca descrever o papel do Código de Processo Penal de 1941 na consolidação do conceito de Necropolítica[2] como política de estado no Brasil, especificamente através do tratamento legislativo dado ao flagrante delito e à prisão preventiva.

Se no primeiro capítulo deste livro, introduziu-se o debate sobre a herança inquisitória da colonização lusitana e seus efeitos sobre as instituições judiciais do estado brasileiro, tomando como base o Código de Processo Penal de 1824, neste último, debateremos a questão sobre uma outra perspectiva temporal e subjetiva.

Em detalhes, no primeiro tópico deste capítulo será realizada revisão bibliográfica com o fim de identificar qual era a visão que os codificadores do texto de 1941 tinham sobre a função da norma processual penal, para em seguida, no segundo tópico, debater-se qual o papel desempenhado pelo resultado dessa produção legislativa, na consolidação do encarceramento em massa como mecanismo de gerenciamento da miséria.

A motivação para a opção metodológica indicada se justifica em razão de que, para compreender o tratamento legislativo dado à prisão

---

[1] Advogado. Mestre e Bacharel em Direito pela Universidade Federal do Rio Grande do Norte (UFRN). Coordenador de metodologia no grupo "Criminalidade violenta e diretrizes para uma política de segurança pública no estado do Rio Grande do Norte". Membro pesquisador do grupo "Direito Criminal como corpo normativo constitutivo do sistema de proteção dos direitos e garantias fundamentais, nas perspectivas subjetiva e objetiva", ambos vinculados à UFRN.
[2] Para Mbembe, Necropolítica é o exercício da soberania do estado a partir do controle sobre a mortalidade, e do gerenciamento da vida humana como implantação e manifestação de poder.

preventiva, poucas fontes são tão confiáveis quanto o próprio texto legal e declarações das pessoas encarregadas de sua elaboração.

Curiosamente, apesar de criado pelo Estado Novo e com o fim de viabilizar que fossem atingidos os fins ditatoriais do regime, a norma em questão, ainda que reformada em muitos aspectos, persiste em vários pontos substanciais, de modo que se faz importante compreender a sua origem, com o objetivo de identificar eventuais obstáculos epistemológicos[3] que impeçam que novas práticas, melhores do que as práticas internas já em vigor, sejam adotadas dentro do sistema de repressão penal.

1. A visão dos codificadores: Processo Penal como mecanismo de controle da "irracionalidade das massas"

A mitologia grega narra que Tântalo, um rei mítico da região da Frígia e filho de Zeus com a ninfa Plouto, buscando testar a onisciência das divindades do Olimpo, durante um dos banquetes que desfrutava na presença dos deuses, teve a audácia de servir, como refeição, o cadáver de seu próprio filho, que havia assassinado para aquela ocasião. Todavia, como é de se esperar, seus convidados a quem oferecera o banquete se deram conta do crime que havia sido cometido, com exceção da distraída Demetra (deusa da agricultura) que comeu um dos braços do cadáver (SICÍLIA, 2014, pp. 14).

Zeus, horrorizado com tal comportamento aplicou a Tântalo um suplício singular e cruel: o rei foi jogado ao Tártaro, rodeado de água cristalina e pura até a altura do pescoço e que se estendia até onde seus olhos podiam enxergar, e acima de sua cabeça uma grande árvore com belos frutos espalhados por ramos que pendiam para baixo. Contudo, sempre que aproximava a boca para beber a água, esta recuava e se esvaia, e sempre que estendia suas mãos para a árvore onde pendiam os frutos, os ramos eram levados pelo vento e se moviam para longe, ficando fora de seu alcance.

---

3 O conceito de "obstáculos epistemológicos" construído pelo físico francês Gaston Bachelard (1996, pp. 18-22), trata-se de um termo utilizado para descrever a situação na qual um sistema possui um certo número de ideias que são consideradas adequadas, mas que se constituem como obstáculos cognitivos para que novas práticas, melhores que as práticas internas já em vigor, apareçam dentro do sistema.

Deste modo, a água e os frutos lhe pareciam extremamente próximos, ao simples alcance da sua mão, mas, ao mesmo tempo, estavam infinitamente longes, e por toda a eternidade, Tântalo sofreu sede e não pôde beber, sofreu fome, e não pôde comer.

Do mesmo modo, o Direito Penal e Processual Penal sofre de um suplício semelhante, com a diferença de que não foi imposto por nenhuma divindade, mas sim por fatos sociais específicos, dentre eles a edição do Código Processo Penal de 1941, que rejeitou a dogmática penal e processual penal como limitação ao poder estatal de punir, ao mesmo tempo em que reforçou a adesão do Poder Judiciário como ferramenta de gerenciamento do problema socioeconômico da criminalidade, incumbindo-o de solucionar tal questão, como abordado nos capítulos 09 e .

Todavia, da mesma forma que Tântalo está rodeado de água e frutos e não consegue saciar sua fome e sede, o sistema jurídico-penal tampouco consegue saciar sua sede de resolver o problema da criminalidade através da punição. Tão perto e ao mesmo tempo tão longe do problema da segurança pública, o Código de Processo Penal de 1941, buscando encontrar aprovação social e legitimação para os arbítrios do regime, encontrou apenas o seu esvaziamento científico.

E para evitar os erros do passado e afastar o processo penal do suplício de Tântalo, vale compreender os fatos sociais que produziram o código sobre debate.

No caso do CPP de 1941, esses fatos sociais remontam ao ano de 1937, em plena Era Vargas, mais especificamente, para o dia 07 de junho. Nesta data, o então ministro José Macedo Soares, no cargo há menos de uma semana, ordena a imediata liberação de 300 presos políticos, oriundos do movimento conhecido como Levante Comunista, ao mesmo tempo em que houve a revogação do estado de guerra declarado em 1935.

A soltura, entretanto, não serviu para apaziguar os ânimos na jovem república: se de um lado, grupos de esquerda reivindicavam reparação pelas prisões políticas (que em certo nível ainda ocorriam) e faziam forte oposição ao governo federal, os grupos de direita ainda protestavam contra a medida que resultou na liberação.

Como aduz Melchior (2021, pp. 126):

O episódio, conhecido como "a Macedada", causou enorme desagrado na oficialidade e preparou o ambiente para a retomada agressiva da repressão política e da reforma autoritária do sistema processual penal. Cinco meses depois da soltura dos presos, em 5 de novembro, véspera do golpe que impôs nova Constituição ao país, José Carlos de Macedo Soares alegou problemas de saúde e saiu do Ministério da Justiça. Após quatro dias, 9 de novembro, Francisco Luís da Silva Campos tomou posse como novo ministro e, na manhã seguinte, estava instaurado o Estado Novo.

A saída de Macedo Soares e sua substituição por Francisco Campos ilustra de forma caricaturesca a forma como a história brasileira é marcada por avanços e retrocessos institucionais – como bem destacado no capítulo 04 deste livro, a partir do exemplo privilegiado do tratamento dado ao interrogatório judicial –, caracterizada, neste evento específico, pelo abandono de um projeto de estado minimamente pautado pela preservação de garantias individuais – no caso da "Macedada", o direito do cidadão de apenas ser preso mediante devido processo legal com instauração de inquérito policial e ação penal.

Esta tentativa de racionalização mínima do processo penal – ainda que tímida e absolutamente ineficaz para combater a mentalidade fascista que vigorava à época, ou para contrapor outras mudanças legislativas repressivas que haviam ocorrido no ano de 1935 –, cedeu em favor da legitimação da repressão estatal através do Direito, como pode ser constatado pela seguinte fala do novo ministro, bastante representativa do momento histórico, em que chegou anunciando que tinha o objetivo de estabilizar a repressão política, "humanizando a repressão ao comunismo.", e que as elites seriam as únicas capazes de dar conta da "irracionalidade da massa" e, portanto, definir o rumo das decisões políticas (MELCHIOR, 2021, pp. 125-126).

O novo ministro então, trouxe ao debate doutrinário e à ação administrativa pública os conceitos e programas para constituição de um estado nacional, antiliberal, autoritário e "moderno", revelando que, para as pessoas responsáveis pela tomada de decisões no Estado Novo, a única metodologia apta a impedir a desintegração total das instituições brasileiras provinha da denominada Técnica do Estado Totalitário (MELCHIOR, 2021, pp. 125).

É relevante mencionar, que a visão de modernidade dos teóricos do regime consistia da utilização do tecnicismo como forma de legalizar a repressão aos dissidentes políticos, excluindo da esfera pública os debates relacionados à produção das normas.

Em outras palavras, o fato social que produziu o Código de Processo Penal de 1941 não decorreu de um processo de debate entre diferentes correntes de pensamento, nas instâncias democráticas de elaboração legislativa, mas sim em gabinetes restritos, a partir de convenções firmadas entre meia dúzia de homens, que compartilhavam da mesma simpatia pelo fascismo, todos submetidos à vontade de um mesmo senhor, o chefe do Poder Executivo.

Neste contexto, o papel da codificação não é o de disciplinar as garantias atribuídas ao acesso à justiça e à forma como as pessoas devem ser investigadas, processadas e julgadas. Ao invés disso, através do tecnicismo, adere-se ao projeto totalitário de judicialização do gerenciamento da miséria e controle das pessoas consideradas inimigas do próprio estado, que à época, eram os grupos comunistas.

Para o novo regime, portanto, ilustrado pelas ações e palavras de Francisco Campos, a produção legislativa deveria se orientar pelo o que compreendiam ser critérios unicamente "técnico-científicos", algo que o ministro considerava inacessível aos parlamentares, de modo que as legislações a serem fabricadas por técnicos ou especialistas, subtraídas as discussões do escrutínio dos debates parlamentares por laboratórios ou fábricos legislativos, com a predominância – pressuposta – de grandes mudanças no sentido de uma melhoria técnica do processo legislativo. (NUNES, 2021, pp. 05)

Nas palavras do próprio Francisco Campos, o Código de Processo Penal de 1931:

> (...) provém de uma ou de outra forma, da vontade do Presidente da República: ou como resultado de suas conversações com seus ministros, ou diretamente, como fruto da sua apreciação dos negócios do Governo. De posse dessa orientação, com frequência constante de notas do punho do chefe de Estado, e consultadas as fontes de informação, os órgãos de elaboração põem-se em trabalho e, em menos tempo do que levava uma Comissão da Câmara ou do Senado para dar parecer (MELCHIOR, 2021, pp. 128).

Como decorrência inevitável deste processo de redação legislativa – ocorrido em gabinetes palacianos e com a intenção de viabilizar a neutralização dos inimigos do Estado Novo –, o sistema de repressão penal estabeleceria o arcabouço jurídico que, até hoje, promove a relativização de Direitos Fundamentais em prol da tentativa de satisfação dos anseios coletivos de redução da criminalidade.

Denota-se, portanto, que as "razões" do tecnicismo jurídico podem ser endereçadas pelas lentes de um liberalismo reacionário contínuo, que foi capaz de mobilizar as categorias processuais penais preexistentes ao fascismo, dando-lhe tintas e feições politicamente ornadas pelo discurso político sincrético fascista. O tecnicismo, assim, representou a tentativa de recuperação hegemônica do discurso jurídico sobre o crime, ainda que isso não significasse um retorno ao classicismo penal: procurava, preliminarmente, neutralizar o discurso naturalista dos positivistas, para só depois realizar o autoritarismo do Estado fascista. (GLOECKNER, 2021, pp. 326)

O principal revés associado a esta perspectiva é o de que, por melhor elaborada que seja a norma penal ou processual, nunca será capaz de solucionar problemas estruturais relacionados à fatores macroeconômicos, uma vez que o emprego do monopólio estatal sobre a violência e sobre o cerceamento de liberdade – ferramentas à disposição do sistema penal – são mecanismos absolutamente ineficazes para lidar com a complexidade que é inerente às questões sociais.

Se de um lado tal arcabouço é absolutamente inepto para cumprir com o fim a que se propõe – o de gerenciamento de problemas socioeconômicos através do sistema penal –, sua construção através da Técnica do Estado Totalitário, faz com que o existente sistema de justiça brasileiro passe por uma crise que pode ser identificada, conforme indica Faria (2004, p. 104), através da incapacidade da realização de certas funções consideradas essenciais, como a preservação de garantias individuais.

Ao analisar os fatos sociais que resultaram no nascimento do CPP de 1941, a explicação para essa incompetência na preservação de direitos é simples: o sistema não foi desenhado com esse fim.

Historicamente falando, desde os primórdios do Brasil colonial, como instituição de feições inquisitórias forjada pelo Estado Nacional Português a partir das raízes culturais da Contrarreforma, com seus prazos, instâncias e recursos, o Judiciário sempre foi organizado como um burocratizado sistema de procedimentos escritos, sendo sobretudo, no campo da repressão ao crime e aos desvios que a mentalidade inquisitória se infiltra de forma mais vigorosa e produz seus mais consistentes efeitos (CARVALHO, 2010, p. 74-75).

Esta secular estrutura inquisitória identificou e caracterizou de forma precisa o papel dos agentes judiciais (sobretudo magistrados (as) e membros do Ministério Público). Nesta teia de poder, consolidada com a promulgação do CPP de 1941, o protagonismo é exercido pelo magistrado (a), que deve aplicar a técnica necessária à obtenção da verdade.

Vale salientar, que ainda que sensíveis reformas legislativas tenham ocorrido, é preciso levar em consideração a lição de Leonardo Boff (1993, p. 20) pela qual "mudam os sinais, mas não a lógica de um sistema totalitário e por isso repressivo de toda e qualquer diferença".

Como explica Ricardo Gloeckner, citando falas do próprio Nelson Húngria, membro-chave da equipe que redigiu o código:

> A principal tarefa do direito penal seria a proteção dos interesses estatais 'que são os interesses do todo social e os do próprio indivíduo em função do todo social?' Prossegue o autor afirmando que 'mas o direito penal no Estado Novo não propugna somente o princípio da autoridade, o reforço do poder estatal, mas também a afirmação do instinto coletivo à subordinação racional do indivíduo ao interêsse geral'. Percebe-se, portanto, a nítida influência política nos escritos de Hungria, mesmo naqueles destinados ao "método técnico-jurídico". 39 A mesma retórica da ordem e do equilíbrio entre direitos individuais e coletivos usada pelos tecnicistas italianos reaparece no Brasil e pode ser encontrada expressamente na Exposição de Motivos do Código de Processo Penal de 1941. *Essa 'retórica do compromisso' sobreviverá, inclusive, à ruptura constitucional de 1988.* (GLOECKNER, 2021, p. 331).

Portanto, analisando-se o fato social que resultou na edição da norma, verifica-se que o CPP de 1941 foi concebido com o fim de viabilizar a ideologia de Defesa Social do estado contra os seus inimigos declarados, provocando, como consequência, um hiato entre o seu objetivo, e os mecanismos que dispõe para alcançá-lo, que persiste, em certa medida, até hoje:

> Foi para auxiliar na reação oficial a esse estado de coisas que determinados juristas aceitaram servir à comissão de juristas. O objetivo da reforma dos códigos, penal e processual penal, como visto no artigo, era promover a mais ampla e profunda consolidação jurídica do Estado autoritário no Brasil. A retórica do equilíbrio entre garantias e eficiência criminal assume, no contexto destas reformas, uma posição discursiva central. 80 anos depois, em meio a segunda década do século XXI, ainda serve para explicar as dificuldades de superação dos aparatos jurídicos do regime. A base ideológica do Código de Processo Penal de 1941, mas também a sua base normativa, é o subsistema processual penal da repressão política" (MELCHIOR, 2021, pp. 129).

Contudo, algo se passa, no plano cognitivo, que mesmo que este fenômeno esteja diante de nossa face, o meio jurídico, assim como a sociedade de uma maneira geral, já possui uma maneira pré-concebida de interpretá-lo, que tal fato – utilização do Direito Criminal como ferramenta de gerenciamento da miséria – não aparece como sendo um fato desconfortável[4], conseguindo assim, persistir em nossa mentalidade, mesmo após a ruptura constitucional de 1988, como destacaram Gloeckner e Melchior no excertos citados acima.

Esta persistência, como será explicado no tópico seguinte, moldará não só precedentes judiciais, mas sim a própria face demográfica da população carcerária brasileira, que a despeito de várias reformas legislativas, decorre em grande medida da manutenção da essência do tratamento dado a um instituto específico do Direito Processual Penal, qual seja, a prisão preventiva

2. A consolidação da necropolítica no estado Brasileiro através do tratamento legislativo dado à prisão preventiva

No tópico anterior, a partir da revisão bibliográfica sobre os eventos históricos que circundaram o nascimento do CPP de 1941, construiu-se as seguintes premissas: (i) o objetivo do código era a consolidação jurídica da Técnica do Estado Autoritário; (ii) sua justificativa era o discurso de Defesa

---

[4] Segundo Weber *apud* Pires (2014) "fatos desconfortáveis" ou "fatos inconvenientes", são aqueles que se revelam desagradáveis quando um observador toma conta que um ponto de vista que ele acredita ser adequado, reivindica e justifica uma maneira de agir e comunicar contrária aos seus próprios valores.

Social; (iii) e que essa retórica, mesmo diante do decurso de décadas e da implementação de sensíveis alterações legislativas, ainda persiste como obstáculo para a superação dos aparatos jurídicos criados para o Estado Novo.

Diante de tais premissas, este capítulo realizará uma sutil mudança de metodologia a partir deste ponto: se até então, a revisão bibliográfica focou nos aspectos históricos que circundaram os fatos sociais que antecederam a norma, a partir deste momento, a análise terá como foco a norma em si, especificamente no tocante ao tratamento dado à prisão preventiva.

Em detalhes, a proeminência dada à prisão cautelar no planejamento social do Estado Novo – amplamente debatida no capítulo 09 deste livro – é objetivamente verificável no Capítulo III do Título I do Código de Processo Penal, dedicado exclusivamente à prisão preventiva, podendo se extrair, de cada um dos dispositivos que o compõem, os fins declarados de utilização deste instituto como ferramenta para promoção do encarceramento em massa, e o completo descaso por premissas jusfilosóficas já bem estabelecidas à época, como a presunção de não-culpabilidade.

Já no primeiro dispositivo, o artigo 311[5] (BRASIL, 1941), o magistrado é inserido diretamente na tarefa de ator processual responsável pelo combate à criminalidade e aos inimigos do Estado, a partir da possibilidade legal de decretação da prisão preventiva sem provocação de nenhum outro órgão, desde que constate prova da existência do crime e indícios de autoria.

Além da própria possibilidade da decretação *ex officio*, vale destacar também o emprego genérico do adjetivo "suficientes" em relação aos indícios de autoria, o que demonstra a completa confiança do sistema na convicção moral do julgador para identificar e neutralizar as ameaças ao regime, mantendo neste aspecto, a posição do CPP de 1832, no tocante à presunção de não culpabilidade, já detalhada no primeiro capítulo desta obra

---

[5] Art. 311. Em qualquer fase do inquérito policial ou da instrução criminal, caberá a prisão preventiva, decretada pelo juiz, de ofício, a requerimento do Ministério Público, ou do querelante, ou mediante representação da autoridade policial, quando houver prova da existência do crime e indícios suficientes da autoria.

Sobre o papel do juiz no regime jurídico do Estado Novo, Roberto Lyra, um dos membros da comissão de redação, defendia a máxima liberdade do magistrado, tanto na prisão preventiva, como na aplicação da pena, quanto das medidas de segurança, refletindo pressupostos fundamentais do modelo jurídico do Estado autoritário:

> Em concreto, o sistema da livre convicção, associado às restrições impostas à defesa no campo da prova, presunções favoráveis à acusação e, especialmente, formação ideológica dos juízes, basicamente instituía um modelo mais racional, da mesma forma autoritário, de controle social e político da população. A reprodução do sistema da livre convicção, no código de processo penal, de qualquer maneira, confirma a hipótese de total simbiose entre o sistema processual penal da criminalidade comum e o subsistema da repressão política (MELCHIOR, 2021, pp. 127).

Por sua vez, o artigo 312[6] (BRASIL, 1941) regulamenta a hipótese de prisão preventiva automática sempre que a pena atribuída ao tipo penal alcançar ou superar o patamar de dez anos.

Mais do que simplesmente um comando normativo, a referida norma representa as raízes da consolidação da Técnica do Estado Totalitário no pensamento judicial brasileiro, especialmente a partir da ideia de que a gravidade em abstrato do tipo penal autoriza a segregação cautelar, ao mesmo tempo em que se estabelece, verdadeiramente, a presunção de culpabilidade quando se está diante de tipos penais punidos com pena em abstrato igual ou superior ao patamar de dez anos.

Esta ideia, apesar de abandonada por reformas legislativas posteriores, e completamente estranha à pauta axiológica da Constituição de 1988, persiste não só como parte inerente à mentalidade de certos grupos sociais, e no debate jurídico – como por exemplo, no tratamento dado à execução provisória após condenação pelo Tribunal do Júri – mas também é incorporada e se expressa através de decisões judiciais, fortalecendo o preconceito social de que certas espécies delitivas podem vir a provocar a prisão preventiva automática dos flagranteados, na medida em que, para se justificar a medida, considera-se como suficiente os elementos que compõem o tipo penal (REINALDO, 2019, pp. 121).

---

[6] Art. 312. A prisão preventiva será decretada nos crimes a que for cominada pena de reclusão por tempo, no máximo, igual ou superior a dez anos.

Se por um lado o artigo 311 atribui ao magistrado o papel de agente de segurança pública, enquanto o artigo 312 enraíza o preconceito social de que a gravidade em abstrata do delito é apto a justificar a prisão cautelar, o artigo 313[7] (BRASIL, 1941), por sua vez, é representativo da utilização do sistema processual penal como ferramenta de gerenciamento de problemas socioeconômicos.

Especificamente, a atribuição de fundamentação com base na garantia da ordem pública, aplicação da lei penal e conveniência da instrução criminal, persistentes até hoje como fundamentos para aplicação da prisão preventiva, tratam-se categorias conceituais amplamente genéricas e que mediante os mais simplórios esforços retóricos podem abarcar praticamente qualquer tipo de situação.

Esta norma também é útil em revelar que, no Código de Processo Penal de 1941, o tecnicismo prevalecia como técnica de redação legislativa, apesar de ter se tornado lugar comum associá-lo à incorporação acrítica do positivismo criminológico:

> tem-se que a codificação processual penal brasileira, a exemplo da italiana, não optou pela construção de uma estrutura normativa representativa de um modelo nitidamente positivista; consequentemente, sua dimensão autoritária não pode ser atribuída a essa matriz. Tendo em vista que, histórica e teoricamente, tal processo codificatório, foi fortemente atingido pela reação tecnicista italiana, que arvorou o Codice Rocco de 1930, é preciso reconhecer a diferença dessa opção política e, ao mesmo tempo, ideológica, sobre o Código de Processo Penal brasileiro, promulgado na década de 40 do século passado (GLOECKNER, 2021, pp. 322).

Ainda mais esclarecedor dos fins declarados do sistema de repressão penal, é o segundo inciso do artigo 313, que autoriza a prisão preventiva em crimes afiançáveis mediante a constatação de que se trata de cidadão vadio, ou quando houver dúvidas sobre sua identidade.

Enquanto a autorização da prisão preventiva em crimes afiançáveis em face de "vadios" deixe poucas dúvidas sobre o gerenciamento da miséria através do sistema penal, existe um outro ponto do dispositivo que, por mais

---

[7] Art. 313. A prisão preventiva poderá ser decretada como garantia da ordem pública, por conveniência da instrução criminal ou para assegurar a aplicação da lei penal: I - nos crimes inafiançáveis, não compreendidos no artigo anterior; II - nos crimes afiançáveis, quando se apurar no processo que o indiciado é vadio ou quando, havendo dúvida sobre a sua identidade, não fornecer ou indicar elementos suficientes para esclarecê-la; III - nos crimes dolosos, embora afiançáveis, quando o réu tiver sido condenado por crime da mesma natureza, em sentença transitada em julgado.

que evidententemente segregador, ainda é um obstáculo epistemológico dentro do sistema, na medida em que continua sendo utilizado, até a presente data, como fundamento para a prisão preventiva.

Especificamente, a autorização para a prisão preventiva quando há dúvidas sobre a identidade do cidadão é mais um ponto que revela a mentalidade gerencial do nosso Código de Processo Penal, na medida em que, a pessoa não identificada, especialmente na década de 1940, era aquele cidadão que, por não usufruir de serviços públicos ou do mercado de consumo, não possuíam, portanto, nenhum motivo para realizarem os procedimentos necessários à obtenção de documentos de identificação pessoal.

Se o tratamento dado à prisão preventiva expressa, quase de forma eloquente, os fins de gerenciamento da miséria através do Processo Penal, o Capítulo I do Título II, dedicado à pena privativa de liberdade também revela essa mesma dimensão, mas não pelo o que está redigido e sim pelo o que não está.

Em detalhes, todos os artigos que compreendem o referido capítulo disciplinam os trâmites burocráticos apenas naquilo que está associado à viabilização da execução da pena privativa de liberdade, sem nenhuma ponderação sobre as condições para a execução penal em si, que só viria a ter um tratamento legislativo específico com a promulgação da Lei 3.274 de 1957, demonstrando que a forma jurídica, e não as condições de encarceramento, era a preocupação dos redatores do código.

Denota-se, portanto que o tecnicismo brasileiro não era um movimento politicamente neutro, mas serviu para subsidiar a elaboração de uma legislação autoritária, ainda que sob as vestes da "retórica do equilíbrio" e da apoliticidade do código. Como aponta Nunes citado por Gloeckner, "os regimes de força brasileiro e italiano souberam empregar isso a seu favor, utilizando a maleabilidade do tecnicismo para dar conta da demonstração de forças do autoritarismo como reformas penais" (GLOECKNER, 2021, pp. 332).

Toda a argumentação tecida neste artigo, desde as menções às falas das pessoas envolvidas na elaboração do CPP de 1941, até o debate sobre os institutos da prisão preventiva e da pena privativa de liberdade, deu-se com o fim de construir a premissa de que o objetivo da codificação é o de promover a eliminação daquelas pessoas consideradas inimigas do Estado: se em 1941 eram indivíduos associados ao comunismo, hoje, o alvo são grupos sociais e cidadãos que, em alguma medida, ofereçam risco ou se tornem inúteis ao funcionamento do sistema de trabalho capitalista, seja por alguma enfermidade psíquica – no caso das medidas de segurança –, ou pelo desenvolvimento de atividades econômicas paralelas a partir de práticas ilegais, em especial, do tráfico de drogas.

Ao construir a base jurídica de seu regime totalitário e segregador de toda e qualquer dissidência política, o Estado Novo viria a estabelecer os pilares pelos quais, todos os governos brasileiros posteriores, sejam eles militares ou civis, promoveriam sistematicamente, através do processo penal, a exclusão da vida em sociedade daquelas pessoas consideradas inimigas, não só por instaurar o encarceramento em massa como política de Estado, como por viabilizar, através da omissão legislativa, a transformação do cárcere em um recinto à margem da sociedade, em especial no campo da preservação de Direitos Fundamentais.

Esta forma de enxergar o Processo Penal pressupõe que a expressão máxima de soberania reside, em grande medida, no poder e na capacidade de ditar quem pode viver e quem deve morrer (MBEMBE, 2018, pp. 123), quem é "descartável" e quem não é, a partir de um projeto central em que a luta não é pela autonomia, mas pela "instrumentalização generalizada da existência humana e a destruição material de corpos e populações humanas" (MBEMBE, 2018, pp. 127).

Nas palavras de Aquiles Mbembe:

> Foucault afirma claramente que o direito soberano de matar (*droit de glaive*) e os mecanismos de biopoder estão inscritos na forma em que funcionam todos os Estados modernos.

Se os mecanismos de biopoder são parte do DNA dos Estados modernos, na experiência brasileira isto se torna ainda mais acentuado, na medida em que as instituições de repressão penal que persistem até hoje foram criadas a partir de um estado de sítio e suspensão do Direito pelo Direito, legitimando a atuação do Poder Judiciário na exclusão daqueles considerados inimigos:

O 'estado de sítio' em si é uma instituição militar. Ele permite uma modalidade de crime que não faz distinção entre o inimigo interno e o externo. Populações inteiras são o alvo do soberano. As vilas e cidades sitiadas são cercadas e isoladas do mundo. O cotidiano é militarizado. É outorgada liberdade aos comandantes militares locais para usar seus próprios critérios sobre quando e em quem atirar. O deslocamento entre células territoriais requer autorizações formais. Instituições civis locais são sistematicamente destruídas. A população sitiada é privada de seus meios de renda. Às execuções a céu aberto somam-se matanças invisíveis (MBEMBE, 2018, pp. 138).

Percebe-se, portanto, que os efeitos do código processual do Estado Novo podem ser percebidos muito além do Direito, e são sentidos na própria distribuição territorial das cidades, e em especial na atenção dada pela polícia e pelas instituições de repressão penal a certos grupos sociais, enquanto outros, por mais que também cometam crimes, usufruem de uma espécie de semiabolicionismo penal, apenas enfrentando suas consequências em casos extremos, frequentemente explorados pela mídia como exemplos de que "a lei é para todos".

É justamente contra esse legado, contra o necropoder legitimado pelo CPP de 1941 que devem ser direcionados os esforços da próxima reforma processual, em especial no novo tratamento a ser dado à prisão preventiva e às hipóteses de sua fundamentação, que até hoje se consubstancia a partir de categorias conceituais abertas.

Em especial, a próxima norma a disciplinar o instituto deve apresentar uma forma de lidar com argumentos fundados exclusivamente na autoridade dos autores das decisões judiciais, do emprego de expressões genéricas, que não possuem uma definição precisa de seus significados — como "ordem pública", "prestígio da justiça", "acautelar o meio social", "periculosidade", "razoabilidade", apenas para citar alguns exemplos —, no uso excessivo de adjetivos para descrever os atos realizados pelos agentes estatais ou para descrever algum aspecto relacionado ao cidadão, através do emprego da voz passiva, e sobretudo através do uso das figuras de linguagem da metáfora e a da prosopopeia. (REINALDO, 2019, pp. 186)

Só o esforço retórico e o debate dentro das instâncias autorizadas de produção de normas serão capazes de mudar essa realidade. Nas palavras de Melchior:

Esse caminho conduz ao que Koselleck chamou de consciência histórica. A partir dele, a memória se torna um projeto, um caleidoscópio que permite antecipar perigos e construir repertórios contra a estrutura normativa e as práticas do autoritarismo brasileiro".

Caso se opte por fazer "vista grossa" à consolidação desse tipo de discurso no âmbito do poder judiciário, os agentes intérpretes entrarão em um processo gradual de adequação social ao totalitarismo, que inclui não só magistrados (as) e acusadores (as), mas também a classe de defensores (as), que muitas vezes se coloca em uma postura de passividade diante da banalização do uso arbitrário pelo poder punitivo, colaborando para a perpetuação da necropolítica no estado brasileiro.

Considerações finais do capítulo

Este capítulo tomou como ponto de partida a constatação histórica de que os redatores do Código de Processo Penal de 1941 objetivavam a legitimação do combate aos inimigos do Estado Novo, em especial à ameaça comunista que persistia no imaginário popular desde o fracasso do Levante Comunista.

Todavia, esse sistema de repressão, alicerçado na prisão de ofício, na prisão automática, na legitimação jurídica da prisão dos pobres e na ausência de direitos ao condenado, extrapolou os seus objetivos iniciais e permitiu a consolidação da necropolítica no Brasil, através do encarceramento em massa de certas parcelas populacionais, ao mesmo tempo que cria uma espécie de semi-abolicionismo penal aos mais ricos.

Diante deste contexto, conclui-se que cabe aos aos agentes intérpretes do Direito se engajarem na promoção de uma nova reforma processual que traga novo tratamento à prisão preventiva, atentando-se ao fato que a disciplina normativa ainda hoje existente é objetivamente corrompida pela Técnica do Estado Totalitário, desde a sua concepção.

Bibliografia

BACHERLARD, Gaston. *A formação do espírito científico*: contribuição para uma psicanálise do conhecimento. Rio de Janeiro: Contraponto, 1996, pp. 18-22.

BOFF, Leonardo. *Inquisição*: Um Espírito que Continua a Existir. In Manual dos Inquisidores. EYMERICH, Nicolau. Rio de Janeiro. Rosa dos Tempos; Brasília: EdUnB, 1993.

BRASIL. Decreto-Lei nº 3.689, de 3 de outubro de 1941. *Código de Processo Penal*. Rio de Janeiro.

CARVALHO, Salo de. *O Papel dos Atores do Sistema Penal na Era do Punitivismo: O Exemplo Privilegiado da Aplicação da Pena*. Rio de Janeiro: Lumen Juris, 2010. 290 p.

FARIA, José Eduardo. *O Sistema Brasileiro de Justiça: Experiência Recente e Futuros Desafios*. In Estudos Avançados, v. 18, n. 51, 2004

GLOECKNER, Ricardo Jacobsen. *Positivismo criminológico, tecnicismo e autoritarismo no CPP brasileiro*. In: MADEIRA, Guilherme; BADARÓ, Gustavo; CRUZ, Rogério Schietti. Código de Processo Penal: estudos comemorativos aos 80 anos de vigência. São Paulo: Thomson Reuters, 2021. Cap. 18. p. 321-335.

MBEMBE, Achille. *Necropolítica*: biopoder, soberania, estado de exceção e política da morte. São Paulo: n-1 edições, 2018a.

MELCHIOR, Antônio Pedro. A Comissão de juristas para o Código de Processo Penal - 1937/1938. In: MADEIRA, Guilherme; BADARÓ, Gustavo; CRUZ, Rogério Schietti. Código de Processo Penal: estudos comemorativos aos 80 anos de vigência. São Paulo: Thomson Reuters, 2021. Cap. 6. p. 122-141.

NUNES, D. *Legislação penal e repressão política no Estado Novo*: uma análise a partir de julgamentos do Tribunal de Segurança Nacional (1936-1945). Acervo, *[S. l.]*, v. 30, n. 2, p. 126–143, 2017. Disponível em: http://revista.arquivonacional.gov.br/index.php/revistaacervo/article/view/837. Acesso em: 13 nov. 2022.

SICÍLIA, Diodoro de. *Biblioteca Histórica*: Libros XVIII-XIX-XX. Madrid: Gredos, 2014. 304 p. Tradução de: Juan Pablo Sanchéz Hernándes.